Theory and Practice of Youth Activity

청소년활동론

김윤나 정건희 진은설 오세비 공저

신정

얼마만큼 많이 알고 있느냐는 대단한 일이 못된다. 아는 것을 어떻게 살리고 있느냐가 중요하다. 여러 가지 지식에서 추출된 진리에 대한 신념이 일상화되지 않고서는 지식 본래의 기능을 다할 수 없다. 책임을 질 줄 아는 것은 인간뿐이다. 이 시대의 실상을 모른 체 하려는 무관심은 비겁한 회피요, 일종의 범죄다. 사랑한다는 것은 함께 나누어 짊어진다는 뜻이다. 우리에게는 우리 이웃의 기쁨과 아픔에 대해 나누어 가질 책임이 있다 우리는 신념을 가지고 당당하게 살아야 할 인간이다.

– 법정 스님의 《무소유》 중

이러한 마음과 고민을 안은 네 명의 청소년지도사가 만났다. 우리나라의 청소년활동정책은 그동안 수련활동중심에서 문화활동과 국제교류활동까지 포함하는 것으로 확장되어 왔으며 최근에는 자원봉사활동과 방과후활동, 그리고 멘토링활동 등 청소년 참여와 권익을 증진하는 활동에 이르기까지 다양하게 전개되고 있는 것을 확인할 수 있다. 그러한 한편으로 청소년활동의 역사는 청소년의 희생과 사건, 사고 등에 의해 발전되어 왔다고 해도 과언이 아니다. 청소년활동 현장의 역사를 뼈아프게 겪으면서 내면의 깊은 곳에서의 성찰과 고민 그리고 열정이 바로 이 책을 집필하게 된 첫 걸음이다.

두 번째 걸음은 "어떻게 하면 청소년지도사의 마음을 담아낼 수 있는 청소년활동론을 구성할 수 있을까?"였다. 하여 기존의 청소년활동론 관점 및 목차를 나름대로 분석해 보고 회의를 진행하였다. 최근 발간된 여러 권의 책 중 총 4권의 책을 중점적으로 분석하면서 본 저서의 집필방향과 차별성 등을 고려하게 되었다.

첫 번째 책은 청소년활동이 최근 개정된 교과과정에 창의적 체험활동으로 반영됨에 따라 학교 외 환경뿐만 아니라, 학교 내 환경에서 활발하게 실시될 수 있는 제도적 근거가 마련되어 청소년활동의 성격과 내용이 변화하는 시대에 맞게 보다 적극적이고 진취적으로 대응하면서 발전해 나갈 필요성을 강조한 책이었다. 서구 선진국을 중심으로 청소년분야의 이론적 기반으로 논의되고 있는 청소년(역량)개발과 청소년참여의 원리와 접근법이 중요한 이론적 기초와 실질적 기반이 되고 있음이 이 책의 강점이었다. 두 번째 책은 청소년활동의 개념과 청소년활동의 영역을 중심으로 학교나 지역사회에서 이루어지는 활동영역과 인적자본의 관점에서 미래를 위한 진로준비활동에 대해 기술하고 이를 통해 청소년활동에 대한 새로운 접근과 대안을 모색한 책이었다. 세 번째 책은 청소년활동을 청소년의 잠재적 능력을 개발해내는 데 사용하도록 이끄는 청소년활동의 개론서로서 청소년이 타인을 이해하면서 자신의 존재감과 정체감을 회복하는 등 스스로의 가치를 새롭게 발견하도록 하는 데 중점을 두고 있었다. 또 다른 책은 현재 청소년활동 현장에서 이루어지는 청소년활동과 프로그램을 중심으로 소개가 되었으며 한국의 현실에서 적용할 수 있거나 생각해볼 만한 내용이 있는 해외 사례를 구체적으로 소개하고 있었다.

이 책을 함께 저술한 저자들은 청소년활동분야의 발전과정을 지켜보면서 실천현장에서 일한 경험과 이론 및 정책을 연구한 경험들을 토대로 청소년의 주체적 참여, 역량개발, 임파워먼트, 인권의 관점을 기반하고 있다. 또한 저자들은 청소년지도사로서의 전문성과 현장성을 추구하여 다른 저서에 비해 정책적 측면을 강조하고, 철학적 기조에 청소년활동의 역사성을 나름대로 정리하고자 노력하였다. 그리고 되도록 쉽게, 학습자의 관점에서 이해할 수 있도록 학습목표와 핵심용어, 학습정리, 학습문제 등을 제시하였다. 기존의 교재들과 유사한 주제의 경우에는 그 내용에서 최근의 변경상황을 반영하려고 하였으나 필자들의 제한된 집필시간 등으로 좀 더 좋은 자료들을 반영하지 못한 아쉬움이 남는다. 이 책에 새롭게 제시된 주제영역들은 향후 더욱 깊이 있는 연구를 통해 보완될 것을 기대한다. 많이 부족하지만 또 다른 바람은 이 책이 후속세대의 비판적 성찰에 도전을 던져 주고, 저자들 역시 그러한 냉정한 평가를 가감 없이 수용하여, 향후 청소년활동분야의 발전에 미약하나마 기여했으면 하는 '사람이 만드는 세상'을 희망한다는 것이다. 도전하는 사람만이 더 넓고 높은 곳을 향해 다가갈 수 있다는 콜럼버스의 명언을 믿기 때문이다.

이 책은 크게 청소년활동 발들이기, 마음 담그기, 넓혀보기, 확장하기의 네 부문으로 구성되어 있다. 첫째, '청소년활동 발들이기'는 청소년활동의 이해를 위한 이론적 기초부문으로 제1장 청소년활동의 개념(진은설), 제2장 청소년활동의 유형(김윤나), 제3장 청소년활동의 효과(김윤나)로 구성하였다. 둘째, '청소년활동 마음 담그기'에서는 청소년활동을 전개해 나기기 위한 관점과 마인드에 관한 기저를 바탕으로 청소년 자치 및 참여활동내용을 다루었다. 향후 청소년지도사가 활용할 수 있는 활동내용과 접근방법들을 제공하기 위해 제4장 청소년자치활동(정건희), 제5장 청소년참여활동(김윤나), 제6장 청소년문화활동(진은설), 제7장 지역사회와 네트워크 활동(정건희) 등을 정리하였다. 셋째, '청소년활동 넓혀보기'는 청소년활동 단체 및 시설에 관한 내용으로 청소년활동 현장 분야에 밀접한 조직적 관점에서의 기관, 시설, 지도자에 관한 내용을 다루었다. 제8장은 청소년단체활동(정건희), 제9장은 청소년시설(정건희), 제10장은 청소년지도자(정건희 · 진은설)에 관한 내용이다. 마지막으로 '청소년활동 확장하기'에서는 현장성을 높이기 위한 실제적인 정책기반의 청소년활동을 살펴보도록 구성하였다. 따라서 제11장 국제청소년성취포상제(오세비), 제12장 청소년수련활동인증제(오세비), 제13장 청소년국제교류활동(오세비), 제14장 청소년활동과 안전(오세비), 제15장 청소년방과후활동(진은설), 제16장 청소년봉사활동(진은설), 제17장 청소년 멘토링활동(진은설)으로 각 내용을 정리하였다.

집필자들이 기본적인 집필체제를 맞추고 분량 등을 지키려고 노력했지만, 각 장 주제별 특성과 개인적 특성이 다르기 때문에 전체가 일관성을 갖도록 하기는 쉽지 않았다. 또한, 해외사례 및 미래/제안/방안은 집필진들이 아쉬워하고 논의가 가장 분분했던 부분인데 예단하기 이르다고 최종 협의되어 이번 책 발간에서는 다루지 않기로 하였다. 향후 더욱 깊이 있는 연구와 논의를 통해 보완될 것을 기대한다.

리눅스의 창시자인 리누스 토발즈는 "생존이 어느 정도 보장된 사회에서는 열정이 가장 큰 동기부여"라고 하였다. 본서가 저자들의 과감한 도전과 열정으로 해석되어 청소년활동 이론과 실천, 그리고 정책에서 새로운 변화를 요구하는 청소년분야의 기대에 부응하면서 청소년과 관련한 다양한 학제적 전공분야에서 많이 활용되는 계기가 되기를 희망한다. 끝으로 본서의 발간에 뜻을 모아준 연구자들에게 고마움을 전하며 청소년활동분야의 국내외 교수님들과 실천현장 연구자분들 그리고 이 책의 발간을 흔쾌히 맡아주신 도서출판 신정의 최용구 사장님과 직원 여러분, 이 책을 읽어줄 독자분들께 필자들을 대표하여 감사드린다.

2015년 2월

인수봉이 보이는 도봉산 끝자락에서 저자들을 대표하여

김윤나 씀

차례

Chapter 17 청소년 멘토링활동

PART 01

청소년활동 발들이기

청소년활동 개념 및 유형

1. 청소년활동의 개념
2. 청소년활동의 유형
3. 청소년활동의 효과

Chapter 01

청소년활동의 개념

▶ 학습목표

1. 청소년활동의 필요성을 이해할 수 있다.
2. 청소년활동의 개념을 이해할 수 있다.
3. 청소년활동과 유사한 활동을 구분할 수 있다.

▶ 핵심용어

청소년활동, 청소년수련활동, 청소년교류활동, 청소년문화활동, 창의적 체험활동

Chapter 01

청소년활동의 개념

1. 청소년활동의 필요성

IT강국으로 불리는 우리나라는 최첨단 정보매체의 급격한 발달과 함께 국민들의 일상생활도 변화하고 있다. 우리나라의 스마트폰 보급률은 2015년 현재 세계 4위(KT 경제경영연구소 조사결과)로 많은 사람들이 스마트폰을 갖고 있으며 많은 사람들이 스마트폰을 갖고 있으며, 특히 청소년들의 경우에는 스마트폰중독이라는 용어가 등장할 정도로 스마트폰이 없는 일상을 상상할 수 없는 수준에 이르렀다. 그만큼 청소년들이 성인세대에 비해 정보기기를 다루거나 활용하는 기술에서 뛰어난 능력을 발휘하게 되면서 정보화시대에 두각을 나타내고 있으며 이들의 삶 역시 빠르게 변화하고 있다. 스마트폰의 알람을 통해 아침에 눈을 뜨고, 스마트폰으로 음악을 듣고 수시로 정보를 검색하며 친구들과 SNS로 대화를 나누는 모습은 오늘날 흔히 볼 수 있는 청소년들의 일상이다. 스마트폰 등의 정보매체 발달은 인간에게 다양한 지식과 정보를 제공하여 인간의 삶을 효율적이고 편리하게 하는 장점이 있는 반면 필요 이상의 과도한 정보로 인해 개개인의 삶을 불편하게 하기도 하고, 정보에 매이게 하는 결과를 초래하고 있다. 또한 스마트폰 등의 기기와 한 몸(?)이 되어 생활하고 있는 청소년들의 경우에는 심리·신체 등의 문제증상을 호소하기도 하는데 이는 신체를 움직일 수 있는 기회가 줄어들고 있음을 반증하는 결과이기도 하다. 온라인상에서의 활동은 집밖에서의 활동을 감소시키고, 친구들과 편하게 어울릴 수 있는 기회조차 줄어들도록 하고 있다.

주지하다시피 기성세대들은 청소년기에 방과 후 친구들과 밖에서 함께 놀았던 추억을 떠올리곤 한다. 그 당시에는 마땅한 놀이도구가 없어도 친구들과 함께 있는 것만으로도 신나고 재미있었다. 그러나 오늘날의 청소년들은 스마트폰이나 컴퓨터 등의 매체에 의존한 채 온라인상에서 온갖 경험을 하며 직접적인 체험의 기회를 갖지 못하고 있다. 그러나 성인기를 준비하는 시기인 청소년들에게 있어서 직접적인 체험의 기회는 매우 중요하다. 청소년들이 직면하게 될 수많은 상황은 간접경험만으로는 한계가 있기 때문이다. 최근 청소년들은 문제상황에 직면했을 때에 스스로 해결하려고 고민하기보다 타인에게 의존하거나 인터넷검색 등에 의존하여 현실과 다소 거리가 있는 방법을 선택하기도 한다. 이는 최적의 대안을 마련하는 데에 한계에 봉착하게 되는 것이며, 동시에 청소년들이 과거에 비해 점점 나약해지는 것과 결코 무관하지 않다.

청소년기의 중요한 과제는 학입과 관련된 지식의 습득이 아니라 일상생활에서 적용하고 응용할 수 있는 살아 있는 지식을 습득하는 것이며 이는 청소년활동을 통해서 기를 수 있다. 청소년활동과 같은 직접적인 체험을 통하여 현실에서 활용 가능한 지식을 배움으로써 학교교육의 질적인 향상뿐만 아니라 다양하고 복잡한 일상을 스스로 체험함으로써 타인에 대한 관심과 배려, 이해를 높이는 인성교육의 계기를 마련할 수 있기 때문이다(한국청소년개발원 편, 2003). 특히 오늘날 주위 환경은 청소년들로 하여금 직접체험의 기회를 박탈하고 있는데, 이와 관련하여 조용하(2003)는 청소년들의 체험 기회가 필요해진 배경과 구체적인 체험의 내용에 대해 다음과 같이 언급한다.

첫째, 청소년의 가사노동참여 기회가 사라지면서 가족구성원의 역할과 가족 간 협력관계를 습득할 수 있는 기회도 상실되었다. 교육적으로 기회를 마련하지 않는 한 청소년들이 가사노동에 참여할 필요성을 느끼지 못하는 상황에 이르렀다.

둘째, 교통수단 및 교통체계의 발달로 인해 가까운 거리도 청소년들이 직접 걸어

다녀야 할 필요가 사라졌기 때문에 가벼운 신체 움직임조차 점차 줄어들고 있다.

셋째, 생활양식의 도시화는 청소년들의 일상에서 자연의 요소를 빼앗아 갔고 이로 인해 청소년들이 산, 바다, 들과 같은 곳에 갈 기회가 줄어들었으며 이러한 곳들은 장시간 교통수단을 이용해서 도달해야 하는 곳이 되었다. 더욱이 가까이에 있는 집 근처의 놀이터나 공원 등에서도 청소년의 모습을 발견하기가 어려워지고 있다.

넷째, 입시 위주의 학교교육 역시 인격 도야나 인간성 함양을 우선적인 목적으로 할 수 없고, 지식습득 위주의 현상은 청소년들이 밖에서 마음껏 뛰고 놀기보다 실내에서 학업에 전념하게 만들고 있어 청소년의 성장발달을 어렵게 하고 있다.

다섯째, 이러한 환경으로 인해 오늘날의 청소년들은 놀이의 즐거움도 알지 못하며, 자신의 심리적인 불편감을 등교거부나 폭력행위 등으로 표출하는 상황이 벌어지고 있으며, 자신에 대해 돌아보는 기회를 갖기보다 TV, 컴퓨터 등의 대중매체에 의존하고 있는 실정이다.

이와 같은 상황은 청소년들의 직접적인 체험기회를 감소시키고 있어, 오늘날의 청소년들에게 자연체험, 공동체체험, 행동내성체험 등의 기회가 제공되어야 한다. '자연체험'은 자연 속에서 생활하고 산과 들의 꽃과 나무를 감상하고 체감하는 것, 인간도 자연의 일부라는 것을 깨닫고 주위의 자연을 체험적으로 이해하는 것을 의미한다. 이를 통해 자연과 인간이 공존해야 함을 알 수 있다. '공동체체험'은 다양한 연령대의 청소년들과 함께 하기 위해 교실에서의 학습을 지양하고, 야외활동이나 협동작업, 공동체 생활프로그램의 집단놀이가 필요하다. 소그룹단위의 공동체 프로그램은 공동체생활에 필요한 협력과 이해, 집단생활의 규율, 역할분담을 통한 책임의식 및 공동체의식을 함양할 수 있게 된다. '행동내성(行動耐性)'은 자주성, 자발성, 지구력, 문제해결능력을 포함하는 것으로 오늘날의 청소년들에게 청소년활동을 통하여 신장시킬 필요가 있다.

한편 청소년활동이 필요한 원인은 시대적인 흐름에서 기인한다. 우선, 현대사회의 청소년들은 학업 외에 여가와 일을 함께 하기를 원한다는 것이다(한국청소년개발원 편, 2003). 과거 산업사회와 같이 청소년시기는 대부분 학생의 신분이기 때문에 무조건 공부만 해야 하는 것이 아니라 개개인이 희망하는 활동, 즉 여가생활이나 일을 병행할 수 있다는 것이다. 청소년들에게 공부만 하도록 하는 것은 다양한 청소년들의 재능을 무시하고 스트레스상황으로 몰아가서 결국 청소년들을 문제상황에 이르게 할 수 있다. 뿐만 아니라 청소년들의 성장과 발달에 불균형을 가져와 복잡하고 다양한 국제사회에서의 국가경쟁력을 떨어뜨리게 되어 우리 사회의 미래 역시 낙관적인 전망을 하기가 어려울 수 있다. 따라서 청소년들이 여가시간에 청소년활동을 통해 개개인의 재능과 끼를 마음껏 발휘하고 스트레스를 일정부분 해소할 수 있도록 지원해야 할 것이다. 둘째, 청소년에 대한 관점이 변화되었다(김진호 · 권일남 · 이광호 · 최창욱, 2009). 과거 청소년에 대한 시각은 청소년이 발달과정에 있기 때문에 완전하지 않고, 부족하며 문제를 일으키는 존재로서 결핍의 관점으로 바라보았지만, 최근에는 청소년을 무한한 가능성을 지닌 존재로서 성인과 동일한 사회의 구성원으로 바라보게 되었다는 것이다. 또한 동시에 청소년들은 국가사회의 자원이며 성장동력으로서 과거에 비해 그 존재를 인정받고 있다. 그렇기 때문에 지식 위주의 교육만으로는 부족하며 성인기를 준비하는 데 필요한 다양한 능력과 기술을 습득할 수 있도록 하는 청소년활동이 필요하게 되었다는 것이다. 셋째, 청소년활동이 학교폭력, 왕따 등의 청소년문제를 예방하는 데에도 효과적이라는 것이다(한국청소년개발원 편, 2003). 청소년활동 및 정책의 궁극적인 목적이 문제예방은 아니지만 청소년의 조화로운 성장과 발달이라는 목적을 수행하는 과정에서 청소년들의 스트레스가 해소되고 자신의 재능을 발견하게 되어 문제상황으로부터 멀어지게 된다는 것이다. 즉 최대의 청소년활동 기회제공이 최선의 문제예방과 동시에 보호가 될 수 있다는 것이다.

2. 청소년활동의 개념

청소년활동의 개념은 단순히 학술적인 의미로서만이 아니라 청소년활동현장의 비전과 방향을 제시하는 차원이기 때문에 개념이 가지는 의미는 매우 중요하다(권일남, 2010). 그러나 1980년대 이후부터 최근까지 청소년활동 및 정책이 비약적으로 발전했음에도 불구하고 여전히 청소년활동의 개념에 대해서는 사회적 합의를 이루지 못하였고 청소년활동, 수련활동, 체험활동 등 다양한 용어를 사용하고 있다. 그동안 청소년활동에 관한 많은 연구들이 수행되었으나 이들 연구에서 사용되는 청소년(수련)활동의 개념은 청소년기본법에서 규정하는 개념 이상의 정의에서 더 나아간 것이 없다(김민, 2010).

1991년 한국청소년기본계획이 수립되면서 모든 계획의 중심에 수련활동을 상정하여 '청소년수련활동'에 대한 법적 개념을 사용하기 시작하였고, "심신을 단련하고 자질을 배양하며 배움을 실천하는 체험활동으로써 청소년의 전인적 성장을 위하여 지식교육과 함께 필수적인 활동"으로 정의하였다. 이 당시에는 청소년의 유형을 학생청소년, 근로청소년, 복무청소년, 무직청소년으로 구분하였고, 이들의 보편적인 활동을 고유활동(학업, 근로, 복무 등), 임의활동(가정중심의 자유활동영역), 수련활동(생활권이나 자연권에서 심신단련, 자질배양, 취미개발, 정서함양, 사회봉사 등 배움을 실천하는 체험활동영역)으로 나누었으며 '수련활동'에 한해 정책적으로 지원하였다(조영승, 2003). 이후 2004년에는 1991년에 제정된 청소년기본법이 개정되고, 청소년활동진흥법이 제정되면서 다양한 활동을 포함하는 상위개념으로서 '청소년활동'의 개념이 등장하게 되었다.

새롭게 정의된 '청소년활동'의 개념은 "청소년의 균형 있는 성장을 위하여 필요한 활동과 이러한 활동을 소재로 하는 수련활동·교류활동·문화활동 등 다양한 형태의 활동"으로 제시되었다(청소년기본법 제3조 제3항). 이러한 청소년활동의 개념 안에는 '수련활동', '교류활동', '문화활동'이 포함되었다. 이 개념들을 구체적으로 살펴보면, 우선 '청소년수련활동'은 "청소년이 청소년활동에 자발적으로 참여하여 청소년시기에 필요한 기량과 품성을 함양하는 교육적 활동으로서 청소년지도자와 함께 청소년수련거리에 참여하여 배움을 실천하는 체험활동"을 의미한다. '청소년교류활동'은 "청소년이 지역 간, 남북 간, 국가 간의 다양한 교류를 통하여 공동체의식 등을 함양하는 체험활동"이며, '청소년문화활동'은 "청소년이 예술활동, 스포츠활동, 동아리활동, 봉사활동 등을 통하여 문화적 감성과 더불어 살아가는 능력을 함양하는 체험활동"을 의미한다(청소년활동진흥법 제2조).

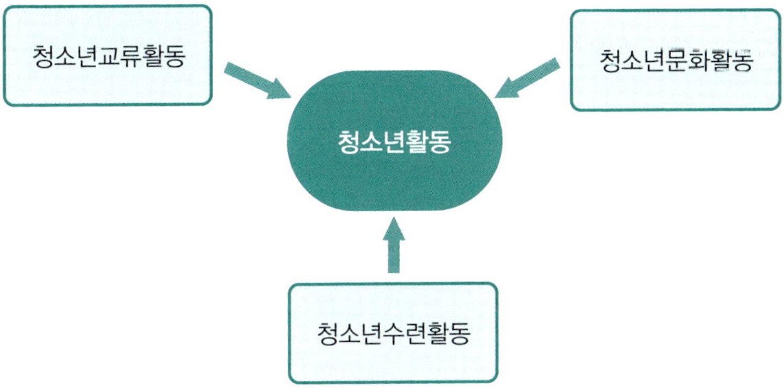

그림 1-1 청소년활동의 개념모형

그러나 청소년활동의 법적 개념은 활동의 현장과 다소 거리가 있으며, 위에서 보는 바와 같이 '수련활동' 개념의 외연은 넓어진 데 반해 '청소년활동'의 개념은 축소되었다(김현철 · 임희진 · 정효진 · 민경석, 2013). 또한 수련활동과 청소년활동의 개념 표현은 다르게 되어 있지만 실제로 별 차이를 느끼기가 어렵고 실제 활동현장에서도 수련활동과 청소년활동의 개념을 구분하여 사용하지 않는다는 점은 여전히 개념에 있어서 문제점을 수반하고 있다. 이와 관련하여 김현철 등(2013)은 청소년활동의 개념에 대한 '재개념화'를 주장한다. 청소년활동은 매우 포괄적인 단어이면서 특수한 개념이라는 것이다. '활동'이라는 단어의 의미가 너무 커서 청소년활동으로 한정하기에 어렵다는 것이며, '특수성'은 정책적 개념으로서의 특수성과 외국의 개념, [그림 1-1] 청소년활동의 개념모형에서 다른 특수성을 들고 있다. 즉 청소년활동의 개념은 학문적인 토대를 갖춘 개념이 아닌 정책적인 개념으로 출발했고, 타부서 정책에서도 보편적으로 사용되는 개념이 아닌 특수한 개념이다. 따라서 청소년활동의 개념이 학문적으로 보다 심도 있게 논의되어야 한다는 주장이 제기되기도 하였다(김민, 2010; 전명기, 2010). 또한 외국(영국, 독일, 핀란드 등)에서의 청소년활동개념은 주로 '청소년 사업(youth work)'이나 '체험활동(일본의 경우)'으로 사용되고 있는데 비해 우리나라는 청소년활동으로 불리고 있어 외국과는 다소 차이가 있다고 하였다.

한편 기존의 연구들은 청소년활동에 대해 다양하게 정의한다. 청소년의 긍정적인 성장과 발달을 목적으로 하는 교육적 활동이며 청소년의 자발적 참여의지에 의해 발현되는 자율적 활동으로(김진호, 2008), 지역사회중심의 청소년조직 및 자발적이고 구조적인 청소년을 위한 모든 활동과 프로그램(Larson, 2000)으로 정의하기도 한다. 또한 김윤나와 박옥식(2009)은 청소년들의 발달과업 및 성인으로서의 성공적인 삶을 위해 필요한 역량을 발전시키는 행동 또는 상호작용으로 청소년활동의 개념을 언급하였다. 여러 연구자들이 다소 차이가 있긴 하지만 대체로 연구자들은 청소년활동의 의미에 대해 발달과정 중에 필요한 활동이라는 점과 청소년들의 자발성(자율성)을 전제로 하고 있는 것을 볼 수 있다. 이러한 점은 청소년활동의 특성을 말해주고 있는 것이기도 하다. 즉 청소년활동이 되기 위해서는 반드시 자발적인 참여가 이루어져야 하며 그 내용에 있어서는 발달과정 중에 필요한 것들, 즉 성인기로의 성공적인 진입을 위해 필요한 사항을 중심으로 구성한다는 것이다. 따라서 청소년활동의 개념은 연구자마다 다양하게 정의내릴 수 있으나 청소년활동의 고유한 특징을 반영하여 개념을 정립할 필요가 있다. 대표적인 연구자들이 주장한 청소년활동에 대한 개념은 다음과 같다.

▌표 1-1▐ 청소년활동의 개념 정의

연구자	청소년활동의 개념
구태익 (2000)	청소년기에 필요한 발달과업을 수행하기 위한 제반활동
권일남 · 오해섭 · 이교봉 (2010)	• 청소년들이 청소년기의 발달과업과 관련하여 성과를 거두기 위해 행하는 일련의 행동이나 작용 • 청소년기의 발달과정에서 나타날 수 있는 개인의 인성적 측면이나 정서적 불안정 요소를 극복하고 이를 개인성장의 변화에 수용하도록 만들어 주는 것
김윤나 · 박옥식 (2009)	청소년들의 발달과업 및 성인으로서의 성공적인 삶을 위해 필요한 역량을 발전시키는 행동 또는 상호작용
김진호 (2008)	• 청소년의 긍정적인 성장과 발달을 목적으로 하는 교육적 활동 • 청소년이 자발적 참여의지에 의해 발현되는 자율적 활동
김현철 · 최창욱 · 민경석 (2010)	(청소년활동을 체험활동으로 명명하고) 이를 청소년기의 발달과업을 수행하기 위해 자발적으로 참여하려는 제반의 활동
이광호 (2005)	실제 생활에서 청소년의 태도와 흥미를 바탕으로 청소년이 자발적으로 참여하는 실제적 활동
전명기 (2010)	청소년이 학교 밖에서 현재의 성장발달에 필요한 욕구를 충족하면서 독립적인 사회성원으로 이행해가는 시기에 필요한 그들의 주장을 펼치고 영향력을 가지며 건전한 사회성인이 되기 위한 다양한 기회에 참여하고 활동하고 이러한 청소년 자신의 활동이 가능하도록 지지하는 성인들의 동반적 지원
조용하 외 (1994)	청소년들의 자발적 참여에 기초하여 학교나 지역사회에서 이루어지는 다양한 집단체험활동
진은설 · 임영식 (2008)	청소년의 균형 있는 성장을 위하여 필요한 다양한 활동으로 청소년지도자(청소년지도사, 교사, 전문강사 등)와 함께 하는 활동
Benson & Pittman (2001)	청소년들이 다양한 체험, 경험 및 활동 등을 통해 청소년기에 당면한 기본적인 욕구를 충족시키고 성공적인 성인으로서의 삶을 위해 필요한 역량을 발달시켜 나가는 일련의 과정
Larson (2000)	지역사회중심의 청소년조직 및 자발적이고 구조적인 청소년을 위한 모든 활동과 프로그램

출처: 김민 (2014).

3. 청소년활동 관련 유사개념

2004년 이후 청소년활동의 법적 개념이 등장하게 되면서 청소년활동의 명칭을 많이 사용하기도 하지만 교육부의 창의적 체험활동(2012년)이 등장하게 되면서 한국청소년정책연구원을 중심으로 청소년활동의 개념에 대한 심도 있는 연구가 진행되어 '체험활동'이라는 용어가 자주 사용되고 있기도 하다. 이는 청소년활동의 개념이 포괄적이어서 좀 더 명확하게 규정하기가 어려운 점을 감안할 때 '체험활동'이 더 적절할 수 있기 때문이다. 체험활동의 개념 외에도 기존에 사용된 '청소년단체활동', '집단활동' 등이 있으며, 학교현장에서는 '특별활동', '방과후활동' 등의 개념과 함께 최근 교육부의 주요 정책 중의 하나로 시행되고 있는 '창의적 체험활동', '자유학기제' 등이 있다. 이 개념들은 시대적인 흐름과 정부부처(여성가족부, 교육부)에 따라 내용 및 지칭하는 용어에 다소 차이가 있으나 모두 청소년활동이라는 점에서 대동소이하다고 할 수 있다. 이를 구체적으로 살펴보면 다음과 같다.

1) 청소년단체활동

'청소년단체활동'은 청소년들이 청소년단체에 소속되어 활동하는 것을 의미하는데, 청소년단체는 과도기에 처해있는 청소년들의 불안정한 심리 및 사회적 욕구를 건전한 방향으로 이끌면서 동시에 조직적인 활동을 통해서 청소년 개개인의 인격형성에 직접적인 도움을 주기 위한 활동들을 전개하는 조직체를 말한다(임성택 · 김영한 · 장동현, 2000). 청소년단체활동은 학생들에게 큰 꿈을 갖게 하고 끊임없는 노력을 통해 자아를 발전시켜 나가도록 하며 단체활동 참여를 통해 협동심을 배양하고, 사랑이 넘치는 공동체 의식을 함양하고, 올바른 가치관과 건전한 국가관을 지닌 글로벌 인재로 성장할 수 있도록 적극적인 활동을 하는 것을 그 의의로 하고 있다(경기도교육청, 2008). 또한 청소년단체활동은 학교를 중심으로 이루어지는 경우가 많으며, 학교 교육과정의 인성교육 및 청소년단체의 이념 구현을 위한 단체활동으로, 학교에서 청소년단체 조직 및 활동을 강화하여 학생들에게 문제해결력에 기초한 심신단련과 호연지기를 기르며, 협동・봉사하는 정신과 생활기술 체득 등을 통하여 더불어 살아가는 능력, 자율과 책임의식을 갖춘 민주시민 육성을 목적으로 한다(서울특별시교육청, 2014). 대표적인 청소년단체로는 한국청소년연맹, 한국스카우트연맹, 한국해양소년단연맹, 한국과학우주청소년단 등이 있다.

한편 청소년단체의 협의기구인 '한국청소년단체협의회'는 2013년 현재 73개의 회원 청소년단체가 가입되어 있으며, 228만여 명의 청소년회원과 104만여 명의 청소년지도자 등 총 332만여 명이 소속되어 활동하고 있다(여성가족부, 2013).

2) 청소년집단활동

'청소년집단활동'은 청소년활동을 함에 있어서 청소년 개인이 혼자 참여하는 것이 아니라 집단으로 함께 모여서 활동에 참여하고 있음을 의미하는 것인데, '청소년집단'은 사회적 상호작용을 통해 서로 서로에게 영향을 주는 두 명 혹은 그 이상의 청소년집합을 일컫는다. 청소년집단에 참여한다는 것은 청소년집단구성원으로써 집단의 목표를 공유하고 집단 내의 역동적 관계를 지향함으로써 생산적이고 긍정적인 성과를 추구하는 것이라 할 수 있다(조남억, 2008).

3) 특별활동

'특별활동'은 주로 학교현장에서 사용되었으며, 2007년 개정 교육과정에서 교과와 상호보완적 관계 속에서 학생의 심신을 조화롭게 발달시키기 위하여 실시하는 교과 외 활동으로 규정하였다(교육과학기술부, 2009). 특별활동은 교과활동과 함께 학생의 성장과 발달을 돕기 위한 교육과정영역의 하나로 지역의 실정, 단위학교의 실정, 학생의 실태와 흥미 및 요구수준에 따라 자율적이고 창의적으로 운영될 수 있는 융통성 있는 교육활동영역이다. 그 역사를 보면 1954년 교육과정시간배당령에서 공식적인 교육과정 용어로 사용되어 왔고, 그 이후 현재에 이르기까지 다양하게 이루어지고 있다(조수현 · 박창언, 2008).

한편 미국 등의 국가에서는 청소년활동을 지칭하는 용어로 'extra-curricular activities'로 표현하기도 하며 우리나라에서는 이를 '특별활동' 혹은 '교과 외 활동'으로 해석하기도 한다.

4) 방과후활동[1)]

'방과후활동'은 방과후에 청소년들이 희망하는 다양한 프로그램에 참여하는 것을 말한다. 우리나라에서는 청소년들의 방과후활동을 제도적으로 마련하여 실시하고 있으며 교육부의 '방과후학교'와 여성가족부의 '방과후아카데미', 보건복지부의 '지역아동센터 프로그램' 등이 있다. 방과후학교의 경우, 학교교육기능을 보완하여 계층 및 지역 간의 교육격차와 다양한 학습욕구를 해소하고 사교육비의 부담을 완화시킬 목적으로 운영되고 있으며, 주로 수준별 보충학습프로그램과 특기적성교육의 형태로 이루어지고 있다. 2011년 현재 전국 대부분의 학교에서 실시하고 있으며 초등학생 61.8%, 중학생 61.4%, 고등학생 74.5%가 참여하고 있다.

방과후아카데미는 2011년 현재 전국 200개소에 약 8,100여 명의 청소년들이 이용하고 있으며 주 대상은 초등학교 4학년부터 중학교 2학년으로 맞벌이, 한부모, 취약계층 가정의 청소년들이며, 교과교육, 특기적성교육, 진로지도, 개인생활지도, 심리상담, 지역사회 참여활동, 급식 및 귀가지도 등의 종합적인 서비스를 제공하고 있다.

지역아동센터는 2010년 현재 전국 3,585개소의 98,947명이 이용하였고, 미취학아동부터 고등학생까지의 전 연령층을 대상으로 하고 있으나 주 대상은 초등학생

---

1) NYPI YOUTH REPORT(Vol.18, 2011.10.24)에서 양계민 연구위원이 집필한 '방과후 돌봄서비스 실태와 개선방안'의 내용을 재구성하였음.

이며 소수 중학생 및 미취학 아동도 포함된다. 맞벌이, 한부모 및 취약계층 가정의 청소년을 대상으로 학습지원 및 특별활동을 지원하고 있으며 주요 기능으로 지역사회 내 방임아동의 보호 및 일상생활을 지원하고 있다.

5) 창의적 체험활동

창의적 체험활동은 기존 2007년 개정 교육과정에서의 재량활동[2)]과 특별활동 교육과정 편성 및 운영의 문제를 개선하기 위해 2009년 개정 교육과정에서 도입되었다. 기존의 재량활동과 특별활동은 영역이나 내용 구분이 모호하고, 중복하여 운영되는 문제점이 있었고, 형식적으로 운영되는 부분을 감안하여 재량활동과 특별활동을 통합하여 강화하고 이를 '창의적 체험활동'으로 부르게 되었다. 초・중・고교에 있는 학생들로 하여금 창의적 체험활동에 자발적으로 참여하여 개개인의 소질과 잠재력을 계발하고 신장하여, 자율적인 생활 자세를 기르며, 타인에 대한 이해를 바탕으로 나눔과 배려를 실천하도록 하고 있다. 이를 통해 공동체 의식과 세계 시민으로서 갖추어야 할 다양하고 수준 높은 자질을 함양하는 것을 목표로 하고 있다. 창의적 체험활동은 자율활동, 동아리활동, 봉사활동, 진로활동의 4개 영역으로 구분하며, 활동의 내용은 학생, 학급, 학년, 학교 및 지역사회의 특성에 맞게 학교에서 선택하여 융통성 있게 운영하도록 하고 있다.

6) 자유학기제

정부는 교육을 둘러싼 안팎의 환경변화에 능동적으로 대응하기 위하여 '꿈과 끼를 살리는 행복교육'을 모토로 자유학기제를 비롯한 다양한 공교육 강화를 위한 정책을 제시하였다. 특히 2013년부터 시행되고 있는 자유학기제를 통하여 지식을 습

2) 재량활동은 학생의 자기주도적 학습활동을 촉진하고 학교의 자율적이고 창의적인 교육과정 편성 및 운영을 보장하기 위한 것으로 국민공통기본 교육기간에 실시하도록 함(교육과학기술부, 2009).

득하는 데 급급한 시험 위주의 교육이 아니라 토론・실습・체험 등 다양한 자율적 체험활동을 강화함으로써 '꿈과 끼'를 찾을 수 있는 교육체질의 형성을 추구하고 있다(김승보・진미석・한상근・이지연・이윤진, 2013).

자유학기제는 한 학기 동안 중학생들이 중간・기말고사 등 시험 부담에서 벗어나 꿈과 끼를 찾을 수 있도록 토론, 실험・실습, 프로젝트 학습 등 학생 참여형의 수업으로 개선하고, 진로탐색활동 강화와 함께 다양한 체험활동이 가능하도록 교육과정을 유연하게 운영하는 제도이다(교육부, 2013). 전국 중학교 1학년을 대상으로 시행하고 있으며 2016년 전면시행을 앞두고 있다. 이는 기존의 단선적이고 획일화된 진로지도방식과 편향된 진로의식을 극복하고자 하는 노력이며, 학교현장에서 청소년들이 다양한 직업의 세계를 이해하고 각자의 적성을 확인하여 자신의 미래를 주체적으로 설계할 수 있는 기회를 제공하고자 하는 것이라 할 수 있다.

여성가족부를 중심으로 하는 기존의 청소년활동과 교육부의 창의적 체험활동과 자유학기제 등의 등장은 그 어느 때보다 청소년들의 교과 외 활동에 대한 관심이 높아지고 있으며 이에 대한 연구도 활발해지고 있다. 청소년활동은 여전히 그 개념에 대해 다양한 의견이 존재하고 있으며, 최근에는 한국청소년정책연구원을 중심으로 체험활동의 개념으로 가야 한다는 주장에 무게를 두고 있는 추세라고 할 수 있다.

한편 외국문헌에서는 청소년활동에 대한 명확한 정의를 내리지 않고, 대체로 청소년기에 필요한 발달과업을 수행하기 위한 제반활동이라는 개념으로 사용하고 있으며, 청소년을 대상으로 한 교과 외 활동(extracurricular activity), 구조화된 활동(structured/constructive activity), 학교 밖 활동(out-of-school activity), 신체활동(physical activity) 등의 개념을 사용하고 있다(진은설・임영식, 2008).

학습정리

청소년활동의 필요성은 다음과 같다.

첫째, 청소년의 가사노동참여 기회가 사라지면서 가족구성원의 역할과 가족 간 협력관계를 습득할 수 있는 기회도 상실되었다.

둘째, 교통수단 및 교통체계의 발달로 인해 가까운 거리도 청소년들이 직접 걸어다녀야 할 필요가 사라졌기 때문에 가벼운 신체움직임조차 점차 줄어들고 있다.

셋째, 생활양식의 도시화는 청소년들의 일상에서 자연의 요소를 빼앗아 갔고 이로 인해 청소년들이 산, 바다, 들과 같은 곳에 갈 기회가 줄어들었으며 이러한 곳들은 장시간 교통수단을 이용해서 도달해야 하는 곳이 되었다.

넷째, 입시 위주의 학교교육 역시 인격 도야나 인간성 함양을 우선적인 목적으로 할 수 없고, 지식습득 위주의 현상은 청소년들이 밖에서 마음껏 뛰고 놀기보다 실내에서 학업에 전념하게 만들고 있어 청소년의 성장발달을 어렵게 하고 있다. 다섯째, 이러한 환경으로 인해 오늘날의 청소년들은 놀이의 즐거움도 알지 못하며, 자신의 심리적인 불편감을 등교거부나 폭력행위 등으로 표출하는 상황이 벌어지고 있으며, 자신에 대해 돌아보는 기회를 갖기보다 TV, 컴퓨터 등의 대중매체에 의존하고 있는 실정이다.

여섯째, 현대사회의 청소년들은 학업 외에 여가와 일을 함께 하기를 원한다는 것이다.

일곱째, 청소년에 대한 관점이 긍정적으로 변화되었다.

여덟째, 청소년활동이 학교폭력, 왕따 등의 청소년문제를 예방하는 데에도 효과적이라는 것이다.

'청소년활동'은 청소년의 균형 있는 성장을 위하여 필요한 활동과 이러한 활동을 소재로 하는 수련활동 · 교류활동 · 문화활동 등 다양한 형태의 활동을 말한다(청소년기본법 제3조 제3항).

'청소년수련활동'은 청소년이 청소년활동에 자발적으로 참여하여 청소년시기에 필요한 기량과 품성을 함양하는 교육적 활동으로서 청소년지도자와 함께 청소년수련거리에 참여하여 배움을 실천하는 체험활동을 의미한다.

'교류활동'은 청소년이 지역 간, 남북 간, 국가 간의 다양한 교류를 통하여 공동체의식 등을 함양하는 체험활동이다.

'문화활동'은 청소년이 예술활동, 스포츠활동, 동아리활동, 봉사활동 등을 통하여 문화적 감성과 더불어 살아가는 능력을 함양하는 체험활동을 의미한다(청소년활동진흥법 제2조).

이외에 청소년활동의 개념과 유사한 '청소년단체활동', '청소년집단활동', '특별활동', '방과후활동', '창의적 체험활동', '자유학기제' 등이 있다.

연습문제

〈객관식〉

1. 다음의 법적 개념에 대한 설명 중 가장 적절한 것은?

① 교류활동은 예술활동, 스포츠활동, 동아리활동, 봉사활동 등을 통하여 문화적 감성과 더불어 살아가는 능력을 함양하는 체험활동을 말한다.

② 청소년활동은 예술활동, 스포츠활동, 동아리활동, 봉사활동 등을 통하여 문화적 감성과 더불어 살아가는 능력을 함양하는 체험활동을 말한다.

③ 청소년수련활동은 청소년의 균형 있는 성장을 위하여 필요한 활동을 의미한다.

④ 문화활동은 지역 간, 남북 간, 국가 간의 다양한 교류를 통하여 공동체의식 등을 함양하는 체험활동을 말한다.

⑤ 청소년활동은 청소년의 균형 있는 성장을 위하여 필요한 활동과 이러한 활동을 소재로 하는 수련활동·교류활동·문화활동 등 다양한 형태의 활동을 말한다.

정답. ⑤

해설. ① 문화활동, ② 문화활동, ③ 청소년활동, ④ 교류활동

2. 다음 중 청소년활동이 필요한 이유로 적절치 않은 것은?

① 청소년들의 여가시간에 청소년활동을 통해 개개인의 재능과 끼를 마음껏 발휘하고 스트레스를 일정부분 해소할 수 있도록 지원해야 한다.

② 청소년의 조화로운 성장과 발달이라는 목적을 수행하는 과정에서 청소년들의 스트레스가 해소되고 자신의 재능을 발견하게 되어 청소년문제의 예방효과가 있다.

③ 청소년들은 성장과정에 있기 때문에 부정적인 행동으로 여가시간을 보낼 수 있으므로 가급적 그러한 틈을 주지 않는 것이 필요하기 때문이다.

④ 청소년들이 직접 걸어다닐 기회가 많지 않고, 가벼운 신체움직임조차 점차 줄어들면서 신체발달에도 악영향을 미치게 되어 신체활동도 필요하다.

⑤ 지식습득 위주의 현상은 청소년들이 밖에서 마음껏 뛰고 놀기보다 실내에서 학업에 전념하게 만들고 있어 청소년의 성장발달을 어렵게 하고 있다.

정답. ③

해설. 청소년들은 성장과정에 있기 때문에 다양한 것들을 경험할 수 있도록 기회가 주어져야 한다.

3. 다음에서 설명하는 것은 무엇인가?

> 이것은 한 학기 동안 중학생들이 중간・기말고사 등 시험 부담에서 벗어나 꿈과 끼를 찾을 수 있도록 토론, 실험・실습, 프로젝트 학습 등 학생 참여형의 수업으로 개선하고, 진로탐색활동 강화와 함께 다양한 체험활동이 가능하도록 교육과정을 유연하게 운영하는 제도이다.

① 창의적 체험활동 ② 특별활동 ③ 재량활동
④ 자유학기제 ⑤ 입학사정관제

정답. ④

4. 다음의 조항이 명시되어 있는 법령을 고르시오.

> '청소년수련활동'은 청소년이 청소년활동에 자발적으로 참여하여 청소년시기에 필요한 기량과 품성을 함양하는 교육적 활동으로서 청소년지도자와 함께 청소년수련거리에 참여하여 배움을 실천하는 체험활동을 의미한다.

① 청소년기본법 ② 청소년활동진흥법 ③ 청소년육성법
④ 청소년보호법 ⑤ 청소년복지지원법

정답. ②

5. 다음 중 옳은 것은?

① 기존 교육부의 재량활동과 특별활동을 통합하여 강화하고 '창의적 체험활동'을 만들게 되었다.
② 청소년단체활동은 사회적 상호작용을 통해 서로 서로에게 영향을 주는 두 명 혹은 그 이상의 청소년집합이 함께 활동하는 것을 일컫는다.
③ 집단활동은 지역의 실정, 단위학교의 실정, 학생의 실태와 홍미 및 요구수준에 따라 자율적이고 창의적으로 운영될 수 있는 융통성 있는 교육활동영역이다.
④ 창의적 체험활동은 학생들이 학교에서 창의적으로 사고하고 만드는 활동중심의 프로그램을 의미한다.
⑤ 창의적 체험활동의 일환으로 방과후아카데미와 지역아동센터의 프로그램을 들 수 있다.

정답. ①
해설. ② 청소년집단활동, ③ 창의적 체험활동, ④ 창의적 체험활동은 자율활동, 동아리활동, 봉사활동, 진로활동의 4개 영역으로 구분된다. ⑤ 방과후아카데미와 지역아동센터의 프로그램은 방과후활동이다.

〈주관식〉

1. 다음 빈 칸을 각각 채우시오.

( )은 청소년의 균형 있는 성장을 위하여 필요한 활동과 이러한 활동을 소재로 하는 수련활동, 교류활동, ( ) 등 다양한 형태의 활동을 말한다(청소년기본법 제3조 제3항).

정답. 청소년활동, 문화활동

2. 빈칸에 적절한 용어는?

'청소년수련활동'은 청소년이 청소년활동에 ( ) 참여하여 청소년시기에 필요한 기량과 품성을 함양하는 교육적 활동으로서 청소년지도자와 함께 청소년수련거리에 참여하여 배움을 실천하는 체험활동을 의미한다.

정답. 자발적으로

3. 아래에서 말하고 있는 것이 무엇인지 쓰시오.

기존 2007년 개정 교육과정에서의 재량활동과 특별활동 교육과정 편성 및 운영의 문제를 개선하기 위해 2009년 개정 교육과정에서 도입되었다. 자율활동, 동아리활동, 봉사활동, 진로활동의 4개 영역으로 구분하며, 활동의 내용은 학생, 학급, 학년, 학교 및 지역사회의 특성에 맞게 학교에서 선택하여 융통성 있게 운영하도록 하고 있다.

정답. 창의적 체험활동

Chapter 2

청소년활동의 유형

▶ 학습목표

1. 청소년활동의 유형에 대해 이해할 수 있다.
2. 청소년활동의 다양한 유형을 설명할 수 있다.
3. 청소년활동 유형에 따른 분류체계를 이해할 수 있다.

▶ 핵심용어

청소년활동 유형, 청소년활동시설, 활동영역, 청소년수련시설, 청소년이용시설

Chapter 02

청소년활동의 유형

1. 청소년활동의 구분에 따른 유형

1) 법적 개념에 따른 청소년활동의 유형

청소년활동의 개념이 다양하게 논의됨에 따라 청소년활동의 범주도 명확하게 규정하기가 쉽지 않다. 청소년기본법 제3조(청소년활동)에서는 "청소년의 균형 있는 성장을 위하여 필요한 활동과 이러한 활동을 소재로 하는 수련활동 · 교류활동 · 문화활동 등 다양한 형태의 활동"(제3항)을 청소년활동으로서 개념 규정을 하고 있고, 청소년활동진흥법 제2조에서는 다음과 같이 개념들을 규정하고 있다.

① "청소년활동"이라 함은 청소년기본법 제3조제3호에 규정된 청소년활동을 말한다.

② "청소년활동시설"이라 함은 수련활동 · 교류활동 · 문화활동 등 청소년활동에 제공되는 제10조의 규정에 의한 시설을 말한다.

③ "청소년수련활동"(이하 "수련활동"이라 한다)이라 함은 청소년이 청소년활동에 자발적으로 참여하여 청소년시기에 필요한 기량과 품성을 함양하는 교육적 활동으로서 청소년지도자와 함께 청소년수련거리에 참여하여 배움을 실천하는 체험활동을 말한다.

④ "청소년교류활동"(이하 "교류활동"이라 한다)이라 함은 청소년이 지역 간・남북 간・국가 간의 다양한 교류를 통하여 공동체의식 등을 함양하는 체험활동을 말한다.

⑤ "청소년문화활동"(이하 "문화활동"이라 한다)이라 함은 청소년이 예술활동・스포츠활동・동아리활동・봉사활동 등을 통하여 문화적 감성과 더불어 살아가는 능력을 함양하는 체험활동을 말한다.

2) 활동영역에 따른 청소년활동의 유형

권일남・오해섭・이교봉(2010) 역시 청소년활동을 분류하는 것이 사실상 쉽지 않으나, 굳이 구분한다면 청소년들이 참여하는 형태나 방법, 유형, 기타 활동 유형에 따라 구분할 수 있다고 한다. 영역에 따라서는 수련활동, 단체활동, 동아리활동, 학교 특별활동, 종교단체나 시민단체 등 특수기관의 청소년활동 등으로 분류될 수 있고, 공간에 따라서는 학교 청소년활동, 지역사회중심활동, 야외활동 등으로 나뉠 수 있다. 청소년관련법에 따라서는 수련활동, 교류활동, 문화활동 등으로 구분할 수 있고, 활동 프로그램에 따라서는 스포츠활동, 문예활동, 봉사활동, 전통문화활동, 과학활동 등 다양하게 분류될 수 있다. 활동영역별로는 청소년수련활동, 청소년단체활동, 청소년동아리활동, 학교의 특별활동, 종교단체나 시민단체 등 특수기관의 청소년활동 등으로 분류될 수 있다.

(1) 청소년수련활동

청소년이 청소년활동에 자발적으로 참여하여 청소년시기에 필요한 기량과 품성을 함양하는 교육적 활동으로서 청소년지도자와 함께 청소년수련거리에 참여하여 배움을 실천하는 체험활동(청소년활동진흥법 제2조 제3항), 청소년의 심신수련을 목적으로 일상생활 및 자연권에서 목적을 갖고 행해지는 모든 활동으로 청소년수련시설 내에서의 활동 프로그램으로는 각종 강좌, 대회, 캠프, 자치활동 등이 있다. 광의적으로는 생활권 혹은 자연권에서 심신을 단련하고, 자질을 배양하며, 다양한 취미를 개발하고, 정서를 함양할 뿐만 아니라, 호연지기를 기르며, 집단활동을 통해 공동체의식과 협동적 사회성을 배양하는 체험활동을 의미한다. 청소년수련활동은 청소년활동에서 그동안 가장 중시되던 영역이었으며, 수련활동의 활성화를 위한 각종 제도와 방안이 마련되어 1993년 이후부터 비약적으로 발전되었다.

특히, 청소년수련활동을 활성화하기 위하여 정부에서는 21세기 청소년상을 설정하고, 이에 기초하여 ① 문화적 감성을 함양하기 위한 수련활동, ② 과학과 정보화 능력을 함양하기 위한 수련활동, ③ 봉사와 협력정신을 배양하기 위한 수련활동, ④ 모험심과 개척정신을 키울 수 있는 수련활동, ⑤ 전문적 직업능력을 준비할 수 있는 수련활동, ⑥ 국제감각을 고양하기 위한 수련활동, ⑦ 환경의식을 함양하기 위한 수련활동, ⑧ 기타 청소년 건전육성에 필요한 수련활동 등 8가지 영역을 중심으로 청소년수련활동이 전개되어 왔다.

그러나 수련활동의 영역은 매우 광범위하기 때문에, 명확하게 규정하는 데 한계가 있다는 문제점이 지속적으로 제기되어 왔다. 특히, 청소년활동과도 비슷한 의미로 해석될 수 있다. 수련이라는 말은 주로 동양에서 사용된 말로, 개인의 인격완성을 위해 수양이라는 말과 함께 사용되어 왔다. 또한 동양인의 관념 속에는 신체의 훈련인 동시에 마음(정신)의 훈련을 의미하는 것으로 여겨져 왔다. 동양인이 중요시했던 수련 또는 수행이란 신체훈련을 의미함과 동시에, 그것을 통해 인간으로서의 정신, 즉 자기의 마음 자체를 단련한다는 의미를 지니고 있다. 따라서 협의적으로는 청소년수련시설에서 이루어지는 활동만을 의미할 수 있지만, 광의적으로는 생활권 혹은 자연권에서 심신을 단련하고, 자질을 배양하며, 다양한 취미를 개발하고, 정서를 함양할 뿐만 아니라, 호연지기를 기르며, 집단활동을 통해 공동체의식과 협동적 사회성을 배양하는 체험활동을 의미한다고 할 수 있다.

(2) 청소년단체활동

청소년단체(공동의 목적을 이루기 위해 결합한 두 사람 이상의 집단)에 가입하여 활동하거나, 단체에서 전개되는 활동에 참여하는 형태의 활동, 학교에서의 특별활동이나 동아리활동, 클럽활동, 또래모임, 그리고 각종 사회・종교단체에서 이루어지는 모든 활동을 총칭하는 개념이다. 단체활동은 개별활동과 대비된 개념으로서, 집단을 통해 이루어지는 체험중심의 활동을 모두 포괄하는 것으로서 대표적인 예가 스카우트, YMCA, 해양소년단에서의 캠프이다. 청소년단체란 청소년의 심리적・사회적 욕구를 건전한 방향으로 이끌어줌과 동시에 조직적인 집단활동을 통하여 청소년 개개인의 인격형성에 직접적인 도움을 주기 위해 생겨난 조직체, 즉 청소년들을 위한 활동의 장으로서 청소년 개개인의 바람직한 사회적 경험과 인격형성에 도움을 주기 위하여 집단활동을 목적으로 결성된 조직체를 말한다. 협의적으로는 청소년육성을 주된 목적으로 설립된 법인체로서 여성가족부에 등록된 단체 혹은 여성가족부 장관이 인정하는 단체를 의미한다. 따라서 협의의 청소년단체활동이란 청소년단체협의회의 회원단체 혹은 여성가족부에 등록되거나, 여성가족부가 인정하는 단체에 가입하여, 소속단체에서 이루어지는 조직적인 집단활동에 참여하는 것을 의미한다고 할 수 있다. 이러한 개념하에 청소년단체활동은 청소년의 단체활동, 즉 "공동의 목적을 이루기 위해 결합한 두 사람 이상의 집단"에서 활동하는 것으로서, 학교에서의 특별활동이나 동아리활동, 클럽활동, 또래모임, 그리고 각종 사회・종교단체에서 이루어지는 모든 활동을 총칭하는 개념이다. 특히, 단체활동은 개별활동과 대비된 개념으로서, 집단을 통해 이루어지는 체험중심의 활동을 모두 포괄하는 것이라 할 수 있다.

(3) 청소년동아리집단활동

'동아리'란 "비슷한 것끼리 작게 뭉쳐진 것"을 의미한 것으로, 1970년대 대학가를 중심으로 '서클'의 순 우리말로 사용되기 시작해, 현재에는 중・고등학교에서 널리 사용되고 있다. 공통된 관심사나 흥미, 취미활동을 위해 관심이 같은 청소년들이 집단을 형성하여 자율적으로 활동하는 자생적인 집단활동, 청소년들의 자주적 · 자생적 활동으로서 취미, 소질, 가치관, 문제의식을 공유하는 자치활동으로 그룹사운드, 댄스(소속과 무관하게 활동하기도 함), 학교나 수련시설에 동아리로 소속되어 활동한다. 동아리활동은 그룹활동, 서클활동, 클럽활동과 비슷한 의미로 사용되고 있으나, 그 의미는 약간씩 차이가 있다. 그룹활동은 주장을 같이 하는 소집단이고, 서클은 같은 취미를 가진 사람들의 동호회 모임을 의미하며, 클럽은 동아리활동의 공간적 제한 개념으로 학교의 교과과정상에서 사교, 문예, 오락 등 공통의 목적을 갖고 결합된 여러 사람의 모임체를 의미한다. 동아리활동은 소그룹적 성격을 가지고 있고, 각각의 활동내용이 취미나 오락, 토론, 사회참여활동 등의 다양한 성격과 지속성을 가진 모임체로서, 그룹, 서클, 클럽의 모든 요소를 갖춘 통합적 개념이라 할 수 있다. 또한, 공통의 목적과 관심사에 의해 형성/운영되는 작은모임이란 의미에서 일정한 관계를 가진 구성원들의 존재가 서로 인정되며, 공통의 목적을 가지고, 자율적인 활동과 상호 보완적인 관계가 두드러진다는 특징이 있다.

청소년동아리활동은 청소년들이 학교라는 제한된 공간에서 학생으로서의 사회적 지위와 역할을 넘어 자발적이고, 능동적인 사회체험을 할 수 있는 물리적/심리적 공간에서의 실천활동이라 할 수 있다. 이러한 청소년동아리활동에는 학교에서 이루어지는 공식적인 동아리활동과 동아리형태의 모임을 구성하여 일정한 규칙이나 규범 없이 활동하는 비공식동아리, 인터넷상의 사이버동아리, 지역사회 청소년 관련시설 및 단체에서 취미나 욕구에 의해 움직이는 동아리, 사회문제나 인권 등을 주제로 모임을 갖고 있는 동아리, 시민단체와 연계한 운동성격을 갖는 동아리 등 다양하다.

(4) 학교의 특별활동

학교에서 정규교과, 지식 습득의 목적을 제외한 특별활동, 재량활동 등 학생의 심신도야와 잠재능력개발을 위해 행해지는 모든 활동, 7차 교육과정에서 학생들의 집단적・자주적・실천적 활동을 강조하면서 자치활동, 적응활동, 계발활동, 봉사활동, 행사활동 등 5대 영역으로 확대/개편되었다.

(5) 종교단체 및 시민단체 등 특수기관의 청소년활동

각 종교에서 이루어지는 청소년활동으로, 종교의 이념과는 무관하게 이루어지는 모든 청소년활동으로 최근의 형태는 종교 및 시민단체가 청소년수련시설을 위탁받아 운영하므로, 종교 및 시민단체 주최의 활동이라기보다는 해당 시설 내에서 청소년활동 프로그램을 실시하는 것이다.

3) 활동공간에 따른 청소년활동의 유형

청소년활동이 이루어지는 공간에 따라서는 학교의 청소년활동, 지역사회중심의 청소년활동, 야외에서의 청소년활동으로 분류할 수 있다.

① 학교의 청소년활동(특별활동과 방과후활동)은 학교에서 지식교육을 위한 정규 교육과정 이외에 수행되는 비교과활동이나 클럽활동으로서, 자치활동, 적응활동, 개발활동, 봉사활동, 행사활동 등이 여기에 해당된다.

② 지역사회중심의 청소년활동으로는 지역사회에서 행해지는 생활권 청소년활동으로서, 스포츠활동, 문예활동, 봉사활동, 예비직업인활동 등의 1일활동과 근린숙박활동 등 1박 2일, 또는 2박 3일인 단기간에 실시되는 여행, 하이킹, 문화권탐방활동 등이 여기에 해당된다.

③ 야외에서 이루어지는 청소년활동은 주로 자연권에서 행하여지는 3박 4일 이상의 장기간에 걸쳐 수행되는 활동으로서, 국토탐사활동이나 나라사랑대행진 등을 들 수 있다.

4) 활동목적에 따른 청소년활동의 유형

활동목적에 따른 청소년활동의 유형으로는 청소년문화활동, 청소년상담활동, 청소년모험 및 개척활동, 청소년리더십활동, 청소년직업체험활동, 청소년과학정보활동, 청소년봉사활동, 청소년국제교류활동 등으로 분류할 수 있다.

① 청소년문화활동은 청소년들의 문화적 감성을 함양하는 체험활동을 의미한다. 그동안 기성세대들은 청소년문화를 미숙한 문화, 하위문화, 저항문화, 비행문화 등으로 보면서, 소비지향적이고 놀이지향적이며 쾌락지향적인 속성을 갖는 것으로 규정하기도 하였다. 그러나 청소년들은 자신만의 특별한 문화를 만들기를 좋아하며, 그것을 성인이 인정하든 그렇지 않든 간에 또래집단의 독특한 문화를 만들고, 향유하며, 새로운 세대로서의 가치관을 형성하면서 살아가기를 희망하는 세대이므로 문화예술활동뿐만 아니라 생활문화, 영상문화, 놀이문화, 전통문화, 환경문화, 출판문화, 창작활동 등 다양한 활동과정에 참여함으로써 문화적 감성과 더불어 살아가는 능력을 함양하는 체험활동이 여기에 해당된다.

② 청소년상담활동은 신체적 · 정서적 · 인지적 · 사회적 성장이 급격하게 이루어지는 과도기적 발달단계에서 겪게 되는 어려운 심리적 문제를 해결하고, 성장을 촉진하는 고도의 전문화된 상담과정에서 참여하는 것을 의미한다. 또래상담과 같이 활동에 참여하는 것이다.

③ 청소년모험활동 및 개척활동은 자연환경 속에서 위기와 긴장의 상황을 의도적으로 만들어 내거나, 이러한 상황을 이용해서 행하는 모든 활동으로, 경우에 따라서는 생존훈련프로그램이라고도 한다. 특히 모험/개척활동은 불확실성과 비일상성의 특징으로 인해 탐험요소가 가미된 활동이라 할 수 있다. 모험활동이 성공적으로 이루어지기 위해서는 신체적 측면과 정신적 측면이 상호 의존적으로 밀접하게 연계되어야 하고 모험활동은 자연환경 속에서 청소

년들이 모험적인 행동을 통하여 참가자의 자아발견, 인간관계의 이해, 야외생존기술의 습득을 동시에 꾀하여야 한다.

④ 청소년 리더십 능력개발활동은 청소년기는 리더십 발달의 결정적인 시기이며, 청소년기의 리더십 개발은 청소년들의 자신에 대한 이해를 높이고, 원만하고 진취적인 생활을 하게 하며, 위험행동을 예방하고, 성공적인 성인기를 위한 도약의 발판이 된다.

⑤ 청소년직업체험활동은 청소년들이 자신의 진로발달을 촉진시켜, 자신의 진로를 계획하고, 직업을 선택하게 하며, 선택된 직업에 대해 준비하는 일련의 과정을 필요로 한다. 청소년 개개인의 올바른 직업선택을 위해 직업체험을 통한 다양한 경험을 선택적으로 미리 해보게 함으로써 청소년기에 일에 대한 의미와 직업세계에 긍정적인 판단을 도출하게 하기 위한 활동이다.

⑥ 청소년과학정보활동은 첨단 과학기술과 지식기반사회, 유비쿼터스사회로의 전환에 따라 요구되는 다양한 능력과 기술, 태도를 습득하는 것과 관련된 활동을 하는 것을 의미한다.

⑦ 청소년자원봉사활동은 경험학습의 일종으로서, 자신의 정신적・육체적 자원을 활용하여 자발적인 의도로 타인이나 사회를 위해 계획을 가지고, 어떠한 대가도 요구하지 않으면서, 일정기간 동안 지속적으로 수행함으로써 보람과 재미를 느끼고 자신이 가진 재능이나 소질을 발견하며, 자신이 살아갈 공동체적 삶의 영역을 체험함으로써, 건강한 인성을 형성해 나가는 청소년활동이다. 자원봉사활동은 기존 사회의 요구나 문제에 개입하여, 이의 해결을 돕고자 하는 데에서 청소년 자체 활동적 성격이 강한 수련활동과 차이가 있으며, 사회와의 연계가 필수적이라는 점에서 사회에 대한 직접적인 체험활동이라 할 수 있다.

⑧ 청소년교류활동은 청소년이 지역 간, 남북 간, 국가 간의 다양한 교류를 통하여 공동체의식을 함양하는 체험활동을 말한다. 여기에서 지역 간 교류는 도

농교류와 같은 국가 내의 문화권 교류를 의미하며, 남북 간 교류는 분단이라는 특수상황 속에서 통일과 화합을 촉진하기 위한 교류활동을 의미한다. 교포청소년교류는 해외에 나가 있는 한민족 청소년을 공동체의 일원으로 의식하고, 국내 청소년과의 교류와 소통을 증진시키는 활동이다. 국제청소년교류는 수행 주체에 따라 정부 간, 지자체 간, 청소년단체 간 교류로 분류되며, 교류내용에 따라 일반교류, 연구, 국제회의, 국제행사 등으로 분류된다.

5) 조사 및 연구에서 사용된 청소년활동의 유형

2011년 한국청소년활동진흥원에서 조사된 청소년활동 조사에서의 분류틀에서 청소년활동의 개념은 자신의 특기나 적성개발을 위하여 또는 취미・여가생활을 즐기기 위하여 교과수업과 관련된 학교 정규수업시간과 보습학원 이외에 하는 활동으로, 수련활동・교류활동・문화활동・봉사활동 등 다양한 형태의 활동을 말한다. 미술・피아노・태권도 및 각종 체육활동 등은 청소년활동이지만 교과 성적과 관련된 국어・영어・수학 등은 제외되었다.

표 2-1 청소년활동의 유형

청소년단체활동	한국스카우트연맹, 한국걸스카우트연맹, 한국해양소년단연맹 청소년적십자(RCY), 한국청소년연맹(아람단, 누리단) 한국4-H연맹, 한국우주정보소년단, YMCA, YWCA 등
청소년시설이용활동	청소년수련관, 청소년문화센터, 청소년문화의집, 청소년수련원 등
강좌 및 교육 프로그램	컴퓨터, 바둑, 논술, 댄스, 악기(피아노, 바이올린 등) 리더십, 경제교육 등(※입시 및 교과성적과 관련된 학교수업과 교습학원 수강 제외)
스포츠활동	농구, 야구, 축구, 수영, 에어로빅, 배드민턴, 조깅, 요가, 태권도, 검도, 합기도 등 (※입시를 위한 과외활동 및 학교 교육내 활동 제외)
자율활동	학습, 건강, 교우 등의 상담활동, 학생회활동, 행사활동청소년정책참여(청소년특별회의 청소년운영위원회) 등

동아리활동	동호회, 사이버동아리, 학교연합동아리 등
과학정보활동	모형제작, 생명과학, 생활과학, 천체관측, 영상매체활동 등
청소년축제 및 행사활동	청소년축제, 청소년문화존, 주말청소년체험활동, 청소년의 달 행사 참가 등
단체수련활동(캠프)	청소년활동, 시설, 단체 또는 교회 등에서 주관하는 캠프 등
교류활동	국제청소년교류, 남북청소년교류, 농촌교류, 다문화교류, 세계문화, 비교체험
모험개척활동	탐사・등반활동, 야영활동, 해양활동, 오지탐사, 극기훈련, 수상훈련, 병영체험 등
문화예술활동	마술・만화・무용・뮤지컬・연극 등의 관람. 지역문화・세계문화활동, 전통문화활동 등
봉사활동	일손돕기, 위문활동, 지도활동, 캠페인활동, 자선・구호활동, 해외봉사활동 등 (※교내봉사활동 제외)
진로직업활동	진로체험활동, 진로계획활동, 진로정보탐색, 진로상담, 직업・직장체험 등
환경보존활동	생태활동, 환경탐사, 숲 체험, 환경음식 만들기, 환경 살리기, 환경・시설 보존활동 등
건강보건활동	약물예방활동, 흡연・음주・약물・비만예방, 안전・응급처치, 성교육활동 등

또한 한국청소년정책연구원 청소년 패널조사에서의 분류틀은 청소년수련활동은 첫째, 학교에서 단체로 심신수련(극기훈련)・캠프(야영)・청소년수련 프로그램에 참여하는 활동, 둘째, 소속된 동아리나 소속된 청소년단체에서 단체로 청소년수련 프로그램에 참여하는 활동, 셋째, 개인적으로 청소년단체・사회단체・사설학원에서 주관, 매개하는 청소년수련프로그램에 참여하는 활동, 반드시 1일, 1박2일, 2박3일, 3박4일 등의 수련 프로그램에 참여한 경우를 의미하였다.

6) 활동시설에 따른 청소년활동의 유형

청소년활동이 이루어지는 시설에 따라서는 생활체육시설에서의 청소년활동, 심신수련시설에서의 청소년활동, 복지시설에서의 청소년활동, 문화여가시설에서의 청소년활동, 정보활동시설에서의 청소년활동, 야영캠프활동시설에서의 청소년활동 등으로 분류할 수 있다. 청소년활동시설이란 수련활동, 문화활동, 봉사활동 등 각종 청소년활동을 위해 제공되는 시설을 말한다. 2005년에 개정된 청소년활동진흥법에서는 이러한 청소년활동시설의 종류를 청소년수련시설과 청소년이용시설로 구분하고 있다(청소년활동진흥법 제10조).

청소년수련시설은 기능이나 수련거리, 입지적 여건 등에 따라 다양한 유형으로 구분된다. 2005년 이전까지는 생활권수련시설(청소년수련관, 청소년문화의집), 자연권 수련시설(청소년수련원, 청소년야영장), 그리고 유스호스텔로 구분되었다. 그러나, 2005년부터는 새롭게 개정된 청소년활동진흥법에 의해 청소년수련관, 청소년수련원, 청소년문화의집, 청소년특화시설, 청소년야영장, 유스호스텔 등 6개 시설 유형으로 구분하였다.

① 청소년수련관: 다양한 수련거리를 실시할 수 있는 각종 시설 및 설비를 갖춘 종합수련시설

② 청소년수련원: 숙박기능을 갖춘 생활관과 다양한 수련거리를 실시할 수 있는 각종 시설과 설비를 갖춘 종합수련시설

③ 청소년문화의집: 간단한 수련활동을 실시할 수 있는 시설 및 설비를 갖춘 정보·문화·예술중심의 수련시설

④ 청소년특화시설: 청소년의 직업체험·문화예술·과학정보·환경 등 특정목적의 청소년활동을 전문적으로 실시할 수 있는 시설과 설비를 갖춘 시설

⑤ 청소년야영장: 야영에 적합한 시설 및 설비를 갖추고, 수련거리 또는 야영편

의를 제공하는 수련시설

⑥ 유스호스텔: 청소년의 숙박 및 체재에 적합한 시설·설비와 부대·편의시설을 갖추고, 숙식편의제공, 여행청소년의 활동지원 등을 주된 기능으로 하는 시설

청소년활동진흥법에서는 전국의 청소년이 이용할 수 있는 국립청소년수련시설을 설치·운영하도록 명시하고 있다. 이러한 역할을 담당할 시설로 「국립중앙청소년수련원」, 「국립평창청소년수련원」 및 「국립고흥청소년우주체험센터」, 「국립김제청소년농업생명체험센터」, 「국립영덕청소년해양환경체험센터」를 건립·운영 중이다.

국립중앙청소년수련원은 청소년수련 프로그램의 개발·보급 및 시범운영, 청소년지도자의 양성 및 연수, 국내·외 청소년교류 및 수련시설 간의 네트워크정보 제공 등의 기능을 수행하기 위하여 설립된 국립수련시설이다. 충청남도 천안시 목천면 독립기념관 내(동곡)에 부지 547,160m^2, 연면적 35,144m^2 내외 규모로 약 640억 원의 예산을 투입하여 2001년 6월에 준공되었다.

국립평창청소년수련원은 자연권 청소년수련활동의 시범적 운영 및 총괄·지원을 위한 자연권 수련시설로서, 수련시설에 대한 지원과 청소년수련활동 운영의 새로운 방향을 제시하는 기능을 수행하고 있다. 강원도 평창군 용평면 백옥포리에 부지 483,818㎡, 연면적 18,539m^2 규모에 약 240억 원의 예산을 투입하여 1998년 10월에 준공되었다.

국립고흥청소년우주체험센터는 우주분야에 대해 전문화·특성화된 수련시설로서, 청소년 우주체험활동의 장을 해외에서 국내로 전환하여 우리나라 청소년들에게 우주체험활동의 기회를 제공하려는 목적으로 건립된 국립수련시설이다. 전라남도 고흥군 동일면 덕흥리에 부지 282,617m^2, 연면적 14,075m^2 규모의 우주체험관, 우주생활관 등을 약 495억 원의 예산을 투입하여 2010년 7월에 준공되었다.

국립김제청소년농업생명체험센터는 농업생명체험에 대해 전문화・특성화된 수련시설로서, 생명과학・농업기술・생태환경의 특화된 체험을 제공하려는 목적으로 건립된 국립수련시설이다. 전라북도 김제시 부량면 용성리에 부지 37,932m^2, 연면적 10,871m^2 규모의 농・생명 실험시설 등을 약 220억 원의 예산을 투입하여 2013년 7월에 준공되었다.

국립영덕청소년해양환경체험센터는 해양환경체험에 대해 전문화・특성화된 수련시설로서, 해양자원 개발 및 기술발전에 대한 비전을 제시하려는 목적으로 건립된 국립수련시설이다. 경상북도 영덕군 영덕읍 창포리에 부지 49,730m^2, 연면적 13,506m^{2}에 해양환경체험시설 등을 약 372억 원의 민간자본을 투입하여 2013년 7월에 준공되었다.

그리고 지방자치단체에서도 청소년수련시설의 설치를 위하여 노력하고 있는데, 1990년부터 지방양여금이 청소년시설 건립에 사용되면서 지방자치단체의 청소년수련시설 설치사업에 중요한 재원으로 활용되었으며, 2005년부터는 국가균형발전특별회계(2010년도부터는 광역지역발전특별회계로 회계명칭 변경)에 의한 지원으로 건립되고 있다. 지방자치단체가 건립하는 청소년수련시설은 주로 생활권수련시설로, 행정구역별로 1개소씩 건립하는 것을 목표로 하고 있다. 청소년활동진흥법에 따르면 지방자치단체는 시・군・구에 청소년수련관을 1개소 이상 설치・운영해야 하며, 읍・면・동에는 청소년문화의집을 1개소씩 설치하여야 할 의무를 지닌다.

여성가족부에서는 지방자치단체의 수련시설 신규건립과 더불어 기존 시설의 기능보강을 적극 유도하고 있으며, 청소년의 이용률 제고를 위하여 부지 선정 시 청소년의 접근성 확보를 최우선적으로 검토하도록 하고 있다. 2012년에는 청소년수련시설 27개소 신규건립 및 기존 시설 39개소에 대하여 기능보강을 지원하였으며, 2013년도에는 37개소 신규건립, 35개소 기능보강을 지원 중이다.

청소년활동진흥법에 따르면 국립 및 지방자치단체가 수련시설을 설치하려고 할 경우, 입지조건이나 내부구조, 설계사항 등 건립의 타당성에 관한 내용을 포함한 기본계획을 수립하여 수련시설건립심의위원회의 심의를 받은 후 시행하여야 한다. 수련시설건립심의위원회의 위원은 5인 이상 10인 이내로 구성하며, 위원 중 청소년 및 청소년전문가의 참여비율을 각각 5분의 1 이상으로 해야 한다. 또한 생활공간 주변에서 손쉽게 청소년활동을 할 수 있도록 하기 위해 주택단지 안에 청소년수련시설 설치를 의무화하였고, 이에 따라 주택건설 사업계획 또는 대지조성사업계획의 승인을 얻어 사업을 시행하는 자가 3,000호를 초과하여 주택을 건립하는 경우 기본계획에 수련시설을 포함하도록 하였다. 정부에서는 2006년도부터 정책적으로 수련시설의 안전관리 강화를 위해 주요 구조부의 균열, 내구성 저하 등의 위험사항, 석축, 옹벽, 담장 및 부대시설의 안전성, 전기, 기계, 소방 및 냉・난방시설의 유지관리 상태, 기타 관리 주체의 안전의식 및 재난관리체계 구축 여부 등의 안전관리 실태를 점검함으로써 안전사고를 미연에 방지토록 하고 있다(청소년활동진흥법에 감독기관의 종합안전점검 법적 근거 마련, 2013.11.29. 시행).

청소년활동진흥법에 따르면, 수련시설 운영대표자는 정기 및 수시안전점검을 실시해야 하며, 그 결과를 특별자치도지사・시장・군수・구청장에게 제출해야 한다. 특별자치도지사・시장・군수・구청장은 수련시설이 청소년활동진흥법 제18조의 안전기준에 미달한 경우에는 시정을 명령할 수 있으며, 수련시설을 운영하는 자 또는 위탁단체가 시정명령을 위반할 경우에는 동법 제72조에 의거 과태료를 부과할 수 있도록 되어 있다. 아울러 동법 제25조에서는 수련시설 운영자로 하여금 이용자에게 발생한 생명・신체상의 손해를 배상하기 위하여 보험에 가입하도록 규정하고 있다. 또한 2006년도부터는 청소년시설에 대한 종합평가를 실시, 그 결과를 공표함으로써 각 청소년시설 운영 주체들에게 상황 개선 및 위상을 제고토록 유도하고 있다.

청소년이용시설은 청소년수련시설은 아니지만, 설치목적의 범위 내에서 청소년활동의 실시와 청소년의 건전이용 등에 제공할 수 있는 시설을 의미한다. 청소년이용시설로는 문화예술시설, 과학관, 체육시설, 평생교육시설, 자연휴양림, 수목원, 사회복지관, 그리고 시민회관, 공원, 광장, 고수부지, 그 밖에 이와 유사한 공공시설로서 수련활동이나 청소년여가선용에 적합한 시설들이 여기에 해당된다. 시장이나 군수, 구청장은 청소년이용시설 중 청소년지도사를 배치한 시설에 대해서는 청소년이용권장시설로 지정하여 다른 청소년이용시설에 비해 우선적으로 지원할 수 있다.

(1) 문화예술시설

문화예술시설로는 청소년들의 정서함양을 위해 국가가 건립한 국립중앙극장, 국립중앙박물관, 국립현대미술관, 국립국악원, 국립민속박물관, 국립중앙도서관 등이 있으며, 각 지역별로 박물관, 미술관, 도서관, 문예회관, 지방문화원 등의 시설이 있다. 문화공간은 공연시설(공연장, 영화상영관, 야외음악당 등), 전시시설(박물관, 미술관, 화랑, 조각공원), 도서시설(도서관, 문고), 지역문화복지시설(문화의집, 복지회관, 문화체육센터, 청소년수련시설), 문화보급전수시설(지방문화원, 국악원, 전수회관) 등으로 분류된다.

(2) 과학관

과학관 중 대표적인 이용시설로는 국립중앙과학관과 국립서울과학관이 있다. 국립중앙과학관의 상설전시관에는 4개 분야 약 4,100여 점의 전시품이 전시되고 있다. 이 밖에 탐구관, 천체관, 영화관, 특별전시관, 야외전시장 등을 갖추고 있다. 국립서울과학관은 상설전시관, 특별전시관, 영화관, 과학교실, 세미나실, 놀이 및 휴식 공간 등의 공간을 갖추고 있다.

(3) 체육시설

우리나라의 체육시설은 정부의 지속적인 투자로 양과 질적인 측면에서 괄목할 만한 성장을 이루어 왔다. 정부는 국민의 건전한 여가선용과 생활체육활동을 증진하기 위하여 국민이 집 주변에서 쉽게 접근할 수 있는 생활체육시설과 전문선수의

육성을 위한 전문체육시설의 건설을 지원해 왔으며, 각종 국제경기대회 등의 개최를 계기로 국제수준의 체육시설을 확충하고 있다. 현재 정부가 지원하고 있는 공공체육시설의 종류로는 생활체육공원, 국민체육센터, 마을단위 생활체육시설, 동네운동장, 길거리농구대, 시·군 기본체육시설 등이 있다.

이외에도 청소년활동을 교육활동, 훈련활동, 봉사활동, 레크리에이션활동 등으로 분류할 수 있으며 청소년활동시설의 터전에 따라서 청소년활동은 생활권활동과 자연권활동으로 구분할 수 있다. 생활권 수련활동으로는 청소년수련관, 청소년문화의집 등 생활권 청소년시설에서 이루어지는 청소년활동이 해당되며 자연권 수련활동으로는 청소년수련원, 청소년야영장, 유스호스텔 등 자연권 청소년시설에서 이루어지는 청소년활동을 의미한다. 활동기간에 따라서 ① 당일 청소년활동, ② 1박 청소년활동, ③ 단기활동, ④ 장기활동 등으로 분류되기도 하며, 인원과 규모에 따라서도 ① 단독활동, ② 2인활동, ③ 소집단활동, ④ 반활동, ⑤ 합동활동, ⑥ 연합활동, ⑦ 전국활동, ⑧ 국제활동 등으로 분류할 수 있다.

학습정리

법적 개념에 따른 청소년활동의 유형으로 청소년기본법 제3조(청소년활동)에서는 "청소년의 균형 있는 성장을 위하여 필요한 활동과 이러한 활동을 소재로 하는 수련활동 · 교류활동 · 문화활동 등 다양한 형태의 활동"(제3항)을 청소년활동으로서 개념을 규정하고 있다.

청소년활동의 유형은 청소년들이 참여하는 형태나 방법, 유형, 기타 활동 유형에 따라 구분할 수 있다. 영역에 따라서는 수련활동, 단체활동, 동아리활동, 학교 특별활동, 종교단체나 시민단체 등 특수기관의 청소년활동 등으로 분류될 수 있고, 공간에 따라서는 학교 청소년활동, 지역사회중심활동, 야외활동 등으로 나뉠 수 있다. 청소년관련법에 따라서는 수련활동, 교류활동, 문화활동 등으로 구분할 수 있고, 활동 프로그램에 따라서는 스포츠활동, 문예활동, 봉사활동, 전통문화활동, 과학활동 등 다양하게 분류될 수 있다. 활동영역별로는 청소년수련활동, 청소년단체활동, 청소년동아리활동, 학교의 특별활동, 종교단체나 시민단체 등 특수기관의 청소년활동 등으로 분류될 수 있다.

이외에도 청소년활동을 교육활동, 훈련활동, 봉사활동, 레크리에이션활동 등으로 분류할 수 있으며 청소년활동시설의 터전에 따라서 청소년활동은 생활권 활동과 자연권활동으로 구분할 수 있다. 생활권 수련활동으로는 청소년수련관, 청소년문화의집 등 생활권 청소년시설에서 이루어지는 청소년활동이 해당되며 자연권 수련활동으로는 청소년수련원, 청소년야영장, 유스호스텔 등 자연권 청소년시설에서 이루어지는 청소년활동을 의미한다. 활동기간에 따라서 ① 당일 청소년활동, ② 1박 청소년활동, ③ 단기활동, ④ 장기활동 등으로 분류되기도 하며, 인원과 규모에 따라서도 ① 단독활동, ② 2인활동, ③ 소집단활동, ④ 반활동, ⑤ 합동활동, ⑥ 연합활동, ⑦ 전국활동, ⑧ 국제활동 등으로 분류할 수 있다.

연습문제

〈객관식〉

1. 청소년활동 유형에 관한 설명으로 올바른 것을 모두 고르시오.

① 청소년문화활동은 청소년들의 문화적 감성을 함양하는 체험활동을 의미한다.
② 청소년과학정보활동은 첨단과학기술과 지식기반사회, 유비쿼터스사회로의 전환에 따라 요구되는 다양한 능력과 기술, 태도를 습득하는 것과 관련된 활동을 하는 것을 의미한다.
③ 청소년 모험활동 및 개척활동은 자연환경 속에서 위기와 긴장의 상황을 의도적으로 만들어 내거나, 이러한 상황을 이용해서 행하는 모든 활동으로, 경우에 따라서는 생존훈련프로그램이라 불리기도 한다.
④ 청소년교류활동은 청소년이 지역 간, 남북 간, 국가 간의 다양한 교류를 통하여 공동체의식을 함양하는 체험활동을 말한다.
⑤ 청소년자원봉사활동은 자신의 진로발달을 촉진시켜, 자신의 진로를 계획하고 직업을 선택하게 하며, 선택된 직업에 대해 준비하는 일련의 과정을 필요로 한다.

정답. ①, ②, ③, ④
해설. ⑤는 청소년 직업체험활동에 관한 설명이다.

2. 청소년활동 유형에 관한 설명으로 틀린 것을 고르시오.

① "청소년수련활동"은 청소년이 청소년활동에 자발적으로 참여하여 청소년시기에 필요한 기량과 품성을 함양하는 교육적 활동으로서 청소년지도자와 함께 청소년수련거리에 참여하여 배움을 실천하는 체험활동을 말한다.
② "청소년교류활동"은 청소년이 지역 간・남북 간・국가 간의 다양한 교류를 통하여 공동체의식 등을 함양하는 체험활동을 말한다.
③ "청소년문화활동"은 청소년이 예술활동・스포츠활동・동아리활동・봉사활동 등을 통하여 문화적 감성과 더불어 살아가는 능력을 함양하는 체험활동을 말한다.
④ 청소년활동은 영역에 따라 학교 청소년활동, 지역사회중심활동, 야외활동 등으로 나눌 수 있다.
⑤ 단체활동은 개별활동과 대비된 개념으로서, 집단을 통해 이루어지는 체험중심의 활동을 모두 포괄하는 것이다.

정답. ④
해설. 공간에 따른 청소년활동의 유형 구분이다.

3. 청소년동아리집단활동에 관한 설명으로 틀린 것을 고르시오.

① 공통된 관심사나 흥미, 취미활동을 위해 관심이 같은 청소년들이 집단을 형성하여 자율적으로 활동하는 자생적인 집단활동이다.
② 자생적인 집단활동, 청소년들의 자주적·자생적 활동으로서 취미, 소질, 가치관, 문제의식을 공유하는 자치활동으로 그룹사운드, 댄스(소속과 무관하게 활동하기도 함) 학교나 수련시설에 동아리로 소속되어 활동한다.
③ 동아리활동은 그룹활동, 서클활동, 클럽활동과 비슷한 의미로 사용되고 있으며, 그 의미는 동일하다.
④ 동아리활동은 소그룹적 성격을 가지고 있고, 각각의 활동내용이 취미나 오락, 토론, 사회참여활동 등의 다양한 성격과 지속성을 가진 모임체로서, 그룹, 서클, 클럽의 모든 요소를 갖춘 통합적 개념이라 할 수 있다.
⑤ 청소년동아리활동은 청소년들이 학교라는 제한된 공간에서 학생으로서의 사회적 지위와 역할을 넘어 자발적이고, 능동적인 사회체험을 할 수 있는 물리적/심리적 공간에서의 실천활동이라 할 수 있다.

정답. ③
해설. 동아리활동은 그룹활동, 서클활동, 클럽활동과 비슷한 의미로 사용되고 있으나, 그 의미는 약간씩 차이가 있다.

4. 청소년수련시설에 관한 설명으로 잘못 짝지어진 것을 고르시오.

① 청소년수련관 : 다양한 수련거리를 실시할 수 있는 각종 시설 및 설비를 갖춘 종합수련시설
② 청소년수련원 : 숙박기능을 갖춘 생활관과 다양한 수련거리를 실시할 수 있는 각종 시설과 설비를 갖춘 종합수련시설
③ 청소년문화의집 : 간단한 수련활동을 실시할 수 있는 시설 및 설비를 갖춘 정보·문화·예술중심의 수련시설
④ 청소년특화시설 : 청소년의 직업체험·문화예술·과학정보·환경 등 특정목적의 청소년활동을 전문적으로 실시할 수 있는 시설과 설비를 갖춘 시설
⑤ 유스호스텔 : 야영에 적합한 시설 및 설비를 갖추고, 수련거리 또는 야영편의를 제공하는 수련시설

정답. ⑤
해설. 청소년야영장에 관한 설명이다.

5. 청소년이용시설에 관한 설명으로 틀린 것은?

① 청소년이용시설은 청소년수련시설은 아니지만, 설치목적의 범위 내에서 청소년활동의 실시와 청소년의 건전이용 등에 제공할 수 있는 시설을 의미한다.
② 청소년이용시설로는 문화예술시설, 과학관, 체육시설, 평생교육시설, 자연휴양림, 수목원, 사회복지관, 그리고 시민회관, 공원, 광장, 고수부지, 그 밖에 이와 유사한 공공시설로서, 수련활동이나 청소년여가선용에 적합한 시설들이 여기에 해당된다.
③ 시장이나 군수, 구청장은 청소년이용시설 중 청소년지도사를 배치한 시설에 대해서는 청소년이용권장시설로 지정하여 다른 청소년이용시설에 비해 우선적으로 지원할 수 있다.
④ 정부는 국민의 건전한 여가선용과 생활체육활동을 증진하기 위하여 국민이 집 주변에서 쉽게 접근할 수 있는 문화예술시설의 건설을 지원해 왔다.
⑤ 과학관 중 대표적인 이용시설로는 국립중앙과학관과 국립서울과학관이 있다.

정답. ④
해설. 체육시설에 관한 설명이다.

〈주관식〉

※ 다음의 설명 중 옳은 것은 O, 틀린 것은 X를 표하시오.

1. 청소년기본법 제3조(청소년활동)에서는 “청소년의 균형 있는 성장을 위하여 필요한 활동과 이러한 활동을 소재로 하는 수련활동 · 교류활동 · 문화활동 등 다양한 형태의 활동”(제3항)을 청소년활동으로서 개념을 규정하고 있다.

정답. O
해설. 청소년기본법에서의 청소년활동에 관한 개념 규정이다.

2. 청소년활동이 이루어지는 시설에 따라서는 생활체육시설에서의 청소년활동, 심신수련시설에서의 청소년활동, 복지시설에서의 청소년활동, 문화여가시설에서의 청소년활동, 정보활동시

설에서의 청소년활동, 야영캠프활동시설에서의 청소년활동 등으로 분류할 수 있다.

정답. O
해설. 활동시설에 따른 청소년활동의 유형에 관한 올바른 설명이다.

3. 국립김제청소년농업생명체험센터는 우주분야에 대해 전문화·특성화된 수련시설로서, 청소년 우주체험활동의 장을 해외에서 국내로 전환하여 우리나라 청소년들에게 우주체험활동의 기회를 제공하려는 목적으로 건립된 국립수련시설이다.

정답. X
해설. 국립고흥청소년우주체험센터에 관한 설명이다.

4. (   )는 해양환경체험에 대해 전문화·특성화된 수련시설로서, 해양자원 개발 및 기술발전에 대한 비전을 제시하려는 목적으로 건립된 국립수련시설이다. 경상북도 영덕군 영덕읍 창포리에 부지 49,730㎡, 연면적 13,506㎡에 해양환경체험시설 등 약 372억 원의 민간자본을 투입하여 2013년 7월에 준공되었다.

정답. 국립영덕청소년해양환경체험센터

Chapter 03

청소년활동의 효과

▶ 학습목표

1. 청소년활동의 효과에는 어떠한 것들이 있는지 이해할 수 있다.
2. 청소년활동의 효과성을 청소년 및 학부모에게 설명할 수 있다.

▶ 핵심용어

청소년활동, 효과, 자아존중감, 자기효율성, 학업성취, 생활만족감, 직업성숙도

Chapter 03

청소년활동의 효과[3)]

1. 효과의 개념 및 청소년활동의 효과성

'효과'란 사전적 의미로, 어떤 목적을 지닌 행위에 의하여 드러나는 보람이나 좋은 결과를 의미한다. 외국학자들은 많은 청소년활동 관련 연구에서 청소년활동이 자아존중감을 비롯한 학업성취에 긍정적인 영향을 미치고 있음을 보고하고 있다. 또한 기존의 많은 청소년활동 관련 연구에서 청소년활동은 자아존중감을 비롯한 학업성취, 생활만족감, 직업성숙도에 긍정적인 영향을 미치며 비행 등에는 부정적인 영향을 미치고 있음을 보고하고 있다.

호웰 등(Howell et al., 1990)은 학업성취도와 자존감 등의 영역에서 역동적 활동참가는 긍정적인 영향을 주고 있는 것으로 보고하였으며 보렛과 그린웨이(Borret & Greenaway, 1995; 권일남, 2002에서 재인용)는 청소년활동이 자아존중감, 자아개념, 자기효율성 등의 가치를 얻는다고 하였다. Neil과 Richards(1996; 권일남 외, 2003에서 재인용)은 야외 청소년활동을 통해 자기효능감 능력이 현저히 높아지면서 자신이 수행하는 과업이나 행동의 범위가 크게 확대되어 청소년들의 학업성취도를 제고시켜 준다고 하였다. J. Hattie(1997)는 청소년활동이 자아개념(육체적 능력/외관, 또래관계,

---

3) 김윤나, 박옥식 (2009). 청소년활동의 효과에 관한 비교분석 : 자아존중감, 직업성숙도, 학업성취, 생활만족도, 스트레스, 비행과의 관계를 중심으로. 청소년복지연구, 11(1), pp. 79-99.; 김윤나, 정건희, 최윤진 (2010). 청소년자치활동이 임파워먼트에 미치는 영향. 청소년복지연구, 12(3), pp. 1-23의 원고를 수정 정리함.

일반적, 학문적 자신감, 자기효율성, 가족관계, 자기이해, 행복추구, 독립성), 직업성숙도와 관련된 조직적 능력, 시간관리, 가치, 목표, 학문적 성취[수학, 읽기, GPA(학업성취도)], 인성 변화(여성상/남성상, 성취동기, 감정적 안정성, 공격성, 주장성, 자기통제, 성숙성, 신경증의 감소), 대인관계(협력, 대인관계, 의사소통, 사회적 능력, 행동, 관계개선 기술) 등에 긍정적 영향을 미친다고 한다. 그러나 상습적 범행 등의 비행에는 부정적인 영향을 미친다고 하였다(권일남 외, 2003에서 재인용).

이러한 연구결과들은 우리나라의 선행연구들에서도 비슷하게 보고되고 있다. 허정철(2004)은 수련활동, 자원봉사활동이 청소년의 자아존중감에 통계적으로 유의미한 영향을 준다는 연구결과를 제시하였다. 박병국(2004)의 연구에서는 수련활동과 유사한 스포츠활동 참여자가 비참여자에 비해 자아성취감이 높은 것으로 나타났다. 김동배와 조학래(1997)의 연구에서는 자원봉사활동이 청소년들에게 자기성장, 새로운 것에 대한 도전, 사회에 대한 이해, 이타심, 사회적 일체감 등에 도움이 되었다고 논의하였다. 김선영(1995)은 자원봉사활동에 참여한 청소년들은 자원봉사 인식과 대인관계기술이 증진되었고, 자발적 탐구능력도 개발되었다고 하였다. 손의숙(1998)의 연구에서도 청소년활동은 청소년들의 부족한 여러 가지의 학습내용을 채워줄 뿐만 아니라 자아존중감, 자아개념, 자기효율성 등의 가치를 얻게 하는 것으로 밝혀졌으며, 임근욱(2007)의 연구에서도 청소년활동은 타인과의 관계 개선, 개인의 능력 고양, 개인 삶의 질적 가치 제공 등에서도 효과적이며 학습자와 지도자 간의 상호 집단기술을 발전시키는 데도 높은 효율성을 지녀 궁극적으로 청소년의 전인적 성장과 공동체 의식 함양에 크게 기여하는 것으로 나타났다.

또한 청소년패널연구에서도 이와 유사한 연구결과들이 발견되었다. 정준교(2005)의 연구에서는 아르바이트만 할 때보다 자원봉사를 할 때 여가만족, 삶의 만족, 자아존중감이 더 높은 것으로 나타났으며, 송병국 외(2005)의 연구에서도 수련활동, 자원봉사활동, 동아리활동이 진로성숙과 유의미한 관계가 있음을 밝혀졌다. 한편 김희화(2004)의 연구에서는 청소년 봉사활동이 문제행동과 유의미한 부적 상관이 있는 나타났다.

김윤나(2009)의 연구에서 청소년활동과 자아존중감, 직업성숙도, 학업성취, 생활만족도, 스트레스, 비행 등의 관계는 어떠한지 살펴본 결과, 시기별로 약간씩 다른 청소년활동과 긍정적인 변인 및 부정적인 변인들이 상관관계를 나타내고 있었으나 대체적으로 청소년활동이 긍정적인 요인들과는 통계적으로 유의미한 정적인 상관관계를 갖고 부정적인 요인들과는 부적인 상관관계를 갖거나 통계적으로 유의미하지 않은 관계를 갖고 있음을 알 수 있다.

청소년활동과 각각의 주요 변인들의 보다 정확한 영향력을 파악하기 위하여 시기에 따른 자아존중감, 직업성숙도, 학업성취, 생활만족도, 스트레스, 비행의 변화 특성을 살펴본 결과 청소년들의 자아존중감과 직업성숙도는 학년이 높아질수록 증가하고 이러한 차이들이 통계적으로 유의미하게 나타나지만, 고등학교 1학년에서 2학년 시기에는 이러한 차이가 통계적으로 유의미하지 않는 것으로 나타났다. 학업성취도와 청소년들의 비행경험은 학년이 높아질수록 점차 감소하는 경향을 나타냈으며, 이러한 차이가 통계적으로 유의미한 것으로 나타났다. 청소년들의 삶의 생활만족도는 중학교 3학년 때 가장 높고 고등학교 2학년 때 가장 낮은 것으로 나타났으며 이러한 차이가 통계적으로 유의미한 것으로 나타났다. 스트레스 정도는 중학교 2학년 때 가장 높고 고등학교 2학년 때 가장 낮은 것으로 나타났으나, 시기에 따른 통계적 유의미한 차이를 보이지는 않았다.

자아존중감에 가장 영향을 미치는 청소년활동은 수련활동으로 중학교 2학년을 비롯한 고등학교 1, 2학년에 걸쳐 통계적으로 유의미한 영향을 미치는 것을 알 수 있다. 직업성숙도에 가장 영향을 미치는 활동은 동아리활동과 수련활동이었다. 동아리활동은 중학교 2, 3학년 때 청소년들의 직업성숙에 통계적으로 유의미한 정적인 영향을 미치지만 고등학교 2학년 때는 부적인 영향을 미치는 것으로 나타났다. 수련활동도 직업성숙에 영향을 미치는데 동아리활동과는 시기적으로 약간의 차이가 있는 고등학교 1, 2학년 시기였다. 따라서 중학교 때는 동아리활동을, 고등학교 때는 수련활동을 장려하여 청소년들의 직업성숙도를 높일 수 있을 것이다.

각각의 청소년활동들은 학업성취에 가장 영향을 많이 미치고 있었는데, 시기적으로는 중학교 2, 3학년이었다. 청소년활동 중에서도 가장 영향을 미치는 활동은 수련활동이었다. 생활만족도에는 세 가지 활동 다 시기적인 특성과 함께 영향을 미치고 있었다. 중학교 2학년 시기에는 봉사활동이, 중학교 3학년 시기에는 수련활동이, 고등학교 1학년 시기에는 동아리활동이 유의미한 영향을 미치는 것으로 나타났다. 즉 중학교 2학년 시기의 청소년들은 봉사활동을 통해 삶의 만족감을 느끼고, 중학교 3학년 시기에는 여러 수련활동을 통해, 고등학교 때는 동아리활동들을 통해 삶의 만족감을 느끼는 것이다.

부정적인 요인인 스트레스에는 동아리활동이 중학교 2학년 시기와 고등학교 1학년 시기에 통계적으로 유의미한 영향을 미치는 것을 알 수 있고, 비행에는 동아리활동이 중학교 2학년 시기에 영향을 미치고, 고등학교 2학년 시기에는 봉사활동이 통계적으로 유의미한 영향을 미치는 것을 알 수 있다. 수련활동은 비행에 부적인 영향을 미치고 있어 이 시기에 수련활동을 권장하는 것이 청소년 비행을 줄이는 데 도움이 될 것이다.

시기적으로 살펴보면, 중학교 2학년 때 동아리활동이 직업성숙과 학업성취의 긍정적인 요인과 스트레스와 비행의 부정적인 요인 모두에게 영향을 많이 미치는 것으로 나타났으며, 봉사활동은 학업성취와 생활만족도의 긍정적인 요인에만 통계적으로 유의미한 영향을 미치는 것으로 나타났다. 중학교 3학년 시기에는 수련활동의 경우 학업성취와 생활만족도에, 봉사활동의 경우 학업성취에, 동아리활동의 경우 직업성숙과 학업성취에 유의미한 영향을 미치고 있어 청소년활동이 긍정적인 요인에만 영향을 미치는 것을 알 수 있다.

고등학교 1학년 시기에는 수련활동이 자아존중감, 직업성숙도, 학업성취에 통계적으로 유의미한 영향을 주고 있고, 봉사활동은 학업성취에, 동아리활동은 생활만족도의 긍정적인 요인과 스트레스의 부정적인 요인에 영향을 주는 것으로 나타났다. 고등학교 1학년 시기에는 수련활동이 긍정적인 요인에 가장 많은 영향을 주고 있는 것을 알 수 있다. 고등학교 2학년 시기 역시 수련활동이 고등학교 1학년 시기와 마찬가지로 자아존중감, 직업성숙도, 학업성취에 정적인 영향을 미치고 있으며 비행에도 부정적인 영향을 미치고 있어 학년이 높아질수록 수련활동의 기회를 확대하는 것이 청소년들의 발달상에 좋을 것이라고 예측해볼 수 있다. 이 시기에 봉사활동은 비행에, 동아리활동은 직업성숙도에 부적인 영향을 미치고 있어 고등학교 2학년 시기에는 다른 청소년활동보다 수련활동에 적극 참여하도록 권장할 수 있다.

또한 세부 청소년활동 중에서 이러한 주요 변인에 영향을 미치는 활동은 무엇인지에 대해서도 검토해 보았다. 청소년수련활동은 1차년도와 3, 4차년도의 자아존중감에 유의한 영향을 미치는 것으로 나타났고 자원봉사활동은 고등학교 1학년 시기에 자아존중감에 영향을 미치는 것으로 나타났으며 동아리활동은 고등학교 1학년 시기를 제외하고는 직업성숙도에 유의미한 영향을 미치는 것으로 나타났다. 수련활동 역시 고등학교 1학년 시기에서부터 직업성숙도에 영향을 미치는 것으로 나타났고 학업성취에는 모든 청소년활동이 통계적으로 유의미한 영향을 미치는 것으로 나타났다. 시기별로 보면 동아리활동은 중학교 2, 3학년 때, 자원봉사활동은 중학교 2학년 때부터 고등학교 1학년 때까지, 수련활동은 고등학교 1, 2학년 시기에 학업성취에 영향을 미치는 것으로 나타났다. 청소년들의 삶의 생활만족도에는 중학교 2학년 시기에 자원봉사활동이, 중학교 3학년 시기에는 수련활동이, 고등학교 1학년 시기에는 동아리활동이 청소년의 삶의 생활만족도에 통계적으로 유의미한 영향력을 미치는 것을 알 수 있었다. 청소년의 스트레스에 영향을 미치는 세부활동은 중학교 2학년과 고등학교 1학년 시기의 동아리활동이었다. 비행의 경우, 스트레스 요인과 마찬가지로 동아리활동이 중학교 2학년 시기에 통계적으로 유의미한 영향을 미치는 것으로 나타났으며 자원봉사활동의 경우, 고등학교 2학년 시기에 비행에 영향을 미치고 수련활동은 통계적으로 유의미하게 비행에 부적인 영향력을 미치는 것으로 나타났다. 또한 청소년활동이 긍정적인 변인에 더 영향을 미치는지 혹은 부정적인 변인에 더 영향을 미치는지를 확인해 보면, 청소년활동은 부정적인 변인보다 긍정적인 변인에 더 통계적으로 유의미한 영향을 주고 있음을 알 수 있었다.

2. 청소년자치활동과 임파워먼트

청소년자치활동에 대한 연구는 주로 학생자치활동을 중심으로 진행되었다(강순규, 2000; 김경숙, 2002; 김난영, 2002). 특히 학교에서 이루어지는 정규수업 이외의 과정인 특별활동에 대한 연구가 주를 이루어왔다. 중학생을 대상으로 특별활동의 한 영역인 자치활동이 현재 중학교 교육활동 속에서 어떻게 이루어지고 있으며, 어떠한 내용들이 자치활동을 통해 이루어지고 있는지, 또한 이러한 활동을 통해 기대되는 효과는 무엇인지에 대해 연구한 '중학교 자치활동의 운영 실태조사 연구'(강순규, 2000)와 함께 김난영(2002)은 '학생자치활동과 학생권리 실현'에서 학생자치활동을 통해 학생권리 실현의 현실을 비판적으로 분석했다. 또한 김경숙(2002)은 학급활동, 학생회활동, 동아리활동, 의사표현활동의 등의 학생자치활동에 있어 학생과 교사의 인식 및 각각의 차이를 중학생을 중심으로 연구했다.

이와 함께 최근 조남억(2008)은 자치활동의 한 부분인 청소년집단활동을 중심으로 '청소년집단활동 참여가 사회적 자본 형성에 미치는 영향에 관한 구조모형 분석'에서 혈연, 지연과 같이 청소년이 스스로 선택하기 어려운 비제도적 사회자본과는 달리 청소년 스스로의 선택에 의해 참여하는 청소년집단활동을 통해 형성 가능한 제도적 사회자본의 필요성을 증명하였다. 따라서 사회적 자본이 비교적 긴 시간을 통해 형성되고, 생산적인 상호작용을 동한 성과의 공유가 중요하다는 특성을 감안한다면, 청소년시기로부터 사회적 자본의 축적이 체계적으로 이루어져야 하며, 이를 통해 청소년들이 사회적, 경제적 자립의 시기에 활용할 수 있는 실질적인 자본으로서의 역할을 기대할 수 있어야 한다고 밝혔다.

또한 청소년자치활동의 영역을 포함하고 있는 청소년집단활동에 대한 참여기간이 활동성과에서 중요한 영향요인임을 밝히고 있다(구본행, 2002; 김예선, 2006; 배영직, 2005; 이채식, 2005; 정미나, 2006). 특히 김예선(2006)은 동아리활동 참여실태에 따른 학교생활만족도를 살펴본 결과 동아리활동기간이 2년 이상인 경우와 주1회 이상의 동아리활동에 참여한 경우 교우관계에 있어 만족도가 높은 것으로 조사되었다. 정미나(2006)는 청소년운영위원회의 참여기관에 따라 정의적 발달에 차이가 있음을 밝혔다. 이와 함께 청소년활동에 대한 참여의 적극성과 주도성을 판별하는 데 있어 리더의 경험 여부도 중요한 측정변인으로 다루어지고 있다(이채식, 2005; 최창욱, 2001). 이채식(2005)은 청소년집단은 청소년에 의한 자율성과 주도성을 기본원리로 이루어지게 된다고 하여 집단의 유연성을 강조하였다. 또한 청소년집단활동의 참여수준이 긍정적으로 형성되기 위해서는 참여여건의 확보가 중요하다(이채식, 2005).

김지수(2003)는 '청소년인권신장을 위한 청소년자치활동 활성화 연구'에서 청소년인권 신장을 위한 청소년자치활동 활성화 방안으로 청소년 개개인의 역량이나 조건에 맞는 역할과 권한이 주어져야 하며, 역할과 권한은 참여 정도가 높아질수록 확대되는 것이 바람직하며, 청소년을 '시민'으로 인정함으로써 청소년들이 자신의 문제해결뿐만 아니라 사회 전체로 자신의 힘을 확산시켜 지역을 재구성하는 활동으로까지 확대되어야 한다고 했다. 선행연구를 살펴본 바와 같이 이러한 자치활동에 따른 학교 안팎을 중심으로 개별적 경험과 각각의 분야별 연구는 있어 왔으나 자치활동의 개념과 특성을 파악하여 전반적 실태와 현황이 어떠한 특성을 가지고 있는지, 이를 통해 학교 내외의 전반적인 청소년활동에 경험적 방안을 모색하는 연구는 없었음을 알 수 있다.

Helve와 Wallace(2007)는 청소년 시민권과 임파워먼트에 대한 연구를 수행하면서 청소년의 주변성에 대한 설명과 함께 유럽에서의 소수민족들과 유럽인들과의 연구를 통해 시민권과 복지국가, 즉 사회적 시민권에 대한 설명을 언급하면서 능동적 시민적 모델을 제시하였고, 청소년 임파워먼트에 대한 논의를 펼쳤다. 이 연구에서는 시민권과 임파워먼트에 있어 한 시민으로 가져야 하는 의무로서의 권리가 아니라 능동적인 시민권에 대한 재정립의 필요성을 언급하며 논의를 맺고 있다(배윤정, 2008).

또한 김희성(2005)은 빈곤가정 아동・청소년의 임파워먼트와 관련된 연구에서 아동・청소년을 변화가능성을 가진 주체로서 바라보는 강점관점에서 시작하여 최근에는 임파워먼트나 적응유연성 등의 개념을 사용한 연구가 이루어지고 있다고 밝히고 있다. 특히 고등학생 300명을 대상으로 개인내적 임파워먼트 척도와 정치・사회 임파워먼트 척도는 국내에 처음 사용하는 것이므로 국내의 청소년에게 맞도록 척도를 번역하는 작업을 하고 우리나라 상황에 맞는 번역이 되도록 수정, 보완한다고 주장하였다. 임파워먼트의 하위 측면의 구성에 대한 타당도를 입증하며 예비조사를 통해 문항의 변별도와 신뢰도를 조사하여 문항 수를 조정하여 최종설문지를 완성한 후 원 설문지와 문항이 수정된 설문지에 응답하도록 하여 상관관계를 비교하였다.

하지만 이 연구들이 임파워먼트에 영향을 주는 요인들에 대한 실증적인 연구를 이루어내고, 임파워된 모습에서 참여라는 공통적인 주제를 찾기는 했지만 청소년의 자치활동 등의 참여활동을 하는 것이 청소년이 임파워되는 것과 구체적으로 어떠한 연관관계가 있는지에 대해 명확히 설명하지 못하고 있어, 청소년의 정치사회 임파워먼트 형성에 있어서 참여의 효과에 대한 실증적인 연구가 필요한 상황이다. Gibson(1995)의 연구에서는 임파워먼트의 마지막 단계인 '유지함'은 자신의 강점과, 능력, 역량에 대한 인식의 결과로서 발생하는 것으로 어려운 상황이 닥치더라도 힘과 통제를 유지하여 참여하는 역량으로 표현한 임파워먼트 결과를 보여주고 있다.

청소년의 임파워먼트를 연구한 Rees(1998)는 청소년이 자신을 옹호하고 보호하는 행동을 취할 수 있는 행동과 정치적 정체성을 임파워먼트의 마지막 단계로 규정하고 있다. 이와 같은 임파워먼트의 과정에 관한 연구결과들에서 공통적으로 보여주는 것은 임파워먼트의 완성은 자신의 문제와 환경을 변화시킬 수 있도록 능동적으로 참여하는 모습을 가지고 있다는 점이다.

청소년 임파워먼트는 청소년의 시민권과 사회복지 두 영역에서 대두되고 있는 개념으로, 이는 권리라는 맥락에서 공통점을 찾을 수 있다. 임파워먼트는 아동권리협약의 가장 기본이 되는 '참여권'을 보장해 줌으로써, 개인의 내면의 힘을 키워 자신의 삶에 있어 주체성을 획득하는 것이기 때문이다(배윤정, 2008). 청소년자치활동은 청소년의 '자발적 참여'를 기반으로 청소년활동을(김민, 2005; 한국청소년단체협의회, 2005) 뜻하며, 따라서 청소년자치활동과 임파워먼트의 관계성은 참여와 주체성에 있다고 볼 수 있다. 청소년 임파워먼트가 인권의 한 부분인 시민권과 관계가 있듯이(배윤정, 2008), 청소년은 자치활동을 통해 자신들의 기본적인 권리를 인식하고 행사하는 방법을 배우며, 지역사회의 주인으로서 역할을 수행하게 되며, 따라서 청소년자치활동은 청소년인권신장의 핵심이 될 수 있다고 보겠다(김지수, 2003).

시민사회에서 임파워먼트는 시민권의 정의를 복지권보다 활동적인 요소를 강조한 새로운 개념으로 임파워먼트를 설명하고 있다(Helve & Wallace, 2001). 이러한 시민참여는 청소년들을 엄청난 잠재력을 가진 혁명적 에너지로 보고 있으며, 소외된 계층의 보편적 권리를 인정받을 수 있는 방법이라 하였다(배윤정, 2008). 최근 이러한 사회적 합의는 청소년을 성장과 자유를 위한 잠재력과 재능・능력・기술・자원을 지닌 사람으로(Weick, 1998), 지식과 경험・아이디어・에너지 그리고 재능을 지닌 존재로 바라보는 것이며(Seleebey, 1992), 이 같은 시각은 임파워먼트의 관점이다. Gibson(1995)는 임파워먼트 결과를 참여하는 역량으로 설명하였다. 임파워먼트는 참여라는 과정을 거치면서 결과를 획득할 수 있는 것이다(배윤정, 2008). 이는 인권현안에 대한 구체적인 이해, 더 나아가 스스로 문제해결에 참여할 수 있는 통로를 알고 참여하는 경험을 가지는 것으로 연결된다면 인권현실에 대한 좀더 현실적이고 구체적인 이해가 가능할 것이고, 이러한 현실 이해는 자신들이 속한 환경에서의 인권실태에 대해 오히려 긍정적인 관점을 갖게 할 것임을 암시한다(이지수, 2005).

청소년의 자치활동은 자발적 참여에 기인하며 자치활동의 참여적 경험과 임파워먼트 결과를 참여하는 역량으로 설명할 수 있고, 자치활동에 참여하는 과정에서 그 결과가 획득된다고 할 수 있다. 청소년이 자치활동의 실제적 참여를 통해 이루어낼 수 있는 청소년의 사회적 발전가능성과 청소년 자신들의 삶과 환경을 변화할 수 있는 변화가능성에 초점을 두고 청소년이 임파워되는 데 도움이 되는 사회적 구조와 체계가 마련되어야 할 것이다.

○●● 학습정리

'효과'란 사전적 의미로, 어떤 목적을 지닌 행위에 의하여 드러나는 보람이나 좋은 결과를 의미한다. 외국학자들은 많은 청소년활동 관련 연구에서 청소년활동이 자아존중감을 비롯한 학업성취에 긍정적인 영향을 미치고 있음을 보고하고 있다. 기존의 많은 청소년활동 관련 연구에서 청소년활동은 자아존중감을 비롯한 학업성취, 생활만족감, 직업성숙도에 긍정적인 영향을 미치며 비행 등에는 부정적인 영향을 미치고 있음을 보고하고 있다.

청소년자치활동의 영역을 포함하고 있는 청소년집단활동에 대한 참여기간이 활동 성과에 있어서 중요한 영향요인임을 밝히고 있다(구본행, 2002; 김예선, 2006; 배영직, 2005; 이채식, 2005; 정미나, 2006).

청소년의 임파워먼트를 연구한 Rees(1998)는 청소년이 자신을 옹호하고 보호하는 행동을 취할 수 있는 행동과 정치적 정체성을 임파워먼트의 마지막 단계로 규정하고 있다. 이와 같은 임파워먼트의 과정에 관한 연구결과들에서 공통적으로 보여주는 것은 임파워먼트의 완성은 자신의 문제와 환경을 변화시킬 수 있도록 능동적으로 참여하는 모습을 가지고 있다는 점이다.

청소년 임파워먼트는 청소년의 시민권과 사회복지 두 영역에서 대두되고 있는 개념으로, 이는 권리라는 맥락에서 공통점을 찾을 수가 있다. 임파워먼트는 아동권리협약의 가장 기본이 되는 '참여권'을 보장해 줌으로써 개인의 내면의 힘을 키워 자신의 삶에 있어 주체성을 획득하는 것이기 때문이다(배윤정, 2008).

시민사회에서 임파워먼트는 시민권의 정의를 복지권보다 활동적인 요소를 강조한 새로운 개념으로 임파워먼트를 설명하고 있다(Helve & Wallace, 2001). 이러한 시민참여는 청소년들을 엄청난 잠재력을 가진 혁명적 에너지로 보고 있으며, 소외된 계층의 보편적 권리를 인정받을 수 있는 방법이라 하였다(배윤정, 2008).

청소년의 자치활동은 자발적 참여에 기인하며 자치활동의 참여적 경험과 임파워먼트 결과를 참여하는 역량으로 설명할 수 있고 자차활동에 참여하는 과정에서 그 결과를 획득할 수 있다고 할 수 있다. 청소년이 자치활동의 실제적 참여를 통해 이루어낼 수 있는 청소년의 사회적 발전 가능성과 청소년 자신들의 삶과 환경을 변화할 수 있는 변화가능성에 초점을 두고 청소년이 임파워되는 데 도움이 되는 사회적 구조와 체계가 마련되어야 할 것이다.

연습문제

〈객관식〉

1. 청소년활동의 효과성의 관한 설명으로 잘못된 것을 고르시오.

① 외국학자들은 많은 청소년활동 관련 연구에서 청소년활동이 자아존중감을 비롯한 학업성취에 긍정적인 영향을 미치고 있음을 보고하고 있다.
② 기존의 많은 청소년활동 관련 연구에서 청소년활동은 자아존중감을 비롯한 학업성취, 생활만족감, 직업성숙도에 긍정적인 영향을 미치며 비행 등에는 부정적인 영향을 미치고 있음을 보고하고 있다.
③ 호엘 등은 하업성취도와 자존감 등의 영역에서 역동적 활동참가는 긍정적인 영향을 주고 있는 것으로 보고하였다.
④ 보렛과 그린웨이는 청소년활동이 자아존중감, 자아개념, 자기효율성 등의 가치를 얻는다고 하였다.
⑤ 청소년활동은 상습적 범행 등의 비행에는 영향을 미치지 않는다.

정답. ⑤
해설. 청소년활동은 상습적 범행 등의 비행에 부적인 영향을 미친다.

2. 청소년자치활동과 임파워먼트에 관한 설명으로 옳은 것을 모두 고르시오.

① 청소년자치활동에 대한 연구는 주로 학생자치활동을 중심으로 진행되었으며 특히 학교에서 이루어지는 정규수업 이외의 과정인 특별활동에 대한 연구가 주를 이루어왔다.
② 시민참여는 청소년들을 엄청난 잠재력을 가진 혁명적 에너지로 보고 있으며, 소외된 계층의 보편적 권리를 인정받을 수 있는 방법이라 하였다.
③ 청소년자치활동의 영역을 포함하고 있는 청소년집단활동에 대한 참여기간이 활동성과에 있어서 중요한 영향요인임을 밝히고 있다.
④ 청소년활동에 대한 참여의 적극성과 주도성을 판별하는 데 있어 리더의 경험 여부도 중요한 측정변인으로 다루어지고 있다.
⑤ 청소년의 자치활동은 자발적 참여에 기인하며 자치활동의 참여적 경험과 임파워먼트 결과를 참여하는 역량으로 설명할 수 있고 자치활동에 참여하는 과정에서 그 결과를 획득할 수 있다.

정답. ①, ②, ③, ④, ⑤

〈주관식〉

1. ( )란 어떤 목적을 지닌 행위에 의하여 드러나는 보람이나 좋은 결과를 의미한다.

정답. 효과

2. 다음의 ( ) 안에 공통으로 들어갈 용어를 쓰시오.

청소년의 ( )은 자발적 참여에 기인하며 ( )의 참여적 경험과 임파워먼트 결과를 참여하는 역량으로 설명할 수 있고 ( )에 참여하는 과정에서 그 결과를 획득할 수 있다고 할 수 있다. 청소년이 ( )의 실제적 참여를 통해 이루어낼 수 있는 청소년의 사회적 발전가능성과 청소년 자신들의 삶과 환경을 변화할 수 있는 변화가능성에 초점을 두고 청소년이 임파워되는 데 도움이 되는 사회적 구조와 체계가 마련되어야 할 것이다.

정답. 자치활동

3. 다음의 ( ) 안에 공통으로 들어갈 용어를 쓰시오.

청소년의 ( )를 연구한 Rees(1998)는 청소년이 자신을 옹호하고 보호하는 행동을 취할 수 있는 행동과 정치적 정체성을 ( )의 마지막 단계로 규정하고 있다. 이와 같은 ( )의 과정에 관한 연구결과들에서 공통적으로 보여주는 것은 ( )의 완성은 자신의 문제와 환경을 변화시킬 수 있도록 능동적으로 참여하는 모습을 가지고 있다는 점이다.

정답. 임파워먼트

※ 다음의 설명 중 옳은 것은 O, 틀린 것은 X를 표하시오.

4. 청소년 임파워먼트는 청소년의 시민권과 사회복지 두 영역에서 대두되고 있는 개념으로, 이는 권리라는 맥락에서 공통점을 찾을 수가 있다. 임파워먼트는 아동권리협약의 가장 기본이 되는 '참여권'을 보장해 줌으로써, 개인의 내면의 힘을 키워, 자신의 삶에 있어 주체성을 획득하는 것이기 때문이다(배윤정, 2008).

정답. O
해설. 청소년 임파워먼트와 관련하여 올바른 설명이다.

5. 시민사회에서 임파워먼트는 시민권의 정의를 복지권보다 활동적인 요소를 강조한 새로운 개념으로 임파워먼트를 설명하고 있다(Helve & Wallace, 2001). 이러한 시민참여는 청소년들의 엄청난 잠재력을 가진 혁명적 에너지로 보고 있으며, 소외된 계층의 보편적 권리를 인정받을 수 있는 방법이라 하였다(배윤정, 2008).

정답. O
해설. 시민사회에서 바라보는 청소년 임파워먼트와 관련한 올바른 설명이다.

PART 02

청소년활동 마음 담그기

청소년자치 및 참여활동

Chapter 4

청소년자치활동

▶ 학습목표

1. 청소년자치활동의 개념 및 특성을 파악하여 청소년활동의 정체성을 이해한다.
2. 청소년자치활동이 미치는 영향을 학습하고 이를 해석, 설명할 수 있다.
3. 청소년자치활동 중 동아리활동을 중심으로 다양한 활동조직의 개념을 이해하고 현장활동에 대한 이해를 도모할 수 있다.

▶ 핵심용어

청소년자치활동, 자율적 참여, 학생자치활동, 동아리활동

Chapter 04

청소년자치활동

1. 자치활동의 개념

1) 자치활동의 관점

인간으로서 기본적으로 가져야 할 참여 및 권익에 대한 가치는 현재 우리 사회의 청소년들에게는 단지 형식적 구호에 그치고 있다. 근대 이후 오늘에 이르기까지 학생이라는 하나의 위치권이 현재 우리 사회에 잘못된 입시문제로 전이되면서 참여와 권익의 가치는 유예될 수밖에 없는 내용이 되었다. 그럼에도 최근 우리나라를 비롯하여 전 세계적으로 청소년의 참여 및 권익증진에 대한 사회적 주목과 관심이 높아지고 있다. 청소년의 잠재력과 가능성이 새롭게 조명되면서 촉발된 이 주제는 이제 많은 사회가 당연히 풀고 해결해야 하는 사회적 의제로 설정되기 시작하였다. 이미 UN, UNESCO(유엔교육과학문화기구), ESCAP(아시아·태평양경제사회이사회) 등 다양한 국제기구를 중심으로 각종 국제회의에서 '청소년 참여'와 '청소년의 권리'가 주요 의제로 논의된 바 있으며, 그에 상응하는 청소년의 사회적 역할과 지위도 변모하는 추세이다. 우리나라 또한 청소년육성기본계획, 청소년헌장의 제정 등 청소년의 참여와 권익을 증진하기 위한 일련의 노력들을 끊임없이 수행해 왔다. 이른바 "청소년의 권리보장과 참여확대는 현행 청소년육성정책의 방향을 제시하는 일관된 기본이념"(정건희 외, 2010; 김민, 2005: 16)으로 자리 잡은 셈이다.

이러한 청소년들의 참여와 권익증진을 위한 중요한 과제를 이루기 위해 청소년단체 및 기관 등에서 다양한 활동들이 진행되어 왔다. 특히 청소년들의 자치활동은 그 뜻 안에 이미 청소년의 '자율적 참여'가 전제되어 있기 때문에 이는 곧 자율적 참여가 전제되지 않은 자치활동이란 존재하지 않으며 자치활동의 기본적 속성이 곧 자율적인 참여라는 의미이기도 하다(청소년단체협의회, 2005). 청소년자치활동 자체가 자발적 참여를 기반으로 운영된다는 것을 의미한다. 청소년자치활동이란 "청소년들의 자발적 참여를 기반으로 외부의 간섭이나 압력 없이 구성원 자신의 합의와 의사결정에 의해 이루어지는 모든 청소년활동(Youth Activities)"을 뜻하며(김민, 2001), 참여와 권익활동에 많은 영향을 미치고 있다. 청소년자치활동을 참여의 의미와 결부시켜 "청소년의 '자발적 참여'를 기반으로 외부의 간섭이나 압력 없이 구성원 자신의 합의와 의사결정에 의해 이루어지는 모든 청소년활동(Youth Activities)이자 동시에 자신의 발달과 지역사회, 사회발전에 적극적으로 기여하는 제반 청소년활동"(한국청소년단체협의회, 2006)으로 청소년자치참여활동이라 정의하기도 한다.

청소년의 참여 및 권익을 증진시키기 위한 주요한 활동으로 자치활동이 부각되고 다양한 모습으로 현장에서 진행되고 있으나 범위와 활동의 모호함으로 어디까지가 자치활동인지 명확하게 나타나지 않는다. 각각의 청소년 조직활동의 전반적인 내용을 아우르기도 하나 교육법에서 근거한 학교 내의 단순한 교육활동의 하나로 규정하기도 한다.

2) 학생자치활동의 개념

'자치(自治)'는 사전적 의미로 '자기 일을 스스로 다스린다'는 뜻이다. 청소년들의 활동공간에서 실질적으로 의사결정에 참여하는 것을 뜻한다. 청소년의 자치활동에 대해서는 그간 학교를 중심으로 한 학생자치활동영역이 주로 연구되어 왔다. 학교에서는 학생자치활동이라는 의미로 주로 사용되어 왔으며, 교육인적자원부의 제7차 특별활동 교육과정의 영역과 하위영역 내용은 〈표 4-1〉과 같다. 즉, 협의활동, 역할분담활동, 민주시민활동을 자치활동으로 규정해 왔다.

자치활동은 학생들이 주체가 되어 운영되는 집단활동으로서 민주시민의 기본 자질과 태도를 함양해 나가는 활동으로, 학년에 따라 차이가 있으나 교사의 지도를 최소화하는 가운데 학생들이 자주적, 자율적으로 참여하고 운영해 나가는 활동이

표 4-1 특별활동영역

영역	내용
자치활동	• 협의활동 • 역할분담활동 • 민주시민활동
적응활동	• 기본 생활습관 형성활동 • 친교활동 • 상담활동 • 진로활동 • 정체성 확립 운동
계발활동	• 학술문예활동 • 보건체육활동 • 실습노작활동 • 여가문화활동 • 정보통신활동 • 청소년단체활동
봉사활동	• 일손돕기활동 • 위문활동 • 캠페인 활동 • 자선구호활동 • 환경, 시설보전활동
행사활동	• 의식행사활동 • 학예행사활동 • 보건체육행사활동 • 수련활동 • 안전구호활동 • 교류활동

출처: 교육인적자원부 (2000).

표 4-2 학생자치활동내용

영역	내용	활동 예
학생자치 활동	협의활동	학급회의와 학생회의 조직 및 운영, 학생 생활 전반에 필요한 사항 협의 등
	역할분담	1인 1역 활동, 학급부서활동, 운영위원활동 등
	민주시민활동	애향반활동, 모의의회, 토론회, 대화의 광장
	그 밖의 필요한 활동	

출처: 교육인적자원부 (2000).

다(강순규, 2001; 김난영, 2002). 특별활동영역 중 학생자치활동을 세분화하면 〈표 4-2〉와 같다.

제7차 교육과정의 자치활동영역 구분과는 다소 차이가 있지만 지금까지 학생자치활동의 영역은 학급회의를 중심으로 한 학급 내 자치활동과 학생회활동으로 나누어져 연구되어 왔다(김난영, 2002). 학생자치활동은 학생들이 주체가 되어 운영되는 집단활동으로서 민주시민의 기본 자질과 태도를 함양해 나가는 활동이다. 학년에 따라 차이는 있으나 교사의 지도를 최소화하는 가운데 학생들이 자주적, 자율적으로 참여하고 운영해 나가는 활동이다. 제7차 교육과정에 제시된 자치활동의 목표나 내용들은 거의 대부분 지금까지의 특별활동에서 제시되어 온 목표나 내용들과 크게 다르지 않다(강순규, 2000). 학생자치활동은 현재 시행되고 있는 제7차 교육과정의 특별활동은 6차와 다르지 않지만 특별활동의 영역구분이 모호하고, 자치활동의 범위와 역할을 적응활동, 계발활동, 봉사활동, 행사활동과 동등하게 배치하는 등 기본적으로 학생들의 학교생활에서 자치활동의 중요성을 과소평가하고 있다는 비판을 듣고 있다(전국교직원노동조합, 2000). 김난영(2002)은 이러한 학생자치활동을 통해 실현될 수 있는 학생권리항목을 〈표 4-3〉으로 정리했다.

표 4-3 학생자치활동을 통해 실현될 수 있는 학생권리 항목

영역	내용	활동 예
적극적 자유권	표현의 자유	두발·복장의 자유, 언론·출판의 자유, 사이버상 표현의 자유
	집회·결사의 자유	서명활동, 민주적 자치활동, 평화적 집회의 자유
참여의 권리	학급규칙 제정의 참여권리, 학칙 제·개정의 참여권리, 학교운영위원회의 참여권리, 징계위원회의 참여권리	

이러한 학생자치활동들은 2007년 개정 교육과정에 의해 시행되어 왔으나 교육과정 개정에 대한 외적 요구와 국가 교육과정의 질 개선이라는 내적 요구에 기반을

두고 있으며 2009 교육과정이 개정되면서 창의적 체험활동이 만들어지게 되었다.

창의적 체험활동 교육과정은 자율활동, 동아리활동, 봉사활동, 진로활동의 4개 영역으로 구성된다. 각 영역별 구체적인 활동내용은 학생, 학급, 학년, 학교 및 지역사회의 특성에 맞게 학교에서 선택하여 융통성 있게 운영할 수 있다. 여기에 제시되는 영역과 활동내용은 권고적인 성격을 띠고 있으며, 학교에서는 이보다 더 창의적이고 풍성한 교육과정을 선택과 집중하여 운영할 수 있다. 초등학교의 창의적 체험활동에서는 학생의 기초생활습관의 형성, 공동체 의식의 함양, 개성과 소질의 발현에 중점을 둔다. 중학교의 창의적 체험활동에서는 남과 더불어 살아가는 태도의 확립, 자신의 진로에 대한 탐구, 자아의 발견과 확립에 중점을 둔다. 고등학교의 창의적 체험활동에서는 학습자의 다양한 욕구를 건전한 방향으로 유도하고, 원만한 인간관계를 형성하며 진로를 선택하여 자아실현에 힘쓰도록 하는 데 중점을 둔다. 창의적 체험활동에서는 학생의 자주적인 실천활동을 중시하여 학생과 교사가 공동으로 협의하거나 학생들의 힘으로 활동계획을 수립하고 역할을 분담하여 실천하게 한다. 아울러, 지역과 학교의 독특한 문화 풍토를 고려하여 특색 있고, 인적·물적 자원과 시간을 폭넓게 활용하여 융통성 있게 운영하는 것이 중요하다(교육과학기술부, 2009). 특히 개정된 교육과정에 창의적 체험활동에서 동아리활동은 자치활동의 핵심적 조직이다.

최근 이러한 학생자치활동의 운영실태를 조사한 바(서울시교육청, 2014)에 따르면 학생자치활동 운영의 문제점으로 초·중·고 학급회의 실시횟수는 일과 전후를 포함해 연평균 13.6회로 매우 낮게 나타났다. 정규시간을 활용한 학급자치활동 시간은 연평균 8.3회로 나타나 실질적인 자치활동 운영시간이 부족했고, 학급회의 진행 요령(토론방법 등) 및 교사의 자치활동 지도에 대한 부담감이 상존했으며, 학생들의 건의사항에 대해 학교의 피드백 과정이 미흡한 것으로 나타났다. 학교 내 자치활동에 대한 운영적 측면이 접근되어 있으나 실질적 활동은 미흡한 것으로 나타나고 있다.

3) 청소년자치활동의 개념

학생자치활동은 학교 내에서만 이루어진다. 학교 외의 학생자치활동을 포괄하는 의미로 청소년자치활동이라는 의미가 일반적으로 사용된다. 이러한 청소년자치활동은 청소년 스스로가 자신들이 살아가고 있는 지역을 다스리는 활동을 실천하기 위해 청소년이 참여의 입장에서 자신들의 조직을 구성해 자치의 경험을 체득하고 권리 실천의 장으로써의 역할을 하는 활동이라고도 정의할 수 있다(시민자치정책센터, 2003). 자치활동의 개념을 학교와 지역으로 구분하여 〈표 4-4〉와 같이 설명하며 소극적 형태와 적극적 형태로 나누어 설명할 수 있다. 동아리활동, 클럽활동, 자원봉사활동 등은 소극적 활동으로 적극적 형태의 자치활동은 학생회활동, 학급회의, 청소년위원회, 차세대위원회, 미래유권자연대 등의 청소년자치기구와 중고등학생복지회, 중고등학생연합 등으로 구분짓는다(김지수, 2004).

표 4-4 청소년자치활동의 분류

영역		활동 예
학교	학급활동	학급회의, 학급부서활동, 학급출판활동, 학급행사
	학생회활동	학생총회, 대의원회, 운영위원회, 언론·출판활동
	동아리활동	동아리회의, 동아리축제, 기타 활동
	자원봉사활동	환경미화, 기타 봉사활동
지역 (학교 외)	청소년위원회	회의, 사업관련 활동
	동아리활동	동아리회의, 동아리 발표회, 기타 행사 및 활동
	자원봉사활동	독거노인 돕기, 환경보호 등 기타 봉사활동
	인터넷동우회활동	게임, 카메라

청소년은 청소년자치활동을 통해 자신들의 기본적인 권리를 인식하고 행사하는 방법을 배우며, 지역사회의 주인으로서 역할을 수행하게 되며, 따라서 청소년자치

활동은 청소년인권신장의 핵심이 될 수 있다. 학생회활동이나 동아리활동같이 학교 안팎에서 청소년자치활동을 최대한 보장하는 것은 누려야 할 권리가 무엇인지를 알고, 인권의 의미를 체득하게 되는 경험을 가져온다(강은애, 2004). 청소년자치활동은 과거와는 달리 근래 들어 거대담론으로까지 관심을 확장시키고 있다. 지난 2002년 "주한미군 장갑차에 의한 효순이 미선이 사망사건"과 관련해 10대 청소년들은 이례적 관심을 보였다. 인터넷 게시판 등에 의견을 올리는 '소극적 표현'을 넘어 시위 참여나 성금모금 등 '적극적인 활동'을 통해 기성세대의 참여를 호소했으며, SOFA 개정을 요구하며 범국민 평화촛불행진의 선두에 서기도 했다(김지수, 2003). 이와 함께 2008년 한 해 우리 국민을 가장 뜨겁게 했던 것은 광우병 촛불집회였고, 이 모든 것은 모두가 주저하고 있을 때 가장 먼저 촛불을 들었던 청소년이 있었다(인터넷 뉴스 바이러스, 2009).

청소년자치활동이란 용어에는 이미 청소년의 '자율적 참여'가 전제되어 있다. 이는 곧 자율적 참여가 전제되지 않은 자치활동이란 존재하지 않으며 자치활동의 기본적 속성이 곧 자율적인 참여라는 의미이기도 하다(한국청소년단체협의회, 2005). 김민(2001)의 지적처럼 청소년자치활동은 청소년들의 자발적인 참여를 전제로 하여 외부의 간섭이나 압력 없이 본인의 합의와 의사결정에 의해 이루어지는 모든 청소년활동을 의미한다. 과거에는 흔히 '자치활동'이라 하면 학생자치활동으로 제한·인식해 단순히 학생회활동을 포함한 학급활동, 클럽활동(CA)로 구분하였다. 청소년자치활동을 이렇듯 단순히 학생자치활동이라 제한하여 규정하는 것은 무리이다. 오히려 학교 외의 다양한 장면에서 요구되는 모든 자치활동을 아우르는 포괄적인 용어로써 청소년자치활동이라 이름 짓는 것이 보다 바람직하다(김민, 2005). 따라서 청소년자치활동은 청소년의 자발적 참여를 기반으로 외부의 간섭이나 압력 없이 구성원 자신의 합의와 의사결정에 의해 활동이 이루어지며, 학교 내외의 다양한 환경에서 행하는 청소년들의 전반적인 조직활동을 포괄하는 용어로 정의될 수도 있다.

2. 청소년자치활동의 영역

청소년자치활동의 개념에 대한 선행연구를 살펴본 내용을 종합하면 다음과 같다. 청소년의 자발적 참여를 기반으로 스스로 의사결정과정에 참여하며 자신들의 조직을 구성하고 청소년의 '자율적 참여'가 전제되어 있기에 자율적 참여가 전제되지 않은 자치활동이란 존재하지 않는다. 또한 청소년의 '자발적 참여'를 기반으로 외부의 간섭이나 압력 없이 구성원 자신의 합의와 의사결정에 의해 이루어지는 모든 청소년활동을 의미하고 그 종류로는 동아리활동, 클럽활동, 학생회활동, 학급회의, 청소년위원회, 차세대위원회, 미래유권자연대 등의 청소년자치기구와 중고등학생복지회, 중고등학생연합, 청소년 사이버의회, 청소년 인권 동아리 '타래', 청소년포럼, 젊은 모임 등 다양하며 학교에서의 자치활동을 모두 포함하고 있다. 학교에서의 자치활동 또한 학생들이 주체가 되어 운영되는 집단활동으로 정의한다. 이러한 내용을 영역별로 분류해 보면 학교와 학교의 청소년들로 분류가 가능하다. 지역에서도 청소년단체와 수련시설을 중심으로 활동하는 청소년자치활동이 있으며 이와 달리 청소년 자체적으로 활동을 하는 청소년들로도 분류가 가능하다. 이와 함께

표 4-5 청소년자치활동의 조직에 따른 영역

영역	활동 예	
학교	협의활동	• 학급회의와 학생회의 조직 및 운영, 학생 생활 전반에 필요한 사항 협의 등
	역할분담	• 1인 1역 활동, 학급부서활동, 운영위원활동 등
	민주시민활동	• 애향반활동, 모의의회, 토론회, 대화의 광장
지역사회 (학교 밖)	청소년단체 및 수련시설	• 청소년동아리, 청소년위원회, 미래유권자연대 등
	공적참여조직	• 현, 청소년참여위원회(특별회의)
	청소년자체모임	• 중고등학생연합, 사이버동아리, 청소년포럼, 젊은 모임 등

청소년위원회와 참여위원회 등 국가정책적으로 홍보하여 청소년들이 자발적으로 참여한 조직도 존재한다. 이러한 선행연구에 따른 자치활동의 조직 틀을 영역별로 분류해 보면 〈표 4-5〉와 같다.

따라서 그동안의 연구에 따른 청소년자치활동의 개념에 따라 학교 내와 지역사회를 구분하여 영역을 분류하면 〈표 4-6〉과 같다.

▌표 4-6▌ 청소년자치활동의 영역별 조직 구분표

영역분류		활동 예
학교	협의활동중심 조직	• 학급회의와 학생회의 조직 및 운영
	창의적 체험활동 조직	• 학교내 동아리활동 조직
지역사회 (학교 밖)	청소년단체 · 수련시설조직	• 청소년동아리, 청소년운영위원회, 각 단체별 회원 등
	공적참여조직	• 청소년참여위원회(특별회의)
	청소년자체 자생조직	• 아수나로, 중고등학생연합, 사이버동아리, 청소년 포럼, 젊은 모임 등

즉 영역별 학교 내의 자치활동은 협의활동을 중심으로 조작적으로 정의하면 다음과 같다. 제7차 교육과정에서 학생자치활동의 개념을 협의활동, 역할분담, 민주시민활동으로 영역을 구분하여 활동사항을 정리했으나 역할분담활동의 학급부서활동이나, 운영위원활동과 민주시민활동의 애향반활동, 모의의회, 토론회 등이 대부분 학급회의와 학생회의 조직에서 전반적으로 만들어지기 때문에 조직영역별 구분으로 협의활동이 나머지 두 가지 활동을 포괄할 수 있다고 볼 수 있기 때문이다. 이러한 학생자치활동들은 2007년 개정 교육과정에 의해 시행되어 왔으나 2009 교육과정 개정으로 창의적 체험활동이 만들어지면서 동아리, 자율, 봉사, 진로활동을 포괄하게 되며, 이 중 동아리활동은 자치조직으로 포함할 수 있다.

이와 함께 지역사회(학교 밖)의 청소년자치활동을 영역별, 조작적으로 구분하여 정리해 보면 청소년단체와 민간에서 운영하는 청소년수련시설의 자치활동영역이 있으며, 공적참여조직으로는 현재 통합과정인 청소년참여위원회(특별회의), 청소년들의 자생적 자체 모임으로 구분할 수 있다(정건희 외, 2010). 청소년자치활동의 영역별 구분을 학교 내 협의활동조직과 창의적 체험활동조직과 학교 밖 청소년단체 수련시설조직, 공적참여조직, 청소년자체조직 등으로 영역을 구분할 수 있다.

3. 청소년동아리활동

1) 동아리활동의 개념 및 유형

청소년자치활동은 청소년의 자발적 참여를 기반으로 외부의 간섭이나 압력 없이, 구성원 자신의 합의와 의사결정에 의해 활동이 이루어지며, 학교 내외의 다양한 환경에서 행하는 청소년들의 전반적인 조직활동을 포괄하는 용어로서 정의될 수 있다(정건희 · 김윤나 · 최윤진, 2010).

대표적인 청소년자치활동은 동아리를 들 수 있다. 동아리는 모임이며 한 명 이상이 조직되어야 성립된다. 또한 동아리는 조직으로서 긍정적인 목적을 가지고 있다. 또 다른 표현으로 동호회(同好會), 클럽(club) 또는 서클이 있다. 공통의 관심사나 목표를 가진 사람들의 모임이며 동아리라는 표현도 한다. 동아리라는 말은 특히 한국의 대학에서 많이 사용한다.[4]

동아리활동에 대한 개념은 김정주(1999)는 '취미나 소질, 가치관이나 문제 등을 공유하는 청소년에 의해 자생된 자치활동'으로, 김민(1999)은 '학교라는 제한된 공간 내에서 이루이지는 청소년활동이라기보다는 학교 내외에서 행해지는 청소년 자치활동'으로 성낙은(2000)은 '소속감을 지닌 동호인들의 집합이므로 그 집합 속에서

4) 위키백과. http://ko.wikipedia.org/wiki/%EB%8F%99%EC%95%84%EB%A6%AC

의 일정한 관계를 가진 모든 사람의 존재가 상호 인정되는 가운데 공동의 목표를 지니고 활동하는 회원들의 모임'으로, 정건희(2007)는 '공통의 목적과 관심사에 의해 형성, 운영되는 작은 모둠'이란 의미로 정의했다. 청소년동아리활동으로 규정하기 위해서는 공통된 관심사를 가진 자발적인 조직체여야 하고, 지속적이고 정기적인 모임이 있어야 하며, 임원의 민주적 선출과 사이버상의 모임이라도 오프라인상에서의 만남이 있어야 한다.

다양한 학문적 논의들을 바탕으로 살펴볼 때, 청소년동아리란 교내외를 막론하고 "취미나 소질, 가치관 등을 공유하는 청소년의 소집단활동"이라고 정의할 수 있다. 즉, 청소년동아리활동은 취미나 소질, 가치관이나 문제의식 등을 공유하는 청소년들의 자발적인 참여 아래 지속적으로 운영되는 청소년활동으로, 그리고 학교라는 제한된 공간 내에서 이루어지는 학교중심의 동아리활동에서 지역사회 내 청소년수련관 등 학교 밖에서 행해지는 청소년동아리활동까지를 모두 포함하는 개념으로 정의할 수 있을 것이다(한국청소년정책연구원, 2011).

청소년동아리활동이란 결국 "청소년들의 자생된 자치활동, 학교 내외의 공간, 공동의 목표 지향성"이 있는 조직적인 청소년들의 활동이라고 할 수 있다.

청소년동아리의 유형을 분류하면 다음과 같다.

표 4-7 동아리의 유형 분류

구분	활동내용별	활동장소	공식성	조직화방식
분류 기준	공유하는 활동의 내용	동아리 결성의 근거지	공공기관과의 관계에서 인정 여부	동아리를 결성하는 주체
유형	- 문화동아리 - 스포츠동아리 - 학습동아리 - 취미동아리 - 과학동아리 - 컴퓨터동아리 - 봉사동아리	- 학교동아리 - 지역사회동아리 - 사이버동아리 - 자생동아리	- 공식동아리 - 비공식동아리 또는 인준동아리 - 비인준동아리	- 청소년주도동아리 - 지도자주도동아리 - 기관주도동아리

자치활동영역에서 청소년동아리(활동)를 규정하면 학교 내의 협의활동중심조직, 청소년단체와 시설에서의 활동과 청소년자생조직 모든 곳에 포함되어 있음을 알 수 있다. 공적참여조직인 특별회의와 참여위원회의 위원들 또한 일반적으로 각 기관단체에서의 동아리활동을 병행하거나 진행하는 청소년들이 일반적이다. 이러한 관점으로 바라보면 일반적으로 청소년자치활동의 영역에서 동아리활동은 절대적인 부분을 차지하고 있는 것으로 보인다.

또한 〈표 4-7〉에서 알 수 있듯이 활동내용 및 장소별, 공식성, 조직화 방식이 다양하다. 특히 조직화 방식에서 청소년, 지도자, 기관 주도의 차이가 있음을 인지해야 한다. 참여 수준 측면에서 가장 이상적인 조직화 방법은 청소년이 주도하고 지도자가 지원하는 방식일 것이다. 현실적으로 청소년지도자와 기관의 개입이 가능할 때 지속성도 담보된다고 볼 수 있다.

2) 청소년동아리활동의 특성[5)]

청소년동아리활동의 특성을 요약해 보면 다음과 같다.

첫째, 자치활동으로서의 동아리활동이다. 청소년들 스스로가 자신의 조직을 구성하여 활동을 전개함으로써 청소년의 권리를 옹호하고 민주시민으로 성장하기 위한 자질을 키워 나가며, 건강한 삶을 체득해 나가도록 하는 활동이다. 청소년동아리활동은 자발적인 참여에 의해 이루어진다. 학교의 특별활동과 같이 의무적으로 참여하는 경우도 있지만, 대부분의 청소년동아리활동은 참여자의 자유의사에 의하여 가입하고 탈퇴할 수 있으며, 제도나 정책에 의해서 강요되지 않는다. 즉 청소년들이 활동의 주체로서 운영되는 자치적인 조직체이다. 대부분의 청소년동아리는 집단으로서 자체적인 목적과 조직구조(회장, 회원 등)를 가지고 특정한 활동을 전개하며, 조직구성원들 사이에 활발한 상호작용이 전개된다.

5) 정건희 (2007). 학교 내외의 청소년동아리활동 비교연구. 체육청소년연구의 내용을 수정 정리함.

둘째, 또래집단으로서의 동아리활동이다. 청소년기에는 가족관계에서 벗어나 또래집단(peer group)에 참여하는 현상이 자연스럽게 늘어나게 된다. 또래집단은 사회적 기술과 전략을 배우고 습득할 수 있는 사회적 배경으로 청소년들에게는 매우 중요한 것이다. 청소년들이 비슷한 취미나 관심에 따라 동아리를 결성하고 회원으로 가입하는 것은 동아리활동을 통하여 단순히 취미생활을 즐기거나 새로운 것을 배우는 것으로 끝나지 않는다. 청소년들은 동아리에 속함으로써 새로운 대인관계를 형성하고, 새로운 지위와 역할을 담당하게 된다. 따라서 청소년동아리는 또래집단으로서의 기능을 수행할 수 있다.

셋째, 대안문화로서의 동아리활동이다. 청소년기는 직접적인 참여의 주체로서 연극제, 음악회, 축제, 발표회 등의 공연을 하고자 하는 자아실현의 욕구가 강한 시기이다. 따라서 청소년들이 아이돌스타의 공연을 좇아다니기보다는 자율적으로 또래집단과 함께 동아리활동에 직접 참여함으로써 상업주의와 감각주의 문화를 지양할 수 있는 건전하고 바람직한 대안문화로써 동아리활동이 요구된다.

넷째, 집단활동으로서의 민주적 조직을 경험하는 활동이다. 청소년동아리활동은 청소년들에게 집단활동의 기회를 제공한다. 특히 동아리 구성원 간의 다변적 접촉이 있고, 그들 간의 상호작용이 행하여진다. 타 구성원들을 식별할 수 있을 만큼 성원 상호 간의 개인적 인상과 지각을 가질 것 등의 특징을 갖춘 집단이다. 일정한 기간 동안 존속하고 있어서 소집단으로서 조직적 특성을 가지고 있다. 또한 또래중심의 집단적 조직활동으로서 남녀혼합그룹이다. 공동의 목적, 관심사, 가치관, 비밀, 취미방향, 소속감, 감탄 등을 가지고 개인적으로 여가시간을 운영한다. 따라서 동아리라는 집단활동을 통하여 집단구성원으로서 서로가 책임을 나누어 가지고 협동하는 민주적 과정을 만들어 갈 수 밖에 없는 구조인 것이다. 이러한 집단경험을 통해 개인이 성장하고 책임 있는 시민이 되는 기회를 가지게 된다. 이때에 청소년 지도자들의 역할이 매우 중요하다.

다섯째, 집단의 목표를 성취하는 경험을 한다. 청소년들은 집단경험을 통하여 문제해결에 필요한 태도와 능력을 습득하고, 대인관계기술의 향상을 통하여 자신의 잠재력을 최대한으로 발휘할 수 있게 된다. 동아리활동은 집단구성원으로서 공통된 목적달성과 함께 개개인의 필요와 욕구를 충족시키기 위한 수단으로서의 활동이다. 집단성원의 공통적인 요구에서 출발한 집단목표 또는 과제를 집단구성원들이 스스로 합리적이고 과학적인 방법으로 해결하게 된다.

여섯째, 진로탐색의 과정이다. 청소년동아리활동을 통하여 길러진 취미와 교양, 기술 및 생활태도 등은 진로와 직업선택에 큰 영향을 끼칠 수 있는 활동이다. 청소년동아리활동의 출발은 청소년 개개인의 관심과 흥미이다. 청소년 자신이 관심을 갖는 만화나 영상매체, 방송, 음악, 스포츠 등을 특정 영역을 중심으로 하는 동아리활동을 통하여 그 분야의 전문성과 직업적 특성을 탐색할 수 있고, 관련된 전문가들과 접촉하는 기회를 갖게 됨으로써 향후 자신의 진로를 결정하는 데 영향을 받을 수 있다(김정주, 2001). 또한 동아리활동분야가 직접적으로 진로와 연관되어지는 경우도 있지만 동아리활동을 통해 얻어지는 진로에 대한 다양한 경험들로 인해 청소년들 자신이 원하며 만족할 수 있는 진로를 선택하는 경우가 있다.

일곱째 청소년문화이다. 청소년기는 자아표현의 욕구가 강한 시기이다. 청소년들이 보여주는 자기표현의 욕구들, 예를 들어 복장이나 머리염색 등의 많은 변화는 단순한 세대차이가 아니라 청소년문화의 한 양상이다. 마찬가지로 청소년들이 스스로의 취미나 관심을 좇아 마니아적으로 몰입하는 현상이나 직접적인 참여의 주체로서 연극제, 음악회, 축제, 발표회 등을 통하여 자기 자신의 표현하고자 하는 욕구들은 과거와는 달리 이제는 청소년문화의 한 단면이다. 마찬가지로 청소년들이 동아리활동에 사이버공간에서나 현실공간에서 동아리활동에 몰입하는 경향은 과거와는 다른 오늘날 청소년들에게서 나타나는 청소년문화의 한 형태로 이해된다.

여덟째 자율적인 참여과정이다. 청소년참여에 대한 개념 규정을 몇 가지 살펴보면 Winter(1997)는 “청소년들이 능동적으로 자신의 생활환경에 참여하는 기회”라고 정의하였으며, Hart(1997)는 청소년참여를 기본 권리라고 하고, ‘자신의 삶에 영향을 주고, 자신이 살고 있는 지역사회에 영향을 주는 의사결정을 공유하는 과정'으로 정의하였다. 이러한 청소년 참여확산을 위한 방안으로 기회 프로그램을 제공(천정웅, 2001)하는 것이 있다. 청소년들 자신들의 기술, 지식기반, 리더십 능력 등을 개발하는 경험(experience)이 필요하다. 즉 기회 프로그램의 한 부분으로 자신들의 문화적 활동뿐만 아니라 사회적인 참여활동을 위한 동아리활동이 필요한 것이다. 청소년동아리활동을 자생・자율활동의 결정체로 보며 청소년 인권・권리 실현을 할 수 있는 기반 조성이 동아리활동이기 때문이다. 즉, 자원봉사동아리 등 일반적으로 유익한 모임 수준의 동아리와 문화동아리도 있지만 청소년 참여에 대한 부분에서 청소년위원회, 고양시 청소년 거리위원회, 광주시 청소년 포럼, 청소년 구정평가단 등의 모임과 함께 군산YMCA 청소년동아리연합회, 청소년 기자단 등 자발적인 지역 참여를 위한 다양한 청소년동아리가 존재하며 활동이 이루어지고 있다.

마지막으로 학교교육 활성화 방안이 된다. 지나치게 교과중심적인 학교생활로 인해 발생하는 폐해를 막고 학생들의 전인적인 성장을 가능케 하는 장을 마련해 준다. 스스로 기획하고 진행하며 반성하는 개별 문화 동아리활동의 경험은 학생들에게 자발적 문화생산자로서의 자각을 심어줄 것이다. 이러한 자발적인 내용들은 건전한 학교 문화의 생성을 가능하게 한다. 그리고 무엇보다도 청소년들이 활동의 주체로서 자발적인 집단을 형성하고 민주적으로 의사를 결집하고 실천하며 이에 대한 책임을 질 수 있는 기회를 제공하기 때문에 학교의 민주화에도 기여한다. 학교 안의 교육에서 지역사회적 삶에 접할 수 있는 통로의 역할을 하기도 한다. 근래에는 창의적 체험활동의 한 부분으로 매우 중요한 영역을 차지하고 있다. 창의적 체험활동에서의 동아리활동은 취미 및 특기계발, 협동적 학습능력과 창의적 태도 형성을 주요한 목표로 한다.

또한 최근의 청소년동아리활동 동향은 다음과 같이 크게 몇 가지로 나눌 수 있다(권준근, 2011).

첫째, 소규모 자생동아리 모임이 증가하는 현상이다. 이러한 소모임 문화는 소규모 인원의 배타적인 또래집단으로서 어떤 단체에 소속된 동아리, 클럽보다는 좀 더 자유로우며, 강제성이 배제된 최소한의 책임감과 소속감으로 활동하는 자생적인 사모임으로 나름대로의 특징을 갖고 있다. 우선 활동터전이 고정되어 있지 않다는 것이다. 기존의 동아리활동은 학교 내외의 공간에서 이루어지고 있으나 이들은 일정 공간이 없이 활동이 이루어진다. 또한 소규모 자생동아리에는 소속된 청소년들을 규약할 수 있는 일정한 규칙이 없다. 기존의 동아리는 회원들의 행동을 제지할 수 있는 일정한 규칙과 규범이 있다. 예를 들어 동아리회장 선출, 회원 충원, 회원의 의무 등과 같은 사항이 명문화되어 있어, 이를 위반한 회원에 대해서는 일정 벌칙이 부과된다. 또 동아리 모임의 동기가 철저하게 흥미, 재미, 취미 등과 같은 개인적 욕구에 기초한다. 기존의 동아리 규모에 비하여 아주 소규모 단위로 구성되며 이러한 소규모 모임은 하나의 흐름으로 청소년문화 속에 자리 잡고 있다.

둘째, 사이버상에서의 동아리가 증가하고 있다. 인터넷을 통한 정보화 사회의 도래로 멀티미디어의 발선과 나양한 통신밍 구축 등으로 인하어, 이제 사이버공간이라는 또 다른 세상 속에서 관심분야에 대한 토론장으로, 정보교환의 장으로 청소년들의 새로운 동아리활동이 펼쳐지고 있다. 사이버동아리의 새로운 변화추세는 개인이 운영하는 웹사이트가 증가하여, 다양한 관심분야들의 전문화를 통해 다양한 사이버동아리가 많아지며, 웹상에서의 활동에 만족하지 못함으로써 오프라인(현실공간)에서의 활동을 통해 오프라인과 온라인이 결합된 활동형태로 변화하는 경우도 있다.

셋째, 청소년들의 동아리활동에 대한 선호도가 변화되고 있다. 전통적인 문학동아리나 독서동아리 등은 감소하고 있는 반면에 음악, 댄스, 영상 등의 동아리활동이 관심을 받고 있다. 청소년들이 선호하는 동아리는 영상제작반, 밴드, 힙합동아리 등과 같이 사회적인 변화추세와 그들만의 관심사를 반영하는 것들이며 소규모 인원을 선호한다. 또한 전문적인 영역으로의 동아리활동이 생겨남으로써 개인의 특성과 적성에 맞는 분야를 선택하여 여가로서만이 아닌 개인의 진로와 연관된 동아리들을 선호하게 되었다.

넷째, 학교 외의 동아리활동이 급속하게 증가하고 있다. 기존 활동 개념인 청소년동아리활동은 학교중심의 동아리활동이 대부분 주를 이루었다면 현재 학교 내 동아리활동은 특별활동의 성격을 띠는 경우가 대부분이며 동아리로서의 활동 또한 미비하게 운영되고 방송반, 신문반, RCY, 한별단 등 학교운영관련 동아리 및 기존 단체 동아리활동만이 유지되고 있다. 이에 반해 개별 동아리활동들은 대부분 온라인, 오프라인을 통해 개별적 또는 수련시설, 청소년단체에서의 활동이 주를 이루고 있다. 이는 학업위주의 학교 내 운영방식에 따라 활동시간, 예산, 담당지도교사 등 학교에서의 지원이 미비한 데 기인하며 상대적으로 자율적인 활동에 대한 선호가 높아짐에 따라 온라인 등 자율적인 활동으로 변모하였다. 또한 수련시설, 청소년단체 등에서의 지원 등으로 인해 수련시설 및 청소년단체에서의 동아리활동이 비교과활동으로의 활동으로 영역구분이 되면서 학교영역 동아리활동과 분리되어 상대적으로 자율동아리활동이 많이 이루어지고 있다.

이처럼 동아리활동은 자율적이며 자생적이고 공간에 지배받지 않으며 관심영역의 확대 등으로 인해 전문적이고 사회적인 동아리들이 선호되고 활발함을 띄고 있으며 학교 내 활동중심에서 온라인, 수련시설, 청소년단체 등의 활동으로 터전이 이동되어 운영되고 있다.

학습정리

본 장에서는 청소년자치활동의 개념 및 특성과 영향을 살펴보았으며, 그 중 동아리활동 조직의 개념과 특성, 동향에 대해서 알아보았다. 이를 정리하면 청소년자치활동은 청소년의 자발적 참여를 기반으로 외부의 간섭이나 압력 없이, 구성원 자신의 합의와 의사결정에 의해 활동이 이루어지며, 학교 내외의 다양한 환경에서 행하는 청소년들의 전반적인 조직활동을 포괄하는 용어로 동시에 자신의 발달과 지역사회, 사회발전에 적극적으로 기여하는 제반 청소년활동으로 정의될 수도 있다.

학생자치활동은 청소년자치활동과는 차이를 보이는데 교육정책에서의 제7차 교육과정에서 자치활동의 범위와 역할을 적응활동, 계발활동, 봉사활동, 행사활동과 동등하게 배치하는 등 기본적으로 학생들의 학교생활에서 자치활동의 중요성을 과소평가하고 있다는 비판을 듣고 있다. 이러한 학교에서의 학생자치활동들은 2009 교육과정이 개정되면서 창의적 체험활동으로 이어지게 되고, 학교 내 자치활동의 실질적 활동은 미흡한 것으로 보고되고 있다.

청소년자치활동의 영역을 조작적으로 구분하여 정리해 보면 청소년단체와 민간에서 운영하는 청소년수련시설의 자치활동영역이 있으며, 공적참여조직으로는 현재 통합과정인 청소년참여위원회(특별회의), 청소년들의 자생적 자체 모임으로 구분할 수 있다. 청소년자치활동의 영역별 구분을 학교 내 협의활동 조직과 창의적 체험활동 조직과 학교 밖 청소년단체수련시설 조직, 공적참여조직, 청소년자체조직 등으로 영역을 구분할 수 있다.

청소년자치활동은 대표적으로 청소년동아리활동을 들 수 있는데 청소년들의 자생된 자치활동으로 학교 내외의 공간, 공동의 목표 지향성이 있는 조직적인 청소년들의 활동이라고 할 수 있다. 청소년동아리활동의 특성은 자치활동이며, 또래집단(peer group)으로의 참여가 자연스러우며, 대안문화를 창출하고, 집단적 활동, 집단의 목표를 성취하는 경험, 진로탐색의 과정, 청소년문화의 창조, 자율적인 참여과정과 함께 학교교육 활성화 방안이 된다.

최근의 청소년동아리활동의 동향은 소규모 자생 동아리 모임이 증가하며, 인터넷을 통한 새로운 동아리활동이 강화되고 있고, 동아리활동에 대한 선호도가 과거에 비해 급격히 변화되고 있다. 또한 학교중심의 동아리활동에서 학교 밖 활동들이 증가하고 있다.

연습문제

〈객관식〉

1. 다음의 (　　　　) 안에 들어갈 용어는?

> 청소년자치활동이란 "청소년들의 자발적 (　　　)을(를) 기반으로 외부의 간섭이나 압력 없이 구성원 자신의 합의와 의사결정에 의해 이루어지는 모든 청소년활동(Youth Activities)"을 뜻한다.

① 권익　② 보호　③ 기여
④ 생존　⑤ 참여

정답. ⑤ 참여
출처. 김민 (2005). 청소년자치참여활동 지침서, pp. 15-20. 서울: 도서출판 청협.

2. 학교에서의 학생자치활동의 내용으로 올바르게 묶인 것은?

① 협의활동 - 학급회의, 역할분담 - 운영위원, 민주시민활동 - 토론회
② 협의활동 - 애향반활동, 역할분담 - 운영위원, 민주시민활동 - 학급부서활동
③ 협의활동 - 토론회, 역할분담 - 애향반 활동, 민주시민활동 - 토론회
④ 협의활동 - 대화의 광장, 역할분담 - 학급회의, 민주시민활동 - 애향반활동
⑤ 협의활동 - 학급부서활동, 역할분담 - 애향반활동, 민주시민활동 - 토론회

정답. ①
해설. 교육인적자원부 (2000).

내용	활동예시
협의활동	학급회의와 학생회의 조직 및 운영, 학생 생활 전반에 필요한 사항 협의 등
역할분담	1인 1역 활동, 학급부서 활동, 운영위원 활동 등
민주시민활동	애향반활동, 모의의회, 토론회, 대화의 광장

3. 다음의 (　　　　)에 공통적으로 들어갈 용어는?

> 학생자치활동들은 2007년 개정 교육과정에 의해 시행되어 왔으나 2009 교육과정이 개정되면서 (　　　　)이 만들어지게 된다. 초등학교의 (　　　　)에서는 학생의 기초생활습관의 형성, 공동체 의식의 함양, 개성과 소질의 발현에 중점을 둔다. 중학교의 (　　　　)에서는 남과 더불어 살아가는 태도의 확립, 자신의 진로에 대한 탐구, 자아의 발견과 확립에 중점을 둔다. 고등학교의 (　　　　)에서는 학습자의 다양한 욕구를 건전한 방향으로 유도하고, 원만한 인간관계를 형성하며 진로를 선택하여 자아실현에 힘쓰도록 하는 데 중점을 둔다.

① 청소년수련활동　② 청소년체험활동　③ 창의적 체험활동
④ 청소년문화활동　⑤ 청소년교류활동

정답. ③
출처. 창의적 체험활동 (2009 교육과정에서 개정)

4. 학교 밖의 지역사회의 청소년자치활동 중 영역별로 옳게 짝지어진 것은?

① 청소년수련시설 - 청소년운영위원회
② 청소년수련시설 - 아수나로
③ 공적참여조직 - YMCA
④ 공적참여조직 - 홍사단
⑤ 청소년자체자생조직 - 청소년특별회의

정답. ①
해설. 청소년수련시설 - 청소년운영위원회

지역사회 청소년 자치활동 (학교 밖)	청소년단체 · 수련 시설조직	• 청소년동아리, 청소년운영위원회, 각 단체별 회원 등
	공적참여조직	• 청소년참여위원회(특별회의)
	청소년자체 자생조직	• 아수나로, 중고등학생연합, 사이버동아리, 청소년포럼, 젊은 모임 등

5. 청소년들의 공통된 관심사를 가진 자발적인 조직체이고, 지속적이고 정기적인 모임이 있어야 하며, 임원의 민주적 선출과 사이버상의 모임이라도 오프라인상에서의 만남이 있어야 하는 청소년자치활동 중 대표적 활동은 무엇인가?

① 수련활동 ② 동아리활동 ③ 체험활동
④ 교류활동 ⑤ 캠프활동

정답. ②
해설. 동아리활동

6. 동아리활동의 특성으로 옳은 것은?

① 개인활동으로 이루어져 있다.
② 진로탐색의 과정은 될 수 없고 문화활동에만 집중한다.
③ 기성세대의 모방문화로서만 활동한다.
④ 집단활동으로서의 민주적 조직을 경험하는 활동이다.
⑤ 집단의 목표를 성취하는 경험을 할 수 없다.

정답. ④
해설. ① 또래집단(peer group)으로서의 활동이다. ② 진로탐색의 과정이다. ③ 대안문화로서의 동아리활동이다. ⑤ 집단의 목표를 성취하는 경험을 한다.

〈주관식〉

1. 청소년의 자발적 참여를 기반으로 외부의 간섭이나 압력 없이, 구성원 자신의 합의와 의사결정에 의해 활동이 이루어지며, 학교 내외의 다양한 환경에서 행하는 청소년들의 전반적인 조직활동을 포괄하는 용어로서 정의될 수도 있는 것은?

정답. 청소년자치활동
해설. 정건희, 김윤나, 최윤진 (2010). 청소년자치활동의 실태 및 현황분석. 한국청소년학회, 17(1), pp. 58-83; 김민 (2005). 청소년자치참여활동 지침서. 서울: 도서출판 청협, pp. 15-20.

2. 다음의 (   ) 안에 들어갈 말은?

> 청소년(   )활동이란 "청소년들의 자생된 자치활동, 학교 내외의 공간, 공동의 목표 지향성"이 있는 조직적인 청소년들의 활동이라고 할 수 있다.

정답. 동아리

3. 최근의 청소년동아리활동 경향을 간략히 서술하시오.

정답. 소규모 자생 동아리 모임, 사이버상에서의 동아리가 증가하고 있으며, 활동에 대한 선호도도 이전의 전통적인 문학, 독서, 합창단 등에서 영상, 벤드, 힙합 등의 변화가 급속하게 이루어지고 있으며 학교 외의 활동이 증가하고 있다.

Chapter 05

청소년참여활동

▶ 학습목표

1. 청소년참여활동의 종류에 대해 이해할 수 있다.
2. 청소년참여활동에 있어 임파워먼트의 주요 핵심개념 및 접근방법을 이해할 수 있다.
3. 임파워먼트와 지역사회참여의 개념을 설명할 수 있다.

▶ 핵심용어

청소년참여, 청소년특별회의, 청소년참여위원회, 청소년운영위원회, 임파워먼트

Chapter 05

청소년참여활동

1. 청소년정책 참여활동[6)]

여성가족부는 청소년의 눈높이에 맞춘 청소년정책을 추진하기 위하여 청소년참여기구인 청소년특별회의, 청소년참여위원회, 청소년운영위원회를 체계화하고, 청소년들에게 다가갈 수 있는 온라인매체 활용 등을 통하여 접근성을 높이는 등 다방면에서 청소년의 시민임파워먼트를 위한 지원을 확대하고 내실화하고자 노력해왔다. 특히, 청소년들의 사회참여 기회를 확대하는 등 장래 민주시민으로서의 청소년 인권을 확립해 나가는 한편, 「청소년에 관한 UN 총회특별세션」과 「UN 세계청소년포럼」 그리고 「UN 세계청소년장관회의」에서 채택한 리스본 선언 등을 통해 확인된 청소년 사회참여의 가치를 정책에 반영하여 정책수요자인 청소년이 정책과정에 직접 참여하는 한국형 '청소년참여기구'를 운영하여 왔다.

이러한 노력의 결실로 2012년 6월 뉴욕에서 각 정부 및 산하기관을 대상으로 효율적이고 획기적인 정책들을 홍보하고 격려하고자 UN에서 시상하고 있는 '공공행정상(UN PSA: Public Service Awards)' 정책결정 참여부문에서 한국의 청소년참여기구를 중심으로 한 청소년정책이 수상하는 성과를 거두었다. 이로 인해 청소년의 눈높이에 맞춘 정책을 추진하는 등의 획기적인 전략과 방법으로 청소년의 권익증진

6) 김경준, 김희진, 이민희, 김윤나 (2014). 2014 한국 아동・청소년 인권실태 연구, pp.297-301를 수정 정리함.

및 정책의 실효성을 확보한 점 등의 정책적 우수성을 UN으로부터 공식적으로 인정받는 계기가 되었고, 이를 통해 주무부처인 여성가족부의 정책이 체계화・활성화되는 가운데, 기관・단체・학계 등 현장의 지지와 추진동력을 확보하여 청소년정책 도약의 발판을 마련하게 되었다(여성가족부, 2013).

청소년정책 참여활동 현황은 청소년특별회의의 의제수용률과 청소년참여위원회 및 청소년운영위원회 현황, 청소년참여 지역사회변화 프로그램 운영현황, 지역사회 청소년정책모니터링 사업현황 등을 통해 알 수 있다.

청소년특별회의는 청소년기본법 제12조의 법률에 근거하여 청소년전문가와 청소년이 함께 매년 범정부적 차원의 청소년육성 정책과제 설정 및 추진을 점검을 위해 개최되는 것이다. 청소년특별회의를 통하여 청소년과 청소년정책에 대한 사회적 관심을 이끌어내고 청소년정책 과정에 청소년과 전문가가 참여하여 청소년정책의 범정부적 추진을 촉진하게 된다. 2004년도에는 시범회의, 2005년도에 제1회 청소년특별회의를 개최하여 2011년 제7회 청소년특별회의가 개최되었다.

청소년특별회의는 청소년들이 제안한 의제가 관련 부처의 정책대안 창출 및 추진으로 이어져 청소년 정책에 청소년이 직접 참여하는 계기를 마련하였고, 관련 부처들이 청소년특별회의를 계기로 유기적인 업무연계 및 협력 네트워크를 구축하는 등의 성과를 보였음에도 불구하고 청소년특별회의 구성원의 대표성 문제, 정책의제에 대한 전반적인 공감대 부족, 추진 일정의 가변성, 대국민 홍보 부족, 구성원의 명확한 역할 정립 미비 등의 문제점을 보이고 있어 이에 대한 개선책으로 2009년부터 16개 시도의 참여위원회 구성시에 대표성을 확보하고, 참여위원회 대표가 청소년특별회의에 참석하도록 시스템을 보완하였다(김윤나, 2012: 42).

'청소년특별회의'는 2013년 청소년 374명 및 전문가 등 총 400여 명이 참여하여 5~10월까지 여성가족부 및 17개 지역회의별 논의활동을 거쳐 선정된 3개 영역 7개 정책과제, 31개의 세부과제를 본회의에 상정하여 채택하였다. 제안된 정책과제들에 대한 사후모니터링 기능을 강화하기 위하여 2005년부터 2012년까지 최근 8년간 제안된 328건의 정책과제를 모니터링한 결과 87.8%인 288건의 정책과제가 정부 청소년정책에 수용, 반영 중에 있다(여성가족부, 2013: 82).

표 5-1 청소년특별회의 의제 수용률

연도	의제	수용률
2004 (시범)	• 청소년 인권·참여 (13개 과제) - 시범사업 : 청소년특별회의 연1회 개최 정례화	-
2005	• 청소년참여기반 확대(35개 과제) - 청소년정책에 청소년참여 등 6개 영역 31개 과제 수용	31개 수용 (88.6%)
2006	• 청소년 성장의 사회자원망 조성(37개 과제) - 위기 청소년을 위한 지역사회 안전망 확대 등 33개 수용	33개 수용 (89.2%)
2007	• '제4차 청소년정책기본계획'제안(18개 과제) - 선거연령 하향 등 15개 수용	15개 수용 (83.3%)
2008	• 청소년의 복지와 권익이 보장되는 사회(35개 과제) - 리틀맘에 대한 정책 마련 등 29개 수용	29개 수용 (82.9%)
2009	• 청소년, 자신의 꿈을 찾을 수 있는 사회만들기(20개 과제) - 청소년 직업체험 프로그램 활성화 등 14개 수용	14개 수용 (70.0%)
2010	• 자기주도적 역량개발, 존중받는 청소년(53개 과제) - 체험활동을 통한 자기 주도적 역량개발 인프라 확대 등 49개 수용	49개 수용 (92.4%)
2011	• 우리 사회의 건전한 성문화, 건강하게 성장하는 청소년(41개 과제) - 유해매체로부터의 청소년 성보호 등 3개 영역 41개 과제 제안	36개 수용 (87.8%)
2012	• 자유로운 주말, 스스로 만들어가는 청소년활동 - 청소년체험활동 여건조성 등 3개 영역 30개 과제(89개 세부과제) 제안	81개 수용 (91.0%)

출처: 여성가족부 (2013). 청소년백서, p. 82.

청소년특별회의는 청소년분야 전문가와 청소년이 참여하여 범정부적 청소년정책과제를 발굴, 추진, 점검하는 기구로 매년 개최되고 있다. 정부에서 청소년과 전문가들이 제안한 정책과제를 수용한 비율은 2009년도를 제외하고는 80~90% 사이로 높게 나타났다. 온라인미디어 매체를 활용한 SNS 청소년특별회의 페이지(www.facebook.com/withyouth)를 개설·운영하고 온라인 토론방(daum 카페) 개설 등을 통하여 청소년정책의 수요자이자 중심인 청소년들의 접근성을 용이하게 하여 10~20세대와의 소통을 강화해 나가고 있다.

‘청소년참여위원회’는 중앙부처와 지방자치단체에 청소년정책이나 활동에 대한 정책자문 및 건의와 다양한 자율·참여활동을 시행하는 청소년으로 구성된 자치기구이다. 즉, 청소년과 관련된 의사결정과정에 참여하여 다양한 의견제시와 자율활동을 실시하는 청소년 자치조직을 말한다. 청소년정책 대상인 청소년이 정부 정책결정과정에 주체적으로 참여하도록 제도화함으로써 청소년정책의 실효성과 효율성을 제고하고 청소년의 권익증진을 도모하고자 하는 데 목적이 있다. 청소년참여위원회는 시례별 차이는 있으나 정기 및 임시회의를 통한 청소년정책 모니터활동 및 청소년 의견제안과 정책자문, 설문조사 등을 통한 청소년 실태조사와 의견수렴, 워크숍 개최와 리더십 훈련프로그램 등을 실시하며, 활성화된 위원회는 예산을 확보하여 자체 사업을 기획·실행하고 있다(김윤나, 2012: 43). 청소년참여위원회의 문제점은 공개선발과 난제 추천 등을 통하여 선발된 소수의 청소년 참여위원이 다양한 계층의 청소년 의견을 대변할 수 없는 한계, 각 지방자치단체마다 청소년참여위원회의 선발 및 운영방식이 난립하여 표준화된 운영모델의 없다는 점, 의견제시 또는 자문내용이 실질적으로 의사결정과정에 반영되지 못하고 있다는 점 등을 들 수 있다(최창욱, 2010).

여성가족부, 특별시·광역시·도 및 시·군·구(자치구)에 총 189개(2013년 6월 30일 현재), 총 4,080명의 청소년으로 운영 중에 있다. 각 지방자치단체마다 청소년자치위원회, 청소년회의, 차세대위원회, 청소년구정평가단 등 다양한 명칭으로 불리며, 2013년 현재 운영예산으로 17개 시·도에는 매년 1,000만 원(국비 500만 원, 지방비 500만 원), 시·군·구에는 350만 원(국비 175만 원, 지방비 175만 원)을 지원하고 있다(여성가족부, 2013: 79).

한편 청소년단체나 시설에서는 청소년이 사업과 프로그램 운영과 관련된 의사결정과정에 참여할 수 있도록 청소년 자치기구인 ‘청소년운영위원회’를 구성·운영하고 있다. 청소년활동진흥법 제4조에 따르면 청소년수련시설을 설치・운영하는 개인・법인・단체 및 수련시설운영단체는 청소년활동을 활성화하고 청소년의 참여를 보장하기 위하여 청소년으로 구성되는 청소년운영위원회를 운영하여야 하며, 수련시설운영단체의 대표자는 청소년운영위원회의 의견을 수련시설 운영에 반영하도록 규정하고 있다.

청소년운영위원회의 목적은 공공 청소년수련시설에 청소년들로 구성된 기구를 구성하여 청소년의 욕구와 의견을 반영한 청소년중심 시설이 되도록 하기 위한 것이다. 청소년운영위원회는 정기회의와 수시회의를 통해 시설・단체의 모니터링과 운영에 참여하며, 1년 사업에 대한 결과보고서로 '활동백서'를 발간하여 지역사회에 홍보활동을 펼치고 있다(김윤나, 2012: 43-44). 청소년운영위원회는 10인에서 20인 이내의 청소년으로 구성되며, 위원의 임기는 1년이다(청소년활동진흥법 시행령 제4조). 2009년에는 전국 16개 시・도의 327개 생활권 수련시설 중 263개의 시설에 청소년운영위원회가 설치・운영되고 있으며 전국 약 4,100여 명의 청소년이 참여하여 활동하였다(최창욱, 2010).

청소년운영위원회는 2013년 기준, 전국 17개 시・도 400개 생활권 수련시설 중 305개의 시설에 전국 약 4,500여 명의 청소년이 참여하여 활동하고 있다. 2012년부터 매년 8월중 전국 청소년운영 위원회 대표자 워크숍 개최를 통하여 청소년운영위원회 관련 운영활성화방안을 함께 모색하고, 참여 대표청소년들의 리더십 역량 강화를 도모한다. 2013년부터 전국 청소년운영위원회를 대상으로 한 우수청소년운영위원회를 선발하여 그 결과와 성과를 전국 청소년운영위원회가 함께 공유하고 있다. 2013년 현재 운영예산은 운영위원회별 매년 250만 원(국비 125만 원, 지방비 125만 원)을 기준으로 지역 및 시설여건에 따라 일부 변경・지원하고 있다(여성가족부, 2013: 79). 청소년운영위원회는 청소년 자치조직의 공통적인 문제점인 참여기구 간 차별성과 정체성이 불분명하고, 청소년 친화적 시설운영을 목적으로 설립되었으나 뚜렷한 성과를 보이지 못하고 있지만, 청소년참여위원회에 비하면 활동이 활발한 편이다.

▌표 5-2▐ 청소년참여위원회 및 청소년운영위원회 운영지원 현황(2008~2013) (단위: 개)

연도	2008	2009	2010	2011	2012	2013
청소년참여위원회 운영지원수	163	175	175	175	186	189
청소년운영위원회 운영지원수	258	273	286	286	305	305

출처: 여성가족부 (2012). p. 5; 한국청소년정책연구원 (2013). p. 156에서 재인용; 여성가족부 (2013). p. 79.

▌표 5-3▐ 지역별 청소년참여위원회 및 청소년운영위원회 운영지원 현황(2013) (단위: 개)

	계	여성가족부	서울	부산	대구	인천	광주	대전	울산	세종	경기	강원	충북	충남	전북	전남	경북	경남	제주
청소년참여위원회	189	1	6	3	3	10	2	2	6	1	32	19	5	16	15	23	24	20	1
청소년운영위원회	305	-	44	14	9	12	6	10	7		62	32	15	14	16	14	13	15	22

출처: 여성가족부 (2013). pp. 79-81.

또한 2007년부터 시작된 '청소년참여 지역사회변화프로그램'은 주로 참여기구에서 활동하고 있는 청소년을 대상으로 자신이 거주하는 지역사회의 문제점들을 인식하고 이를 개선하기 위한 활동을 제안받고 프로그램 사업비를 지원하는 사업이다. 2010년 공모를 통해 청소년관련 기관을 지원하던 '참여공모프로그램'과 통합하여 '청소년참여 지역사회변화프로그램'으로 명칭이 변경되었다. 2007년부터 2010년까지 연도별 20개 내외 팀을 지원하던 규모를 확대하여 2011년에는 공모를 통해 74개팀, 2012년에는 60개팀의 활동을 지원하였다. 2013년에는 공모를 통하여 65개 팀이 사업비를 지원받아 활동 중에 있다(여성가족부, 2013: 83).

그리고 '지역사회 청소년정책모니터링' 사업은 제5차 청소년기본계획의 주요 정책과제인 청소년 친화적 지역사회 구축의 과학적 추진기반 마련을 목적으로 2013

년 장기 정책연구로 시작된 '청소년이 행복한 지역사회 지표개발 및 조성사업연구'의 2년차 연구의 일환으로 추진되었다. 2014년 청소년정책모니터링단은 16개 시·도청소년활동진흥센터와 울진군청소년수련관(경북지역 대표운영기관)에서 모집 및 구성하여 운영 중이다(2014.10.20. 현재). 청소년정책모니터링단은 각 지역의 시도 청소년정책시행계획을 정책당사자인 청소년의 관점에서 모니터링함으로써 청소년의 의견반영을 목적으로 한다. 2013년과 2014년의 예산 및 주요 활동 등을 살펴보면 〈표 5-4〉와 같다(한국청소년활동진흥원, 2014).

▌표 5-4▌ 지역사회 청소년정책모니터링 사업 현황

연도	운영기간	참여 인원	주요 활동	총 예산	지역별 교부금액/ 총 교부액
2013	2013.7~ 2013.12		주요현안청소년정책(지역이슈/자유학기제) 정책과제 제안서 제출 -'청소년이 행복한 마을 만들기' 평가지표 검토 청소년정책모니터링 활동	173,000,000원	지역별 8백만 원/ 총128,000,000원
2014	2014.4 ~2014.11 (지역별 활동은 10월 종료)	217명 위촉 / 현재 204명	지역사회 청소년정책시행 모니터링 청소년이 행복한 지역사회지표 모니터링 일상생활 영역에서의 생활공감정책 제안	120,000,000원	지역별 5백만 원/ 총85,000,000원

출처: 한국청소년활동진흥원 (2014).

2. 임파워먼트와 실천기술[7)]

1) 임파워먼트의 개념과 접근방법

사전에서 임파워먼트는 "권한을 부여하는 것"을 말한다. 이 용어는 "의미 있는 학습에 관여하게 되는 과정"이라는 교육적 의미를 함축하고 있으며 다른 사람들과 생산적인 방법으로 상호작용할 수 있다는 것을 의미한다(Shrewsbury, 1987: 8; 이경아 외, 2002: 33에서 재인용). Wolff(1987)에 따르면, 임파워먼트는 "개인, 조직 그리고 지역사회가 자신에 대해서 통제감을 갖게 되는 과정 혹은 기제"를 의미한다(이경아 외, 2002: 56에서 재인용). 임파워먼트는 개인 내면에서의 어떤 것을 발견하여(Holmes & Saleeebey, 1993), 개인이 자신의 주변 환경을 이해하고, 자신의 선택에 책임을 가지며, 자신의 삶의 지위를 향상시키기 위해 개인적, 관계적 혹은 정치적으로 힘을 키워나가는 과정이다(배윤정, 2008; Gutierrez, 1990). 또한 Rapport(1987)는 임파워먼트를 개인, 조직, 지역사회가 자신들의 생활을 조정하고 지배권을 갖는 것이며, 자신의 환경에 영향을 미치기 위해 활발히 참여하는 것이라 하였고, Gutierrez(1990)는 개인이 삶의 지위를 향상시키기 위하여 개인적, 대인관계적 혹은 정치적으로 힘을 키우는 과정이라고 하였다.

임파워먼트는 과정과 결과 모두를 의미한다. 임파워먼트는 "증가하는 개인적 · 대인관계적 · 정치적 힘의 과정이다. 따라서 개인, 가족, 그리고 지역사회가 그들의 상황을 개선하기 위해 행동을 취하는 것"이다(Gutiẻrrez, 1994: 202). 과정으로서 임파워먼트는 개인적 문제에 대한 심리적 통제감이 증가하는 것을 내포하며 결과물로서 임파워먼트는 개인적인 힘이나 정치적 힘을 쟁취한 상태를 의미한다. Rappaport(1987: 121)는 임파워먼트에 대한 설명에서 "임파워먼트는 자기 자신의

7) Wes Shera & Lilian M. Wells. 사회복지에서의 역량강화실천. 이경아, 박정임, 김민석, 서홍란, 하경희, 이금진, 유명이, 강미경 공역 (2004). 파주: 양서원; 김윤나, 정건희, 최윤진 (2010). 청소년자치활동이 임파워먼트에 미치는 영향. 청소년복지연구, 12(3), pp. 1-23를 수정 정리함.

삶에 대한 개인적 결정과 지역사회 생활에 있어서 민주적 참여 모두를 제안한다. 이는 종종 학교, 이웃, 교회, 그리고 다른 자발적 조직 등과 같은 구조의 중재를 통해 이루어진다. 임파워먼트는 개인적 통제감이나 영향력 등의 심리적 상태 그리고 실제 사회적 영향, 정치적 힘 그리고 법적 권리 등에 대한 고려 모두를 시사한다. 이는 개인뿐 아니라 조직이나 이웃에 대해서도 적용할 수 있는 동시 다단계적인 구성 개념이고, 맥락 안에서 사람에 대한 연구를 하도록 제안하는 것이다"라고 했다. 청소년 임파워먼트는 청소년의 시민권과 사회복지 두 영역에서 대두되고 있는 개념으로, 이는 권리라는 맥락에서 공통점을 찾을 수가 있다. 즉 임파워먼트는 아동 권리협약의 가장 기본이 되는 '참여권'을 보장해 줌으로써, 개인의 내면의 힘을 키워 자신의 모든 삶에 있어 주체성을 획득하는 것이기 때문이다(배윤정, 2008).

Miley, O'Melia와 Dubois(1988: 24)가 제시한 대화, 발견, 발전의 요소를 통합한 일반주의, 즉 제너럴리스트 사회복지실천에 있어서 임파워먼트 역량강화 접근을 청소년활동에 접목하여 제시해 보면 다음과 같다(이경아 외, 2002: 24에서 재인용).

> 청소년지도사는 대화(dialogue)를 통해 청소년과의 협력적인 파트너십을 발전시킨다. 문제가 되는 상황을 명료화하고 작업의 목적을 정의한다. 발견(discovery)에 있어 청소년지도사와 청소년은 변화를 위한 계획을 만들기 위해 자원들을 파악하는 과정을 실행한다. 발전(development)에 있어서 청소년지도사와 청소년은 대인관계적·제도적 자원들을 활성화하고 다른 사람들이나 체계들과 연결하고, 사회자원의 재분배를 위한 새로운 기회들을 창조해낸다.

청소년활동이 '자발적 참여'가 전제되어 있고, 청소년의 자발적 참여를 기반으로 이루어지는 제반활동으로 청소년자치참여활동으로 정의하기도 한다(한국청소년단체협의회, 2005). 이 때문에 청소년자치활동은 청소년 임파워먼트의 가장 기본이 되는

'참여권'을 보장해 주어 개인의 내면을 힘을 키워 주체성을 획득해 나가는 활동의 매우 중요한 영역이라 여겨진다. 또한 사회복지에서는 두 가지 측면에서 임파워먼트를 바라보고 있다. 거시적 측면에서는 '소외계층을 대상으로 한 사회구조적 변화를 목적으로 한 것으로(오혜경, 1999), 집단적인 정치적 힘을 증대시키는 과정'으로 보았고, 미시적 측면에서는 '개인적 관점에서 삶의 어떤 측면을 스스로 통제할 수

표 5-5 일반주의 실천에서의 임파워먼트 접근

단계	과정	활동
대화	파트너십 형성	청소년의 특권을 인식하고 청소년의 독특성을 존중하는 청소년지도사와 청소년의 관계를 임파워먼트하기 시작한다.
	파트너십 명료화	청소년의 경험을 확인하면서 도전적인 상황을 사정한다. 업무 특성을 추가하고 목표를 정한다.
	방향 설정	청소년 동기부여를 촉진하는 관계에 대한 초기 의도를 결정하고 관련 자원들에 대한 탐색을 안내한다.
발견	강점 정의	청소년의 강점에 대해 일반적 기능, 도전받는 상황에 대한 대처 기술, 문화적 정체성 그리고 역경에 대한 극복 등의 항목들을 탐색한다.
	자원 능력 분석	가족, 사회적 집단, 조직이나 지역사회기관들을 포함한 환경과 청소년이 교류함에 있어서 자원을 탐색한다.
	해결책 구성	상담, 자원관리와 교육 등을 통해 가능한 자원들을 동원함으로써 가능한 행동 계획을 수립한다.
	동맹관계 구축	청소년과 청소년의 자연적 지지체계 그리고 서비스 전달체계들과 동맹관계를 임파워먼트한다.
	기회 확장	프로그램 개발, 지역사회 조직화 그리고 사회행동 등을 통해 새로운 기회와 자원을 개발한다.
	성공 인식	달성도를 인식하고 계속되는 행동에 대해 정보를 제공함으로써 변화 노력의 성공에 대해 평가한다.
	성과 통합	관계를 해결하고 성공을 축하하며 긍정적인 변화를 안정화시키는 방법으로 변화과정을 마무리한다.

출처: Dubois, M. & O'Melia (1993). p. 25에서 재인용.

있다고 느끼는 것으로(Simon, 1990), 자기효능감, 자기충족감, 자존감 등으로 표현되고 있다(Browne, 1995; Staples, 1990). 이러한 관점은 인간의 삶의 표현으로서 장점보다는 약점에 대한 최근의 편견을 없애기 위한 것이므로, 무엇보다 개인에게 무엇이 최선인지 판단할 능력을 그 개인이 갖도록 한다는 믿음이다(Weick & Pope, 1988).

청소년을 대상으로 하는 미시, 중범위 그리고 거시적 수준의 변화 등 모든 청소년활동의 발전단계에 있어 자원의 활성화, 협조적 관계 창조, 기회의 확장 등의 기술을 설명하면 〈표 5-5〉와 같다.

위에서 논의된 개념 중에서 특히 청소년지도사에게 강조해야 할 자원 활성화, 동맹관계 구축, 기회의 확장 등과 관련된 핵심 실천기술에 관해 좀 더 상세히 살펴보면, 먼저 자원을 활성화하는 것은 청소년 자신의 개인적 자원과 사회적 환경 내 가능한 자원에 대한 사정을 촉진하는 임파워먼트 기반 활동과 관련이 있다. 자원을 활성화함에 있어 청소년들은 개인적·대인관계적·제도적 자원들을 사정하게 된다. 청소년지도사는 자원을 조정하고, 관리하는 기술에 대해 청소년에게 자문한다. 자원활성화와 관련된 활동들은 개인적 능력과 효능감, 임파워먼트의 의미 있는 개인 특성 등을 강화시킨다. 그러나 오로지 개인적 능력에만 초점을 맞출 경우, 개인적인 것과 정치적인 임파워먼트 모두를 신장시키는 데에는 실패할 것이다. 청소년 비판의식의 개발과 의식 신장을 통해 청소년활동 경험을 맥락화하고, 자기비난을 감소시키고 청소년집단구성원들이 본질적인 이유를 받아들여 자기 자신의 선택과 행동에 영향을 주도록 돕고 선택에 있어 책임을 지도록 청소년지도사는 지원해야 할 것이다(Simon, 1990: 35; 이경아 외, 2002: 26에서 재인용). 그리고 비판적인 성찰(reflection)을 통해 개인적 행동의 사회적 유래를 이해하고 제도적 구조와 정책 가변성을 인식할 수 있도록 하여 성찰적 대화가 집단 맥락에서 발생할 때, 집단구성원들은 사회정책을 변화시키고 사회구조를 개혁하기 위한 집단행돌 실천 기반을 형성할 수 있음을 명심해야 한다(Young, 1994; 이경아 외, 2002: 26에서 재인용).

청소년 자원활성화를 위한 실천기술

√ 개인적 효능감을 강화한다.
√ 대인관계 능력을 강화한다.
√ 의식 신장을 촉진한다.
√ 강점을 형성한다.
√ 변화에 대한 동기를 부여한다.
√ 문화적 자원들을 찾아낸다.
√ 개인적 역량을 훈련한다.

두 번째 동맹관계 구축에 있어서 청소년지도사와 청소년은 그 집단에서 청소년의 노력과 제휴해야 한다. 자연적 지지망을 중심으로 청소년의 기능을 강화시키고 서비스 전달망을 조직하면 청소년에게 정서적 지지를 가져오게 되고 역량의 기반을 형성할 수 있게 된다.

청소년 동맹관계 구축을 위한 실천기술

√ 임파워먼트 집단 형성하기
√ 비판적 의식 발전시키기
√ 자연적 지지망과 제휴하기
√ 필요한 사회서비스 전달체계 만들기
√ 청소년-서비스 동맹 구축하기
√ 대인관계적 역량 최대화하기

청소년지도사는 청소년과 집단으로 작업하면서 의식 향상, 상호 원조 계약, 기술개발, 문제해결 그리고 다른 사람에게 영향력을 행사하는 자기 자신의 효과성을 경험할 수 있도록 최적의 환경을 제공해야 한다. 또한 청소년지도사는 청소년의 활동을 지역사회 연합, 관계부처 간의 관계망, 사례관리 팀 등으로 확장하여 전문가들, 청소년 옹호자와 서비스 소비자들 간의 동맹을 형성하도록 한다. 이러한 동맹은 집단적 사회행동, 정책 변화를 위한 옹호와 사회서비스 전달체계를 다룰 줄 아는 역량기반을 제공하여 청소년이 참여활동을 통해 자신들의 관점을 표현하고 그들 자신의 권리를 보호할 수 있는 기회를 갖게 되는 것이다.

세 번째, 청소년지도사와 청소년은 사회조직 내 기회를 확장시키기 위해 합류할 수 있다. 사회개혁, 정책개발, 법적 옹호 그리고 지역사회 변화 노력 등을 통한 기회의 확장은 자원의 재분배를 확고히 하고 사회정책을 발전시키는 데 필요한 전문적 요구를 제공하여 사회적 불평등을 시정하고 억압당하는 사람들에게 도움을 준다. 또한 힘과 자원들을 조작하는 데 필요한 집단 사회행동은 사회적·정치적 역량강화를 주도하여 청소년이 자신의 목소리를 내도록 청소년을 격려하고 정책에 영향을 주도록 청소년의 이익을 옹호하는 청소년지도사나 거시적 실천가 모두에게 도움을 주는 적절한 기술이다(이경아 외, 2002: 27-28).

청소년 기회의 확장을 위한 실천기술

√ 환경적 기회와 위기를 인식한다.
√ 지역사회 역량강화와 발전에 참여한다.
√ 사회옹호와 사회행동주의를 촉진한다.
√ 사회정의를 지지한다.
√ 사회정치적 역량을 기른다.

2) 임파워먼트와 지역사회참여

Cernea(1992: Baxter, 1996: 4)는 임파워먼트의 여러 주요 개념을 포함하는 능력 고취의 주요 구성요소로 지역 자원 동원, 이익에 대한 자기정의, 자기 자신의 문제와 이익들에 대해 자신이 가장 잘 알고 있다는 것에 대해 인식하기, 우선권과 지역 구조에 대한 지역사회 진단, 지역 우선권은 지역적 체계와 국가체계로 통합, 쌍방향의 계획(예를 들면 급진적인 해결책보다는 점진적 단계에서 시작하거나 점진적으로 움직이는 등의 쌍방향의 계획), 정보 보급 등을 제시하였다. 청소년지도사는 청소년의 지역사회참여를 이끌어내기 위해 옹호에 의한 참여 그리고 능력고취, 임파워먼트 등을 많이 강조해야 한다(이경아 외, 2002: 34-35에서 재인용).

임파워먼트와 참여의 밀접한 연관성을 인식하여 참여에 대한 분석을 실시한 학자로는 Arnstein(1969: 71-72)를 들 수 있다. Arnstein은 참여의 사다리 이론을 제안함으로써 참여는 위계적 단계가 있고, 사다리를 올라가거나 내려오는 이동이 가능하다고 추론하였다. 각 이론은 의사결정과 통제에 대해 비교한 것으로, 무엇이 이미 결정되었는지, 실천가와 참여자 간의 관계는 어떠한지, 누가 결정에 있어서 자치권을 갖는지, 그리고 특권이 부여되는지 권리를 갖는지 등에 관한 것이다. Arnstein은 개발이 지속될 경우 적어도 기능적 참여는 만족스럽다고 주장함으로써 명목상 참여의 가능성을 강조하였고, Wilcox(1994)는 Arnstein의 시민권력의 수준과 동일한 개념인 실질적 참여로서 독립지지, 함께 행동하기, 함께 결정하기의 세 영역을 임파워먼트의 수준으로 포함하였다. Arnstein의 분류 틀은 의사결정을 위한 힘을 키우는 데 있어 전문적 기술에 대한 필요성을 무시한 측면, 시민들의 이익이 힘 있는 자들의 이익과 갈등을 유발하기보다는 오히려 일치한다는 측면, 갈등에 대한 것 이외에도 여론적 합의의 가능성을 인식하는데 실패했다는 측면에서는 비판을 받고 있다(이경아 외, 2002: 36-37).

지역사회 내 각 영역 간의 힘의 관계는 하찮은 것이 아니고 공식적 분석에 있어서의 해결 또한 쉽지 않기 때문에 시민참여의 의미와 과정에 대한 논쟁은 있어야 한다. 공익을 보호하기 위해 공적 이익을 가져오는지 여부에 상관없이 조직 관리상의 욕구나 지역사회의 불리한 영역의 욕구 등 전체로서 지역사회의 욕구를 가장 먼저 고려하는지에 따라 참여적 주도의 목적이 분명하게 달라진다. 그러므로 중대한 이슈는 누가 참여를 주도하는지, 지역사회의 다수인지, 어떠한 목적인지, 그들의 권한, 입장과 동기를 향상하기 위한 것인지 등을 잘 살펴보아야 한다. 참여에 대한 옹호조차도 관리적 태도를 취할 수 있다. 따라서 참여과정들은 참여자들에 의해서

보다는 참여자들을 위해 설계되는 것이 더 중요하다(이경아 외, 2002: 39).

영국(Mullender & Ward, 1991)에서 사회행동 제안자들에 의해 적용된 방법은, 청소년들이 그들의 곤란한 상황을 더 잘 이해할 수 있도록 청소년 참여과정에 대해 순환적으로 청소년들이 워커의 지지를 받으며 함께 모여 그들의 문제에 대해 정의 내리고 이해하기 위해 노력하고 문제를 해결하기 위해 집단적으로 행동하고 특정 행동의 결과로서 학습과정에 대해 고찰하도록 하였다. Mondros와 Wilson은 사회행동의 네 가지 주요 목적을 실제적 변화를 만들어 내고, 리더십 기술을 개발하고, 집단자원과 기술을 발전시키고, 이슈와 조직에 대해 대중을 교육시키는 것으로 정의하였다. 다양한 형태의 청소년 작업과 지역사회 개발 작업은 사회행동에 있어 다양한 접근을 활용하게 하고 이러한 접근방법은 불명확한 기본 개념과 정의를 효과적으로 만든다(이경아 외, 2002: 40-41).

스코틀랜드의 지역사회 교육위원회(SCEC)에서는 적절한 청소년 서비스의 계획과 전달에 있어서 청소년의 광범위한 참여를 촉진하기 위해 청소년을 접촉하는 전국적인 기구(initiative)를 운영한다. 사회행동 접근을 적용해 보았을 때, 청소년은 적절한 변화를 위해 계획을 수립하도록 격려되고, SCEC 또한 다양한 이익집단(사회복지, 주거, 경찰, 지역사회교육, 지역 비즈니스 등)의 의제들을 위한 기술적인 접근들을 시도한다. 또한 범죄예방국에서는 현재 청소년위원회를 만드는 데 있어 청소년들을 참여시키고, 범죄예방과 감소의 과정에 있어 청소년을 역량강화시키는 사회행동방법을 사용하고 있다(이경아 외, 2002: 43-44).

사회행동 집단활동은 가치기반(value-based consideration)에 근거한다. 그리고 사회행동 작업에 있어서 전문가의 역할은 역량강화 집단활동의 성공에서 핵심적이고 중추적인 것이다. 그러나 청소년을 임파워먼트 하는 데 있어 청소년 전문직 능력의 한계는 반드시 존재한다. 청소년과 관련된 청소년지도사들의 법적 책임은, 그들에게 요구되는 중립적인 역할을 할 수 없게 한다. 위계적 권력구조 내에서 자신의 위치 때문에 권한 위임에 있어 그들의 능력이 억압되는 것을 볼 수 있다. 청소년지도사의 임파워먼트는 세계화, 경영 혁신, 효과성과 재구조화 등 현재의 정치 · 경제적 상황에서 청소년의 임파워먼트를 촉진하는 데 가장 중요하게 고려되어야 할 사항이다(이경아 외, 2002: 47).

▌표 5-6▐ 참여의 위계

구분	Arnstein (1969)	TPAS (1989)	Pretty (1994)	World Bank (1994)	Wilcox (1994)
시민권력의 수준	시민의 통제	통제	자기-동원 : 주도권 쟁취, 주도권에 도전	역량강화 : 자기관리	독립지지 지역사회 이익 : 그들이 원하는 것을 하기
	권한 위임	선택 공동 관리	상호 교류 : 지역 의사결정에 대한 공동 분석과 조작	협력 : 공동 작업과 공동 책임	함께 행동하기 : 계획 실천에 있어서 결정과 파트너십 형성
	파트너십			의사결정 공유 : 계획수립과 갈등 해결에 참여하기	함께 결정하기 : 공동 의사결정 전에 아이디어 제공
명목상 수준	회유	대화	기능적 : 결정된 후 예상된 대상자를 만남	사정에 참여함 : 참여적 사정	
			물질적 보상 : 자원만 제공		
	자문	자문 청취	자문 : 관점 제공 (전문적이나 프로포절 변화를 강요하지 않는)	자문 : 회의, 현장 방문과 인터뷰	자문 : 피드백에 대한 선택권을 제공
	정보 제공	정보 탐색 정보 제공	정보 제공 : 조사 정보를 제공하나 영향은 주지 않음	정보 공유 : 선전	정보 제공 : 계획이 무엇인지 말해줌
참여 배제	치료		소극적인 참여 : 일방적 의사결정		배제 : 의사결정에 대해 모름
	조작				

청소년활동 현장에서 힘 있는 사람들과 영향력 없는 사람들 간의 파트너십은 모두에게 이익이 되는 기술과 자원을 파악하고 공유하는 데 있어 조정과 협상을 요구한다. 이러한 파트너십에서 사회복지 전문직의 역할은 촉진자, 일반적 관심을 강조하면서 이익집단 간의 대화를 연결하고 발전시키는 정직한 중개자가 된다. 그러므로 변화과정에 있어서 청소년이 임파워먼트되지 않을 상황을 제외하고는 협상, 갈등 해결과 촉진에 있어 정직한 중개자가 되도록 청소년지도사는 자신의 기술을 발전시켜야 한다.

3. 청소년 임파워먼트 집단프로그램 실천과정8)

사회복지분야의 후기 임파워먼트 시대의 집단실천과정은 청소년분야에 접목하여 내용은 정리해 보면 다음과 같다. 1단계 : 집단 준비와 시작, 2단계 : 의식 향상 운동과 권리 인식 및 옹호, 3단계 : 선택하기, 평가하기, 행동화, 4단계 : 급진화, 5단계 : 초점화된 압력 행사, 6단계 : 지역사회참여 확실히 하기이다.

1단계 집단 준비와 시작단계에서는 ① 욕구의 확인(identification of need), ② 목적의 확인(identification of purpose), ③ 구성(composition), ④ 초기 구조(initial structure), ⑤ 내용(content), ⑥ 집단 시작 전 계약(pre-group contact) 등이 이루어져야 한다. 전통이론에서 청소년들의 욕구를 제시하는 사람은 청소년지도사, 잠재적 구성원, 기관과 관련된 사람들이다. 임파워먼트 실천에서 구성원의 관심과 욕구를 명확히 제시하는 사람은 바로 청소년 자신이다. 청소년은 자신의 발언권을 갖고, 확인하고 주도권을 갖는다. 그러나 사회적 한계선, 사회적 억압 등에 따라 특수한 상황에 처한 대상집단은 청소년지도사가 대상집단의 관점에서 정의할 수 있다.

8) 이경아 외 (2002). 사회복지에서의 역량강화실천, pp. 245-252의 12장, 후기 역량강화 시대의 역량강화 실천 부분 중 본 저자의 판단하에 청소년활동영역에 중요하다고 생각되는 부분 위주로 정리 적용함.

2단계 의식 향상 운동과 권리 인식 및 옹호단계에서는 구성원들의 정보가 모아지고 받아들여진다. 그러므로 이러한 정보 공유를 통해 '합법적 지식(Legitimate Knowledge)'이 구성된다. 이때 청소년지도사는 수동적인 청소년에게 전문가가 소유한 지식을 일방적으로 전달하던 교육 개념을 버려야 한다. 이러한 사고전환을 통하여 청소년과의 실제적인 대화가 이루어질 수 있으며, 실질적인 전문성과 지식을 공유할 수 있게 된다. 또한 이 단계에서 진술과 토의를 통해 구성원들의 역량을 지지하는 기회를 제공한다. 이때 의식화(conscientization) 과정이 중요한데, 의식화는 역량에 대한 구성원의 생각에 미치는 영향력과 반응을 성찰하는 형식으로 나타난다. 이러한 역량에 대한 재인식은 의식화되지 못한 구성원을 위해 자신 내부의 우울감에 대해 직면하고 부정적인 자기 이미지와 자기평가에 대항하기 위해 사용된다. 또한 정보를 공유하는 것은 구성원들이 사회적 · 경제적 · 정치적 · 문화적 상황을 자신들의 상황에서 공통적인 것을 확인하도록 돕는다.

3단계 선택하기, 평가하기, 행동하기 단계에서는 첫 번째로 청소년들이 그들의 목소리가 경청되도록 어떠한 행동화 패턴을 사용할지 결정한다. 행동 패턴을 선택할 때, 구성원들은 행동화에 필요한 비용을 평가한다. 행동화 비용 선정시에는 실패를 수반하게 하는 방해물도 고려해야 한다. 청소년지도사는 청소년이 상대적으로 덜 위협적인 행동화 단계부터 시작하도록 하고 다양한 행동화가 가능하도록 안정적인 환경을 제공해야 한다. 또한 청소년지도사는 청소년 옹호를 전문으로 하는 조직과 의논해 보는 것도 주저하지 말아야 한다.

4단계 급진화 단계에서 '급진화'의 의미는 구성원들의 요구가 반영되지 않고, 행동화에 대한 반응이 나타나지 않을 때 관심을 불러일으키기 위해 집단의 힘을 사용하는 것으로 행동화인 3단계 후 집단구성원들은 그들의 행동과 요구에 대한 반응을 평가하고 실천을 통한 학습을 통해 권력에 대한 비판적 의식을 시도하고 이후 다음 단계로 전진하게 된다. 이때 청소년지도사가 청소년과 함께 그 지역사회를 알고 지역사회 내에서 견고한 동맹을 맺는 것은 다양한 급진적 행동을 선택하고 평가하는데 유용하도록 해준다.

5단계 초점화된 압력 행사 단계에서 청소년지도사는 청소년들이 지역사회 내 영향력 있는 구성원(정치가, 행정가, 교수, 사회서비스 대표자, 기업가, 종교적 대변자 등)의 관심을 얻게 되면 법률상, 정책성, 서비스상의 필요한 요구를 구성하도록 지원해줘야 한다.

6단계 지역사회참여 확실히 하기의 마지막 단계에서는 구성원들이 사회의 민주적 구조에서 자신들의 자리를 찾고 지역사회 내에서 자신들의 참여를 견고히 하여 구성원들의 요구가 지속적으로 받아들여지기 위한 영구적인 작업 체계를 갖고 다른 조직과 결속하도록 해야 한다. 역동적인 지역사회의 역할은 개인과 가족의 역량을 성장시키고, 이들의 역량을 유지시키는 것이다. 따라서 청소년지도사는 개인과 지역사회의 연결적 위치에서 그들이 지식을 적용하고 전문적 기술을 활용하여 지역사회를 발전시키는 기회를 제공하며 그들의 믿는 바를 실천시킬 수 있도록 조력해줘야 한다.

4. 임파워먼트 집단실천의 딜레마

임파워먼트 모델은 지지・상호 협조 집단, 의식화 집단, 사회행동 집단 각각의 독특한 조합체이다. 이 모델은 반억압적(anti-oppressive) 원칙, 즉 단순히 '치료'하려는 것을 비윤리적이라고 보는 소외된 사람들을 억압에 대해 직면하도록 돕는 원칙에 근거하고 있다. 그리고 억압에 대한 직면은 의식화를 통해 구성원들이 임파워먼트되었을 때 가능하다. 이러한 임파워먼트에 입각한 집단실천은 임파워먼트를 이론적 기초뿐만 아니라 집단 목적, 내용, 과정 등의 구성 원칙에 적극적으로 활용하여 그 집단은 상호 지지와 새로운 기술 학습, 비평적 분석을 강화하는 등의 다양한 기능을 하게 되는 것이다. 임파워먼트된 청소년집단은 억압에 대한 성찰, 비평적 분석, 행동의 구체적 목표를 포함하여 자신의 역량강화에 대한 책임을 갖는다. 이때 청소년지도사들은 유연하게 자신의 주요 역할을 변화시키고 청소년들이 협상기술, 정치적 분석, 조사하는 기술, 매체를 활용하는 기술 등을 익혀 자신들에게 필요한 자원을 획득할 수 있도록 도와야 한다. 또한 청소년지도사와 청소년과의 관계는 더 평등한 관계로 변화되어야 한다. 이것은 집단 내에서의 상호 협조와 연대만으로 문제해결이 충분히 않다는 것을 의미한다. 즉 지역사회 다른 조직관 공동연대, 협동 등을 통해 도움을 받아 하나의 집단을 넘어서서 구성원들의 연계망을 확장시켜야 하는 것이다. 이러한 결과는 청소년들의 자원에 대한 접근을 증가시키고, 새로운 기술을 시험할 기회를 제공하며, 집단을 지속화하는 데 필수적인 요소로 작용한다.

이렇게 집단을 운영하다 보면 청소년지도사는 몇 가지 실천적 딜레마에 빠지게 된다. 그 첫 번째는 다양한 문제 중 가장 우선적인 문제를 선택하는 것이고, 두 번째는 현재의 실난실천에서 권력을 공유하고, 지율성을 증진시킬 방법을 찾는 것이다. 첫 번째 딜레마에서는 우선적인 문제가 바로 개인의 임파워먼트를 촉진시킬 것인지, 집단의 임파워먼트 촉진에 우선을 둘 것인지를 결정하는 것이다. 개인적 임파워먼트는 개인의 대인관계적 영역, 즉 자아존중감, 역량, 기술, 비평적 의식 향상 등과 관련된다. 집단적 임파워먼트는 차별받는 구성원들의 삶을 변화시키기 위해 지역사회 수준의 정치적 행동을 취하는 것이다. 우리는 어떻게 개인의 임파워먼트가 집단 임파워먼트에 기여하는가를 고민해야 한다. 법, 제도, 정책의 변화를 목표로 하는 집단은 사회적 변화를 주 목표로 하면서 개인구성원의 문제를 지지해주고 경청할 수 있다. 개인적 성장, 만족, 자아존중감의 증진은 집단의 주요 목표라기보다 수행과정상에 나타나게 되는 이점이 될 수 있다.

그러나 집단 내에서 다양한 목표 중 우선순위를 결정하는 것은 쉽지 않다. 청소년지도사는 구성원들이 서로 다른 이유를 가지고 참여했다는 점을 간과해서는 안 된다. 청소년들은 개인의 이슈를 다루고 공통적인 경험을 공유하며, 이 과정에서 새롭게 비평적 인식을 갖게 되면서 집단적 주인의식을 강화하고 스스로의 우선적인 목표를 결정하게 된다. 청소년지도사는 집단구성원들이 개인적 임파워먼트의 희생을 통해 집단의 임파워먼트가 과연 달성될 수 있을지 늘 되짚어 보아야 한다. 또한 청소년 개인의 자신감, 기술, 자기인식의 성장이 집단참여의 목표가 될 수 있지만, 임파워먼트 자체가 사회경제적・문화정치적 상황에서 조직된 행동으로부터 발생한다는 것을 잊어서는 안 된다. 따라서 상황적・문화적 특성인 개인과 집단의 임파워먼트 실천의 우선순위를 결정하는 주요 기준이어야 한다. 세부목표는 구성원에 의해 결정되기도 하지만 기관의 상황과 사회적 규범에 의해서도 결정될 수 있다. 청소년지도사는 어떠한 상황에서 자치권 행상, 리더십 공유, 사회행동은 비현실적 과제가 될 수 있으며 단지 사람들이 함께 모인다고 해서 반드시 상호 도움이 발생되지는 않는다는 점도 유념해야 한다. 또한 소외된 사람들의 집단화가 바로 임파워먼트를 가져오는 것도 아니라는 점을 알고 있어야 한다. 청소년지도사의 기대와 구성원의 역량 간 잘못된 연결로 집단 전체가 허우적거릴 수도 있다. 청소년지도사는 '청소년'에 대한 민감성을 가지고 있어야 하며 실천현장의 전문가가 되기 전 실습 등을 통해 미리 경험해야 한다. 이러한 고려가 없으면 청소년들은 지속적인 무력감을 학습할 수도 있다. 개인 임파워먼트의 목적, 즉 무력감 극복, 참여와 리더십 고취는 청소년집단 역량강화의 우선적인 목표가 될 수도 있다.

임파워먼트 추진방법에 대한 딜레마는 자율성의 성정과 권한(power) 공유라는 원칙을 어떻게 실천으로 옮기느냐이다. 청소년지도사는 점진적 접근방법을 통해 청소년들이 리더십과 의사결정기술을 습득할 시간을 주고 청소년지도사가 점점 그 역할을 줄여나가는 것이다. 또 다른 방법은 처음부터 강력한 권력 행사를 통해 청소년들의 의존성을 극복하는 것이다. 청소년지도사는 청소년의 자생적 리더십 성장에 필요한 충분한 권한을 위임하지 않을 위험도 있다. 청소년지도사는 주류(mainstream) 사회목표 접근을 적용하여 청소년들에게 자신감을 증진시키고, 역량을 발견하고 지역사회 자원을 개발하는 시간을 주는 프로그램을 계획하면서 초기 리더십을 청소년지도사가 맡을 수도 있다. 청소년지도사가 자생적 리더십을 성장시키기 위해 자신의 역할을 줄여 나가며, 집단이 어느 정도 완전한 자율성을 갖게 되어 종결할 때쯤이면 전화 자문 정도의 분연인 역할을 수행할 수 있다. 그러면 청소년들은 어느 정도 임파워먼트를 하게 되고, 더 강력해진 자신들을 깨닫고 자신감을 얻게 된다.

임파워먼트 실천에서 나타나는 딜레마를 통해 집단 임파워먼트가 많은 잠재력이 있지만, 해결되지 않는 이슈 역시 많다는 것을 알 수 있다. 집단 임파워먼트 시 집단적 행위는 항상 필요한 요소인지에 관한 동의 과정이 필요하며, 사회행동의 성과는 리더십 함양, 협상역량, 매체활용과 같은 과정요소와 함께 비교, 검토되어야 한다.

집단 개개인의 임파워먼트 이슈는 매우 복잡하고 어려운 문제이다. 집단구성원이 개인적 성향을 버리지 않고 어떻게 집단 결정을 내릴 수 있는지에 대하여 청소년지도사, 당사자 집단의 논의가 필요하다. 또한 이러한 문제를 경험한 집단들의 해결과정에 대하여 탐색하는 연구도 필요하다.

이외에 해결되지 않는 이슈는 증가되는 사회적 욕구와 감소되는 재원 사이의 접점 지대에서 집단 임파워먼트를 위한 필수 조건을 정의하는 것이다. 재원을 얻고 유지하기 위해 구체적인 결과물을 생산해야 하는 압력 상황에서, 청소년지도사는 집단을 구성하여 운영하면서 적절한 시간 준비나 훈련, 자문을 제공하여야 한다.

집단 임파워먼트 실천 시 '역량', '전문성 있는 청소년지도사', '차별에 대항하는 집단구성원'이 필요하다는 것은 명백하다. 충분한 실천 경험과 구성원들의 자율성, 집단과 개별 구성원의 역량 성장에 필요한 충분한 시간 계획이 더 필요하다. 임파워먼트의 잠재성에도 불구하고, 집단 실천의 목적이 불분명할 수 있다. 연대를 통한 행동화에 많은 시간이 소요될 수 있으며, 사회적 재원도 부족하고, 임파워먼트를 성장시킬 수 있는 자원들이 제한될 수 있다. 이러한 상황을 피하여 최선책을 찾아 구성원과 청소년지도사 모두 궁극적으로 역량강화될 수 있는 대안이 필요하다.

○●● 학습정리

여성가족부는 청소년의 눈높이에 맞춘 청소년정책을 추진하기 위하여 청소년참여기구인 청소년특별회의, 청소년참여위원회, 청소년운영위원회를 체계화하고, 청소년들에게 다가갈 수 있는 온라인매체 활용 등을 통하여 접근성을 높이는 등 다방면에서 청소년의 시민임파워먼트를 위한 지원을 확대하고 내실화하고자 노력해왔다. 청소년정책 참여활동 현황은 청소년특별회의의 의제수용률과 청소년참여위원회 및 청소년운영위원회 현황, 청소년참여 지역사회변화 프로그램 운영 현황, 지역사회 청소년정책모니터링 사업 현황 등을 통해 알 수 있다.

청소년특별회의는 청소년기본법 제12조의 법률에 근거하여 국가는 범정부적 차원의 청소년육성 정책과제의 설정·추진 및 점검을 위하여 청소년분야의 전문가와 청소년이 참여하는 청소년특별회의를 매년 개최하여야 한다.

청소년참여위원회는 중앙부처와 지방자치단체에 청소년정책이나 활동에 대한 정책자문 및 건의와 다양한 자율·참여활동을 시행하는 청소년으로 구성된 자치기구이다. 즉, 청소년과 관련된 의사결정과정에 참여하여 다양한 의견제시와 자율활동을 실시하는 청소년 자치조직을 말한다.

청소년운영위원회는 청소년단체나 시설에서는 청소년이 사업과 프로그램 운영과 관련된 의사결정과정에 참여할 수 있도록 청소년 자치기구인 청소년운영위원회를 구성·운영하고 있다. 청소년운영위원회의 목적은 공공 청소년수련시설에 청소년들로 구성된 기구를 구성하여 청소년의 욕구와 의견을 반영한 청소년중심 시설이 되도록 하기 위한 것이다.

2007년부터 시작된 '청소년참여 지역사회변화프로그램'은 주로 참여기구에서 활동하고 있는 청소년을 대상으로 자신이 거주하는 지역사회의 문제점들을 인식하고 이를 개선하기 위한 활동을 제안받고 프로그램 사업비를 지원하는 사업이다.

'지역사회 청소년정책모니터링'사업은 제5차 청소년기본계획의 주요 정책과제인 청소년 친화적 지역사회 구축의 과학적 추진기반 마련을 목적으로 2013년 장기 정책연구로 시작된 '청소년이 행복한 지역사회 지표개발 및 조성사업연구'의 2년차 연구의 일환으로 추진되었다. 청소년정책모니터링단은 각 지역의 시도청소년정책시행계획을 정책당사자인 청소년의 관점에서 모니터링함으로써 청소년의 의견반영을 목적으로 한다.

청소년 임파워먼트는 청소년의 시민권과 사회복지 두 영역에서 대두되고 있는 개념으로, 이는 권리라는 맥락에서 공통점을 찾을 수가 있다. 즉 임파워먼트는 아동권리협약의 가장 기본이 되는 '참여권'을 보장해 줌으로써, 개인의 내면의 힘을 키워, 자신의 모든 삶에 있어 주체성을 획득하는 것이기 때문이다(배윤정, 2008). 임파워먼트 집단실천과정은 1단계: 집단 준비와 시작, 2단계: 의식 향상 운동과 권리 인식 및 옹호, 3단계: 선책하기, 평가하기, 행동화, 4단계: 급진화, 5단계: 초점화된 압력 행사, 6단계: 지역사회참여 확실히 하기이다.

연습문제

〈객관식〉

1. 청소년 임파워먼트에 관한 설명으로 틀린 것을 고르시오.

① 임파워먼트는 과정과 결과 모두를 의미한다. 임파워먼트는 증가하는 개인적・대인관계적・정치적 힘의 과정이다.

② 동맹관계 구축과 관련된 활동들은 청소년 자신의 개인적 자원과 사회적 환경 내 가능한 자원에 대한 사정을 촉진하는 임파워먼트 기반 활동과 관련이 있다.

③ 청소년 기회의 확상을 위한 실천기술로 청소년지도사와 청소년은 그 집단에서 청소년의 노력과 제휴해야 한다. 자연적 지지망을 중심으로 청소년의 기능을 강화시키고 서비스 전달망을 조직하면 청소년에게 정서적 지지를 가져오게 되고 역량의 기반을 형성할 수 있게 된다.

④ 청소년 동맹관계 구축을 위한 실천기술로는 개인적 '효능감 강화하기', '대인관계 능력을 강화하기', '의식 신상을 촉진하기', '강점 형성하기' 등이 있다.

⑤ 청소년지도사와 청소년은 사회조직 내 기회를 확장시키기 위해 합류할 수 있다. 사회개혁, 정책 개발, 법적 옹호 그리고 지역사회 변화 노력 등을 통한 기회의 확장은 자원의 재분배를 확고히 하고 사회정책을 발전시키는 데 필요한 전문적 요구를 제공하여 사회적 불평등을 시정하고 억압당하는 사람들에게 도움을 준다.

정답. ②, ③, ④

해설. ②, ④ 청소년 자원활성화를 위한 실천기술에 관한 설명이며, ③은 청소년 동맹관계 구축을 위한 실천기술이다.

2. 일반주의 실천에서의 임파워먼트 접근의 과정-활동에 관한 설명으로 잘못 짝지어진 것을 모두 고르시오.

① 파트너십 형성: 청소년의 경험을 확인하면서 도전적인 상황을 사정한다. 업무 특성을 추가하고 목표를 정한다.

② 방향설정: 청소년 동기부여를 촉진하는 관계에 대한 초기 의도를 결정하고 관련 자원들에 대한 탐색을 안내한다.

③ 발견과 관련된 내용으로는 강점 정의, 자원 능력 분석, 동맹관계 구축, 방향 설정, 성

과 통합 등이 있다.

④ 성공 인식: 프로그램 개발, 지역사회 조직화 그리고 사회행동 등을 통해 새로운 기회와 자원을 개발한다.

⑤ 해결책 구성: 상담, 자원관리와 교육 등을 통해 가능한 자원들을 동원함으로써 가능한 행동 계획을 수립한다.

정답. ①, ③, ④

해설. ① 파트너십 명료화에 관한 설명이다. ③ 방향 설정은 대화와 관련된 내용이다. ④ 기회확장에 관한 설명이다.

3. 임파워먼트 집단프로그램 실천과정에 관한 설명으로 옳은 것을 모두 고르시오.

① 1단계 집단 준비와 시작 단계에서는 욕구의 확인(identification of need), 목적의 확인(identification of purpose), 구성(composition), 초기 구조(initial structure), 내용(content), 집단 시작 전 계약(pre-group contact) 등이 이루어져야 한다.

② 2단계 의식 향상 운동과 권리 인식 및 옹호단계에서는 구성원들의 정보가 모아지고 받아들여진다.

③ 3단계 선택하기, 평가하기, 행동하기 단계에서 행동화 비용 선정 시에는 실패를 수반하게 하는 방해물도 고려해야 한다.

④ 4단계 급진화 단계에서 청소년들이 그들의 목소리가 경청되도록 어떠한 행동화 패턴을 사용할지 결정한다.

⑤ 6단계 지역사회참여 확실히 하기의 마지막 단계에서는 구성원들이 사회의 민주적 구조에서 자신들의 자리를 찾고 지역사회 내에서 자신들의 참여를 견고화여 구성원들의 요구가 지속적으로 받아들여지기 위한 영구적인 작업 체계를 갖고 다른 조직과 결속하도록 해야 한다.

정답. ①, ②, ③, ⑤

해설. ④는 3단계 선택하기, 평가하기, 행동하기 단계에 관한 설명이다.

4. 임파워먼트에 관한 청소년지도사의 역할로 올바른 것을 모두 고르시오.

① 청소년지도사는 청소년과 집단으로 작업하면서 의식 향상, 상호 원조 계약, 기술 개발, 문제해결 그리고 다른 사람에게 영향력을 행사하는 자기 자신의 효과성을 경험할 수 있도록 최적의 환경을 제공해야 한다.

② 청소년지도사는 청소년의 활동을 지역사회 연합, 관계부처 간의 관계망, 사례관리팀 등으로 확장하여 전문가들, 청소년 옹호자와 서비스 소비자들 간의 동맹을 형성하도

록 한다.

③ 청소년지도사들은 유연하게 자신의 주요 역할을 변화시키고 청소년들이 협상 기술, 정치적 분석, 조사하는 기술, 매체를 활용하는 기술 등을 익혀 자신들에게 필요한 자원을 획득할 수 있도록 도와야 한다.

④ 청소년지도사는 청소년의 지역사회참여를 이끌어내기 위해 옹호에 의한 참여 그리고 능력고취, 임파워먼트 등을 많이 강조해야 한다.

⑤ 청소년지도사의 임파워먼트는 세계화, 경영 혁신, 효과성과 재구조화 등 현재의 정치·경제적 상황에서 청소년의 임파워먼트를 촉진하는 데 가장 중요하게 고려되어야 할 사항이다.

정답. ①, ②, ③, ④, ⑤

5. 청소년수련시설에 관한 설명으로 잘못 짝지어진 것은?

① 청소년수련관: 다양한 수련거리를 실시할 수 있는 각종 시설 및 설비를 갖춘 종합수련시설

② 청소년수련원: 숙박기능을 갖춘 생활관과 다양한 수련거리를 실시할 수 있는 각종 시설과 설비를 갖춘 종합수련시설

③ 청소년문화의집: 간단한 수련활동을 실시할 수 있는 시설 및 설비를 갖춘 정보·문화·예술중심의 수련시설

④ 청소년특화시설: 청소년의 직업체험·문화예술·과학정보·환경 등 특정목적의 청소년활동을 전문적으로 실시할 수 있는 시설과 설비를 갖춘 시설

⑤ 유스호스텔: 야영에 적합한 시설 및 설비를 갖추고, 수련거리 또는 야영편의를 제공하는 수련시설

정답. ⑤

해설. 청소년야영장에 관한 설명이다.

6. 청소년이용시설에 관한 설명으로 틀린 것은?

① 청소년이용시설은 청소년수련시설은 아니지만, 설치목적의 범위 내에서 청소년활동의 실시와 청소년의 건전이용 등에 제공할 수 있는 시설을 의미한다.

② 청소년이용시설로는 문화예술시설, 과학관, 체육시설, 평생교육시설, 자연휴양림, 수목원, 사회복지관, 그리고 시민회관, 공원, 광장, 고수부지, 그 밖에 이와 유사한 공공시설로서 수련활동이나 청소년여가선용에 적합한 시설들이 여기에 해당된다.

③ 시장이나 군수, 구청장은 청소년이용시설 중 청소년지도사를 배치한 시설에 대해서는 청소년이용권장시설로 지정하여 다른 청소년이용시설에 비해 우선적으로 지원할 수 있다.
④ 정부는 국민의 건전한 여가선용과 생활체육활동을 증진하기 위하여 국민이 집 주변에서 쉽게 접근할 수 있는 문화예술시설의 건설을 지원해 왔다.
⑤ 과학관 중 대표적인 이용시설로는 국립중앙과학관과 국립서울과학관이 있다.

정답. ④
해설. 체육시설에 관한 설명이다.

〈주관식〉

※ 다음의 (　　　　) 안에 들어갈 용어를 쓰시오.

1. (　　　　　　　)는 청소년기본법 제12조의 법률에 근거하여 국가는 범정부적 차원의 청소년육성 정책과제의 설정 · 추진 및 점검을 위하여 청소년분야의 전문가와 청소년이 참여하는 (　　　　　　　)를 매년 개최하여야 한다.

정답. 청소년특별회의

2. (　　　　　　　)는 중앙부처와 지방자치단체에 청소년정책이나 활동에 대한 정책자문 및 건의와 다양한 자율 · 참여활동을 시행하는 청소년으로 구성된 자치기구이다. 즉, 청소년과 관련된 의사결정과정에 참여하여 다양한 의견제시와 자율활동을 실시하는 청소년 자치조직을 말한다.

정답. 청소년참여위원회

3. 청소년단체나 시설에서는 청소년이 사업과 프로그램 운영과 관련된 의사결정과정에 참여할 수 있도록 청소년 자치기구인 (　　　　　　　)를 구성 · 운영하고 있다.

정답. 청소년운영위원회

4. (　　　　　　　　　　　　)은 주로 참여기구에서 활동하고 있는 청소년을 대상으로 자신이 거주하는 지역사회의 문제점들을 인식하고 이를 개선하기 위한 활동을 제안받

고 프로그램 사업비를 지원하는 사업이다.

정답. 청소년참여 지역사회변화프로그램

5. (   )사업은 각 지역의 시도청소년정책시행계획을 정책 당사자인 청소년의 관점에서 모니터링함으로써 청소년의 의견반영을 목적으로 한다.

정답. 지역사회 청소년정책모니터링

6. 청소년 (   )는 청소년의 시민권과 사회복지 두 영역에서 대두되고 있는 개념으로, 이는 권리라는 맥락에서 공통점을 찾을 수가 있다. 즉 (   )는 아동권리협약이 가장 기본이 되는 '참여권'을 보장해 줌으로써, 개인의 내면의 힘을 키워 자신의 모든 삶에 있어 주체성을 획득하는 것이기 때문이다(배윤정, 2008).

정답. 임파워먼트

Chapter 06

청소년문화활동

▶ 학습목표

1. 청소년문화활동의 개념과 유형을 설명할 수 있다.
2. 청소년동아리활동의 개념과 특징을 설명할 수 있다.
3. 청소년어울림마당의 개념과 특징을 설명할 수 있다.

▶ 핵심용어

청소년문화활동, 청소년동아리활동, 청소년어울림마당

Chapter 06

청소년문화활동

청소년문화활동은 '문화'라는 개념의 특성상 특별한 프로그램의 제공이라는 차원보다는 상시적으로 청소년들의 자발성을 통해 지역을 중심으로 이들의 문화를 창출해가는 것을 의미한다. 따라서 지역사회 내에서 지방자치단체와 지역 내 청소년단체 · 기관 · 시설 등이 협력하여 청소년문화활동을 지원하고 있으며, 여성가족부에서도 매해 청소년동아리활동과 청소년어울림마당 등을 지원하고 있다.

1. 청소년문화활동의 개념

청소년문화활동은 청소년활동진흥법 제2조에 "청소년이 예술활동, 스포츠활동, 동아리활동, 봉사활동 등을 통하여 문화적 감성과 더불어 살아가는 능력을 함양하는 체험활동"으로 정의하고 있다. 청소년들이 비교적 일상에서 접근이 용이한 예술이나 스포츠, 봉사, 동아리활동 등을 문화활동으로 간주하고 있다. 이와 관련하여 청소년수련활동인증제에서도 문화활동에 대한 범주를 '문화예술'영역으로 구분하여 제시하고 있으며, 이에 대한 개념은 청소년활동진흥법 외에도 문화예술진흥법 등의 법률에서의 개념을 포함하여 정의하였다. 청소년수련활동인증제에서의 '청소년문화예술활동'은 "청소년의 균형 있는 성장을 위하여 필요한 활동으로 주로 문화적 감성과 더불어 살아가는 능력을 함양하는 문학, 공연예술, 조형예술, 문화유산, 전통문화, 생활문화, 문화미디어, 영화 · 애니메이션 · 음악 · 비디오물 · 게임물 · 멀티미디어콘텐츠 · 캐릭터 · 만화 및 디지털문화콘텐츠 등의 다양한 문화예술 장르에서 행해지는 체험활동"으로 정의하였다(임영식 · 문성호 · 정경은, 2008). 청소년문화의 개념 및 그 범위가 다양하고 광범위한 것을 감안할 때 개념화하기에는 다소 한계가 있으나 현장에서 주로 실시되고 있는 동아리활동과 어울림마당을 중심으로 구체적으로 살펴보고자 한다.

2. 청소년문화활동의 유형

1) 청소년동아리활동[9)]

(1) 개념

우리나라의 청소년동아리활동은 1990년대 이후 청소년의 시민적 참여와 권리에 대한 사회적 관심이 증가하면서 참여에 대한 인식의 변화와 이를 뒷받침해줄 수 있는 자율적인 청소년 자치활동의 중요성이 대두되면서 관심을 갖게 되었다(한국청소년정책연구원, 2004). 청소년동아리활동에서의 '동아리'의 개념은 순우리말로 '공통의 목적과 관심사에 의해 형성되고 운영되는 작은 모둠'이라는 의미를 갖고 있다. 이러한 의미를 바탕으로 청소년동아리활동을 정의해 보면, "취미나 소질, 가치관이나 문제 등을 공유하는 청소년에 의해 자생적으로 만들어진 자치활동"이라고 할 수 있다(김정주 · 임지연, 1999). 최근에는 "다양한 영역에서 건전한 또래관계 형성 및 자신의 특기 및 소질을 개발할 수 있는 자율적 활동으로 취미나 소질, 가치관

9) 4장 '청소년자치활동'의 부분으로 동아리활동이 앞서 제시되었으나 본 장에서는 청소년문화활동의 부분으로서 제시하였다. 이는 청소년활동진흥법 제2조의 개념 규정에 따른 것으로, 앞서 집필된 부분에 이어 운영형태, 문제 및 대안, 지원 등이 추가되었다.

등을 공유하는 청소년의 소집단활동"으로 정의하기도 한다(모상현, 2012).

(2) 특징

한국청소년정책연구원(2011)에서는 청소년동아리활동의 특징을 다음과 같이 정리되어 있다.

첫째, 청소년동아리활동은 청소년들이 활동의 주체로서 운영되는 자치적인 조직체이다. 대부분의 청소년동아리는 집단으로서 자체적인 목적과 회장과 회원 등 조직구조를 가지고 특정한 활동을 전개하며 조직구성원들 사이에 활발한 상호작용이 전개되는 것이 일반적이다.

둘째, 아동기에서 청소년기로 가면서 청소년들은 부모에 대한 심리적인 의존성이 줄어들고 오히려 또래들과 더 많은 시간을 보내고자 하는 경향이 있다. 이 시기에는 또래집단에 의한 수용과 한 명이나 그 이상의 가까운 친구를 사귀는 것이 이들의 삶에 매우 중요한 의미를 준다. 또래집단은 청소년세계의 공통적인 경험과 가치관을 형성하도록 도와주고 더 나아가 청소년들이 적절한 경험을 할 수 있는 사고체계를 결정해 주기도 하며 사회적 기술과 전략을 배우고 습득할 수 있는 사회적 배경으로서 청소년들에게 매우 중요하다. 그런 의미에서 청소년동아리활동은 또래가 함께 모여 활동하게 되는 구심점으로서의 역할을 할 수 있다.

셋째, 동아리구성원 간의 대면 접촉이 있고, 그들 간의 상호작용이 이루어지며 일정한 기간 동안 존속하고 있어서 소집단으로서 힘을 갖고 있다.

넷째, 청소년동아리활동은 청소년 개개인의 관심과 흥미에서부터 시작된다. 청소년들 자신이 관심을 갖고 있는 취미나 특기활동을 중심으로 동아리가 구성되고 운영되는 것이다.

다섯째, 청소년들이 스스로의 취미나 관심을 좇아 마니아적으로 몰입하는 현상이나 직접적인 참여의 주체로서 연극제, 음악회, 축제, 발표회 등을 통하여 자기 자신을 표현하고자 하는 욕구들은 과거와는 달리 이제는 청소년문화의 상징으로 이해된다.

(3) 운영형태

청소년동아리활동은 학교기반, 지역사회기반으로 구분되기도 하며, 청소년수련시설중심, 청소년단체중심, 시민단체중심의 동아리 등 다양하게 구분할 수 있으나 여기에서는 학교 안팎(학교 안: 학교동아리, 학교 밖: 수련시설동아리)을 중심으로 살펴보고자 한다. 우선 학교 안에서의 동아리활동은 2009년에 개정된 교육과정에 따라 운영되고 있는 창의적 체험활동의 영역을 살펴보아야 한다. 창의적 체험활동은 크게 4가지 영역, 자율활동, 동아리활동, 진로활동, 봉사활동으로 구분되며 그 중 '동아리활동'이 있다. 창의적 체험활동의 하위목표 중 동아리활동에 대한 목표는 "동아리활동에 자율적이고 지속적으로 참여하여 각자의 취미와 특기를 창의적으로 계발하고, 협동적 학습능력과 창의적 태도를 기르는 것"이다. 구체적인 활동으로는 학술활동, 문화예술활동, 스포츠활동, 실습노작활동, 청소년단체활동 등이 있다(교육과학기술부, 2009).

그러나 기존 학교에서의 동아리활동은 학업 및 학사일정에 따라 운영되는 학교의 상황에 의해 청소년들이 동아리활동을 하는 데에 한계가 있다. 교내에서 교과수업 외에 별도의 시간을 내어 모임을 갖는 것이 쉽지 않고, 동아리활동을 지도해 줄 교사가 확보되지 않으며, 모임 및 연습할 장소가 없고, 일부 학교인 경우 학업에 열심히 하지 않는 청소년들로 구성되어 있어 학교에서 동아리활동을 꺼리게 되는 경우가 발생하기도 한다. 학교에서의 동아리활동은 '힙합댄스', '축구', '밴드', '사물놀이', '방송반', '교지편집반' 등의 형태가 있다.

한편 청소년수련시설에서 운영되는 동아리활동은 학교에 비해 모임의 공간이 제공되며 동아리 전체를 관리해줄 담당직원(청소년지도사)이 배치되며, 일부 시설은 필요시 개별 동아리활동에 전문성을 갖춘 지도자의 지도가 한시적으로 제공되기도 한다. 청소년수련시설에서의 동아리활동을 구체적으로 살펴보면 다음과 같다(권준근, 2011). 우선 2010년 기준으로 서울시립청소년수련관 20개소의 총 547개의 동아리가 운영되고 있고, 연간 운영횟수는 총 14,238회, 시설별 평균은 712회로 나타났다. 연간활동인원은 106,959명, 기관별 평균인원은 5,348명으로 조사되었으며, 시설별 동아리 수는 5개에서 43개에 이른다. 마술, 애니메이션, 그룹사운드, 연극, 사진, 비보이, 코스프레 등의 다양한 형태의 동아리활동이 이루어지고 있다.

청소년수련시설 소속 동아리(예, 댄스, 힙합동아리)의 연간운영 내역은 다음과 같다.

월	활동계획
3	신입회원 선발 및 오리엔테이션
4	청소년어울림마당 선포식 공연
5	학교축제 및 어린이날 행사 참가
6	지역 청소년어울림마당 행사 참가
9	봉사활동(시설위문공연 등)
10	수련관 동아리축제 한마당 참가
12	연합동아리 공연 참가

(4) 청소년동아리활동의 문제와 대안

청소년들이 동아리활동을 하는데 있어서 겪는 어려움은 다음과 같다.

우선 청소년들이 대부분 학생이기 때문에 학교를 다니면서 공부와 동아리활동을 병행하는 데에 한계가 있다는 것이다. 특히 고등학생인 경우, 대학입시와 직접적인 관련이 있기 때문에 학교와 학원을 다니면서 정기적으로 동아리모임에 참여하는 것이 현실적으로 어렵다. 이는 일반적인 청소년활동의 경우, 상황에 따라 불참할 수도 있고 참여자로서의 책임성에 있어서 동아리활동에 비해 다소 가벼운 부분이 있으나 동아리활동인 경우 다른 청소년활동에 비해 자발성이 전제가 되어 정기적으로 모여서 기술을 연마하거나 관련된 정보를 공유하는 등 청소년들이 주축이 되어 활동하는 특성이 있어서 부담을 느낄 수 있다.

또한 학교 내에서의 동아리활동인 경우에도 실제적으로 활동을 하는 동아리도 있지만 창의적 체험활동의 한 영역이어서 형식적으로 참여하게 되는 경우도 있어 동아리 본연의 자율적인 활동으로서의 모습을 갖추는 데에 한계가 있다.

둘째, 활동공간이 부족하다. 특히 학교 동아리인 경우, 교내에 별도의 공간을 마련하기가 어렵다. 학교 자체가 교과수업을 위한 최소한의 공간만 마련되어 있고, 음악실, 미술실, 체육관, 운동장 등의 공간이 있으나 동아리활동을 할 수 있는 충분한 공간으로서는 적절치 못한 것이 현실이다. 이 경우에는 인근 청소년수련시설에 문의하여 모임을 갖기도 한다.

셋째, 전문지도자의 지도가 필요한 경우에 지원이 필요하다. 학교 내 동아리나 청소년수련시설 소속 동아리 모두 전문지도자의 지도가 필요한 경우가 발생한다. 동아리활동의 특성상 동아리 구성원인 청소년들이 주도적으로 활동을 하고 있지만 경우에 따라서 전문지도자의 전문적인 능력 및 기술에 대한 지도가 요구되기도 한다. 그러나 이 부분은 전문인력 및 예산의 확보가 전제되어야 하므로 학교나 수련시설 등에서 지원이 적절하게 이루어지는 데에 어려움이 발생하기도 한다. 학교의 경우 각 동아리별로 예산이 지원되지만 학생들이 활동하기에는 턱없이 부족하여 동아리활동에 필요한 경비를 소속된 학생들이 분담하는 경우가 많으며, 이러한 점이 학생들에게 적지 않은 부담으로 작용하기도 한다.

넷째, 동아리활동에 대한 다소 부정적 인식이 청소년들로 하여금 활동을 꺼리게 만들기도 한다. 자발성이 전제되는 동아리활동은 교급이 올라갈수록 더 적극적이고 활발하게 참여하게 되는 특성이 있다. 그러나 교급이 올라갈수록 학업에 대한 비중을 매우 높게 두고 입시를 준비해야 하는 사회적 분위기에서는 청소년들이 동아리활동을 쉽게 선택할 수 없다. 또한 청소년동아리의 대표적인 분야인 그룹사운드, 댄스 등 예능 중심의 동아리 같은 경우, 학교에서 소외된 청소년들이 참여하기도 하면서 동아리활동에 대해 다소 부정적인 인식을 갖기도 한다.

이러한 문제에 대한 대안은 다음과 같다.

첫째, 청소년동아리활동에 대한 사회적 인식의 전환이 필요하다. 청소년동아리활동은 청소년들만의 특권으로 이들의 재능과 끼를 발견하고 마음껏 발산할 수 있는 좋은 기회일 뿐만 아니라 사회성, 리더십능력 등 학업 이외의 다양한 능력을 키울 수 있는 활동이다. 따라서 청소년들에게 학업만 수행하도록 강요하거나 동아리활동을 무조건 제한하기보다 청소년 각자의 처한 상황에서 참여할 수 있도록 하는 사회적 분위기가 형성되어야 한다.

둘째, 지역사회의 네트워크를 활용하여 청소년동아리활동을 지원해야 한다. 지역사회 내의 인적 자원, 물적자원을 동원하여 청소년들의 동아리활동에 대한 요구를 수용하고 지원해야 한다. 이를 위해 학교와 인근 청소년수련시설이 협력하여 필요한 부분을 공유하여 지원할 수 있도록 하는 방법이 요구된다.

셋째, 청소년동아리가 잘 운영되도록 하기 위해 교육 및 적절한 관리가 필요하다. 청소년동아리별로 구성원 수는 다소 차이가 있지만 대부분 소그룹으로 이루어지며 활발한 상호작용이 이루어진다. 상호작용과정에서 서로 갈등이 일어나기도 하며 이로 인해 동아리가 중단되는 안타까운 상황이 발생되기도 한다. 따라서 구성원 간의 의사소통에 대한 교육 및 소그룹 리더교육 등을 통해 동아리가 잘 운영되도록 하는 지원이 요구된다.

넷째, 동아리활동과 진로와의 연결고리를 마련할 필요가 있다. 청소년동아리활동이 청소년기에 해당되는 활동이긴 하지만 이 시기의 일시적인 활동으로 끝나는 것이 아니라 대학 및 조직으로 이어져 자신의 꿈을 지속적으로 펼칠 수 있는 계기가 되도록 지원할 수도 있다. 따라서 동아리활동과정에서 자신의 진로에 대해 고민하고 계획할 수 있도록 하는 프로그램을 제공하거나 상담 및 교육을 받을 수 있도록 할 필요가 있다. 이와 더불어 평상시에 연습한 기술 등을 발표할 수 있는 자리를 마련하는 것도 좋은 기회가 될 것이다.

(5) 청소년동아리활동에 대한 지원[10)]

① 동아리협력학교

동아리협력학교(Youth Club)는 청소년동아리 지원 사업으로 전국 16개 시・도별 초・중・고・대학교를 청소년동아리 협력학교로 지정하여 청소년동아리활동의 활성화와 지방별・분야별 특성화된 동아리활동을 장려함으로써 다양한 청소년 욕구에 부응한 자율・능동・창의적인 청소년동아리문화를 창출하는 목적을 지니고 있다.

주요 사업 내용으로는 '청소년동아리 지원금 지원(1개 동아리 당 100만 원 지원)', '청소년동아리활성화 중심학교 지원금(16개 학교 300만 원 지원)', '우수활동 동아리 지도자 표창', '청소년동아리 우수활동사례집 발간', '대한민국 청소년동아리 경진대회' 등 각종 대회참가 기회부여 등이 있다. 사업에 대한 주관은 사단법인 한국청소년동아리연맹이 하고 있다.

② 청소년자원봉사동아리 지원

청소년동아리를 대상으로 다양한 재능과 활동내용을 기반으로 하여 재능기부 형태의 봉사동아리 운영을 지원하는 사업으로 다양하고 의미 있는 동아리들의 참여를 확대하기 위해 지역의 다양한 동아리들이 봉사활동을 주요 목적으로 운영하는 동아리를 지원하는 사업이다.

지원 절차는 신청 접수된 봉사동아리를 대상으로 심사과정을 거쳐 선발하고 활동계획 수립 후 교육 등을 통해 봉사활동의 의미와 가치를 되새기도록 도와주며, 이후 지역 내에서 적극적으로 봉사활동을 전개할 수 있도록 지원하고 있다.

지방자치단체와 한국청소년활동진흥원에서 예산을 확보하고, 실제 지원은 시・도별 청소년활동진흥센터에서 담당하고 있다.

---

10) 모상현 (2012). 청소년수련시설 청소년동아리 활성화를 위한 운영모델 및 매뉴얼 개발연구 - 청소년동아리활동 운영매뉴얼(지도자용), pp. 105-107에서 인용함.

③ 대한민국청소년동아리 경진대회

대한민국청소년동아리 경진대회는 2014년 현재 14회를 맞이하는 동아리 축제 형태의 경진대회로 청소년들의 끼와 열정, 재능을 마음껏 펼칠 수 있는 창의적 문화공간을 만들어 청소년들이 자신의 특기를 찾고 살릴 수 있는 기회를 제공하고 있다. 전국 초·중·고등학생이 참가할 수 있으며 그룹사운드, 음악, 댄스, 전통문화, 무대공연, 전시·체험, 백일장, 특별부문(지도자·동아리부분), 영상부문, 초등부문, 자원봉사대회, 사이버기자단 취재대회 등 다양한 부문이 경쟁하며 각 부문 우승자에게는 국무총리상과 여성가족부장관상, 각 지역 자치단체장·교육감상, 대학총(학)장상 등이 수여된다.

2) 청소년어울림마당

(1) 개념

우리나라 청소년들의 문화공간이 없다는 많은 주장에 따라 청소년들이 일상에서 자유롭게 여가활동을 하고 각자의 개성과 재능을 건전하게 발산할 수 있도록 하는 기회가 필요하게 되었다. 또한 청소년 개개인이 준비한 문화활동을 발표·공연하면서 건전한 청소년문화를 형성하도록 하는 기회 역시 제공해야 한다는 필요성이 제기되었고 이러한 목적을 달성하기 위해 2004년에 '청소년문화존'이 만들어지게 되었다. 이때부터 전국단위로 시행되어 청소년활동분야의 대표적인 정책사업 중의 하나로 자리 잡게 되었고, 2014년 '청소년어울림마당'으로 명칭이 변경되었다.

'청소년어울림마당'에서의 '어울림'의 의미는 "두 가지 이상의 것이 서로 잘 조화되는 것"이고, '마당'은 "어떤 일이 이루어지고 있는 곳"을 뜻한다(국립국어원 표준국어대사전, 2015). 이 두 단어를 합쳐 보면, '어울림마당'은 순우리말로, "두 가지 이상의 다양한 청소년활동이 서로 어우러져서 청소년들의 소통이 이루어지고 있는 곳"이라는 의미로 해석할 수 있다. 여성가족부에서는 청소년어울림마당의 개념을

"청소년들의 문화적 감성 함양과 역량 개발을 지원하는 시설, 조직, 프로그램 등으로 구성된 지역적 공간으로 청소년들이 상시적으로 다양한 문화활동을 할 수 있는 지역"으로 정의하고 있다. 또한 "문화예술, 스포츠 등을 소재로 한 공연, 경연, 전시, 놀이 체험 등 문화체험이 펼쳐지는 장으로 청소년의 접근이 용이하고 다양한 지역 사회 자원이 결합된 일정한 공간(상설 공간)"으로 그 개념을 규정하고 있다(여성가족부, 2014).

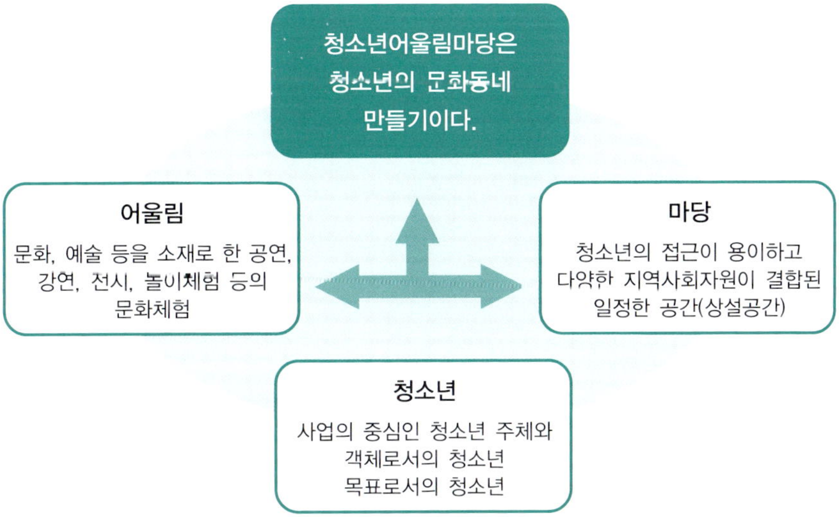

그림 6-1 청소년어울림마당 개념도[11)]

(2) 특징

청소년어울림마당은 정책의 대상이자 동시에 주체인 청소년의 삶의 영역을 배경으로 하는 그 자체로의 문화적 콘텐츠를 존(Zone)이라는 지역적 기반을 통해서 청소년들이 자율적 참여, 기획 및 진행 등 스스로 다양한 문화를 만들어 나갈 수 있는 지역적 공간을 제공하는 데에서 출발한다. 따라서 청소년어울림마당은 지역중

11) 기존의 청소년문화존의 개념도(한국청소년정책연구원, 2011)를 청소년어울림마당의 개념에 맞게 변경함.

심의 청소년문화운동 차원에서 접근해야 하며, 개별적 단위의 프로그램 사업이 아니라 지역을 단위로 하는 사업으로서 청소년들에게 의미가 있고 친근하며 청소년이 중심이 되는 청소년문화동네로서의 역할을 수행한다고 할 수 있다(김혁진, 2006). 청소년어울림마당의 특징은 다음과 같다(류명구, 2013).

① 청소년이 중심이다.

청소년은 어울림마당의 주인이자 고객이다. 청소년이 프로그램의 기획단계부터 참가하고, 동아리나 개인단위로 능동적으로 참여해야 한다. 또한 어울림마당의 본래 목적에 부응하고, 콘텐츠가 안정적으로 확보되어야 고객으로서의 청소년 참가자를 안정적으로 확보할 수 있다. 어울림마당 홍보에 있어서 최상의 방법은 청소년의 입으로 알려지는 것이다. 무대나 부스에 참여하는 청소년의 경우 또래 청소년 지지자들이 많고 이들은 친구를 보기 위해 어울림마당에 참여할 확률이 매우 높다.

〈주인으로서 청소년〉
- 단순 참가자가 아니라 어울림마당의 설계와 운영에 참가하는 주체이다.
- 동아리나 개인 단위로 자신의 문화역량을 능동적으로 표출하는 생산자이다.

〈고객으로서 청소년〉
- 어울림마당은 청소년에게 다양한 문화체험의 기회를 제공해야 한다.
- 어울림마당은 안전하고 쾌적한 문화활동의 공간을 제공해야 한다.

② 문화를 자원으로 한다.

청소년어울림마당에서 문화란 통상적인 '문화예술'에서의 문화를 의미하지 않는다. 어울림마당은 전문적 예술단체나 예술가들 또는 특정의 재능 있는 동아리나 개인 중심의 발표무대가 아니라 오히려 지역 청소년들의 일상적 문화활동이 표현되고 향유되고 공유되는 생활로서의 문화가 문화존의 일차적 관심사이다. 무대에 올려지거나 부스에 펼쳐지는 다양한 공연이나 프로그램 자체가 중요한 것이 아니라 이러한 결과물을 낳게 하는 (청소년문화)활동이 우선이라는 뜻이다.

③ 지역을 기반으로 한다.

청소년어울림마당은 그곳에 가면 늘 청소년문화와 활동이 지속적(시간적)이며 상설적(공간적)으로 펼쳐지는 문화공간이라는 뜻이다. 공간으로서 어울림마당은 청소년이 만들어가는 그리고 청소년을 위한 프로그램이 있는 지역적 공간이라 정의할 수 있다. 여기서 프로그램은 목적이 아니라 수단이다. 오히려 지역청소년의 참여로 다양한 지역청소년활동이 펼쳐질 수 있도록 공간과 자원을 제공해 주는 것이 어울림마당인 것이다.

(3) 운영[12)]

청소년어울림마당은 중앙과 지방에서 40 : 60 매칭펀드로 예산을 투입하여 운영되며, 2009년부터는 16개 시・도의 대표 어울림마당과 시・군・구 어울림마당이 구분되어 운영・지원되고 있다. 또한 문화활동을 실시하는 것뿐만 아니라 어울림마당 모니터링활동 조사단을 구성하여 현장의 문제점을 청소년의 눈높이에서 객관적으로 파악함으로써 문제를 개선하고 있다.

① 운영방향

- 청소년의 접근이 편리한 장소에 다양한 청소년문화를 네트워킹하여 각 지역의 특성에 맞는 상설 청소년문화・예술・놀이체험의 장을 운영하도록 한다.
- 청소년들이 주체가 되어 기획하고 진행하는 청소년의 다양한 '문화표현의 장'으로의 운영(현장체험학습 프로그램 육성 지원)

12) 여성가족부 (2014). 2014년도 청소년어울림마당・동아리활동 지원사업추진 계획(지침)에서 인용함.

• 청소년문화와 기성세대문화의 '만남의 장'으로 지역문화단체 초청공연과 청소년과 지역주민들의 공연을 통한 폭넓은 문화마당제공
• 청소년의 자발적 참여 확대 및 홍보활성화를 통한 운영 효율성 증대

② 운영기준
• 일정기간 정기적으로 운영하되, 우천 시 등 불가피한 상황 발생 시 탄력적 운영이 가능하다(음향, 조명, 무대 등 상설화 방안 강구).
• 어울림마당 운영은 주말 중심의 상시 운영이 원칙이나 하절기, 동절기, 시험기간 등 계절적 · 시기적 요인 등을 감안하여 운영 시기를 조정할 수 있다.
• 우천 시 또는 불가피한 경우를 대비한 대체프로그램을 준비하고, 이 경우에 한해 일부 실내프로그램 운영이 가능하다(사전 시 · 도의 승인 후 실시).

③ 운영기관
• 지자체별로 자체 선정한다.
  - 청소년시설 · 단체 등 청소년 관련기관 중에서 선정심사위원회를 통해 지역적 특성에 맞는 역량 있는 기관 선정
  - 선정심사위원회 구성 : 지방청소년활동진흥센터, 청소년시설 · 단체, 청소년 관련학과 등 청소년 관련 기관 전문가를 심사위원에 반드시 포함
  - 사업 추진 주관단체 선정 시, 심사는 서면자료와 제안설명회 및 현장 실사를 통해 엄정하게 선정
  - 선정기준 : '기관의 운영능력', '사업의 내용성', '예산의 적절성'

• 운영기관은 아래의 업무를 수행해야 한다.
  - 연간 운영계획 및 실적 작성 제출(계획 대비 추진실적, 모니터링 활동결과 반영 여부 등)

- 어울림마당 운영 선정단체의 이행보증보험 의무가입(선정단체 자부담)

(4) 실제운영사례

청소년어울림마당의 실제사례로 장은화(2014)의 연구에서 제시한 '2012년 서울시 청소년문화존'을 소개하고자 한다.

2012년에 '서울시청소년문화존'은 서울의 대표 문화존 1개소와 자치구문화존 11개소가 운영되고 있었다. 그 중에서 서울의 대표 문화존인 지하철 6호선 월드컵경기장역에서는 2012년 5월부터 10월까지 6개월 동안 매주 토요일 오후 2시부터 5시까지 서울시 청소년의 개성과 소질을 살리고 스트레스를 해소하는 기회의 장으로 연중 운영되었다. 청소년 광장에는 사물놀이, 댄스 등 무대공연과 사진, 만화 등 다양한 문화체험을 함께 즐길 수 있는 프로그램이 마련되었다.

표 6-1 2012 서울시청소년문화존 페스티벌 일정표

순 서	시 간	내 용
접수	11:00~12:30	- 참가자접수 - 전시동아리 전시준비
리허설	11:30~12:45	- 공연동아리 리허설
축하공연	13:00~13:10	- 식전행사 축하공연
개막식	13:10~13:20	- 국민의례, 내빈소개 - 개막선언, 인사말
공연	13:20~14:40	- 공연A조 경연대회
	14:50~16:10	- 공연B조 경연대회
	16:20~17:40	- 공연C조 경연대회
	17:40~17:50	- 축하공연 - 레크리에이션 - 심사위원채점 집계
시상식	17:50~18:00	- 시상식, 앵콜공연 - 폐회

당시 '서울시청소년문화존'에는 서울시내 초·중·고교 동아리 및 청소년시설 등의 청소년동아리 약 250여 팀과 개인 등 약 9천여 명이 참가하였다. 서울특별시가 주최하고 한국청소년동아리연맹이 주관하며, 여성가족부 후원으로 시행된 '2012 서울시청소년문화존 페스티벌'은 5월부터 10월까지 각 구의 문화존 활동에 참가한 서울시 관내 초·중·고 청소년 및 청소년동아리(1994년생까지) 중 우수 동아리 및 인기동아리를 '구'별로 추천받아, 11월 10일 월드컵경기장 청소년광장에서 진행되었다. 구체적인 일정표는 〈표 6-1〉과 같다.

공연분야에는 오케스트라(대광윈드오케스트라), 그룹사운드(눈뜨니금요일, 창세기, 공구통, 피로회복제 등), 태권도(신구태권기범단), 장고춤(난향초등학교 무용부), 선반(탈바라기, 사나래), 앉은반(미르패), 무용(금빛나래 무용동아리), 댄스(H.B., lady b, 비익조), 모듬북(솟을마루), 가야금(가야금반), 악기연주(와프리카), 뮤지컬(드림하이) 분야의 많은 동아리가 참여하였다. 전시 및 체험분야에는 로봇(서라벌로보틱스), 생태환경(생태환경토론반), 영화제작(s#film), 페이스페인팅(아트스포츠), 중요무형문화재(가온누리 청소년장인클럽), 비누공예(클린개포크만들기), 자원봉사(오아시스), 사진전시(재현아트포토), 전통체험(체험학습원), 기타(더브러한마음, 중독ZONE) 등이 참여하였다.

학습정리

청소년문화활동은 청소년활동진흥법 제2조에 "청소년이 예술활동, 스포츠활동, 동아리활동, 봉사활동 등을 통하여 문화적 감성과 더불어 살아가는 능력을 함양하는 체험활동"으로 정의하고 있다.

청소년활동문화의 유형으로는 대표적으로 동아리활동과 청소년어울림마당이 있다.

동아리활동은 다양한 영역에서 건전한 또래관계 형성 및 자신의 특기 및 소질을 개발할 수 있는 자율적 활동으로 취미나 소질, 가치관 등을 공유하는 청소년의 소집단활동이다. 그 특징으로는 ① 청소년동아리활동은 청소년들이 활동의 주체로서 운영되는 자치적인 조직체이다. ② 아동기에서 청소년기로 가면서 청소년들은 부모에 대한 심리적인 의존성이 줄어들고 오히려 또래들과 더 많은 시간을 보내고자 하는 경향이 있다. ③ 동아리구성원 간의 대면접촉이 있고, 그들 간의 상호작용이 이루어지며 일정한 기간 동안 존속하고 있어서 소집단으로서 힘을 갖고 있다. ④ 청소년동아리활동은 청소년 개개인의 관심과 흥미에서부터 시작된다. ⑤ 청소년들이 스스로의 취미나 관심을 좇아 마니아적으로 몰입하는 현상이나 직접적인 참여의 주체로서 연극제, 음악회, 축제, 발표회 등을 통하여 자기 자신을 표현하고자하는 욕구들은 과거와는 달리 이제는 청소년문화의 상징으로 이해된다.

동아리활동의 운영형태로는 청소년동아리활동을 학교 안팎을 중심으로 살펴보면, 우선 학교 안에서의 동아리활동은 2009년에 개정된 교육과정에 따라 운영되고 있는 창의적 체험활동의 영역, 즉 4가지 영역, 자율활동, 동아리활동, 진로활동, 봉사활동 중에서 하나인 '동아리활동'이 있다. 학교 밖에서는 주로 청소년수련시설을 중심으로 해당 시설에 소속되어 동아리활동을 하게 된다.

청소년어울림마당은 문화예술, 스포츠 등을 소재로 한 공연, 경연, 전시, 놀이 체험 등 문화체험이 펼쳐지는 장으로 청소년의 접근이 용이하고 다양한 지역 사회 자원이 결합된 일정한 공간(상설 공간)이다.

그 특징으로는 ① 청소년이 중심이다. ② 문화를 자원으로 한다. ③ 지역을 기반으로 한다. 청소년어울림마당의 운영방식은 중앙과 지방에서 40 : 60 매칭펀드로 예산을 투입하여 운영되며, 2009년부터는 16개 시·도의 대표 어울림마당과 시·군·구 어울림마당이 구분되어 운영·지원되고 있나. 또한 문화활동을 실시하는 것뿐만 아니라 어울림마당 모니터링활동 조사단을 구성하여 현장의 문제점을 청소년의 눈높이에서 객관적으로 파악함으로써 문제를 개선하고 있다.

연습문제

〈객관식〉

1. 청소년활동과 그에 따른 설명이 바르게 된 것은?

① 청소년문화활동은 예술활동, 스포츠활동, 동아리활동, 봉사활동 등을 포함한다.
② 동아리활동은 주로 학교 안에서 이루어지고 있다.
③ 어울림마당은 지역에 상시적으로 청소년들의 활동이 이루어져야 하므로 매주 1회 이상 개최를 의무화하고 있다.
④ 동아리활동의 가장 큰 어려움은 동아리회원들의 의지가 없다는 것이다.
⑤ 어울림마당의 주 내용은 청소년들의 문화예술과 관련된 팀 간에 대회를 개최하는 것이다.

정답. ①
해설. ② 동아리활동은 학교 안팎에서 이루어지고 있다.
③ 어울림마당은 지역에 상시적으로 청소년들의 활동이 이루어지도록 해야 하지만 우천시, 시험기간, 계절요인 등을 고려하여 운영시기 및 시간의 조정이 가능하다.
④ 동아리활동은 특성상 회원들의 자발성으로 운영되며, 어려움은 공부와 동아리활동의 병행, 활동공간 부족, 전문지도자의 지도가 필요한 경우의 지원요구, 동아리활동에 대한 다소 부정적 인식 등이 있다.
⑤ 어울림마당은 무대에 올려지거나 부스에 펼쳐지는 다양한 공연이나 프로그램 자체가 중요한 것이 아니라 이러한 결과물을 낳게 하는 (청소년문화)활동이 우선이다.

2. 다음 중 청소년어울림마당에 대한 설명 중 적절한 것은?

① 청소년어울림마당은 지방자치단체의 예산으로만 운영되므로 지역별로 아직 운영되지 못하는 곳도 있어 전국적으로 확대되지 못한 상태이다.
② 청소년어울림마당은 여성가족부에서 2014년에 신설한 사업이다.
③ 청소년지도자를 비롯한 어른들이 기회를 마련하면 청소년들이 어른들의 지도 아래 활동하게 되는 것이다.
④ 시·도의 대표 어울림마당과 시·군·구 어울림마당이 구분되어 운영·지원되고 있다.
⑤ 청소년어울림마당은 주로 청소년수련관 앞마당에서 이루어진다.

정답. ④

해설. ① 청소년어울림마당은 중앙과 지방에서 40 : 60 매칭펀드로 예산을 투입하여 운영되며, 2009년부터는 16개 시·도의 대표 어울림마당과 시·군·구 어울림마당이 구분되어 운영·지원되고 있다.

② 청소년어울림마당은 여성가족부에서 2004년에 신설한 사업이다.

③ 청소년은 어울림마당의 주인이자 고객이므로 청소년이 프로그램의 기획단계부터 참가하고, 동아리나 개인단위로 능동적으로 참여하게 된다.

⑤ 청소년어울림마당은 상설로 운영되므로 한번 정한 장소가 쉽게 바뀌지는 않지만 청소년수련관 등의 특정장소로 고정되어 있기보다 청소년의 접근이 편리한 장소에서 지속적으로 운영되고 있다. 또한 주로 실외에서 이루어지지만 사전 시·도의 승인 후에 실내 프로그램으로도 운영이 가능하다.

3. 청소년동아리활동에 대한 설명으로 적절치 않은 것을 고르면?

① 청소년동아리활동은 담당(관리)지도자가 있어야 활발하게 운영된다.

② 정기적인 모임 및 활동을 통해서 준비한 결과물을 전시회나 공연 등으로 발표하기도 한다.

③ 청소년동아리활동은 또래가 함께 모여 활동하게 되는 구심점으로서의 역할을 할 수 있다.

④ 동아리구성원 간의 상호작용이 이루어지며 일정한 기간 동안 존속하고 있어서 소집단으로서 힘을 갖고 있다.

⑤ 자신이 관심을 갖고 있는 취미나 특기활동을 중심으로 동아리가 구성되고 운영된다.

정답. ①

해설. 청소년동아리활동은 특정분야에 대한 관심 있는 청소년들의 모임이므로 이들이 주도적으로 모이기 시작하면서 활동이 이루어지는 것이다. 다만 담당(관리)지도자가 있다면 청소년들이 필요로 하는 부분에 대한 지원 등에 있어서 좀 더 수월하게 운영될 수 있을 것이다.

4. 청소년어울림마당의 특징으로 올바른 것은?

① 청소년이 중심이므로 성인들은 가급적 참여하지 않는 것이 바람직하다.

② 지역사회에서의 가장 큰 역할을 경제적 지원이라고 할 수 있다.

③ 어울림마당의 프로그램은 주로 관객들에게 보여줄 수 있는 내용이 필요하므로 무대에 올려지거나 부스에 펼쳐지는 다양한 공연이나 프로그램이 매우 중요하다.

④ 많은 이들의 참여를 위해 방송, 신문 등의 언론매체를 적극적으로 활용하는 것이 최상

의 홍보방법이다.

⑤ 어울림마당은 지역과 정부가 지원하고, 청소년과 지역사회(주민)가 함께 어우러져서 일상적인 문화생활을 공유하는 것이다.

정답. ⑤

해설. ① 청소년이 중심이긴 하지만 지역사회 내에서 이루어지므로 성인들과도 자연스럽게 어울릴 수 있는 자리라고 할 수 있다. 또한 어울림마당은 청소년문화와 기성세대 문화의 '만남의 장'으로 지역문화단체 초청 공연과 청소년과 지역주민들의 공연을 통한 폭넓은 문화마당을 제공하기 위해서 운영되고 있기도 하다.

② 지역사회에서의 경제적 지원도 큰 역할 중 하나이지만 함께 할 수 있는 문화에 대해 공유(문화예술팀섭외 등)와 장소, 홍보 등 다양하게 지원할 수 있다.

③ 어울림마당의 프로그램은 주로 관객들에게 보여줄 수 있는 내용도 필요하지만 오히려 지역 청소년들의 일상적 문화활동이 표현되고 향유되고 공유되는 생활로서의 문화가 문화존의 일차적 관심사이다. 무대에 올려지거나 부스에 펼쳐지는 다양한 공연이나 프로그램 자체가 중요한 것이 아니라 이러한 결과물을 낳게 하는 (청소년문화)활동이 우선이 되는 것이다.

④ 어울림마당 홍보에 있어서 최상의 방법은 청소년의 입으로 알려지는 것이다. 무대나 부스에 참여하는 청소년의 경우 또래 청소년 지지자들이 많고 이들은 친구를 보기 위해 어울림마당에 참여할 확률이 매우 높다.

5. 동아리활동의 문제점 및 대안으로 적절치 않은 것은?

① 학교 동아리인 경우, 교내에 별도의 공간을 마련하기가 어려워 활동에 차질이 생기기도 하며, 종종 인근 청소년수련시설을 이용하기도 한다.

② 우리나라의 경우, 입시 위주의 교육제도로 인해 동아리활동이 활발하게 이루어질 수 없는 환경이므로 동아리활동의 규모를 축소해야 한다.

③ 학교의 경우 각 동아리별로 예산이 지원되지만 학생들이 활동하기에는 턱없이 부족하여 학생들에게 부담으로 작용하기도 하므로 활동의 특성을 고려한 예산지원이 필요하다.

④ 동아리활동이 시간적 여유가 있어서 하는 것으로 인식하여 학업에 관심을 두지 않는 청소년들이 참여하는 것으로 보는 사회적 인식이 바뀌어야 한다.

⑤ 동아리활동이 활성화되려면 동아리협력학교, 동아리경진대회 등 지원이 점차 확대되어야 한다.

정답. ②

해설. 청소년동아리활동은 청소년들의 재능과 끼를 발견하고 마음껏 발산할 수 있는 좋은 기회일

뿐만 아니라 사회성, 리더십능력 등 학업 이외의 다양한 능력을 키울 수 있는 활동이다. 따라서 청소년들에게 학업만 수행하도록 강요하거나 동아리활동을 무조건 제한하기보다 청소년 각자의 처한 상황에서 참여할 수 있도록 하는 사회적 분위기가 형성되어야 한다.

〈주관식〉

1. 다음 빈 칸을 각각 채우시오.

2004년에 시작된 ( )은 2014년에 ( )으로 명칭이 변경되었는데, 문화예술, 스포츠 등을 소재로 한 공연, 경연, 전시, 놀이 체험 등 문화체험이 펼쳐지는 장으로 청소년의 접근이 용이하고 다양한 지역사회자원이 결합된 일정한 공간(상설공간)으로 그 개념을 규정하고 있다.

정답. 청소년문화존, 청소년어울림마당

2. 아래에서 말하고 있는 것이 무엇인지 쓰시오.

다양한 영역에서 건전한 또래관계 형성 및 자신의 특기 및 소질을 개발할 수 있는 자율적 활동으로 취미나 소질, 가치관 등을 공유하는 청소년의 소집단활동

정답. 청소년동아리활동

3. 빈칸에 들어갈 적절한 용어를 쓰시오.

( )은 청소년활동진흥법 제2조에 "청소년이 예술활동, 스포츠활동, 동아리활동, 봉사활동 등을 통하여 문화적 감성과 더불어 살아가는 능력을 함양하는 체험활동"으로 정의하고 있다.

정답. 청소년문화활동

Chapter 07

지역사회와 네트워크 활동

▶ 학습목표

1. 지역사회의 개념에 대해 이해한다.
2. 청소년과 관련한 청소년활동, 청소년상담, 교육복지사업과 지역아동센터 등의 다양한 영역에서의 네트워크에 대한 관점을 이해하고 설명할 수 있다.
3. 청소년이 참여하는 지역사회에 대한 구체적인 방안에 대해서 이해한다.

▶ 핵심용어

지역사회, 청소년네트워크, 청소년이 참여하는 지역사회, 지역네트워크

Chapter 07

지역사회와 네트워크 활동

1. 청소년활동영역의 네트워크 문제

최근 다양한 학문분야에서는 연계, 조정, 협력 등의 개념들이 도입되고 있으며, 기존 서비스 전달체계의 개선과 개별기관의 한계를 극복하고 효과적인 목표달성을 위한 대안으로 인식되고 있으며 활발한 연구가 이루어지고 있다(하준태 · 이채식, 2010; 우수명, 2008; 강창현, 2001; 이금진, 2003; 정순둘, 2001; 유태균 · 김자옥, 2001). 청소년과 관계되는 영역에서도 지역사회와 네트워크는 화두다. 지역사회의 청소년분야에서도 조직 간 네트워크의 필요성(이연, 2006; 박효선, 2002)이 제시되고 있는 반면 실증적인 조사와 연구(정은하, 2003; 김준기 · 정복교, 2007; 김성아, 2008) 등은 부족한 상황이다.

정책적으로 청소년활동, 복지, 상담, 교육 영역은 나뉘어 있다. 부처도 다르며 지원체계도 다르다. 지역에서 만나는 청소년이라는 대상은 같은데 접근하는 영역과 체계는 나뉘어 있으면서 대부분의 영역에서 지역사회와 네트워크를 강조한다.

청소년활동영역에서는 학교에서의 창의적 체험활동을 시작으로 지역네트워크를 강조하며 전국적으로 청소년활동 코디네이터 양성을 지속해 왔다. 지역전문인력 확보 및 지역자원지도(Local Resource Map) 구축을 강조하며 창의적 체험활동은 지역단위 전문인력의 확보를 통해 운영이 가능하므로 실질적으로 지역중심의 인적 자원지도를 구축하고 활용 보급해야 했다. 특히 지역사회와의 협력 네트워크는 필수적이다. 창의적 체험활동 운영을 위해서는 지역사회의 협력이 필수적이며 협력 네트워크에서는 관・산・학・연뿐 아니라 각종 개인 자원, 그리고 물리적 자원 등을 망라한 연대가 필요하다는 연구도 있어 왔다.

이러한 네트워크는 지역의 다양한 주체들에 의해 분권적인 형태로 추진되어야 하며, 관・산・학・연이 각기 적절한 역할을 수행하면서 이루어져야 한다. 특히 지방자치단체와 교육청, 학교, 청소년기관 등의 공공주체가 각각의 역할을 충실히 한다면 청소년들의 창의적 체험활동 지원체계로서 지역발전을 위한 인재양성의 계기가 될 것이라고 제안(한국청소년정책연구원, 2012)해 왔으나 실제 지역사회에서 창의적 체험활동만으로 위와 같은 네트워크를 구성해서 운영하는 지역은 찾아보기 어렵다.

청소년상담에서도 지역사회 청소년통합지원체계(Community Youth Safety-Net: CYS-Net)구축[13]을 진행해 왔다. 100만 위기 청소년들의 심리적, 경제적, 학업적, 대인관계적 어려움들을 해결할 수 있도록 지원하는 지역사회 네트워크로, 위기청소년에게 적합한 맞춤형 서비스를 원스톱으로 지원하는 네트워크이다. 운영방향을 위기청소년 사회안전망을 구축하며, 지역사회 청소년지원기관 및 단체의 협력체계를 구축하고, 청소년관련기관 및 단체의 위기청소년의 문제해결능력을 증진하는 것으로 설정하고 있다.

학교의 교육복지 지원사업 또한 네트워크는 핵심적으로 추진되어야 할 일이다. 사업목표가 통합지원체제 구축을 통한 교육취약집단의 교육적 성취 제고이다. 아동・청소년이 일정 학령기에 갖추어야 할 기초학습능력, 자기주도적 학습능력, 사회적 관계 형성 능력, 자기관리능력(기본생활습관) 등을 갖출 수 있도록 하는 것인데 주요한 특징으로는 가정・학교・지역사회를 연결하는 통합지원체제 구축[14]을 통해서 학습, 문화, 심리・정서, 복지 등 아동・청소년의 삶의 전 영역에서의 필요

---

13) 한국청소년상담복지개발센터 홈페이지 https://www.kyci.or.kr/cooperation/cooperation01_2.asp

14) 한국교육개발원-교육복지우선지원사업 http://eduzone.kedi.re.kr

에 대응하고자 하는 것이 주요한 목표다(정건희, 2013).

사회복지 계에서 아동청소년복지사업을 가장 많이 추진하는 지역아동센터 또한 사례관리를 중심으로 지역네트워크는 핵심적인 일이다. 센터의 개념 자체가 지역사회 아동의 보호, 교육, 건전한 놀이와 오락의 제공, 보호자와 지역사회의 연계 등 아동의 건전육성을 위하여 종합적인 아동복지서비스를 제공하는 시설(아동복지법 제52조 8항)로 설정되어 있다. 취약계층 아동보호와 교육, 문화서비스 지원 등을 행하며 아동의 권리보호 및 체계적 사례관리를 하며 지역사회 내 인적·물적 자원의 연계를 통한 아동지원체계를 구축한다(지역아동센터 운영매뉴얼, 2013). 체계적 사례관리에 지역사회 네트워크는 핵심이다.

사회복지 계에서 아동의 연령은 아동복지법에서 정한 18세 미만이다. 청소년 계에서는 청소년기본법 상에서 9세에서 24세까지이며 교육과학기술부에서 추진하는 초·중·고등학생의 학령기 또한 모두가 포함되어 중첩되는 지역의 단일한 아동·청소년들이다.

각 영역에서의 네트워크는 각기 다양하게 이루어지고 있다. 지역의 관련기관단체의 실무자들이 모여서 논의하는 수준에서 지역사회를 강조하며 청소년들과 지역민의 직접적인 지원체계를 구축하기도 하고 관련 전문기관들을 연결하여 체계화하기도 한다. 지역에서 청소년이라는 대상은 같은데 같은 지역공간에서 각 부처 및 기관단체의 영역별로 네트워크가 중복되어 연결되어 있기도 하나 대부분 분절되어 있다. 일반 청소년들과 사각지대에 있는 청소년들에 대한 영역별 연결고리를 찾아보면 분절되어 있는 것을 확인할 수도 있다. 각 기관시설에서 형식적 MOU를 체결하여 행정적 서류상의 모습으로만 네트워크를 나타내는 경우까지 다양하게 접근된다.

실무자 입장에서 기관 내부의 사업을 진행하기에도 부족한 시간인데 지역사회에서의 활동을 강조하며 네트워크해야 한다며 힘겨움을 표현하는 경우도 있다. 청소년관련 영역(활동, 상담, 복지 등)의 대부분의 평가체계의 큰 부분은 네트워크가 존재하나 이는 형식적 접근인 경우가 많다. 평가에 집중해야 한다는 논리로 형식적 체계를 구축하기도 하지만 자칫 쓸모없는 일로 치부되기도 한다.

지역사회와 괴리된 청소년사업들에 대한 문제 또한 대두된다. 지역에 존재하지만 그 동네(마을)와는 관계없이 프로그램 기관으로만 남는 경우이다. 아동과 청소년들에게 지역사회는 삶의 공간이다. 문제는 "삶의 공간에 존재하는 아동청소년관련 기관단체들이 실제 그 공간에서 청소년들과 삶을 나누고 있느냐?"는 것이다. 같은 대상들인 청소년들을 만나는 이들조차 각자의 영역에서 네트워크 체계를 구축하며 평가체계에 맞추어 움직이지만 이러한 형식적 평가체계에 따른 지역관계가 올바른 것인지조차 우리 안에서 이해하지 못하고 있다.

청소년과 관련된 대부분의 기관단체시설에서 지역 네트워크는 핵심적으로 추진해야할 중요한 사항으로 주장하지만 그 이유를 명확히 해석하지 못하는 경우도 있다. 당연히 지역과 네트워크는 실무자들의 관심 밖의 논의 구조가 되기도 한다. 지역이라는 공간의 개념 또한 각자의 기준과 관점으로 접근하며 지역과 관계없이 프로그램만을 운영하기도 한다. 네트워크를 민·관·학·연 정도의 연결로만 집중하기도 하고 국가의 복지 및 행정 전달체계로만 이해하기도 한다. 이러한 각자의 영역과 네트워크의 접근방식을 각 영역에서 연구와 사례는 있어 왔으나 지역사회를 기반으로 청소년을 중심으로 한 총체적인 분석과 사례에 대한 연구는 찾기 어렵다.

2. 지역사회의 개념과 청소년참여

"한 아이를 키우는 데는 온 마을이 필요하다." 마하트마 K. 간디의 말이다. 지역사회는 청소년들의 생활환경으로서 뿐만 아니라 성장환경으로서 결정적인 영향을 미친다. 청소년 영역은 광범위하고, 변화하는 사회에서 청소년의 욕구 또한 다양하다. 청소년육성은 다양한 내용의 서비스와 제공을 위한 다각적인 시스템을 필요로 한다. 단일 기관이 제공할 수 있는 서비스자원은 한정적일 수밖에 없고 다양한 욕구를 가진 청소년들에게 종합적인 서비스제공을 위해서는 면밀하게 계획된 지역사회 청소년연계망의 구축이 필요하다(김정주 외, 2004; 김정율 · 권일남, 2009). 지역사회를 관계하는 방법으로서 청소년계, 사회복지계, 교육계 등 관련 사업들을 추진하는 실무진이나 연구진들의 일반적이 해석이며 제안이다. 청소년들에게 서비스 지원의 관점에서 접근한다.

청소년지도자들에게 그동안 지역사회는 가급적 서비스 대상을 연결하는 체계였으며 이에 대한 문제제기를 바탕으로 논의해 왔다. 지역은 이러한 청소년들을 위한 서비스 대상 이전에 우리의 삶이 존재하며 시민이 참여하는 공간으로서 역사와 문화가 살아 숨 쉬는 장소인데도 말이다.

지역사회의 사전적 개념(국립국어원)은 "한 지역의 일정한 범위 안에서 지연(地緣)에 따라 자연스럽게 이루어진 생활 공동체"이고, 마을은 "주로 시골에서, 여러 집이 한데 모여 사는 곳" 또는 "이웃에 놀러 다니는 일"이다. 동네는 "자기가 사는 집을 중심으로 사람들이 모여 사는 일정한 공간"을 뜻한다. 사전적 의미로만 본다면 지역사회의 공간적 의미를 줄이면 마을이 되기도 하고 동네가 되기도 한다.

천정웅 외(2011)는 지역사회란 자신이 거주하고 있는 일정한 지역을 기준으로 하는 공간적 개념에서 출발하여, 성장과정에서 해당 지역의 다양한 시설 및 기관들을 포함하여 사람들과의 상호작용을 통한 네트워크 형성, 그리고 이를 통하여 갖게 되는 소속감, 애착심과 같은 공동의 심리적 유대감을 느끼며 살아가는 장소"라고도 할 수 있다. 일반적으로 지역의 공간적 개념을 오프라인 중심으로 설정하였으나 최근 들어 사이버공간의 영역이 확대되고 참여수준이 높아지면서 네트워크, 소속감과 공동의 심리적 유대감 등 지역사회에서의 기본적인 내용들을 온라인(on-line) 공간이 충족시키기도 한다. 마을공동체라는 지역사회의 특성을 오프라인상의 면대면의 관계에 집중할 것인지 심리적 유대감을 강조할 것인지에 대한 차이가 존재하나 지역사회의 공간적 개념에 사이버스페이스는 존재하고 있다.

현대의 지역사회에서 청소년들에게 얼마만큼의 상호작용과 네트워크 형성과 소속감과 애착심 등의 심리적 유대감이 존재하는지 의문이다. 지역을 강조하지만 지역의 환경과 관련 정책들이 청소년들의 그러한 심리적 유대감을 갖도록 하는가?

지역 상당수의 지자체장의 선출과정에서 교육공약이 포함된다. 이 중 대부분이 서울의 유명대학을 목표로 하는 사업들이 즐비하다. 10대 청소년들에게 지역은 떠나야 하는 과정과도 같은 공간으로 치부되기도 한다. 지역사회 인식 자체가 미비하기도 하며 지역 참여수준을 논하기 어려울 정도로 입시와 관련된 학교와 학원 등의 동선에 집중되어 있는 게 현실이다. 심지어 지자체에서 공립학원을 지어 상위권 학생들을 관리하며 대학에 입학시키는 정책까지 추진되기도 한다.

우리 사회의 역시적으로도 도시화와 산업화가 빠르게 진행되면서 사람들은 한 공간에 집중적으로 모여 살기 시작했다. 역설적이게도 사회적 관계와 마을의 공동체성은 더욱 약화되어 갔다. 산업화된 마을에서 청소년들이 존재하는 공간은 지역사회에서 학교와 학원과 일부 여가시설로 협소하게 정해져 있다. 지역에서 청소년들이 자신들이 주체로서 역할을 하는 곳과 그들이 핵심 구성원으로 참여하는 공간이 있는가? 청소년들에게 그들이 존재하는 지역사회는 어떠한 의미인가?

지역에서 다양한 공간들은 청소년들이 주체적으로 활동하는 곳이기보다는 그들이 주요 고객인 학교와 학원이 일반적이다. 기타 상업적 시설로서 '방'문화로 통하는 PC방, 노래방, 비디오방, 만화방 정도로 치부하기도 한다. 지역사회에서 청소년들을 구성원의 일부로 주체적 참여자로 바라보기보다는 학생이라는 신분에 위치해 성인이 되는 과정으로 인지하는 경우가 일반적이다. 상업화된 공간이 아닌 지역사회의 청소년들이 활동할 수 있는 공간을 떠올려 보아도 쉽게 이해된다. 그들에게 지역사회는 주체로서 거주하며 삶을 나누는 공간이기보다는 입시를 위한 수단으로서 접근되기도 하고 자신의 삶과 괴리된 섬과 같은 공간일 수도 있다. 청소년들에게 지역사회를 접근하는 그들만의 의미 파악 또한 쉽지 않다. 서울·경기의 수도권 지역과 이외의 지역과의 차이도 있으며 다양한 공간상의 제약과 관계에 따라 다양하게 접근될 것으로 예상된다.

지역사회의 주요한 관계의 문제는 청소년들로만 한정될 문제는 아니지만 주체적으로 참여해야 하는 시민적 관점에서 10대들은 학생의 신분권이 강조되며 배제되어 있는 게 현실이다. 그들도 한 세대로서의 역할이 존재하며 지역시민으로서의 위치가 있음에도 고립되어 있다는 것이다. 청소년들이 존재하고 참여하는 지역사회의 관점보다는 연구자나 실무자 중심으로 서비스 전달체계로서의 지역사회를 투영해 왔던 것도 문제로 비추어진다.

지역사회에 청소년들의 긍정적인 지원을 위해서 정책, 실천, 우선순위 결정 등과 같은 일련의 정책들이 지역사회의 모든 구성원들에게 공유되면서 일관성 있게 추진되고 있지 못하다. 지역사회의 소속감과 애착심에서 비롯되는 상호작용이 청소년들에게 어떻게 적용되는지도 알 수 없다.

청소년역량개발을 위한 새로운 장(new frontier settings)과 관련하여, 박물관, 도서관, 동물원, 수족관 등 일 년에 한두 번 정도 방문하는 곳이거나 머물기보다 그저 지나치는 곳이었던 지역사회 공간들을 활용할 필요성도 강조하나 프로그램의 대상일 뿐 지역사회의 애착심이나 공간의 문화와 역사에 집중하기 어렵다. 가능하면 이러한 공간상의 문제를 프로그램이나 형식적 내용으로 치부하기보다는 그 공간의 역사와 문화에 주목해야 한다. 역사와 문화는 공간에서 나오지 않는다. 그 공간을 고민했던 사람과의 관계 형성에 주목할 필요가 있다. 지역 사람과의 관계는 청소년들에게는 무엇보다도 중요한 공동체 형성의 주요한 요인이다.

교사나 상담사, 사회복지사 등 통상적으로 청소년과 관련된 실무자들뿐만 아니라 새로운 분야의 전문가들과 지역의 시민을 만나게 되고, 청소년들은 새로운 도전을 하거나 보상을 얻기도 한다. 청소년들이 지역의 다양한 장소에 접근할 수 있도록 지리적, 심리적, 문화적, 제도적 접근성을 보장하는 노력이 필요함을 강조하고도 있다(천정웅 외, 2011; Delgado, 2002).

지역사회에 청소년들의 사업적 관계만을 강조해 자칫 그들의 실질적인 참여를 방기하는 경우도 있다. 청소년들의 삶의 공간에 대한 논의와 사업들에 핵심적으로 접근해야 할 문제는 그들의 실질적인 참여에 있다. UNESCO는 국가의 청소년정책에 대한 기본방향을 "청소년에게 관심을 전환하여 그들의 미래사회를 책임질 수 있는 미래사회로 양성하며, 청소년관련 기획이나 사업에서 청소년의 적극적인 참여가 반드시 강화되도록 힘써야 한다."고 설정했다. 청소년참여는 대표적으로 자신의 삶에 영향을 주고, 자신이 살고 있는 지역사회에 영향을 주는 의사결정을 공유하는 과정(Hart, 1997)이며 Council of Europe(1993)에서는 책임과 의무를 갖고 스스로 의사결정을 할 수 있도록 포함하고, 허용되고, 조장되어야 할 청소년의 권리라고 정의하였다. 참여는 의사결정에 있어서 청소년의 직접적인 관여를 의미한다. 성인들이 책임을 포기하고 청소년 스스로 의사결정을 하는 것이라기보다는 청소년이 궁극적인 권위를 지닌 성인의 지지와 지도를 통해 의사결정과정에 적극적으로 관여하는 것으로 볼 수 있다(문성호, 2006; 정건희, 2013).

즉, 청소년참여는 그들의 삶의 공간에 그들의 의사가 반영되어 권리와 책임이 함께 수반되는 것이라고 할 수 있다. 지역사회에서 청소년이 참여한다는 것은 지역의 권리와 책임을 가진 시민으로서 그들의 다양한 의사가 실질적으로 반영되는 것을 의미한다. 기성세대는 청소년들이 지역사회에 참여할 수 있도록 격려와 지지, 전문적 기술을 통해 도와야 한다.

청소년들을 관계하는 다양한 계층이 지역사회에 참여한다는 것은 그곳에서 일로서 지역을 만나는 개념과 온전히 삶으로 만나는 것이 혼용되기도 하며 나눠지기도 한다. 지역 안에서 실질적인 삶을 살아가면서 지역민들과 청소년들과 교재하며 신뢰를 형성하며 일상적 삶을 살아가는 방식도 있다. 이와는 달리 프로그램(사업)을 기관단체시설중심으로 운영하나 지역과는 거리가 있는 경우가 있다.

직업적 관계만을 집중하며 지역과는 괴리된 일을 중심으로 하다 보니 당연히 기관중심으로 사업을 진행하게 되며 청소년의 참여[15] 또한 국가정책적 과제를 수행

15) 청소년참여위원회, 특별회의, 청소년운영위원회 등의 국가정책적 참여기구들이 존재하며 이들 대부분은 지역과 국가청소년정책을 제안할 수 있음.

한다는 목적은 존재하나 형식적 프로그램이 운영되기 일쑤다. 기관단체시설에서의 사업들을 가급적이면 지역사회중심으로 활동하는 게 이로울 수 있다. 일상의 삶으로서 지역과 만나는 공동체적 참여방식이다. 삶으로서의 지역 관계가 안 되기 때문에 우리가 지역을 선택하는 방식은 결국 사업의 터전으로서만 관계하게 되는 것이다. 지역은 이러한 사업의 터전뿐만 아니라 우리의 삶이 온전히 녹아 있는 곳으로서 함께 참여하는 공간이다. 그 공간은 삶으로서 역사와 문화를 인식하는 공간으로 인식해야 하며 청소년들의 삶의 공간으로서도 그들이 주체로 참여하는 공간의 인식이 필요하다.

3. 지역 네트워크의 개념과 관점

지역사회에서의 네트워크는 청소년문제해결의 일반적인 대안으로 거론되어 왔다. 지역사회의 네트워크를 통하여 청소년폭력 대책을 마련해야 한다는 연구뿐만 아니라 다양한 문제해결의 실마리를 지역사회 네트워크로 대안을 내어 놓는 게 일반화될 정도로 팽배해 있다.

각계 각처의 노력들을 하나로 묶어서 협력체제를 구축하고 시너지 효과를 극대화하자는 것(이민희 · 임영식 · 이진숙, 2003)이 네트워크의 일반적인 중론이다. 지역은 학교, 청소년시설, 단체, 상담복지센터, 지역아동센터 등 청소년을 대상으로 활용되는 공공적인 목적을 지닌 기관시설이 존재한다. 공공적 성격을 가지고 있는 기관에서 네트워크라는 이름으로 관계하며 청소년들을 지원하려는 노력을 기울인다. 지역이 있고 네트워크라는 용어도 존재하지만 우리가 단순히 알고 있는 네트워크의 이론이나 관점과 접근방법은 다양하며 명확히 접근하는 데 한계가 있다.

기관단체에서 '네트워크 하자'고 하면 실무자 입장에서 자신의 기관시설에서 일하는 것을 지역의 누군가가 짐을 덜어 주기를 바라는 마음으로 관계하기도 하며 지역의 공공적 목적을 이루기 위해 협력하기도 한다. 실무자그룹 간의 네트워크만 중요한 것은 아니라고 하며 전문가 그룹들을 연결하기도 한다. 청소년들에게 네트워크가 중요하다고 하지만 그 이유에 대해서 확신하지 못하는 경우도 있다. 또한 청소년지원을 위한 네트워크가 형성된 지역사회에서 청소년들의 실질적인 참여는 이루어지고 있는지도 의문이다.

네트워크란 무엇이며 네트워크의 관점과 강조점 그리고 네트워크를 통해 교환하는 자원, 영역과 특성 등에 대해서 선행연구에 비추어 살펴보았다.

사회과학적 의미에서 네트워크는 사회적 활동에 의하여 하나의 사회적 구성체와 다른 구성체 간에 연계된 체계나 상호작용 관계의 영향력이 미치는 망(net)을 뜻 한다(우수명, 2008). 지역 네트워크는 복지계에서 일반적으로 지역사회에 존재하는 다양한 기관이나 조직, 단체들이 개개의 이익을 초월하여 공동의 목적을 공유하고 노력하기 위한 협력체계를 의미한다.

네트워크의 개념은 지금은 각 분야에서 활용되지만, 처음에는 경영학 분야에서 변화하는 환경에 기업이 유연하게 대응하는 데에 필요한 새로운 조직개발원리로서 부각되었다. 20세기 후반 지식경제가 고도화됨에 따라 '개인'에 기초한 단선적, 위계적인 조직 관점이 적합성을 상실하게 되면서, 그 대안으로서 조직의 관계지향적, 맥락적, 수평적인 특성을 강조하는 네트워크 이론이 부상하게 되었다(Borgatti & Foster, 2003).

네트워크의 특성을 규명하기 위하여 다양한 접근이 이루어져 왔는데(Borgatti & Foster, 2003) 그 대표적인 예를 살펴보면 다음과 같다. 상대적으로 자원이 많은 네트워크 내의 다른 구성요소와의 연계(connection)에 대한 가치를 강조하는 사회적 자본(social captital)의 관점(Burt, 1997; McGuire, 2000), 자율조직 간에 거래를 보호하고 비용을 최소화하기 위해 신뢰에 기초한 반복적 교환을 상소하는 네트워크 조직 이론(network organizations)의 관점(Podolny & Page, 1998; Baker & Faulkner, 2002), 공동사업에 참여하는 개인 간의 상호작용을 통해 해당 사업에 필요한 실천공동체

(community of practices)가 형성된다고 보는 지식경영(knowledge management)의 관점(Brown, & Duguid, 2000), 그리고 네트워크 참여자 간의 빈번한 상호작용이 유사한 신념과 태도, 정서적 공감 등을 갖게 한다는 집단과정의 관점(Ancona & Caldwell, 1992; Kiesler & Cummings, 2002) 등이 있다. 이와 같은 다양한 관점들은 네트워크를 단위 조직 혹은 Governance, 학습조직, 집단연대 등의 다양한 차원에서 접근할 수 있음을 보여준다(이지혜 · 채재은, 2010).

네트워크는 지역과 개인에 기초한 특징이 유사한 내용과 약간의 차이가 있음을 알 수 있다. 지역은 관계, 공동의 목적(공유), 협력체계 등의 특징을 보이며 개인에 기초한 네트워크는 (조직 내)관계, 지향적, 맥락적, 수평적 특성을 갖는다. 위의 네트워크의 관점과 강조점을 정리해 보면 〈표 7-1〉과 같다.

표 7-1 네트워크 관점과 강조점

관 점	강 조
사회적 자본(social captital)의 관점	연계(connection)에 대한 가치
네트워크 조직이론(network organizations)의 관점	신뢰에 기초한 반복적 교환
지식경영(knowledge management)의 관점	해당 사업의 실천공동체(community of practices)가 형성
집단과정의 관점	빈번한 상호작용과 정서적 공감

이와 함께 네트워크 거버넌스(network governance)와 자원교환의 속성이 존재한다. 바로 자원 교환의 관계 속에서 나타나는 일정한 상호작용의 유형과 독립적인 개체들 간의 자원의 흐름이라는 점이다(Powell, 1990; Larson, 1992). 지역사회자원에 해당하는 조직 유형을 크게 사회서비스조직(지역아동센터, 종합복지관, 기타복지시설), 매개조직(자원봉사센터, 관공서, 시민단체), 후원조직(기업군)으로 구분해 지역사회자원 내지는 지역네트워크의 유용한 구분 틀을 제시하고 있다(김준기 · 정복교, 2007).

여기에서 청소년 계를 연결시켜 보면 사회서비스조직에 청소년수련관, 청소년문화의집, 청소년수련관, 청소년상담복지센터, 위센터(Wee center) 등이 포함될 것이며 매개조직으로 청소년활동진흥센터를 연결지을 수 있다.

사회서비스 조직의 다양한 교환자원을 정리해 보면 크게 정보자원, 인적 자원, 물적 자원, 클라이언트 의뢰의 네 가지로 구분하여 접근할 수 있다. 교환자원의 유형도 선행연구에 따라 다양하게 접근되어 있다. 이를 〈표 7-2〉로 정리하였다.

표 7-2 사회서비스조직의 네트워크 교환자원에 대한 선행연구

연구사	교환자원의 유형
Levine & White (1962)	클라이언트의 교환, 인적 교환, 자금을 포함한 자원의 교환
Boje & Whetten (1981)	클라이언트의 의뢰, 서비스의 교환, 정보교환, 자금의 이전
Woodard & Dorian (1981)	클라이언트의 의뢰, 서비스의 교환, 정보의 교환, 물적 자원과 관리활동 교환
이현주 (1998)	조직 간 협의, 자금, 클라이언트의 의뢰
백종만, 홍경준 (1999)	클라이언트의 의뢰, 자금, 물적 자원, 정보교환
홍송이 (2000)	클라이언트의 의뢰, 자원교환, 재원교환, 정보교환

출처: 김준기, 정복교 (2007).

김준기와 정복교(2007)는 지역아동센터 네트워크를 중심으로 네트워크 형성의 동기를 자원(정보자원, 인적 자원, 물적 자원, 클라이언트)을 획득하고자 하는 조직의 욕구에서 찾고자 하였다. 결과적으로 ① 정보교환중심성은 자원의 다과에 의해서도 결정되지만, 그 외 역사적/사회적 맥락에 의해서 결정된다. ② 조직 간 자원교환에 있어 중요한 것은 물리적 거리가 아니라 네트워크 내에서의 근접성이나 연결정도 등 사회적/인지적 거리[16]임을 확인하였다. ③ 연대적 네트워크(bonding

16) 지역아동센터의 인적 자원교환 네트워크 내에서는 종교적, 역사적, 사회적 배경에 따라 네트워크 내의 관계적(relational) · 위치적(positional) 특성을 나타내는 측정결과가 달라짐.

network) 관계를 넘어선 교량적 네트워크(bridging network)[17]가 새로운 조직 간 관계 양상으로 각광을 받고 있다. ④ 지역사회문제해결과 관련해 거버넌스의 시각에서 지역 내 조직 간 네트워크에 주목할 필요성이 있다는 정책적 함의[18]다.

조직 간 네트워크는 다양한 방법과 영역으로 구분되고 있다. Tobin(1986)은 기관 간의 관계의 긴밀한 정도와 유형에 따라 조직 간 네트워크 영역을 의사소통, 협조, 조정, 협력, 동맹관계 등으로 구분하였으며, 이종춘(1996)은 여러 조직들 간의 주고받은 기능을 고려하여 정보교환, 사례조정, 협동단계로 나누고 있다. Franklin과 Streeter(1995)는 조직 간 네트워크를 비공식관계, 조정, 협조, 협력, 통합단계 등으로 제시하였으며, 박영란과 황정임(2000)은 정보제공, 대상자 의뢰, 자원동원, 공동수행으로 나누고 있다. 조직 간 네트워크에 대해 이금진(2003)은 의뢰, 정보 교류, 공동사업, 재정공유의 단계로 구분한다(〈표 7-3〉 참조).

▌표 7-3▌ 조직 간 네트워크의 주요 영역

구 분	네트워크 영역
Tobin (1986)	의사소통, 협조, 조정, 협력, 동맹관계
이종춘 (1996)	정보교환, 사례조정, 협동
Franklin & Streeter (1995)	비공식관계, 조정, 협조, 협력, 통합
박영란과 황정임 (2000)	정보제공, 대상자의뢰, 자원동원, 공동수행
이금진 (2003)	의뢰, 정보 교류, 공동사업, 재정공유
김인숙 외 (1999)	클라이언트 의뢰, 정보교환, 공동대응 및 공동프로그램

출처: 하준태, 이채식 (2010).

---

17) 다시 말하면, 동질성(homophily)에 기초한 투쟁적 연대관계에서 벗어나 이질성(heterophily)에 기초한 교환적/보완적 상호관계가 점차 조직 간 네트워크의 주요한 양상으로 등장.

18) 자원부족의 시대에 민간의 자발적 조직 네트워크가 지닌 문제해결의 역량(capacity)을 정책의 수단(tools of governance)으로 활용할 필요가 있다는 인식(Salamon, 2002).
Salamon, Lseter M. (2002). The Tools of Government: A Guide to the New Governance, New York: Oxford University Press.

박영란과 황정임(2000)은 서비스의 연계를 성폭력이나 가정폭력 피해여성을 대상으로 외부서비스기관에 대한 정보제공, 외부서비스기관에 폭력 피해여성을 의뢰, 외부서비스기관에게 폭력 피해여성을 위한 자원동원을 요청, 보다 나은 서비스를 제공하기 위해 외부서비스기관과 프로그램 계획, 홍보활동, 자원발굴 등을 공동으로 수립·수행하는 활동으로 정의하고 있다. 이금진(2003)은 2개 이상의 기관이 공동의 목적을 달성하기 위하여 함께 일하는 것으로 기관 간의 의뢰, 정보 교류, 공동사업 추진, 재정공유 등의 직접 혹은 간접적인 상호작용으로 정의내린다. 발달단계에 따라 기관 사이의 참여 정도와 책임수준, 협력내용이 달라진다고 하였다. Franklin과 Streeter(1995)는 네트워크 활동을 비공식적 관계, 조정, 협조, 협력, 통합의 단계로 설명하였다(이금진, 2003).

하준태와 이채식(2010)은 지역사회의 청소년 유관기관 조직 간 네트워크에 관련한 연구에서 개인관계, 공식관계, 공동행사, 정기모임 등에 의한 분석에서 청소년시설 및 청소년기관보다 자원의존이나 필요성에 의해 행정이 높은 순위를 보이고 있음을 밝혔다. 공식행사와 공동행사에서 행정이 높게 나타나고 정기모임에서는 낮게 나타나는 것은 수직관계나 공적인 업무로서만 네트워크가 이루어지고 있음을 알 수 있다. 상대적으로 네트워크에서 높은 순위를 나타내고 있는 시설이나 기관은 청소년상담지원센터, 청소년활동진흥센터, 문화존의 역할을 담당하고 있는 시설이나 기관들이 높게 나타나고 있다. 특이한 점은 정기모임에서의 매개중앙성(betweenness centrality)[19]값은 청소년활동진흥센터가 높게 나타나고 있다. 이것은 공식적인 업무관계나 규모, 자원의 풍부함, 활동내용이 아니라 담당자의 협력활동에 대한 인식이

19) 한 점이 얼마나 다른 점들과의 중개자 혹은 다리역할을 수행하느냐를 측정하는 개념. 매개중앙성 값은 조직 간 관계의 중간에 위치함으로 영향력을 행사하는 정도. 기타 이웃중앙성(degree centrality)은 기관 간 네트워크 기관 수와 관련된 개념. 개별행위자의 이웃중앙성값은 각 기관이 네트워크에서 얼마나 활발한 관계를 갖고 있는가를 나타냄. 근접중앙성(closeness centrality)은 한 점이 다른 점에 얼마만큼 가깝게 있는가를 말하는 개념으로 두 점 사이의 거리와 관련된 개념, 즉 근접중앙성은 한 기관이 다른 기관들을 연결해 주는 가장 짧은 거리를 보여주는 것.

높고 청소년관련기관들이 가장 필요로 하는 교육내용, 정보제공, 연구모임들이 이루어지고 있기 때문이다. 그 외 청소년단체의 활동은 대체적으로 미흡하게 나타났다.

한편 이러한 네트워크가 갖는 지역사회에서의 의의를 최옥채(2005)는 사회복지사의 지역사회조직가의 관점으로 첫째, 지역주민의 욕구 중심에 초점을 준다는 점에서 지역주민의 복잡한 욕구에 최대한 접근할 수 있도록 다양한 지식과 기술, 자원을 지닌 연계망 성원들이 참여함을 조장하고, 둘째, 관련기관과 시설의 중복된 서비스를 효율적이고 통합적으로 제공할 수 있다는 점이며, 셋째, 다수의 시민을 참여시켜 시민의 연대의식을 강화한다는 점이다.

학습정리

본 장에서는 청소년활동에서의 네트워크의 문제점과 개념, 관점, 그리고 지역사회의 개념과 청소년활동에 있어서 시사점에 대해서 알아보았다.

이를 정리하면 청소년활동영역뿐만 아니라 관계된 대부분의 영역에서 네트워크를 강조하고 있지만 실질적인 관계는 긍정적이지 못한 경우가 많다. 지역에서 청소년이라는 대상만 같을 뿐 각 부처 및 기관단체의 영역별로 네트워크가 중복되어 운영되기도 하고 대부분 분절되어 나타난다. 네트워크의 형식적 접근, 지역사회와 괴리된 청소년사업, 네트워크를 해야 하는 이유와 의미 부재, 각 기관시설에서 형식적 MOU를 체결하는 등 다양한 문제로 나타난다.

지역사회는 청소년들을 위한 서비스나 사업의 터전 이전에 삶이 존재하는 시민이 참여하는 공간으로서 역사와 문화가 살아 숨 쉬는 장소이고, 청소년들의 삶의 공간으로서도 그들이 주체로 참여하는 공간의 인식이 필요하다. 지역사회에서의 네트워크는 각개 각처의 노력들을 하나로 묶어서 협력체제를 구축하고 시너지효과를 극대화하자는 것이 일반적이다. 또 한편으로 네트워크는 사회적 활동에 의하여 하나의 사회적 구성체와 다른 구성체 간에 연계된 체계나 상호작용 관계의 영향력이 미치는 망(net)을 뜻한다. 이러한 네트워크가 갖는 지역사회에서의 의의는 지역주민의 욕구중심에 초점을 둔다는 점에서 지역주민의 복잡한 욕구에 최대한 접근할 수 있도록 다양한 지식과 기술, 자원을 지닌 연계망 성원들의 참여를 조장하고, 관련기관과 시설의 중복된 서비스를 효율적이고 통합적으로 제공할 수 있다는 점이며, 다수의 시민을 참여시켜 시민의 연대의식을 강화한다는 점이라고 볼 때에 청소년활동의 지역사회 네트워크에서도 주요한 시사점을 준다.

○●● 연습문제

〈객관식〉

1. 최근 들어 청소년과 관련된 활동, 복지, 상담 등의 다양한 영역에서 지역에서의 네트워크를 강조하고 있다. 이와 관련된 설명으로 옳지 않은 것은?

   ① 청소년활동영역에서 지역사회 네트워크의 이유로 창의적 체험활동을 시작으로 전국적으로 청소년활동 코디네이터 등의 사업을 만들어 진행했었다.
   ② 청소년활동영역에서 창의적 체험활동 운영을 위해서 지역사회 협력이 필수적이며 협력 네트워크에서는 관·산·학·연뿐 아니라 각종 개인 자원, 그리고 물리적 자원 등을 망라한 연대가 필요하다고 강조하고 있다.
   ③ 청소년상담에서 지역사회 청소년통합지원체계(Community Youth Safety-Net: CYS-Net) 구축을 통해 모든 청소년대상으로 활동, 복지, 상담, 교육 등의 전반적인 사업들의 유기적 연대를 목표로 하고 있다.
   ④ 사회복지 계의 아동청소년복지사업 가운데 지역아동센터에서는 지역사회 아동의 보호, 교육, 건전한 놀이와 오락의 제공, 보호자와 지역사회의 연계 등을 강조하고 있다.
   ⑤ 학교에서는 교육복지 지원사업을 통하여 통합지원체제 구축을 통한 교육취약집단의 교육적 성취 제고를 이루기 위해 지역네트워크를 강조하고 있다.

정답. ③

해설. 청소년상담에서도 지역사회 청소년통합지원체계(Community Youth Safety-Net: CYS-Net)는 100만 위기 청소년들의 심리적, 경제적, 학업적, 대인관계적 어려움들을 해결할 수 있도록 지원하는 지역사회 네트워크이다.

2. 지역사회중심의 청소년활동이 이루어지지 못하는 이유가 아닌 것은?

   ① 실무자 입장에서 기관 내부의 사업을 진행하기에도 어려운데 지역사회에서의 활동을 강조하며 네트워크해야 한다는 것이 또 다른 부담이다.
   ② 국가정책적으로 청소년활동시설에 지원하는 사업비가 크게 증가하고 있지만 이 사업비의 대부분은 지역활동이 아닌 기관 내부 프로그램 비용만으로만 사용하게 되어 있다.
   ③ 청소년들에게 지역은 입시공부를 위해서 존재하는 공간이며 곧 떠날 수밖에 없는 곳으로 인지하여 실질적인 자기 삶의 공간이 아닌 경우가 많다.

④ 청소년활동시설들의 실무자들이 지역중심의 네트워크를 해야 하는 이유를 명확히 해석하지 못하는 경우가 많다.
⑤ 청소년활동시설의 실무자들의 주요한 활동들을 지역이라는 공간을 인식하여 사업을 펼치기보다는 시설중심의 프로그램만을 운영 지원하는 것으로 인식하는 경향이 크다.

정답. ②
해설. 정책적으로 청소년활동 프로그램 비용들은 점차 감소하는 추세다.

3. 지역사회의 개념에 포함되지 않는 것은?

① 지역사회는 자신이 거주하고 있는 일정한 지역을 기준으로 하는 공간적 개념에서 출발한다.
② 지역사회는 성장과정에서 해당 지역의 다양한 시설 및 기관들을 포함하여 사람들과의 상호작용이 있는 곳이다.
③ 지역사회는 소속감, 애착심과 같은 공동의 심리적 유대감을 느끼며 살아가는 장소다.
④ 지역사회는 일반적으로 공간적 개념을 오프라인 중심으로 설정하였으나 최근 들어 사이버공간의 영역도 연계 포함되는 등 확대되고 있는 추세다.
⑤ 지역사회는 최근 들어 청소년들에게 소속감과 심리적 유대감이 급속하게 증대되고 있다.

정답. ⑤
출처. 천정웅, 오해섭, 김민, 김정주 (2011). 청소년활동론. 파주: 양서원.

4. 네트워크 개념으로 옳지 않은 것은?

① 청소년활동영역에서는 네트워크 개념을 사회과학적 개념과 경영학적 개념의 네트워크의 관점을 접목하여 사용하고 있다.
② 사회과학적 의미에서 네트워크는 사회적 활동에 의하여 하나의 사회적구성체와 다른 구성체 간에 연계된 체계나 상호작용 관계의 영향력이 미치는 망(net)을 뜻한다.
③ 지역 네트워크는 복지계에서 일반적으로 지역사회에 존재하는 다양한 기관이나 조직, 단체들이 개개의 이익을 초월하여 공동의 목적을 공유하고 노력하기 위한 협력체계를 의미한다.
④ 네트워크의 개념은 처음에는 경영학 분야에서 변화하는 환경에 기업이 유연하게 대응하는 데에 필요한 새로운 조직개발 원리로서 부각되었다.
⑤ 네트워크는 경영학에서 20세기 후반 지식경제가 고도화됨에 따라 '개인'에 기초한 단선적, 위계적인 조직 관점이 적합성을 상실하게 되면서, 그 대안으로서 조직의 관계지향적, 맥락적, 수평적인 특성을 강조하는 네트워크 이론이 부상하게 되었다.

정답. ①

출처. 우수명 (2008). 지역사회복지 관련 조직 간 네트워크 성장에 영향을 미치는 연구. 숭실대학교 박사학위 논문; Borgatti, S. P., & Foster, P. C. (2003). The network paradigm in organizationl research: A Review and typology. Journal of Management, 29(6). 991–1013.

5. 청소년활동지원을 위한 지역 네트워크 활성화방안으로 옳은 것은?

① 지역 청소년지원을 위해 네트워크가 필요한 이유가 명확해야 한다.
② 청소년 기관단체사업은 가급적 시설중심으로만 추진해야 한다.
③ 기성세대중심으로 청소년활동이 진행되어 주체가 되고 지역주민 중 관계자만 참여하는 네트워크가 구성되어야 한다.
④ 네트워크 구성원들 중 리더격인 소수그룹 비전을 설정하고 다수는 이를 따라서 실천한다.
⑤ 실무자들이 시설단체에서의 업무량이 많기 때문에 직장 이외의 자연스러운 네트워크는 부적절하다.

정답. ①

해설. 정건희 외 (2013). 청소년지원을 위한 지역사회네트워크 연구 보고서. 전라북도청소년활동진흥센터. 청소년기관단체사업은 가급적 지역사회를 기반으로 추진, 청소년의 자율과 참여 중심으로 사업이 진행되어 주체가 되고 지역주민 전체가 참여하는 네트워크가 구성, 구성원들이 공동의 비전을 설정하고 실현하며 확인하는 과정을 지속, 실무자들의 자연스럽고 지속적인 관계형성과 순환적이며 누적적인 시스템 구축, 플랫폼(platform)과 네트워크 전문성을 성장할 수 있는 실무지도력 양성과정, 지속적인 신뢰관계를 형성할 수 있는 소셜(Social)한 그룹과 관계를 형성 등.

〈주관식〉

1. 사회과학적 의미에서 네트워크는 사회적 활동에 의하여 하나의 사회적구성체와 다른 구성체 간에 연계된 체계나 상호작용 관계의 영향력이 미치는 (　　　)을 뜻한다. (　　　)는?

정답. 망(net)

출처. 우수명 (2008). 지역사회복지 관련 조직 간 네트워크 성장에 영향을 미치는 연구. 숭실대학교 박사학위 논문.

2. 다음의 (　　　)에 들어갈 용어를 쓰시오.

> 청소년상담복지센터를 중심으로 구축되고 있는 (　　　　　　　　　)은(는) 100만 위기 청소년들의 심리적, 경제적, 학업적, 대인관계적 어려움들을 해결할 수 있도록 지원하는 지역사회 네트워크로, 위기청소년에게 적합한 맞춤형 서비스를 원스톱으로 지원하는 네트워크이다. 운영방향을 위기청소년 사회안전망을 구축하며, 지역사회 청소년지원기관 및 단체의 협력체계를 구축하고, 청소년관련기관 및 단체의 위기청소년의 문제해결능력을 증진하는 것으로 설정하고 있다.

정답. 지역사회 청소년통합지원체계(Community Youth Safety-Net: CYS-Net) 구축

3. 나음의 (　　　)에 공통으로 들어갈 단어를 쓰시오.

> 청소년역량개발을 위한 새로운 장(new frontier settings)과 관련하여, 교사나 상담사, 청소년지도자, 사회복지사 등 통상적으로 청소년과 관련된 실무자들뿐만 아니라 새로운 분야의 전문가들과 (　　　)의 시민을 만나게 되고, 청소년들은 새로운 도전을 하거나 보상을 얻기도 한다. 청소년들이 (　　　)의 다양한 장소에 접근할 수 있도록 지리적, 심리적, 문화적, 제도적 접근성을 보장하는 노력이 필요함을 강조하고 있다.

정답. 지역

출처. Delgado, M. (2002). New Frontiers for youth development in the twenty-first century: Revitalizing and broadening youth development. New York, NY: Columbia University Press.

PART 03

청소년 넓혀보기

청소년활동 단체 및 시설

Chapter 08

청소년단체활동

▶ 학습목표

1. 역사적 관점에 따른 청소년운동(youth movement)을 중심으로 청소년단체의 이해를 도모한다.
2. 청소년단체의 개념과 단체활동이 청소년들에게 미치는 효과성에 대해서 이해하고 설명할 수 있다.
3. 청소년단체(법인)와 청소년시설 그리고 청소년단체와 공교육제도인 학교와의 상호 관계성을 살펴보고 청소년단체의 활성화 방안을 모색해 본다.

▶ 핵심용어

청소년단체, 청소년단체의 효과성, 청소년단체와 학교와의 관계성

Chapter 08

청소년단체활동

1. 청소년단체의 역사

우리 사회에서 청소년단체는 역사가 깊다. 청소년단체의 활동을 단순히 학교와 연계되어 캠프나 몇 가지 프로그램적 사항만으로 지속가능한 대안을 제시할 수 없다. 또한 몇몇 연구보고서에 나타나듯이 현재 보이는 몇 가지 문제에만 집중하면서 협회에 공적 제원과 관리시스템을 통한 연계 정책 등의 제한된 지원책으로 청소년단체활동의 구조적인 문제에 대해 논하기도 어렵다. 우리 역사에서 청소년단체는 어떠한 존재였으며 어떻게 변해왔는지를 알아야 현재의 모습도 투영할 수 있기 때문이다.

청소년단체활동을 실질적으로 주도했던 인사의 글은 의미가 있다고 보인다. 한국청소년단체협의회 회장으로 7~8대 연임하였으며 역대 가장 오랜 시간 한국YMCA 사무총장으로 활동했던 강문규(1991)[20]는 청소년단체에 대한 관련 연구에서 다음과 같이 밝혔다.

근대적 의미의 청소년운동을 이야기한다면 한국에 있어 청소년운동의 기원은 구한말로 거슬러 올라간다. 서구세계와는 다르게 제3세계 청소년운동이 갖는 특징은 공통적인 식민역사에 기인하는 민족주의적 자기 지향을 갖고 있다는 점이다. 이 점

20) 강문규 (1991). 한국의 청소년과 청소년단체. 한국청소년연구, 5, 172-182에서 요약 보완함.

은 우리의 경우에도 예외가 아니어서 구한말 우리의 청소년층을 비롯하여 청장년층까지 확대되는 광의의 의미에서의 청소년운동이 국권상실의 위기에 처하여 이에 대응하는 양상으로 출현하였다. 엄밀하게 말하여 우리 역사 속에서 청소년의 발견과 그 중요성에 대한 파악은 국권상실이라는 위기 앞에서 이를 타개할 기성사회 층의 무력함과 함께 새로운 민족사회의 지도력으로서 청소년의 위치에 대한 이해가 일어나면서부터라고 할 수 있다. 이는 우리가 오늘 청소년운동을 바라보는 시각 속에서 늘 반성적으로 검토해야 할 점이다. 즉, 청소년을 주체적 당사자로 인식하면서 단체에서의 운동이 발생했다기보다는 구한말의 식민지 청소년들은 국권상실의 시대정신에 따른 저항의 과정에서 단체가 조직하였다.

구한말의 애국계몽운동은 선각자적인 근대의 지식인들의 자생적인 운동으로 출발되었으며 이들은 민족을 구하기 위한 하나의 전략적 방편으로서 조직되어 활동이 시작되었다. 또한 교육구국의 이념 속에서 조선시대까지만 해도 사회적으로 성인으로 인정되지 못하던 청소년층을 새로운 시대의 주역으로 끌어올리고자 하는 민족교육, 사립학교운동을 전개하였다. 여기에서 주목해야 할 점은 이러한 운동이 민(民) 주도성이라는 특징이 있다는 것이다. 이러한 교육운동은 구한말 개화운동과 함께 들어온 기독교계 미션스쿨운동이라는 흐름과 순수하게 자생적인 사립학교운동이라는 두 가지 형태로 전개되었다. 즉, 민주도의 애국계몽운동의 기독교계와 자생적 사립학교운동[21]이라는 두 가지 측면의 교육운동도 함께 연결된다고 보고 있다.

---

21) 여기에서 교육운동과 청소년단체의 연결은 현재의 청소년단체가 학교에서 단체활동을 하거나 캠프활동과는 차원이 다른 것으로 이해해야 한다. 일예로 한국YMCA는 1901년 청소년들이 자발적으로 배재학당YMCA를 조직하여 활동하면서 1903년 황성기독교청년회(현 서울YMCA) 창립하기에 이른다. 즉, 학교에서 자발적으로 청소년들이 조직하고 그러한 조직체 중심으로 세계YMCA 청원하여 시민사회성격을 띤 청소년단체가 조직된 것이다. 이는 1899년부터 시작된 YMCA 청원운동을 통해 미국 선교사들의 노력으로 발족하였으나 곧 독립협회에서 활동했던 이상재, 윤치호 등이 단체에 가입하여 지도자 역할을 했나. 더불어 1911년 105인 사건에 기독교청년회(YMCA) 지도자들이 연루되고 1919년 3・1운동에도 주도적으로 참여했다. 1920년대에는 농촌계몽운동과 물산장려운동을 전개하며 중일전쟁 이전까지 일제강점기의 중요한 사회운동세력 중 하나로 활동했다. 이는 청소년들의 자발적인 자치조직이 민간시민사회단체를 만들어내고 이를 기반으로 독립운동의 토대가 되어 활동을 이루어낸 것이다. 즉 청소년단체는 학교에서의 단순한 보완적 활동이 아닌 학교를 활용하여 그 안

일제하에 청소년운동은 청년학생운동이라는 형식을 통하여 민족의 자주독립을 위한 근대적인 힘의 배양이라는 민족동력원으로서의 자기 역할을 충실하게 수행하였다. 다른 여타의 사회운동들이 사회세력의 결집에 취약하여 민족해방운동을 범민족적인 운동으로 승화시킨 것에 비하여 청소년운동은 그것이 결집된 형태로 출현할 때마다 민족사회구성원들의 폭 넓은 지지와 공감 속에서 이루어졌다는 점에서 새로운 시대를 개척해가는 청소년운동의 비전과 지향이 얼마만한 것이었는가를 가늠할 수 있다고 생각된다(강문규, 1991).

한국YMCA 역사의 예

우리나라에서 YMCA의 역사는 어떻게 시작하였을까요? 19세기 말에 일본은 우리나라를 침략하기 위한 계획을 세우면서 명성황후(민비)를 살해하는 등 커다란 위협적 존재로 부각되기에 이르렀으며, 조선은 일본 세력을 물리치기 위해 외세의 힘에 의존하는 정치를 펼치게 되었습니다. 그리하여 러시아나 미국, 영국 등 구미 제국과 수교를 맺게 되면서 서양의 문물을 하나 둘씩 받아들이는 사람들이 생겨나기 시작했습니다. 특히 일본에 유학한 학생들로 일찍이 기독교 세계관을 받아들이면서 한편으로는 일본의 세력 강화를 경계하기에 이르렀습니다.

이들이 바로 윤치호를 비롯한 서재필, 이승만 등 초기 한국YMCA의 지도자들입니다. 조선에 파견된 선교사들(언더우드, 아펜젤러 등)은 일찍이 지식층과 청년전도를 위해서 교회와 다른 기관이 필요하다는 것을 절감하고 있었습니다. 특히 이 당시 조선은 신분에 다른 차별이 존재하고 있었고, 양반들 가운데 기독교인들은 교회 자체를 거부하기보다는 이 신분제도를 수용하지 못해 양반과 천민이 함께 모여 예배 보는 것을 좋지 않게 생각할 때였습니다.

독립협회 해산 이후에 개화독립운동 진영의 청년들은 이를 대신할 새 단체의 출현을 갈망하고 있었습니다. 이와 같은 양쪽의 생각이 합쳐져서 1890년 언더우드 등은 한국 청년 150여 명의 뜨거운 성원 아래 그들의 서명 날인을 받다 기독교 청년회관 건축비 보조를 요청하는 진정서를 뉴욕YMCA 국제위원회에 제출하기에 이르렀습니다. 현지 조사를 거쳐 국제위원회는 질레트를 창설간사로 한국에 보내왔고 그는 국내 선교사와 각국 외교관 및 실업인들을 모아 회관건립 자문위원회를 구성하였습니다. 이렇게 하여 한국의 YMCA운동은 1903년 10월 28일 창립된 황성기독교 청년회(현재 서울YMCA)에 그 공식적인 출발을 두고 있습니다. 그 이후에 사회에서 빛보다는 소금의 역할을 감당하며 지금의 소중한 민족의 자산이 되었다고 해도 과언이 아닐 듯합니다.

출처: 정건희 외 (2007). 청소년YMCA 지침서. 한국YMCA전국연맹

에서의 자치조직을 통하여 시대정신에 입각한 자발적 활동을 이끌어냈다고 볼 수 있다.

일제하에서 민족주의적 자기지향을 체질로 성립시킨 청소년운동이 민족지도자들에 의해 국가주의적 이념으로 왜곡되었던 것은 우리 청소년운동이 가장 크게 받은 상처의 하나일 것이다. 청소년운동이 일제하에서 물려받은 자기 유산에 충실하게 민족국가를 추구하였으며, 그 이념적 내용이 분단이라는 상황하에서 자유민주주의라는 형태로 표출되기는 하였으나 사실은 그러한 기성 이념의 틀 안에 속박될 수는 없는 새로운 창조적인 자기 전망 속에서 4・19라는 정치적 사건으로 표출되었다. 이는 권위주의적 정치구조와 청년학생운동의 정치, 사회참여와 갈등으로 나타난 것이다.

하지만 1960년대 이후 우리 사회가 근대화라는 이념 속에서 경제적 성장을 추구하고 사회적 부를 축적해가는 과정 속에서, 그리고 이에 따른 급격한 사회적 변동, 가족의 해체, 지역적 유동성의 증가라는 사상 유례 없는 변동을 경험하면서 청소년운동 또한 우리의 근대 속에서 물려받은 전통을 대부분 상실하고 새로운 사회가 요청하는 인력의 양성을 위한 제도교육의 경직된 틀 안에서 민족사회 발전의 질적 차원을 새롭게 창조해낼 수 있는 창조성을 거세당하고 대단히 왜소한 형태로나마 그 운동의 맥을 지탱하고 있다. 즉 과거의 권위주의적 정치구조에 청소년들의 참여가 이루어지기보다는 경제개발과정에서서 인력양성이나 제도교육 안에서의 활동으로 급격히 수축하는 양상을 보인다.

청소년들의 자율적인 문화활동의 장이어야 할 청소년운동의 국가적 제도화, 입시교육의 불철저한 개선을 통한 청소년들의 자율적 여유의 철저한 파괴, 인력의 양산으로 그칠 뿐 늘 한탄되는 것과 같은 교육철학의 부재. 이 같은 문제들이 사실은 지난 1960년대 이래 우리의 청소년운동의 지평을 이루어왔던 우울한 현실이었다. 불행하게도 여기에 덧붙여 청소년운동이 청소년문제로 이해되기 시작[22]했으며, 이

22) 청소년운동의 부정적인 전환기로 이해된다. 운동은 주체인 청소년이 하며 그들을 시민을 인정하고 사회의 문제와 부조리에 참여하는 변화의 주체로 인식했던 과거와는 다르게 1960년대 이후 급격한 경제발전과 입시교

러한 환경의 부과에 따른 불가피한 그리고 자연스러운 청소년층의 반응일 수밖에 없는 일종의 일탈현상은 "이유 없는 반항"으로 왜곡되기 시작했다. 이러한 상황은 오늘날까지 거의 아무런 변화도 없이 그대로 진행되고 있다. 교육계의 진지한 논의조차 사회의 기능적 수요에 부응하지 못하는 교유과정의 문제에 대한 지적이나 사회구조적 맥락을 제외한 청소년들의 교육심리학적 진단에 머무르고 청소년운동에 대한 토론까지도 청소년시설의 확장과 같은 대단히 물량주의적인 가치관 속에서 전개되고 있는 실정이다. 따라서 청소년운동은 가급적 이러한 물량중심, 교육심리적 관점의 프로그램 중심적 사고에서 벗어나서 "민주사회의 건설과 민족의 평화적 통일을 위한 청소년운동"으로 재설정할 필요성이 제기된다.

즉 청소년단체는 그 시대정신에 따른 운동과정의 조직체였다. 구한말 청소년운동은 국권상실의 위기에 대응하는 양상으로 출현하였고 일제강점기 독립운동의 산실이었다. 단체의 존재 이유는 시대정신과 부합하고 있으며 철저히 민(民) 중심의 주도적 조직체로서 심지어 학교(배재학당) 안의 자치조직을 기반으로 청소년단체가 만들어져 운동이 기초가 되었다. 이는 2·8 독립선언과 3·1운동, 6·10만세, 광주학생의거에 이르기까지 우리의 근대사의 굵은 획을 긋는 사건들의 흐름 속에서 면면히 계승되어 왔다. 하지만 1960년 이후 청소년운동체로서의 단체들은 경제에 매몰돼 버린 새로운 사회가 요청하는 인력의 양성을 위한 제도교육의 틀 안에 갇히게 된다. 시대정신에 대한 고민과 운동은 점차 쇠락되었고, 청소년운동은 청소년문제로 치환되며 청소년을 운동의 주체가 아닌 문제의 대상으로 관리 통제적 보호형태가 강해지는 역사성을 확인할 수 있다.

이러한 강문규(1991)의 의견과는 다르게 김민(2003)은 또 다른 측면에서 청소년단체활동을 크게 항일자주독립운동과 함께 한 8·15 광복이전 청소년단체활동의

육의 강화로 인해 청소년들은 운동의 주체이기보다는 문제 대상으로서 '청소년문제'가 크게 주목받아 일반화되기 시작하였다.

'태동기', 그리고 8·15 광복 이후 6·25 동란을 겪으면서 이루어진 청소년단체 '재건활동기', 1960~1970년대의 청소년단체의 '부흥운동기', 1980~1990년대 청소년단체의 '새로운 변화 모색기'로 구분했다. 비교적 오랜 역사를 가진 청소년단체는 사회 변화에 주목하며 나름대로의 원칙을 지켜오면서 고유한 지향점을 중심으로 성장·발전해 왔다면, 지역을 중심으로 하는 청소년단체는 사업의 목적과 내용 및 필요성에 따라 생성과 소멸의 과정을 거치며 사회적 필요성에 주목하면서 성장하였다. 하지만 청소년단체는 사회적 변화에 따라 성장해 왔음에도 불구하고, 1980년에 후반 이후 신생 시민운동단체들이 특화된 부문에서 나름의 목소리와 전문화된 영역을 획보하며 성장한 것과 비교하자면 오늘날 청소년단체의 실상은 초라하게까지 보인다.

이러한 해석은 과거 청소년단체들이라 일컫던 단체들이 문어발식 영역확장을 통해 상대적으로 청소년영역의 비중이 약화되고, 재정적 여건의 취약성 등으로 우수한 인적 자원을 유인·관리·개발하지 못한 스스로의 책임이 더 크다 할 수 있다 과거의 청소년단체의 확장이 오히려 청소년영역의 비중을 약화시켰다는 것은 아이러니하다. 또한 강문규의 1960년대 이후 청소년운동은 민족사회 발전에 참여할 수 있는 창조성을 거세당하고 교육제도 안에 편입되었다는 문제관점과는 다르게 1960~1970년대를 청소년단체의 '부흥운동기'로 설정한 것은 청소년단체협의회 조직과 함께 급격히 성장한 협의회 구조의 관점으로 해석할 수 있으며 1980~1990년대 청소년단체의 '새로운 변화 모색기'에서 1990년대 이후에는 청소년기본법의 제정과 맞물리며 전국적인 청소년시설의 확장으로 인해 청소년단체의 수탁과 함께 기존의 단체회원들의 감소가 함께 진행한 기간으로 볼 수 있다.

즉, 과거에 비해 현재에는 청소년단체의 증가와 물량과 하드웨어의 구축은 예전에 비할 바 없이 성장해 왔으나 단체 내부의 자기정체성을 가진 청소년운동적 성격은 크게 상실하고 있는 것을 확인할 수 있다.

2. 청소년단체의 개념 및 문제

청소년단체는 청소년집단을 근간으로 구성·설립된 사회조직체의 하나로 특성에 따라 그룹, 서클, 클럽, 동아리 또는 조직, 협의회, 연맹 등 여러 가지 용어로 불리고 있으며 "청소년들을 위한 활동의 장으로 청소년 개개인의 바람직한 사회적 경험과 인격형성에 도움을 주기 위하여 집단활동을 적극적으로 편성한 조직체" 또는 "건전한 활동을 통하여 청소년 개개인의 자아실현을 도모하고 나아가 사회발전에 참여·봉사할 수 있는 인간으로 성장하도록 지원하는 비정부적 단체" 등으로 정의된다. 그러나 우리나라의 현행 청소년단체는 청소년을 대상으로 회원을 모집 지도하는 회원조직 중심단체와 일정규모의 청소년수련시설을 보유하여 청소년활동을 주관, 실시하는 시설중심단체 및 청소년들 자신이 조직과 활동의 주체가 되는 자생적 모임인 동아리 등 다양한 형태로 존재하고 있어 청소년단체의 정의를 보다 포괄적으로 규정해야 할 필요성이 제기되고 있다. 이 점에서 청소년단체란 청소년들로 하여금 일정한 만남과 접촉을 통해 상호작용함으로써 개인적인 성장을 이룩하는 동시에, 장차 사회의 건전한 일원으로서 생활해 갈 수 있는 태도를 습득케 하며, 전체 사회에 기여할 수 있는 정신을 연마하는 실천적인 활동현장으로서의 기능을 갖는 넓은 의미의 사회단체의 하나로 규정할 수 있다(천정웅·오해섭·김정주·김민, 2011).

또한 청소년단체는 청소년시설과 함께 청소년육성의 핵심적인 주체이자 근간이 되는 기관이다. 특히, 청소년단체는 전통적으로 비형식교육(informal education)의 영역에서 실천중심의 교육활동을 활발하게 전개해 오면서, 학교교육(formal education)의 문제점을 보완하거나 대안적인 활동들을 담당하는 주체로 자리 매김하게 되었다. 그러나 최근 들어 청소년단체의 양적인 성장에도 불구하고 질적인 측면에서는 여전히 위축의 역사를 반복하고 있다는 주장이 제기되고 있다(김민, 2003).

이러한 청소년단체의 연합기구가 한국청소년단체협의회(The National Council of Youth Organizations in Korea, www.koreayouth.net)이며, 이는 '국제연합헌장과 세계인권선언의 정신에 입각하여 국내외 청소년단체의 상호연락과 제휴 협조를 도모함으로써 청소년활동의 발전에 기여함'을 목적으로 1965년 12월 8일 국내 15개 민간 청소년단체의 협의기구로 창립되어, 청소년문제에 대한 공동연구, 정보교환, 청소년 단체간의 상호협력 도모와 청소년관련 정부부처와 유관 사회단체, 각급 학교 그리고 세계청소년기구와의 연계적인 협력체계를 구축하여 활동하고 있다.

1966년 8월 10일에는 세계청소년단체협의회(World Assembly of Youth: WAY)에 가입하였으며, 1972년 8월 15일에는 아시아청소년단체협의회(Asian Youth Council: AYC)의 창설멤버가 되어 청소년육성운동을 확대·발전시키기 위해 노력해왔다. 이러한 활동은 우리나라에서 청소년육성법과 청소년헌장의 제정 등 청소년정책을 추진하는 데 나름 기여하였으며, '청소년육성법'에 따라 1988년 11월 11일 사단법인으로서의 조직과 기능을 새롭게 정립하였고, 이후 2005년 특수법인으로 전환하였으며, '청소년기본법' 제40조에 근거한 '국가발전에 이바지할 수 있는 바람직한 청소년육성과 국내외 청소년단체 상호 간의 협력 및 교류와 지원'을 목적으로 우리나라 청소년단체들의 협의체 역할 및 기능 수행을 위한 활동을 해야 한다.

한국청소년단체협의회는 현재 73개 회원 청소년단체가 가입되어 있으며, 2013년 기준으로 228만여 명의 청소년회원과 104만여 명의 청소년지도자 등 총 332만여 명이 소속되어 활동하고 있다. 회원단체 가입은 청소년기본법에 준하여 '청소년육성을 주된 목적으로 설립된 법인' 또는 '청소년활동, 청소년복지 또는 청소년보호를 주요 사업으로 하는 단체'가 신청을 하면 이사회의 승인을 거쳐 회원단체가 된다. 회원단체 중에는 7개의 지방청소년단체협의회가 가입되어 있는데, 특정지역을 활동범위로 하는 청소년단체가 그 지역을 관할하는 시·도의 조례가 정하는 바에 의하여 시·도지사 인가를 받아 설립할 수 있다(청소년백서, 2013). 이에 따른 지방협회의 사례도 있다. 전라북도청소년단체협의회도 구축되어 운영되고 있는데 청소년기본법 제 41조의 1항 규정과 전라북도 청소년육성 및 지원조례 제3장 제12조 규정에 의하여 1995년 청소년단체실무협의회를 1997년 4월 전라북도청소년단체협의회로 명칭과 정관을 변경하여 설립하고, 직후 9월에 전라북도청소년자원봉사센터(현 청소년활동진흥센터) 위탁운영을 시작하였으며 현재 15개 단체[23]가 회원으로 참여(전북청협 홈페이지)하고 있고, 전국에서 유일하게 도로부터 보조금도 받고 있다.

그렇다면 현재 우리 사회의 청소년단체는 본래의 목적에 따라 운영이 잘 이루어지고 있는가? 가장 최근의 김영한과 조달현(2013)의 연구에 따르면 그렇지 않다고 밝힌다. 청소년단체의 기초분석 결과는 첫째, 전반적으로 운영상에 취약한 구조를 갖고 있어 청소년사업 수행에 나쁜 영향을 주고 있으며, 둘째, 국가정책 연계활동보다는 단체의 고유활동을 우선 수행함에 따라 청소년단체활동과 정부정책 간에 괴리감이 있다. 셋째는 청소년사업에 대한 운영은 사업의 전부 또는 일부 위탁이 1/3 정도로 지속적인 문제가 될 가능성이 높으며, 넷째는 조직구성이 비정규직 비율이 정규직보다 9배가 높아 청소년사업의 안정성을 헤칠 가능성이 높다. 다섯째는 청소년참여는 아직까지 구체적이고 적극적인 참여보다는 낮은 단계 수준의 참여가 주류를 이루고 있으며, 여섯째 프로그램 운영은 지도인력이 부족하여 안정성을 헤치고 있다. 일곱째는 보험 미가입 청소년활동이 20% 수준으로 여전히 높고, 여덟째는 학교 연계프로그램의 경우도 창의적 체험활동 등의 연계프로그램은 미흡한 반면에 장학활동이나 수익창출활동은 높다. 아홉째는 홍보활동의 대부분이 사업 중심의 홍보로 지자체의 포괄적인 청소년 관심제고나 여론형성에는 별도의 관심을 두고 있지 않다.

이러한 문제들로 인해 과거에 비해 단체활동이 축소되는 경우가 많아서 학교와의 연계성을 강화하기 위하여 교사들이 단체활동을 했을 때에 지도실적을 인정[24]받게

23) 국제청소년문화교류회, 삼동청소년회 중앙본부, 세계도덕재무장(MRA/IC)전북본부, (재)김영구 청소년재단, 전주YMCA, 전주YWCA, 한국걸스카우트 전북연맹, 한국스카우트 전북연맹, (재)한국청소년 심신육성회, 한국청소년 전북연맹, 한국해양소년단 전북연맹, 한울안운동 전북지부, 흥사단 전주지부.

하는 등의 다양한 대안을 가지고 접근하고 있으나 문제로 즉시하고 있는 상황의 개선은 미진하다. 더군다나 관련 연구에서도 근본적인 문제해결을 위한 고려보다는 '청소년단체 인증제 도입', '후기청소년활동센터 설치 및 운영', '청소년단체활동 프로그램 용어의 배타적 운영 권한 도입', '국가 및 지자체 사업에 청소년단체나 청소년전문가를 보유한 기관에 한하여 접근 할 수 있도록 제도화', '학교 내 에듀팟 인정 청소년단체활동 범위 확대', '청소년단체활동 담당교사의 참여수당 제도 도입 및 승진가산점제도의 확대', '청소년프로그램 평가사 제도 도입' 등의 국가 중심의 지원 및 관리 형식의 주장과 편의를 띤 방향의 대안 모색을 강조하고 있다.

즉, 단체들의 실질적인 자기주도성과 시대정신에 따른 사회참여 등 우리나라만의 근본적 청소년단체의 운동성은 없고, 협의회 중심의 관리 통제적 힘을 더욱 크게 갖고, 국가의 지원을 조금 더 받으며, 안정적 프로그램 지원의 운영시스템적 형태만을 강조하고 있다. 민간의 자발성과 NGO, NPO적 성격을 강화하고 협의회의 네트워크로서의 허브 역할을 할 수 있는 실질적인 방안에 대해서는 미진한 형태로 나타난다.

한국사회에서 청소년단체는 초창기 그 사회의 시대정신에 맞추어 청소년들의 자발적인 연대를 통해 활동이 이루어진 운동체로서의 역사성을 가지고 있다. 개인적인 성장과 사회적 기여의 실천적 현장으로서의 사회 단체적 성격을 띠고 있다는 것이다. 하지만 현재 청소년단체의 주류는 학교교육의 문제점을 보완하거나 대안적인 활동들을 담당하는 주체로서 사회적 위치를 자리매김해 오고 있으나, 운동성은 부재하고 협의회 중심의 관리 통제적 힘을 키우고자 하는 방향성과 대안이 주장되고 있는 실정이다.

---

24) 전북지역에서 학교의 교사들이 참여했을 때 지도실적을 인정받는 조건은 연간 청소년단체활동 100시간(교내 30시간, 교회활동 70시간) 이상 지도 시 가산점이 인정되며 이러한 승진가산점이 부여되는 단체는 총 12개 단체이다. 전라북도교육청 인성건강과 (2014). 청소년단체활동 현황 및 개선방안 내부 자료.

3. 청소년단체와 관련시설의 관계

한국청소년단체협의회(이하 청협) 초대 회장이었던 강문규(1991)는 1991년 한국청소년단체활동의 가입단체가 31개 정도(12~24세 기준 회원 수 1,767,071명)라며 비가입단체를 50여 개로 분석하고 청소년단체활동의 문제점 중 첫 번째로 꼽았던 것은 단체협의회 가입이 낮아 단체에 청소년들의 참여가 없다는 것이다. 현재 청협에 등록된 단체는 2013년 12월까지 73개이며 228만여 명의 청소년회원과 104만여 명의 청소년지도자 등 총 332만여 명이 소속되어 활동하고 있다.

수치로만 보면 20여 년 전에 비해 청소년단체활동은 비약적인 발전을 했다. 그렇다면 강문규의 문제점이 보완되었다는 것인데, 그렇다고 해서 현재의 청소년단체활동이 활성화되었다고 보기는 어렵다. 청협 차원에서의 회원 수는 증가했을지언정 각 단체의 회원과 참여율, 실질적 전문성, 대사회적 인지도 등은 오히려 예전에 비해 퇴보했다고도 보인다. 1990년대 이후에 청소년활동은 단체 중심에서 청소년수련관과 청소년문화의집, 문화센터 등 시설 중심으로 이동했으며 청소년지도사, 상담사 등 전문자격 과정으로 공적 제도 안에서 활동이 주류를 이루면서 오히려 지역사회에서는 예전에 비해 청소년단체의 인지도는 더욱 낮아졌다.

표 8-1 청소년수련시설현황 (단위: 개소)

구 분	총계	수련관	문화의집	수련원	야영장	유스호스텔	특화시설
계	753	181	219	173	45	127	8
공 공	485	177	215	42	27	16	8
민 간	268	4	4	131	18	111	0

출처: 여성가족부 (2012).

현재 청소년수련시설은 수련활동에 필요한 여러 시설, 설비, 프로그램 등을 갖추고 청소년지도자의 지도하에 체계적이고 조직적인 수련활동을 실시하는 시설을 말한다. 청소년수련시설은 기능이나 수련활동 및 입지적 여건 등에 따라 다양한 유형으로 구분된다. 이전에는 생활권수련시설(청소년수련관, 청소년문화의집), 자연권 수련시설(청소년수련원, 청소년야영장), 그리고 유스호스텔로 구분되어 왔으나 2005년부터는 청소년수련관, 청소년수련원, 청소년문화의집, 청소년특화시설, 청소년야영장, 유스호스텔로 구분되었다.

청소년수련시설을 보다 자세히 살펴보면, '청소년수련관'은 다양한 수련활동을 실시할 수 있는 각종시설 및 설비를 갖춘 종합수련시설을 의미한다. '청소년수련원'은 숙박기능을 갖춘 생활관과 다양한 수련활동을 실시할 수 있는 각종 시설과 설비를 갖춘 종합수련시설을 말한다. '청소년문화의집'은 간단한 수련활동을 실시할 수 있는 시설 및 설비를 갖춘 정보 · 문화 · 예술중심의 수련시설을, '청소년특화시설'은 청소년의 직업체험 · 문화예술 · 과학정보 · 환경 등 특정 목적의 청소년활동을 전문적으로 실시할 수 있는 시설과 설비를 갖춘 수련시설을 의미한다. '청소년야영장'은 야영에 적합한 시설 및 설비를 갖추고 수련활동 또는 야영편의를 제공하는 수련시설을, '유스호스텔'은 청소년의 숙박체제에 적합한 시설 · 설비와 부대 · 편의시설을 갖추고 숙식편의 제공, 여행 청소년의 활동지원 등을 주된 기능으로 하는 시설을 말한다. 1992년 이전에는 수련시설이 150여 개에 불과했지만 매년 지속적으로 증가하여 2012년 12월 기준 753개의 시설이 설치 · 운영되고 있다(여성가족부, 2013).

이는 청소년단체가 증가하는 것 이상으로 전국적으로 청소년시설을 통한 청소년활동의 기반이 정책적으로 갖추어지고 있다는 것을 뜻한다. 이러한 청소년시설의 운영은 청소년단체가 지자체로부터 수탁운영하기도 하고, 국가가 직접 운영하거나 시설관리공단 또는 청소년관련 특수법인을 만들어 운영하는 등 다양하게 접근되고 있다. 전국적으로 청소년단체들은 활동의 재정적 어려움을 타파하고 공공적 목적을 지향하기 위하여 청소년기관시설들[25)]을 상당수 수탁운영하고 있다. 이로 인해 국가가 원하는 청소년시설로서의 공공적 역할에 매진하게 되면서 본래 청소년단체가 가지고 있었던 목적성이 희석되는 문제도 대두되었으나, 단체 입장에서는 청소년활동의 기반 확장과 안정된 급여가 해결되었다는 장점도 함께 부각되었다. 메이저급 단체라고 하는 전국 규모의 청소년단체와 청소년사업을 하는 시민사회단체들은 상당히 많은 시설을 수탁운영하고 있다.

여기에서 주목해야 할 점은 청소년단체의 본질적인 목적이다. 청소년단체마다 성격이 다르고 지향하는 미션이 다르다. 이러한 단체들이 국가의 공공성을 취하기 위해 단체 본연의 미션에 집중하기보다는 시설 운영관리에 매진하면서 실질적인 단체의 목적성을 상실하기도 하였다. NGO 또는 NPO로서의 본연의 목적보다는 국가에서 진행하는 사업의 파트너 또는 사업진행의 '을' 관계로 낙인지어지기도 했다. 심지어 단체의 법인상황은 매우 열악하면서 시설 한두 개로 단체의 명맥을 이어가며 운영하는 경우까지 있다.

단체의 성격도 제각각인데 특히 YMCA나 YWCA, 흥사단과 같이 전통적인 청소년단체를 표방하고 있는 전국 규모의 단체들은 청소년을 중심으로 활동한다기보다는 시민운동과 환경운동, 체육사업, 영유아 보육사업과 복지사업까지 다양한 활동들을 진행해 왔다. 이러한 단체들은 대규모 백화점식 운영을 진행하면서 청소년사업이 함께 진행되기 때문에 청소년단체적 성격만으로는 그 내용을 규정하기가 어렵다. 한국사회에서 다양한 역사성을 띠고 단체들이 태동하여 활동의 장을 넓혀 왔기 때문에 청소년단체만의 성격을 규정하여 명확한 개념적 정의를 내리기가 쉽지 않다는 것이다. 시설의 수탁운영에 있어서도 청소년단체의 전문성만을 강조하는 단체와 이러한 백화점식 NGO형태의 단체지도력의 수탁운영 방식 또한 차이가 있다. 청소년사업을 주로 하는 단체는 나름의 청소년전문지도자들의 전문성에 따른 위치적 특성을 가지고 있으나 이러한 백화점식 NGO들은 시민운동, 환경운동, 영유아 보육사업

25) 청소년수련관(원), 청소년문화의집, 청소년상담복지센터 등.

등을 했던 지도력들이 함께 혼용되어 청소년사업을 진행하기도 한다.

지역사회의 공간적 관점에서 단체활동은 차이가 있다. 학교에서의 청소년단체활동을 중심으로 프로그램적 접근 위주인 단체와 지역사회와 함께 청소년회원조직을 중심으로 활동하는 단체 등 다양하게 나타나고 있다. 따라서 학교와의 연결지점도 청소년단체마다 다르게 나타난다. 학교에 거점을 가지고 지도교사까지 연결하여 가산점까지 부여되는 청소년단체가 있는가 하면, 이러한 학교거점은 없지만 청소년들이 자발적으로 회원으로 참여하여 역으로 학교에서 활동이 커지는 경우도 있다.

현재 지역사회에서는 청소년활동이 청소년시설과 단체, 사교육까지 연결지어 다양하게 이루어지고 있음을 알 수 있다. 따라서 간과하지 말아야 할 것이 청소년단체들의 근본적인 자기 정체성인데 이를 잃어버리게 되면 자칫 지역사회 상황에서 나타나고 있는 사교육시장까지 포함된 다양한 청소년활동에서 자기 모습을 찾기가 어렵기 때문이다.

이러한 청소년단체와 시설의 연결고리와 단체의 활동은 비단 지역사회적 관점에서만 해석되지 않는다. 현재 학교(교육청)에서 바라보는 청소년단체의 문제점(전라북도 교육청 인성건강과, 2014) 또한 고려해 보아야 한다. 대부분 소수 인력과 열악한 예산으로 단체운영[26]되며, 도내 12개 청소년단체(가산점 지정단체)가 활동 중이나 '지역 대'로 조직 운영되는 단체는 없고, 청소년단체 가입 학생 수도 과거에 비해 급감[27](한국스카우트연맹, 걸스카우트연맹 등)하였다. 청소년단체활동 프로그램의 문제점으로는 외부활동 참여 시 개인당 지출비용 과다 및 소규모 학교의 운영이 어렵고, 정형화된 프로그램 운영으로 학생들의 도덕성과 인성계발을 위한 특성화된 프로그램의 부재, 청소년단체활동비 등의 문제로 사회배려계층 학생의 참여가 어렵

26) 한국청소년전북연맹은 전북에서 가장 큰 단체이나 상근 근로자가 4명에 불과하다. 대부분 단체가 1~2명의 상근 근로자로 운영된다. 해양소년단, 우주소년단, 한국청소년세상, 야생동식물보호단, 세계도덕재무장전북본부 등(전북교육청 승진가산점 부여 단체 중심으로 정리한 것으로 내부자료)

27) 주5일 근무제, 가족체험활동 증가 등 사회 환경의 변화로 기존의 청소년단체활동에 의존하던 학생들의 체험기회가 증가하면서 청소년단체 가입 욕구가 저하되고 있다.

다고 분석하고 있다.

즉, 청소년단체는 예전에 비해 증가했으며 활동 운영에 있어서도 국가시설을 수탁운영하면서 하드웨어는 상당히 구축이 된 듯하나, 역으로 단체의 활동은 위축되어 있고 시설운영에도 집중하고 있으나 청소년단체의 정체성에 따른 활동의 관계성은 미미하게 나타난다. 또한 청소년단체는 각자의 목적의식이 뚜렷하고 백화점식 NGO부터 다양한 단체들이 청소년운동을 목적으로 하고 있고, 지역사회에서도 학교를 중심으로 하는 단체와 지역 기반형으로 자발적 참여를 중심으로 활동하는 단체, 시설을 기반으로 프로그램을 중점적으로 지원하는 단체 등 다양한 형태로 나타나고 있다. 전북은 전주지역을 기반으로 15개 단체(13개가 전주거점 단체들)들이 연합하여 전북청소년단체협의회가 조직되어 있고 청소년활동진흥센터를 위탁 운영하고 있으나 그 외의 다양한 단체들과의 네트워크는 거의 전무한 실정이다.

4. 청소년단체활동의 효과성 및 학교연계

그동안 청소년단체활동의 효과성에 대한 분석연구가 수행되어 왔으며, 주요 연구사례는 〈표 8-2〉와 같다. 청소년단체활동 프로그램 참여의 사전-사후 비교를 통한 프로그램의 효과성을 검증한 수준의 논문이 대부분으로 청소년단체활동 중에서 초등학생들을 대상으로 단체활동 경험과 사회성 발달의 관계를 분석하는 연구가 주를 이루고 있다. 대부분의 연구결과에서 청소년단체활동이 청소년의 사회성 발달에 긍정적인 영향을 주는 것으로 분석되고 있으나 사회성 이외의 다양한 영역에 대한 검증은 거의 이루어지지 못하고 있는 실정이다(조남억, 2010; 김혁진 외, 2010: 32).

▌표 8-2▐ 청소년단체활동의 효과연구

연구자	청소년단체활동의 효과 연구내용
남승현 (2001)	• 초등학생 중 단체활동 참여자의 자아개념 수준이 미참여자보다 높았음 • 자아개념의 하위영역인 신체적 자아개념, 사회적 자아개념, 정서적 자아개념, 학업적 자아개념에서 모두 단체활동 참여자의 수준이 높았음
조봉익 (2003)	• 초등학생 단체활동 경험자의 자아정체감 점수가 비경험자보다 높았음
황용준 (2003)	• 중학생 스포츠동아리 참여자의 사회성이 하위영역인 활동성, 안정성, 사교성, 지배성, 자율성에서 비참여자보다 높게 나타남
황평식 (2004)	• 초등학생 단체활동 참여자 중 참여의 적극성이 높은 청소년의 사회성이 높았음 • 단체활동 시작 전과 후를 비교한 결과 친구관계, 학교생활, 발표력에서 향상이 있었음
황영호 (2004)	• 초등학생 단체활동 참여자의 인성의 하위영역인 책임성, 협동성, 사교성, 활동성 등이 비참여자보다 높게 나타남
이재철 (2005)	• 고등학생 중 단체활동 경험이 있는 청소년의 사회성 발달이 높았음 • 사회성의 하위영역으로 사교성, 자율성, 활동성, 지배성에서 단체활동 경험자가 높았음 • 단체활동을 오래할수록 사회성 발달이 높았음
조남억 (2008)	• 청소년기의 집단활동 참여가 성인기의 사회적 자본형성에 영향을 주는 것으로 분석됨. 청소년기의 집단활동 경험이 대학생 시기의 사회적 신뢰, 호혜적 규범, 생산적 네트워크 등의 사회적 자본형성에 영향을 준 것으로 나타남

출처: 김혁진 외 (2010). p. 33.

이외에 나혜숙(2004)의 연구에서는 단체활동 참여기간이 길수록 감성지능이 높은 것으로 나타났고, 윤종철(1996)은 청소년단체활동이 학교교육에서 부족하기 쉬운 정의적 영역에 대한 교육, 즉 근면 성실한 태도, 책임감 고취, 협동정신과 자주성 신장, 봉사정신 함양 및 가치관과 태도의 내면화 등을 강조함으로써 아동의 행동발달을 촉진하는 데 크게 기여한다고 하였으며, 송수진(2004), 배영직(2005)의 연구에서는 청소년단체활동에 대한 만족도와 단체활동의 효과 간에 유의미한 차이를 밝히고 있다. 더불어 청소년단체 지도교사의 지도성 유형에 따라 청소년들의 단체활동의 효과에 유의한 영향을 미치는 연구도 보고되고 있다(임성택 · 김진호, 2006).

청소년단체지도교사의 과업중심지도성과 인화중심지도성은 단체활동 만족도와 단체활동의 효과에 모두 정적인 직접효과를 갖는 것으로 나타난다. 즉, 단체 지도교사의 이러한 두 가지 지도성 유형 간에는 통계적으로 유의미한 높은 상관관계가 있으며, 두 지도성이 상호보완적 관계라는 연구들과 맥을 같이 한다(이병용, 2000; Black & Mouton, 1968; Halpin, 1959; Misumi, 1985). 이러한 청소년단체 관련 선행연구들은 청소년단체활동이 대부분 긍정적인 성장과 발달에 영향을 미친다고 보고 있으며, 대부분 석·박사 학위논문에 집중되어 있고 효과성 변인 또한 대다수 사회성과 몇몇 행동발달에 초점이 맞추어져 있음을 알 수 있다.

즉, 청소년단체활동은 사회성 등 몇 가지 변인에 대한 긍정적 효과는 연구로서 나타나고 있으며 단체지도교사의 지도성에 따라 단체활동의 효과성 또한 다르게 나타나고 있는 것을 확인할 수 있다.

청소년단체의 지도자는 매우 포괄적으로 접근되는데 청소년지도사, 상담가가 법제화를 통해 등장하기 이전에는 청소년지도업무 종사자의 유형을 정부기관지도자와 민간기관지도자 등으로 구분하고 대략 30만 명으로 추산(문화관광부, 1991)하였으며 청소년단체지도자는 민간기관지도자로 분류되어 있었다. 하지만 실제 청소년단체의 지도자들은 상근실무자와 자원봉사자, 그리고 학교와 연계되어 지도실적이 인정되는 단체는 지도교사가 배치되어 있어서 다양한 관점에서 접근할 필요성이 제기된다.

이러한 청소년지도자는 성장기의 청소년들에게 영향을 주는 중요한 타자로서 일정한 역할모델 중 하나이다. 중요한 타자이자 역할모델은 청소년기에 학습과 동화의 대상이 된다. 흔히 청소년지도자라 하면 일정한 시설과 기관, 단체 등에서 청소년들에게 다양한 활동을 제공하고 시범을 보이며 도움을 주는 사람들로 규정된다. 현행 청소년기본법에 따르면 청소년지도자란 용어는 '청소년지도사 및 청소년상담사와 청소년시설·청소년단체·청소년관련기관 등에서 육성 및 지도업무에 종사하는 자'로 정의되어 있다.

하지만 학교관점에서 관계하고 있는 청소년단체들을 바라보는 시각이 상당수 정형화된 프로그램운영과 소수인력의 열악한 재정으로 운영된다(전라북도교육청 인성건강과, 2014)는 부정적 시각이 지배적이다. 여기에서 오인하지 말아야 할 것은 지역교육청에서 인정하여 교사들의 승진가산점까지 부여되는 몇몇 청소년단체에 대한 시각을 뜻한다. 각 지역교육청마다 지도실적 인정이 되는 청소년단체가 다양하게 분포되어 있다. 즉 학교와의 관계성보다는 지역사회중심의 활동을 진행하는 단체나 전국규모의 시민사회적 성격을 띠고 있는 청소년단체와는 다른 성격을 보이고 있음을 알 수 있다.

학교에서의 청소년단체활동은 학생의 개성과 소질을 신장하고 사회성과 협동성을 기르며 원만한 인간관계를 형성하기 위한 목적으로 교육과정에도 포함되어 있다. 그러나 학교의 현장은 다양한 학생과 학부모의 요구에 대한 만족도 제고, 새로운 학습지도방법 연구, 각종 공문서 처리 등의 시간 제약으로 청소년단체활동을 의욕적으로 지도하고자 하는 교사를 기대하기가 어려운 실정이고, 학기 초 업무분담 시 희망 교사가 없어 청소년단체활동 담당교사에 대한 배정이 어려워 청소년단체가 해산되는 지경에 이르기도 한다.

초등학교의 경우 전체 교사 중 여성교사가 차지하는 비율이 70%를 넘어 야외수련활동 등 외부활동이 많은 청소년단체 입장에서는 지도자 확보의 어려움이 더욱 가중되었고 주 5일 수업제의 일환으로 월 2회 실시되는 격주 휴무도 청소년단체 지도자들에게는 주말 휴식의 보장차원에서 오히려 지도자 기피현상으로 나타나고 있다. 위 실정을 해결하고자 하는 해결책의 일환으로 2002년도 경기도를 시작으로 청소년단체 활성화를 도모하고 청소년단체에 가입하여 활동하는 학생들을 지도하는 교사들의 사기진작과 우수한 프로그램 개발·보급을 위한 목적으로서 교육청 단위의 청소년단체 지도교사 가산점제도가 실시되고 있다(안준언, 2010).

그러나 최근 학교 교사의 청소년지도자 업무가 교원의 업무를 가중시켜 정상적인 교원의 역할 수행에 문제가 있다는 점이 '전국 교직원 노동조합'으로부터 제기되어 논점화되면서 학교 내 청소년단체는 지역으로 이관하여야 한다는 전교조 측의 주장이 전교조의 각 지부와 교육청 간의 단체협약에 명시되면서 청소년단체활동을 더욱 위축시키고 있다. 단체협약을 체결한 서울을 비롯한 12개 지역의 경우 하나같이 단체활동 지도자 업무 분담에 따른 교원의 자율선택권을 보장하도록 하고 단체활동이 학교 밖에서 점진적으로 이루어지도록 규정하고 있어 청소년단체 지도교사 가산점제도 부여에 대한 부정적 인식에도 영향을 끼치고 있다.

가산점제도의 시행으로 경기도를 비롯한 지역에서 청소년단체 지도자 육성에 박차를 기하게 되고 단체활동의 활성화에 큰 힘으로 작용하고 있으나 운영상 일부 부작용도 발생하고 있다. 그러나 국가차원에서 학교 내 청소년단체 활성화를 위한 제도의 도입이라는 측면에서는 상당히 고무적인 현상이며 각 청소년단체에서는 이러한 제도를 적극 활용하여 신규지도자 육성 및 다년간 활동한 지도자들에게 더욱더 많은 혜택이 돌아갈 수 있도록 제도를 보완, 발전시켜 나가야 함은 물론 학교조직을 벗어나 지역 사회에서 기반을 형성하여 존립, 발전될 수 있도록 준비할 수 있어야 할 것(안준언, 2010)이라는 주장도 제기된다.

학교 측면에서도 청소년단체와의 연계성을 갖고 활동의 긍정적 효과를 꾀하고자 하지만 교원의 업무 과중과 안전사고와 관련한 활동의 참여를 기피하며, 교원에 부가되는 가산점도 점차 줄어들고 있고, 활동시간 또한 평일활동이 금지되어 있으며 학교 지원이 거의 없는 내부적 문제도 안고 있는 실정이다. 이렇듯 청소년단체 활성화에 있어서 교원들의 승진가산점 등을 부가하여 과거와 같은 대규모 수련활동 위주의 활동으로 활성화를 꾀한다는 것은 거의 불가능하다고 보인다. 특히 현재 급격히 교육환경도 변화하고 있는 실정으로 학교에서 창의적 체험활동과 함께 교육복지사업, 방과후학교, 돌보미교실까지 다양한 사업들이 진행되고 있고, 향후 박근혜 정부에서의 공약으로 내건 자유학기제까지 진행될 때 현재의 단편적인 청소년단체활동으로는 학교와의 연계성이 강화되지 않을 것이다. 지역사회중심의 청소년단체들 또한 학교가 지역 내에서 파트너십 형성에 소극적이라고 치부하며 홍보하기 어렵다는 입장을 가지고 있는 경우가 많지만, 학교 측 입장에서는 청소년단체의 사업들이 매력적이지 못하거나 동등한 파트너로서 가져야 할 자기 전문성과 자원의 미흡함 때문에 부정적인 경우가 많다.

5. 학교와 청소년단체의 청소년참여

청소년참여를 다양한 학자들의 논의해 왔는데 그 중 Sinclair과 Franklin(2000)은 참여의 목적을 ① 인권을 지키고, ② 법적 책임감을 완수하며, ③ 서비스를 개선시키고, ④ 의사결정을 개선시키고, ⑤ 민주주의를 증대하며, ⑥ 청소년보호 증진과, ⑦ 아동청소년의 기술향상, 그리고 ⑧ 자아존중감을 높이기 위한 8가지로 제시한 바 있다.

사회경제문제까지 얽혀 있는 우리나라의 고질적인 대학입하문제로 인해 학교에 학생이 주체로서 참여하는 것이 쉽지 않은 환경이다. 특히 학교운영의 자율성과 지역의 특성에 맞는 다양한 교육의 창의적 실시를 위해 '학교운영위원회'의 설치를 규정하고 있다. 학교운영위원회는 학교현장 및 학칙의 제・개정에 관한 사항 등을 심의하는 기구로 국・공립 및 사립의 초・중・고등학교, 특수학교에 설치되어 있다. 동 위원회는 교원대표・학부모대표 및 지역사회인사로 구성되어 있다. 동 위원회에의 아동참여와 관련하여 정부는 학생 생활과 밀접한 관계가 있는 사안을 심의할 때는 학생들의 의견을 수렴하고 학생대표가 회의에 참석하여 의견을 개진할 수 있도록 조치하고 있다. 또한 각 시도조례에서는 학생회대표가 학교운영위원회 회의에 출석하여 발언할 수 있도록 하고 있다. 하지만 일부 학교에서는 민주적 합의 절차 없이 아동・청소년의 표현의 자유를 침해하는 사례도 발생하고 있다. 한 예로 교내 전단지 배포로 인한 징계사례에 대한 국가위원회의 권고가 있었다(천정웅, 2013). 이와 함께 2013년 12월 전국적으로 '안녕들 하십니까?' 대자보 열풍이 일

때 학생들도 참여했으나 청소년들은 표현의 자유를 심하게 제약받았다. 서울 강남구 개포고등학교가 대자보를 붙인 학생을 징계하겠다고 해 논란이 일기도 했다(한겨레, 2013.12.26).

그렇다면 청소년단체와 청소년시설에서는 청소년들의 실질적인 참여가 있는가? 청소년단체는 각각의 단체의 회칙과 정관에 따라 청소년들의 참여를 보장한 조직도 있으나 그렇지 않고 청소년을 프로그램 대상으로서 함께 하는 조직도 있다. 단언컨대 우리 사회 초창기 청소년단체만큼 참여 수준이 높지 않다. 단체회원으로서 가입하기도 하지만 과거와는 다르게 프로그램 대상으로서의 청소년들을 받아들이는 경우가 지배적이다. 특히 학교와 연계된 대다수의 청소년단체활동에 청소년들은 대규모 캠프나 프로그램 대상자로서의 회원 역할이 대부분이다.

청소년시설은 청소년활동진흥법 등 관련법들에 의해 청소년이 자유롭게 이용할 수 있는 청소년수련시설 등의 기반을 확충함은 물론, 시설운영에 청소년이 직접 참여할 수 있는 기회를 제도적으로 보장하고 있다. 그러나 아동청소년의 놀이, 휴식 및 문화적 활동에의 참여권은 입시 위주의 사교육으로 인하여 침해를 받고 있다. 2013년 사교육현황을 살펴보면 초등학생 81.8%, 중학생 69.5%, 고등학생 49.2%로 전체 68.8%가 사교육에 참여하는 것으로 나타났다(통계청, 2013). 이러한 상황에서 학교의 정규교과시간 외에도 야간자율학습과 보충수업, 거기에 사교육까지 하고 있는 가운데 청소년활동에 참여하는 것이 쉽지 않은 상황이다. 더군다나 이러한 상황에서도 청소년시설과 단체에 참여하는 청소년들이 그 공간의 주체로서 참여할 수 있도록 돕기보다는 프로그램의 대상 또는 서비스 대상으로 간주하는 게 일반적이다. 청소년시설은 정책적인 참여기구로서 청소년운영위원회가 제도적으로 운영되고 있으나 상당수 형식적인 참여 수준에 머물고 있다.

청소년단체에서의 활동은 단순히 프로그램 대상으로서의 활동이 아닌 본래 청소년운동체로서 청소년을 중심으로 참여시켜 그들이 문제대상으로서 서비스 대상만이 아닌 긍정적 사회변화를 이룰 수 있는 시민으로서 이해해야 한다. 그렇다고 청소년참여를 과거 구한말의 한국사회 청소년단체의 태동과 같은 때처럼 청소년들만의 주체적인 성격을 가진 독자적 조직을 양산하는 것은 쉽지 않은 일이다. 현재 대입 등의 문제 등 사회환경의 급격한 변화에 따라 청소년단체에서의 참여는 과거와는 다른 형태를 띨 수밖에 없다.

즉, 청소년참여는 성인들이 책임을 포기하고 청소년 스스로 의사결정을 하는 것이라기보다는 청소년이 궁극적인 권위를 지닌 성인의 지지와 지도를 통해 의사결정과정에 적극적으로 관여하는 것으로 볼 수 있다(문성호, 2006; 정건희, 2013). 청소년참여는 그들의 삶의 공간에 그들의 의사가 반영되어 권리와 책임이 함께 수반되는 것이라고 할 수 있다. 지역사회에서 청소년이 참여한다는 것은 지역의 권리와 책임을 가진 시민으로서 그들의 다양한 의사가 실질적으로 반영되는 것을 의미한다. 기성세대는 청소년들이 지역사회에 참여할 수 있도록 격려와 지지, 전문적 기술을 통해 도와야 한다(정건희, 2013).

특히 청소년단체의 대규모식 캠프의 동원 대상으로서 낮은 참여수준에서 청소년을 관계하기보다는 가급적 그들이 지역사회의 변화의 주체로서 함께 할 수 있도록 지원해야 한다. 청소년단체에서의 청소년의 활동은 가급적 '운동(movement)'에 기반을 둔 활동이 이루어져야만 한다는 것이다. 우리 사회 초창기 청소년단체활동은 단순히 문화프로그램이나 여가활동에 그치지 않았고 당시의 시대정신을 고민하며 민족계몽운동을 비롯하여 적극적인 사회참여를 통하여 사회변화를 이루고자 노력하는 시민사회 리더로서의 역할을 자임해 왔다. 이러한 역사성과 함께 단체의 기본정신에서도 청소년들의 주체적인 참여는 당연하다. 청소년들의 단체이기 때문이다.

따라서 청소년단체를 이루는 핵심 주체는 청소년이어야 하는데도 청소년들이 단체내의 실질적인 의사결정에 철저히 배제되어 있다. 최소한 청소년이라는 이름을 기반으로 하는 단체의 주체는 청소년이어야 하며, 이사회와 총회 등 의사결정기구에 반드시 청소년대표는 주도적인 역할을 할 수 있도록 참여하여 회원대표 자격으로서 다양한 권한을 행사할 수 있도록 회칙 등을 고려해야만 한다.

즉, 학교에 실질적인 청소년의 주체적 참여는 요원한 과제이며, 청소년단체는 편차가 있으나 학교와 연계된 대다수의 단체들이 청소년을 프로그램의 대상으로 취급하는 경향이 있으며 초창기 청소년단체에 비해 참여수준이 낮게 나타나고 있다. 청소년시설 또한 청소년운영위원회 등의 참여기구가 있으나 실질적인 참여보다는 프로그램의 대상으로서 참여하는 수준에서 머무는 경우가 일반적이다. 따라서 가급적 청소년들을 프로그램이나 사업의 대상으로서가 아닌 청소년 스스로가 자신의 삶의 공간에 실질적으로 참여할 수 있도록 도와야만 한다.

학습정리

본 장에서는 역사적 관점에 따른 청소년운동을 중심으로 청소년단체의 역사성, 개념과 문제, 효과성, 청소년시설, 그리고 청소년단체와 학교와의 관계성을 문헌과 관련 자료를 통해 살펴보았다.

청소년단체는 초창기 시대정신에 따른 운동(movement)을 진행하는 민(民) 중심의 주도적 조직체로서 독립운동과 민주화운동까지 참여해 왔다. 그러나 1960년대 이후 급격한 경제활동과 제도교육으로 인해 청소년운동은 청소년문제로 치환되어 청소년이 운동의 주체가 아닌 문제의 대상으로 여겨졌다.

청소년단체의 수탁과 함께 기존의 단체회원들의 감소가 함께 진행한 기간으로 볼 수 있다. 하지만 과거에 비해 청소년단체의 증가와 시설 등 하드웨어는 예전에 비할 바 없이 성장해 왔으나 단체 내부의 청소년 운동적 성격은 크게 상실하고 있었다. 이러한 청소년단체는 '운동체'로서의 역사성을 가지고 있으나 현재의 주류는 학교교육의 문제점을 보완하는 정도의 활동을 진행하고 있다.

청소년시설과의 관계에서 단체는 국가시설을 수탁운영하면서 시설운영에도 집중하고 있으나 청소년단체의 정체성에 따른 활동은 미미하다. 청소년단체활동의 효과성은 사회성과 몇몇 행동발달에 대부분 초점이 맞추어져 연구되었으며 단체지도교사의 지도성에 따라 활동의 효과성에 차이가 있다. 학교 측에서는 청소년단체를 소수인력과 열악한 재정으로 운영되는 것으로 인식하고 있다. 이러한 청소년단체에서의 청소년들의 실질적인 참여는 다양한 수준으로 나타나고 있으나 학교와 연계된 프로그램 중심의 단체들에서는 프로그램 대상으로서 참여 수준이 높지 않았다.

청소년단체가 활성화되기 위해서는 가급적 단체의 이념과 철학, 미션에 따른 '운동성'에 집중해야 하고 운동적 관점에서 청소년의 사회참여가 보장되어야 하고 지지 · 격려되어야 한다. 또한 단체의 주체는 청소년들이어야 하고 의사결정기구에 반드시 청소년들이 참여할 수 있도록 해야 한다. 활동의 기반은 가급적 지역사회중심적으로 진행되어야 하며 학교와는 동등한 파트너적 관계가 되어야 하고, 야외활동은 가급적 안전을 기반으로 한 소수단위 조직적 활동을 중심으로 진행되어야 한다. 마지막으로 한국청소년단체협의회와 한국청소년수련시설협회는 단체와 시설의 연합기구로 공적영역과 사회적 문제에 대해 연대하여 대응할 수 있어야 하며, 회원단체와 시설을 옹호하고 대변하는 네트워크의 허브 역할로서 자리매김해야 한다.

○●● 연습문제

〈객관식〉

1. 구한말 이후 우리나라의 청소년단체에 대한 설명으로 옳지 않은 것은?

① 구한말 청소년단체는 그 시대정신에 따른 운동과정의 철저한 민(民) 중심의 주도적 조직체였다.

② 구한말 청소년단체의 청소년운동은 국권상실의 위기에 대응하는 양상으로 출현하였다.

③ 구한말 배재학당 등 학교 안의 자치조직을 기반으로 청소년단체가 만들어지기도 했다.

④ 청소년단체는 2・8독립선언과 3・1운동, 6・10만세 등에 중요한 역할을 하였다. 광주학생의거에 이르기까지 우리의 근대사의 굵은 획을 긋는 사건들의 흐름 속에서 면면히 계승되어 왔다.

⑤ 구한말 이후 청소년단체는 2・8독립선언과 3・1운동, 6・10만세 등의 시대의 주요한 역사적 현장과는 관계없이 자체 프로그램 중심의 운영이 주를 이루어 왔다.

정답. ⑤

해설. 구한말 이후 청소년단체는 2・8 독립선언과 3・1운동, 6・10만세, 광주학생의거에 이르기까지 우리의 근대사의 굵은 획을 긋는 사건들의 흐름 속에서 면면히 계승되어 왔다.
강문규 (1991). 한국의 청소년과 청소년단체. 한국청소년연구, 5, pp. 172–182.

2. 한국청소년단체협의회의 설명으로 옳은 것은?

① 국제연합헌장과 세계인권선언의 정신에 입각하여 국내・외 청소년단체의 상호연락과 제휴 협조를 도모함으로써 청소년활동의 발전에 기여함이 목적이다.

② 1970년 12월 8일 국내 150개 민간청소년단체의 협의기구로 창립되었다.

③ 청소년문제에 대한 공동연구, 정보교환, 청소년단체 간의 상호협력 도모를 중심으로 진행하였으며 민간NGO이기 때문에 청소년관련 정부부처와는 연계하지 않고 활동했다.

④ 청소년기본법에 따라 1989년 11월 11일 사단법인으로서의 조직과 기능을 새롭게 정립하였다.

⑤ 2005년 특수법인으로 전환하였으며, '청소년활동진흥법'에 근거해 청소년단체들의 협의체 역할 및 기능 수행을 위한 활동을 해야 한다.

정답. ①

해설. ② 1965년 12월 8일 국내 15개 민간 청소년단체의 협의기구로 창립, ③ 청소년문제에 대한 공동연구, 정보교환, 청소년단체 간의 상호협력 도모와 청소년관련 정부부처와 유관사회단체, 각급 학교 그리고 세계청소년기구와의 연계적인 협력체계를 구축하여 활동, ④ '청소년육성법'에 따라 1988년 11월 11일 사단법인으로서의 조직과 기능을 새롭게 정립, ⑤ 2005년 특수법인으로 전환하였으며, '청소년기본법' 제40조에 근거해 청소년단체들의 협의체 역할 및 기능 수행을 위한 활동.

3. 우리나라 청소년단체의 개념 및 활동으로 옳지 않은 것은?

① 청소년들로 하여금 일정한 만남과 접촉을 통해 상호작용함으로써 개인적인 성장을 이룩하도록 돕는다.

② 장차 사회의 건전한 일원으로서 생활할 수 있는 태도를 습득케 하며, 전체 사회에 기여할 수 있는 정신을 연마하는 실천적인 활동현장으로서의 기능을 갖는 넓은 의미의 사회단체의 하나로 규정할 수 있다.

③ 청소년육성의 핵심적인 주체이자 근간이 되는 기관으로 전통적으로 비형식교육(informal education)의 영역에서 실천중심의 교육활동을 활발하게 전개해 왔다.

④ 학교교육(formal education)의 문제점을 보완하거나 대안적인 활동들을 담당하는 주체로 자리 매김하게 되었다.

⑤ 최근 들어 청소년단체의 양적인 성장뿐만 아니라 질적인 측면에서는 매우 큰 성장과 발전을 급속히 이루어내고 있다는 것이 사회적 중론이다.

정답. ⑤

해설. 최근 들어 청소년단체의 양적인 성장에도 불구하고, 질적인 측면에서는 여전히 위축의 역사를 반복하고 있다는 주장도 제기되고 있다. 김민 (2003). 청소년단체 및 단체활동 활성화방안 연구. 서울: 한국청소년단체협의회; 김민 (2005). 청소년단체전문가의 역할과 단체활성화의 과제. 미래청소년학회지, 2(2), pp. 17-37.

4. 청소년단체의 활성화를 위해서 올바르지 않은 정책적 방향을 고르시오.

① 청소년단체의 대규모식 캠프의 동원 대상에서의 벗어나 가급적 그들이 지역사회의 변화의 주체로서 소수로 함께 할 수 있도록 지원해야 한다.

② 청소년단체에서의 청소년의 활동은 가급적 문화프로그램과 여가활동에 기반을 둔 활동이 이루어져야만 한다.

③ 청소년단체활동은 당시의 시대정신을 고민하며 적극적인 사회참여를 통하여 사회변화를 이루고자 노력하는 시민사회 리더로서의 역할을 집중해야 한다.

④ 청소년단체를 이루는 핵심 주체는 청소년이어야 하며 그들에게 가능한 최대한의 권한이 부여되어야 한다.
⑤ 청소년단체는 이사회와 총회 등 의사결정 기구에 반드시 청소년대표는 주도적인 역할을 할 수 있도록 참여하여 회원대표 자격으로서 다양한 권한을 행사할 수 있도록 해야 한다.

정답. ②
해설. 청소년단체에서의 청소년의 활동은 가급적 '운동(movement)'에 기반을 둔 활동이 이루어져야만 한다.

5. 청소년단체가 국가의 공공적 목적의 청소년시설을 수탁운영하면서 나타나는 현상이 아닌 것은?

① 국가의 청소년시설을 수탁운영하면서 하드웨어는 상당히 구축되었다.
② 국가의 청소년시설 운영에는 집중하고 있으나 청소년단체의 본래 활동은 위축되고 있다.
③ 국가의 청소년시설 운영이 커질수록 청소년단체의 정체성에 따른 활동의 관계성은 미미하게 나타난다.
④ 국가의 청소년시설 운영이 많아질수록 청소년단체 본래의 이념적 활동이 증가하고 있다.
⑤ 국가의 청소년시설 운영에 집중하면서 단체의 회원은 감소하고 있다.

정답. ④
해설. 국가의 청소년시설 운영이 많아질수록 청소년단체 본래의 이념적 활동은 급격히 감소하고 있다.

〈주관식〉

1. 다음의 (　　　) 안에 들어갈 알맞은 용어는?

> 청소년단체는 과거에 비해 양적인 증가와 물량과 하드웨어의 구축은 예전에 비할 바 없이 성장해 왔으나 단체 내부의 자기정체성을 가진 (　　　)적 성격은 크게 상실하고 있는 것을 확인할 수 있다.

정답. 청소년운동

2. 2013년 기준으로 73개 회원 청소년단체가 가입되어 있으며, 총 332만여 명이 소속되어 활동하고 있으며 청소년기본법에 준하여 '청소년육성을 주된 목적으로 설립된 법인' 또는 '청소년활동, 청소년복지 또는 청소년보호를 주요 사업으로 하는 단체'가 신청을 하면 이사회의 승인을 거쳐 회원단체가 되는 이 조직은 무엇인가?

정답. 청소년단체협의회

3. 학교에서의 청소년단체활동을 긍정적으로 바라보면서 단체활동을 지원하는 교사들에게 가산점을 부여하여 활동을 도모하는 지역이 많다. 하지만 교사의 업무 과중을 들어 학교에서의 청소년단체활동을 부정적으로 인식하기도 한다. 학교에서의 청소년단체활동을 위해 교사의 승진 가산점을 부여해야 하는지, 또는 부여하지 말아야 하는지에 대한 개인적인 의견을 서술해 보시오.

정답. 답은 없습니다. 본문의 내용을 요약하면서 각자의 관점을 정리해 보시기 바랍니다.
(초등학교의 경우 전체 교사 중 여성교사가 차지하는 비율이 70%를 넘어 야외수련활동 등 외부활동이 많은 청소년단체 입장에서는 지도자 확보의 어려움이 더욱 가중되었고 주5일 수업제의 일환으로 월 2회 실시되는 격주휴무도 청소년단체 지도자들에게는 주말 휴식의 보장차원에서 오히려 지도자 기피현상으로 나타나고 있음. 최근 학교 교사의 청소년 지도자 업무가 교원의 업무를 가중시켜 정상적인 교원의 역할 수행 문제가 있다는 점이 '전국 교직원 노동조합'으로 부터 제기되어 논점화됨. 학교 내 청소년단체는 지역으로 이관하여야 한다는 전교조 측의 주장이 전교조의 각 지부와 교육청 간의 단체협약에 명시되어 청소년단체활동을 더욱 어렵게 위축시켜오고 있음.
가산점제도의 시행으로 경기도를 비롯한 지역에서 청소년단체 지도자 육성에 박차를 기하게 되고 단체활동의 활성화에 큰 힘으로 작용하고 있으나 운영상 일부 부작용도 발생. 그러나 국가차원에서 학교 내 청소년단체 활성화를 위한 제도의 도입이라는 측면에서는 상당히 고무적인 현상이며 각 청소년단체에서는 이러한 제도를 적극 활용하면서 자구책 마련. 다만 그동안의 학교 내의 가산점을 부여하는 청소년단체들의 활동들이 실제 청소년들의 긍정적 변화를 이루는 노력도 있어 왔으나 반면 대규모 단체활동중심으로 수익사업에 집중한 측면도 크게 부각됨. 가급적 지역중심으로 동아리와 봉사활동 등의 실질적 활동으로 확대 개편해야 할 필요성도 제기됨.)

Chapter 09

청소년시설

▶ 학습목표

1. 청소년수련관, 청소년문화의집 등 청소년활동시설의 개념에 대해서 이해하고 활동시설 운영의 문제를 파악해 본다.
2. 청소년활동시설의 권리기반 관점의 효과적 운영에 대한 이해와 이를 설명할 수 있다.
3. 청소년활동 시설의 위탁, 직영, 시설관리공단, 특수법인 등 다양한 운영체계에 대한 이해한다.

▶ 핵심용어

청소년활동시설, 청소년활동시설 운영체계, 권리기반접근, 시설위탁, 직영, 시설관리공단, 특수법인

Chapter 09

청소년시설

1. 청소년활동 및 시설의 개념과 관점

1) 청소년활동의 개념과 발달권적 접근

청소년이 건강하게 성장하기 위해서는 성장주기별로 요구되는 발달과업에 따라 적절한 생활여건이 구비되어야 함은 물론이고 수준에 맞는 적절한 교육과 활동이 제공되어야 한다. 다양한 여가와 문화생활에 접근할 수 있는 적절한 환경도 청소년의 건강한 성장과 발달을 위해 요구되는 중요한 과제이다(이중섭 · 박해석, 2006). 청소년의 발달권을 증진하는 것은 생물학적 의미의 발달과 이를 위한 제반 여건과 환경에 대한 요소를 함께 고려한다. 모든 발달의 전제가 되는 신체적 발달과 함께 잠재능력을 개발하는 데 필요한 권리로써 교육받을 권리, 여가를 즐길 권리, 문화생활을 하고 정보를 얻을 권리, 직업적 발달과 신체적 발달 권리를 포함하는 개념으로 확장 · 정의될 수 있다(모상현 · 김영지, 2010). 청소년활동에서 발달권에 관심을 갖는 이유가 여기에 있다. 특히 청소년의 발달권 차원에서의 문화권은 중요하게 여겨진다.

청소년인권 가운데 문화권은 근로권에 대응하는 개념으로, 인간으로서의 최소한의 삶을 위해 필요한 물질적인 것을 얻을 근거가 되는 근로권을 뛰어 넘어 최소한의 문화적 생활을 할 권리를 말한다. '세계인권선언' 제27조는 "모든 인간은 자유롭게 공동체의 문화생활에 참여하고 예술을 감상하며 과학의 진전과 혜택을 나누어 가질 권리를 갖는다."라고 규정하고 있으며 '국제적 문화협력의 원칙에 관한 선언'에서도 "모든 인간은 자신의 문화를 발전시킬 권리와 의무가 있다."고 명시하고 있다.

또한 아동권리협약(제31조)에서도 "당사국은 휴식이나 여가를 즐기고, 자신의 연령에 적합한 놀이와 오락활동에 참여하며 문화생활과 예술에 자유롭게 참여할 수 있는 권리를 인정한다.", "당사국은 문화적, 예술적 생활에 완전하게 참여할 수 있는 아동의 권리를 존중하고 촉진하며, 문화, 예술, 오락 및 여가활동을 위한 적절하고 균등한 기회의 제공을 장려하여야 한다."고 규정하고 있다. 이런 점에서 청소년의 문화권은 생산적인 활동을 준비할 권리인 교육권과 근로권에 대응하여 자신의 삶에서 문화적인 생활을 누릴 권리이다. 그러나 청소년이 문화권을 제대로 누리기 위해서는 정부의 다양한 지원이 필요하다. 즉, 청소년문화권이 사회적・제도적 의미로 인식될 때 본격적으로 문화권을 향유할 수 있다.

그러나 청소년들이 문화권을 갖는다는 말은 수동적으로 주어진 문화를 누리는 것만이 아니라 그들 스스로 문화를 창조하고, 창출하는 것과 이를 위해 지식과 정보를 획득하는 것까지 모두를 포괄한다. 이 점에서 청소년의 문화권은 학습내용에서도 문화적인 활동이 포함되도록 하는 것, 즉 기본적으로 문화적 창조와 향유가 가능한 경험을 학습할 수 있는 것도 포함된다(최윤진・이혜주・구정화, 2010).

청소년들의 문화향유권을 위해서 과거 정부정책적인 노력의 일환으로 청소년육성기본계획을 통해 청소년수련활동활성화를 위한 정책적 노력이 수행되기도 했다. 청소년활동의 양적 확충과 질적 심화를 추진하고, 청소년문화・예술활동을 활성화하며, 문화예술교육 및 다양한 체험활동 기회를 확대하는 등의 노력을 기울이고 있다. 더불어 창의성과 자율성에 바탕을 둔 학교 및 지역사회에서의 자치활동을 체계적으로 지원함으로써 다양하고 특색 있는 청소년동아리문화를 창출하기 위한 사업을 펼치고 있다. 또한 청소년의 자율적 참여 신장을 위해 청소년프로그램의 수립・집행・평가과정에 청소년이 참여할 수 있도록 하며 자치활동인 자율활동, 동아리활동 등을 활성화하여 주체적 문화향유능력뿐만 아니라 청소년들의 진로까지도 설정할 수 있는 도움을 주는 활동으로 체계화되고 있다.

이러한 청소년활동은 다양하게 정의되고 있는데, 먼저 청소년기본법 제3조 제3항에서는 "청소년의 균형 있는 성장을 위해 필요한 활동과 이러한 활동을 소재로 하는 수련활동, 교류활동, 문화활동 등 다양한 형태의 활동"으로 정의하고 있다. 여기에서 ① 청소년수련활동이라 함은 "청소년이 청소년활동에 자발적으로 참여하여 청소년시기에 필요한 기량과 품성을 함양하는 교육적 활동으로써 청소년지도자와 함께 청소년수련거리에 참여하여 배움을 실천하는 체험활동"을 말한다. ② 청소년교류활동은 청소년이 지역 간 · 남북 간 · 국가 간의 다양한 교류를 통하여 공동체의식 등을 함양하는 체험활동을 말한다. ③ 청소년문화활동은 청소년이 예술활동 · 스포츠활동 · 동아리활동 · 봉사활동 등을 통하여 문화적 감성과 더불어 살아가는 능력을 함양하는 체험활동을 말한다.

또한 청소년활동은 청소년들의 성공적인 성인으로의 이행과 균형잡힌 성장을 돕기 위한 체험활동으로써 의도적, 비의도적, 조직적, 비조직적 활동을 포함하는 제반활동을 말한다(이교봉, 2007). 한편 생애발달과정의 한 단계인 청소년기에 발달과업을 수행하기 위한 제반활동으로 규정하기도 하며 Benson과 Pittman(2001)은 청소년활동을 청소년들의 다양한 체험, 경험, 활동 등을 통해 당면한 기본적인 욕구를 충족시키고, 성공적인 성인으로서의 삶을 위해 필요한 역량들을 발달시켜 나가는 과정이라 개념 짓고 있다. 즉, 청소년활동 자체가 청소년들의 욕구를 충족시키면서 성인으로서의 균형잡힌 성장으로 돕는 체험활동으로 역량을 발달시키는 과정이므로 청소년들의 진로설정의 과정으로서도 중요한 역할을 하게 된다(정건희, 2014a).

또한 Williamson(2006)은 청소년활동(Youth work)의 주요 목적이 청소년에게 자신의 미래를 형성하도록 기회를 제공하는 것이며 시민사회와 개인 핵심소양 개발에 주요 역할을 해야 한다고 강조한다. 특히 그는 현재 유럽의 노동시장과 청소년의 상황을 고려할 때 비형식적, 무형식적 학습경험을 통해 획득할 수 있는 기량을 사회적으로 더욱 크게 인식할 필요가 있다고 주장하였고, 비형식적 학습은 더 이상 주변적인 것이 아니라 새로운 시민성과 경제적 능력과 역량 형성의 통합적 기여자여야 한다고 하였다(이광호, 2012에서 재인용).

2) 청소년활동 시설의 공공적 개념과 관점

청소년활동진흥법 제10조에서는 청소년활동시설의 종류를 청소년수련시설과 청소년이용시설로 구분하고 있다. 국가와 지방자치단체는 물론 법인, 단체 또는 개인 등의 민간분야도 활동시설의 설치와 운영이 가능하지만, 민간의 경우에는 시・군・구청장의 허가를 받아야 한다(청소년백서, 2013).

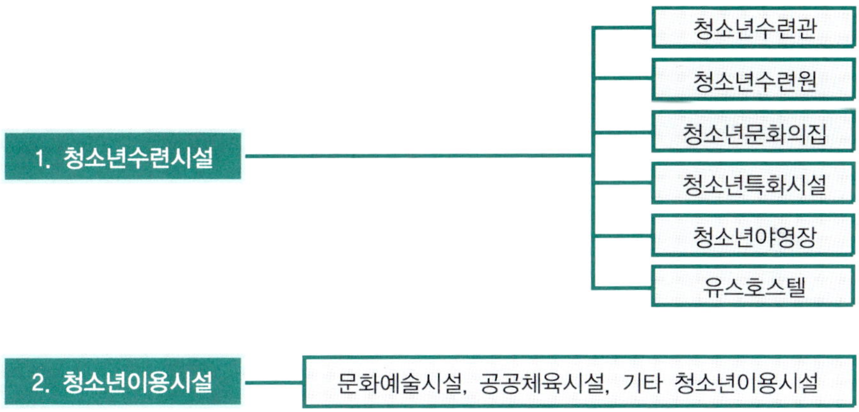

▌그림 9-1▌ 청소년활동시설의 종류

출처: 여성가족부 (2013).

청소년수련시설은 수련활동에 필요한 여러 시설, 설비, 프로그램 등을 갖추고 청소년지도자의 시도하에 체계적이고 조직적인 수련활동을 실시하는 시설을 말한다. 청소년수련시설은 기능이나 수련활동 및 입지적 여건 등에 따라 다양한 유형으로 구분된다. 이전에는 생활권 수련시설(청소년수련관, 청소년문화의집), 자연권 수련시설(청소년수련원, 청소년야영장), 그리고 유스호스텔로 구분되어 왔으나 2005년부터는 청소년수련관, 청소년수련원, 청소년문화의집, 청소년특화시설, 청소년야영장, 유스호스텔로 구분되었다.

청소년활동진흥법에 따르면 '청소년수련관'은 다양한 수련활동을 실시할 수 있는 각종시설 및 설비를 갖춘 종합수련시설을 의미한다. '청소년수련원'은 숙박기능을 갖춘 생활관과 다양한 수련활동을 실시할 수 있는 각종 시설과 설비를 갖춘 종합수련시설을 말한다. '청소년문화의집'은 간단한 수련활동을 실시할 수 있는 시설 및 설비를 갖춘 정보・문화・예술중심의 수련시설을, '청소년특화시설'은 청소년의 직업체험・문화예술・과학정보・환경 등 특정 목적의 청소년활동을 전문적으로 실시할 수 있는 시설과 설비를 갖춘 수련시설을 의미한다. '청소년야영장'은 야영에 적합한 시설 및 설비를 갖추고 수련활동 또는 야영편의를 제공하는 수련시설을, '유스호스텔'은 청소년의 숙박체제에 적합한 시설・설비와 부대・편의시설을 갖추고 숙식편의 제공, 여행 청소년의 활동지원 등을 주된 기능으로 하는 시설을 말한다. 또한 청소년이용시설은 수련시설이 아닌 시설로서 그 설치목적의 범위에서 청소년활동의 실시와 청소년의 건전한 이용 등에 제공할 수 있는 시설로 명시했다. 즉 이러한 청소년활동시설은 체험활동이 주된 활동으로 이해된다. 1992년 이전에는 수련시설이 150여 개에 불과 하였지만 지속적으로 증가하여 2012년 12월 기준 753개의 시설이 설치・운영되고 있다.

표 9-1 청소년수련시설 현황 (단위: 개소)

구분	총계	수련관	문화의집	수련원	야영장	유스호스텔	특화시설
계	753	181	219	173	45	127	8
공공	485	177	215	42	27	16	8
민간	268	4	4	131	18	111	0

출처: 여성가족부 (2012).

이러한 청소년수련시설은 지방자치단체에 지속적으로 설치 운영되고 있는데 수련시설의 설치·운영사업에 대한 중앙정부의 재정지원이 확대된 이후 각 지방자치단체에 의해 생활권 시설들이 설치·운영되고 있다. 1990년부터 지방양여금이 청소년시설 건립에 사용되면서 지방자치단체의 청소년수련시설 설치사업에 중요한 재원으로 활용되었으며, 2005년부터는 국가균형발전특별회계(2010년도부터는 광역지역발전특별회계로 회계명칭 변경)에 의한 지원으로 건립되고 있다. 지방자치단체가 건립하는 청소년수련시설은 주로 생활권수련시설로, 행정구역별로 1개소씩 건립하는 것을 목표로 하고 있다. 청소년활동진흥법에 따르면 지방자치단체는 시·군·구에 청소년수련관을 1개소 이상 설치·운영해야 하며, 읍·면·동에는 청소년문화의집을 1개소씩 설치하여야 할 의무를 지닌다(여성가족부, 2013).

한국청소년기본계획은 건국 이래 최초로 장기적, 종합적 청소년정책을 수립하여 일부 문제 청소년위주의 단기적, 규제적 청소년정책을 모든 청소년을 대상으로 한 장기적 종합적 정책으로 전환하였다는 점에서 그 의의가 매우 큰 것으로 평가되고 있다. 이 청소년기본계획에는 청소년정책을 청소년활동, 청소년복지, 청소년교류의 세 부분을 중심으로 설정하고 동 계획의 실행을 위한 법제 보장과 재정 확충 및 운영 등을 포함하여 정책과제로 함께 제시하였다. 그러나 동 계획은 예산과 정책적인 측면에서 청소년활동에 초점을 맞춘 계획이라는 평가를 얻을 정도로(천정웅, 1998), 청소년활동의 비중은 매우 컸다고 할 수 있으며, 이념과 가치 또한 청소년의 자발성과 자율성을 중심으로 한 '청소년인권과 참여'의 의미가 투영되었다고 볼 수 있다.

이처럼 청소년활동과 청소년활동시설이라는 용어는 청소년정책에 기반을 두고 있다. 청소육성정책을 기반으로 1990년대 이후부터 '청소년활동'이라는 용어가 사용되고 정책적으로 국가 예산이 투여되며 청소년들에게 프로그램이 제공되게 되었다. 또한 청소년육성을 위한 최초의 장기계획인 한국청소년기본계획의 중점목표로 '청소년의 자발·자율성에 기초한 능동적인 삶의 실현'이 제시되고 있다. 청소년육성을 위한 최초의 장기계획인 한국청소년기본계획의 중점목표가 '청소년의 자발·자율성에 기초한 능동적인 삶의 실현'으로 '청소년참여'를 직접 언급하지는 않았으나 육성과 보호를 혼용하며 청소년의 기본권을 인정하고 그 근본 가치를 투영하고 있음을 확인할 수 있다(정건희, 2014).

3) 청소년활동 시설운영의 참여권적 접근

국제사회에서 청소년의 권리는 오랫동안 아동의 권리에 포함되어 논의되어 왔다. 아동의 권리에 대한 논의는 1924년 제네바선언까지 거슬러 올라가지만, 청소년의 권리는 1985년 '세계청소년의 해'를 계기로 활발히 논의되기 시작하였다. 또한 아동의 권리는 아동권리협약으로 발전했지만 청소년의 권리는 아동권리협약에서 다뤄지고 있는 부분도 많고 그 특수성을 감안하지 못하고 있는 것이 현실이다.

이러한 한계를 인정하더라도 유엔이 정한 세계청소년의 해는 청소년의 권리에 대한 인식을 새롭게 하였다. 1985년에 열린 세계청소년회의는 청소년의 적극적인 참여를 통한 발전과 평화에 기여를 강조하였다. 특히 청소년의 시민적·정치적 권리, 경제적·문화적·사회적 권리가 충분히 인식되고 행사됨으로써 청소년이 정치적 상황에 더욱 강력한 영향력을 수행할 수 있음을 역설하였다(이용교 외, 2005).

최근 창의성과 인성이 강조되면서 그 수단으로 청소년체험활동에 대한 관심이 높아지고 있어 이러한 체험활동의 효과에 대해서도 많은 논의가 시작되고 있다. 비록 개념의 불명확성과 측정상의 어려움이 지적되지만(김현철 외, 2013; 이기봉 외, 2011), 최근 연구에서는 청소년체험활동이 청소년 역량과 관련이 있음을 보여주고 있다(성은모, 2012). 이러한 결과에 기초하여, 전인적 발달을 위한 포괄적인 역량계발을 위해서는 다양한 체험활동의 경험이 필요하며, 체험활동의 효과를 높이기 위해서는 자발적 참여 등 질적으로 우수한 체험활동의 제공이 필요하다(김현철 외, 2013).

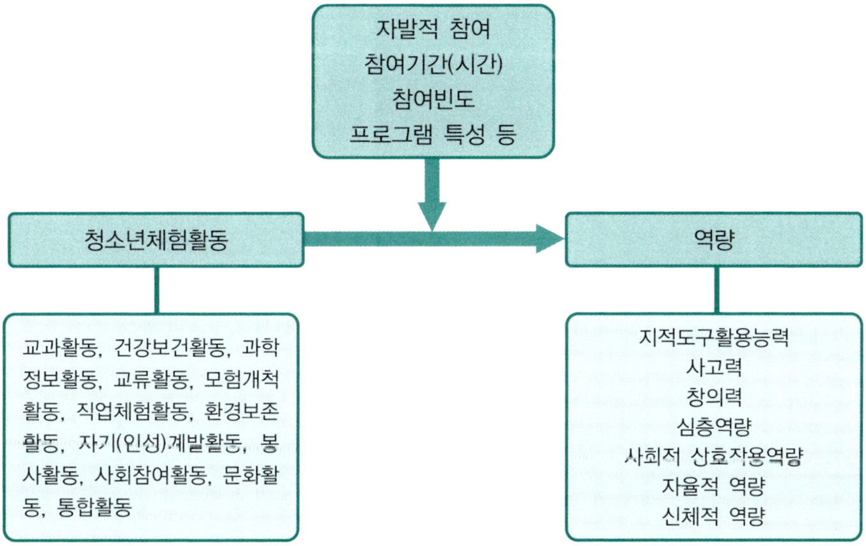

그림 9-2 청소년활동과 역량과의 관계

출처: 김현철 외 (2013). p. 31.

청소년활동에서 중요하게 여겨지는 참여(participation)의 개념을 살펴보면, 크게 두 가지로 해석될 수 있다. 먼저 일반적으로 어떤 활동에 단지 '참가하는 것'을 의미하거나 임파워먼트(empowerment)의 한 형태로써 "의사결정에 진짜 참여하는 것"을 의미할 수 있다. 청소년 참여 논의의 주요 관심은 의사결정에 있어서의 청소년 참여가 있지만, 실제로는 첫 번째 정의에 따른 실천도 쉽지 않다. 예컨대 장애 아동・청소년들의 경우에는 일상적 활동에도 참가가 쉽지 않기 때문이다(McNeish & Newman, 2002).

이와 더불어서 청소년참여를 청소년 자신들의 삶과 지역공동체, 넓게는 사회생활에 영향을 끼치는 결정에 참여하는 의미로도 정의할 수 있다. Hart(1997)의 참여 수준에서 단순히 일반적 활동에 참가하거나 행사에 동원되는 것은 실질적 의미의 참여로 볼 수 없다. 실제로 이러한 것이 실질적 참여인 것으로 잘못 이해될 때 명목주의가 일어날 수 있으며, 그러한 혼동이 정책과 실제에서 참여의 개념에 대한 오해를 불러일으키고 있다. 참여의 개념이 의사결정에의 참여로 정의된 것과 같이 청소년참여권의 개념도 청소년이 자신에게 영향을 끼치는 일에 의사를 표명하고 성인은 이런 청소년의 의사를 최대한 존중하는 것과 관련된다(천정웅, 2009).

참여의 개념적 접근에서 이해할 수 있듯이 청소년들이 활동하는 공간과 프로그램에서 "자신에게 영향을 끼치는 그 어떤 일에 의사표명을 할 수 있는 과정"으로 참여를 이해할 수 있다. 아직까지는 청소년을 활동 참가의 대상으로서 수동적 존재로 이해하는 경우가 지배적이긴 하지만, 의사결정에 참여시킨다는 것은 청소년들을 실제 참여의 주체로 인정하는 데에서 시작된다. 청소년활동의 참여과정은 청소년인권의 지향하는 가치로서 나타나게 되며 청소년활동의 중요한 목적이기 때문이다.

청소년활동시설이 청소년들에게 권리기반으로 접근하기 위해서는 '청소년참여'를 핵심으로 하는 청소년활동 프로그램의 개선이 반드시 시행되어야 한다. 권리기반접근의 PANEL 원칙[28]에서 인권의 관점에서 '청소년참여'는 존엄성의 구체적인 표현으로 책무성과 임파워먼트의 기본가치와도 연결된다. 청소년활동시설기반의 청소년 참여제도는 청소년참여위원회, 청소년운영위원회, 청소년특별회의, 지역사회변화프로그램을 통해서 발전되어 왔다. 그렇지만 청소년참여활동은 단순히 청소년참여기구의 역할에 한정지어서는 안 된다. 인권 측면에서 그들이 속한 공간과 프로그램에서 관리 통제의 대상이 아닌 자발적이고 자치적인 주체적 시민으로서의 역할이 강조되고, 또한 청소년활동 프로그램이 단순히 강사를 수급하는 역할을 넘어서서 차별화된 청소년활동 프로그램을 운영할 수 있는 친인권적인 역량강화가 필요하기 때문이다. 결국 청소년활동시설에서의 모든 프로그램이(예: 진로활동, 교류활동, 동아리활동, 청소년문화존사업, 청소년수련활동인증제, 국제청소년성취포상제 등 사업전반) 청소년의 권리기반(RBA)에 입각해서 진행되기 위해서는 청소년들의 '자기주도적인 참여'

28) 참여(participation), 책무성(accountability), 비차별(non-discrimination), 임파워먼트(empowerment), 인권기준과의 연계(link to human rights standard)를 통칭하는 PANEL 원칙. 한국인권재단 (2014). 인권에 기반을 둔 접근-국제개발협력 실무자를 위한 가이드에서 인용함.

를 어떻게 둘 것인지를 집중 모색해야 한다. 이러한 활동은 2013년에 일어났던 태안해병대 캠프류의 비인권적이고 매우 불안전한 사업들의 가장 주요한 대처법이기도 하고 '안전'문제를 해결할 수 있는 중요한 원리이기도 하다.

2. 청소년활동시설의 운영 유형

청소년활동시설 종사자들이 지금까지 가장 많이 제기해 오는 가장 큰 문제는 공공의 청소년활동시설에 대한 지원의 미비 문제였다. 지원의 미비로 수익성 사업에 치중하게 되고 결과적으로 고유 업무에 소수의 인력을 배치하게 되는 등 목적사업에 충실할 수 없다는 것이 대부분 전문가들의 의견이었다. 또한 최근 청소년활동시설의 설립 주체를 위탁운영에서 재단설립운영으로 전환해감으로써 비전문가를 임원으로 채용한다는지 목적사업보다는 재단의 목적사업을 우선시하는 경향 등의 문제가 있다는 의견도 제기되었다. 그러나 청소년수련관 종합평가에서 이들 재단 소속 시설들이 우수한 성과를 보이고 있는 점을 들어 긍정적으로 평가하기도 하였다. 이 문제는 향후 시설의 설립 주체를 어떻게 해야 하는 것이 바람직할 것인지에 대한 근본적인 논의가 진행되어야 할 것으로 판단된다(김현철 외, 2013).

현재 청소년활동시설의 운영 주체가 누구인지에 대해 시설의 평가 또한 다양하게 나타나고 운영방식이나 활동의 질적 내용까지도 여러 모습으로 평가되고 있다. 지역마다 지자체의 직영체제, 민간위탁운영, 시설관리공단 또는 재단과 같이 특수법인이 운영하는 등 다양하게 나타나고 있다. 이렇듯 현재 청소년수련시설의 운영 유형의 주요한 내용을 중심으로 살펴보면 다음과 같다.

1) 민간위탁 운영

민간위탁이란 일반적으로 공공서비스의 제공과정에서 시장의 원리를 적용시키려는 민영화(privatization)의 한 형태이다. 정부가 공공서비스의 공급을 전반적으로 책임지는 공기업 경영과 공공서비스의 공급을 모두 민간으로 이전시키는 완전한 민영화 사이의 중간적인 단계로 볼 수 있다. 개념적으로는 민간위탁은 "정부부문에서 필요로 하는 공공서비스의 생산·공급을 정부 또는 공공부문 내에서 하지 않고, 민간부문으로부터 조달하는 방법"을 일컫는다. 공기업 민간 매각의 경우 정부는 매각 이후 경영권을 완전히 상실하지만 민간위탁의 경우 업체의 서비스 운영에 대한 질적·양적 관리를 국가나 지방자치단체에서 이행한다. 실제 운영 면에서 민간위탁은 공급의 민영화 전략 가운데 가장 널리 사용되는 방법으로, 서비스 공급의 세 가지 요소를 서비스의 공급결정, 서비스의 생산, 서비스의 대가 지불(재정부담)이라고 할 때, 서비스의 공급 결정과 대가지불의 역할은 정부나 공공부문이 담당하고 서비스의 생산만을 민간부문이 담당하는 방법이다(박경원, 1999).

공공서비스 제공에 대해서는 정부부문과 비정부부문으로 나뉘며, 어느 쪽에 책임과 비중이 높은가에 대한 국가적 목표, 정치적, 사회적, 경제적 환경과 조건 그리고 관료제도의 특수성 등에 의하여 달라진다. 따라서 청소년수련활동시설의 민간위탁이라는 측면도 이러한 틀 속에서 전개된다. 민간위탁은 정부가 무엇을 언제, 어떻게 공급하는가에 대한 결정권을 가지고 있으면서 민간의 활력을 이용하는 방법이기도 하다. 공급 주체의 변동이라는 점에서는 민영화와 동일하지만 재화서비스를 구입하는 쪽이 소비자가 아니라 정부라는 점에 차이가 있다.

계약의 유형은 BTO(Build Transfer Oferate) 방식[29], 정부소유-계약자 운영방식[30], BOOT(Built own operate transfer)[31], 면허부여(Licensing), 독점판매권 부여

29) 민간부문에서 자본시설건립의 책임을 지며 완공되면 소유권을 정부에 이양하고 그 시설의 운영권을 민간 계약자가 갖는 책임의 형태

(Franchising), 상업화 서비스(Commercialized Service)[32] 등이 있다. 이러한 방식은 전반적으로 정부의 시설을 민간에 이양하거나 위탁하는 방식이지만 청소년활동시설은 위의 기준과 정확하게 맞는 시설 위탁이 이루어지기보다는 복합적인 상황이 적용되면서 대부분의 조건이 정부나 시・군・구에서 시설을 완공한 다음 이들 시설의 운영권을 민간에 위탁하거나 아니면 독립법인을 설치하여 이들 법인이 시설을 운영하도록 하고 있는데 두 번째의 정부 소유-계약자 운영방식에 준하는 형태로 운영되고 있다(이주혜, 2012).

즉, 민간위탁(countracting-out)의 개념 정의는 다양하게 내려져 있지만 행정권한 위임 및 위탁에 관한 규정 제2조 제3항에서는 "각종 법률에 규정된 행정기관의 사무 중 일부를 지방자치단체가 아닌 법인단체 또는 그 기관이나 개인에게 맡겨 그의 명의와 책임하에 행사하도록 하는 것을 말한다"라고 하고 있다.

따라서 민간위탁은 정부에 의한 공공서비스 공급에 있어 소유권 이전을 전제로 한 민영화와는 다르게 소유권의 변동 없이 공공서비스 공급에 있어서 결정권, 최종적인 관리책임과 비용부담은 정부가 가지면서 재화 및 서비스의 생산과 전달만을 민간부문이 담당하는 것을 의미한다(이정은, 1996).

문제는 비용감축과 서비스 질(servqual)의 개선이 가능하냐는 것이다. 일반적으로 공공서비스의 민간위탁은 비용과 관련하여 상반된 두 가지의 목표를 갖는다. 하나는 정부가 지출해야 하는 예산상의 지출비용을 줄이는 것이고, 또 하나는 정부 수입을 향상시키기 위해 정부가 보유한 시설을 민간에 임대함으로써 정부의 수입을 늘리는 것이다. 이러한 경우 정부지출과 관련한 계약자 선정은 최저비용을 전제로 하고, 정부수입은 최대수입을 전제로 한다. 정부의 지출을 줄이기 위한 민간위탁은 주로 무형의 사무를 대상으로 하고, 정부의 수입을 늘리는 목적의 민간위탁은 유형

30) 민간부문이 시설운영권을 가진 자본 자산의 소유권을 가지지 않는 형태

31) 민간부문이 자본시설의 건립과 운영권의 책임을 가지나 자본시설 소유권을 일정기간 후 정부에 이양하는 형태

32) 소유권과 운영권을 민간부문에 이양하지만 정부의 관할 하에 있거나 산업 규제를 받는 형태

의 시설을 임하는 형태를 취한다(유중원, 2008).

따라서 공공서비스의 민간위탁방식은 비용과 관련하여 사무위탁방식, 정부보조방식, 시설임대방식으로 구분될 수 있다. 사무위탁방식은 정부가 비용을 직접 민간업자에게 지불하고 주민은 간접적으로 부담하는 방식이다. 정부보조방식은 복지관 운영과 같이 사회적 형평성이나 공공성이 강조되는 서비스의 경우에 활용된다. 정부는 민간에 대한 보조의 형식으로 비용의 일부를 부담하고 사용자가 나머지를 부담한다. 시설임대형은 정부의 수익을 목적으로 하며 민간업자가 정부재산인 시설에 대하여 임대료를 지불하고 사용자들은 이용료를 직접 지불한다. 이용료 부과기준은 지방정부가 정하지만, 민간업자의 입장에서는 개인적 사업이기 때문에 정부가 정한 고시가격 이하의 융통성을 가질 수 있다. 그리고 지방정부는 수익사업의 성격을 갖는 것으로 공공서비스 이론과는 다소의 차이가 있다. 이러한 민간위탁방식은 현재 지자체별로 이루어지고 있는 청소년수련시설의 민간위탁에 따라 긍정적 측면과 부정적 측면이 함께 대두되고 있다.

긍정적 측면으로는 행·재정적 지원을 국가나 지자체가 책임지고 그에 대한 전문성을 민간단체에서 발현하여 지역사회의 청소년들의 활동이 실질적으로 이루어지는 경우이다. 다만 이러한 실질적인 시너지를 일으키는 경우에 비해 부정적 측면 또한 대두된다. 부정적 측면의 내용은 다음과 같다.

첫째, 지자체의 재원을 줄이기 위해 민간단체에 재정부담을 지움으로써 본래의 청소년을 중심으로 하는 목적사업을 등한시하게 된다. 민간위탁의 중요한 장점으로 행·재정적 안정적 지원은 국가나 지방자치단체가 하고 시설운영의 전문성이 담보된 단체에서 사업을 운영하는 것이다. 그런데 지자체의 예산을 감소시킬 목적으로 기존에 공공에서 운영했던 예산에 비해 턱 없이 낮은 수준으로 시설을 운영하여 공공재정을 경감하기 위한 방안으로 위탁운영을 했을 때 당연히 청소년수련시설들은 재정적 안정화를 기하기 위한 수익사업에 집중할 수밖에 없다. 청소년들의 실질적인 참여를 기반으로 하는 다양한 사업보다는 재정확보를 위한 프로그램에 집중하는 것이다. 유아(아기)스포츠단부터 체육사업[33], 평생교육센터나 동자치센터 등에서 운영하는 프로그램 중심의 수익사업에만 집중하게 된다. 청소년활동의 정체성이라고 할 수 있는 권리기반의 실질적인 자치활동 등 동아리활동, 운영위활동이나 지역사회기반의 다양한 목적사업 등은 등한시되고 만다. 수련, 교류, 문화활동으로 규정하는 청소년활동의 실질적인 내용을 하지 못하고 결국은 청소년활동시설의 운영이 수익에만 집중되어 본래의 목적을 이루기가 어려워 파행을 반복하게 된다. 인건비와 운영비가 국가적으로 체계화되어 있지 못한 문제일 수도 있다. 청소년활동을 진행하기 위한 대가지불(재정부담)의 폭이 청소년시설은 전국적으로 구체화된 규정이 없다. 지자체에 따라 그 진폭이 매우 크다는 것도 문제다.

둘째, 국가의 청소년활동정책에 집중하기보다는 개별 단체의 이념에 집중하는 경향이 있다. 청소년수련활동시설의 운영의 기초는 국가의 정책적 목적에 있다. 따라서 비정부, 비영리단체의 자기만의 고유한 이념과 가치를 국가의 청소년활동정책을 투영하는 시설을 중심으로 이룬다는 것은 부정적 문제를 발생시킨다. 특히 종교성이 중심인 단체들이 국가시설을 자기 종교의 포교활동의 수단으로 도구화하여 그 진정성을 의심받기도 한다. 공공적 목적을 취하기 위해 지역기반으로 청소년들의 권익을 옹호・대변하고 실질적 활동을 만들어가기보다는 청소년들과 지역시민들을 운영의 대상화로 치부하는 문제도 나타날 수 있다. 따라서 재화서비스를 구매하는 입장이 정부라는 측면과 함께 정부 정책적 공공의 근본 목적을 명확히 이해하지 않을 때에는 또 다른 민간위탁의 문제가 발생한다.

셋째, 위탁단체가 청소년활동의 전문성을 의심받기도 한다. 청소년활동시설을 지자체에서 위탁운영하고자 전문성 있는 단체를 찾아도 지역의 실제 청소년활동에 전문성이 있는 단체를 찾기가 쉽지 않은 경우가 많다. 특히 인구가 작은 시・군 단위에서 청소년들만을 위한 전문단체가 지자체와 수평적 관계 안에서 전문성을 담

33) 청소년들이 참여하는 체육활동이 아닌 철저히 수익을 기반으로 하는 사업을 말함.

보하고 함께 할 수 있는 곳들이 부족한 경우다. 이때에 전혀 관계없는 민간단체들이 운영하기도 하고 백화점식으로 사업을 진행하는 단체 안에 비전문인력이 관장 등 실제 업무를 총괄하며 운영을 하기도 한다. 심지어 법인의 위치와 시설에서의 관장 등을 겸임하면서 위탁기관의 일은 형식적으로 치부하고 단체(법인) 일에 집중하는 사례까지도 나타난다. 비전문성뿐만 아니라 시설활동의 윤리문제까지도 발생할 개연성이 크다.

2) 시설관리공단 운영

시설관리공단과 같은 공공법인을 통한 위탁 유형이 있다. 청소년활동시설의 운영은 지방자치단체의 의지에 따라 다른 방식으로 운영되고 있는데 공공법인이란 공공성이 강한 사업을 운영하는 법인으로, 자본을 정부나 지방공공단체로부터 출현받으며, 이익을 특정인에게 분배하지 않는 기관을 뜻한다. 기획재정부장관은 공공기관을 공기업·준정부 기관과 기타 공공기관으로 구분하여 지정하되, 공기업과 준정부기관은 직원 정원이 50인 이상인 공공기관 중에서 지정한다. 특히 청소년수련관의 공공법인 위탁은 크게 시설관리공단과 청소년육성재단으로 구분할 수 있는데, 먼저 시설관리공단은 지방공기업 중 지방자치단체가 전액 출자하여 설립된 지방공기업이다. 지방공기업의 개념은 지방공기업법 제1호에 지방자치단체가 직접 설치·경영하거나 법인을 설립하여 경영하는 기업으로 정의하고 있다.

지방공기업은 지방자치단체가 수행하는 행정활동에는 권력적으로 부과 징수하는 조세수입에 의하여 충당하는 일반행정활동과 서비스를 제공받는 수익자로부터의 요금수입으로 충당하는 비권력적인 기업활동이 있는데 후자를 지방공기업이라고 한다. 즉, 지방공기업은 지방자치단체에 의하여 설립되어 소유되고 통제를 받으면서 주민의 복리증진을 위해 수익적으로 운영되는 기업이라고 정의된다(구민상, 1998).

시설관리공단의 경영원리를 살펴보면, 지방공기업법 제3조에 “지방공기업은 항상 기업의 경제성과 공공복리를 증진하도록 운영하여야 한다.”고 명시하고 있다. 여기서 경제성이란 기업의 본질인 최소의 투자, 최대의 산출로 이윤의 극대화를 추구해야 한다는 의미로, 공공복리를 증진하도록 운영하여야 한다는 것은 시설관리공단의 이용객에게 양질의 서비스와 시민이 원하는 새로운 프로그램과 이용객의 안전을 우선하는 시설관리를 보다 저렴하게 이용할 수 있도록 한다는 것이다. 전자는 기업성을 후자는 공공성을 의미할 수 있다. 이러한 공단의 운영원리 중 공공성은 소유, 주체, 목적, 서비스, 규제에서의 공공성을 요구한다(안용식 · 원구환, 1994). 이 다섯 가지의 공공성은 관리 및 경제성의 공공성이라 할 수 있고, 목적의 공공성은 공공과 이용객의 경제적 이익의 증진이며, 주체와 소유의 공공성은 공공성 자체를 낳게 하는 경영생산 관계적인 기초로서의 공공성을 의미한다.

민간기업과 같이 시설관리공단의 목표가 이윤의 극대화만을 추구한다면 그 존립 가치는 없을 것이다. 민간에 맡겨도 시설관리공단보다 더 높은 이윤을 낼 것이기 때문이다. 시설관리공단은 이윤추구 이외에서 다른 목표가 존재하기 때문에 공단 운영의 정당성을 부여받는 것이다. 공공성이란 이윤만을 추구하지 않고 시장 실패를 교정하기 위하여 설립된 시설관리공단의 경영목표를 달성하는 것을 말한다. 즉 공단은 공공복리의 증진이라는 입장에서 운영되어야 한다(이주혜, 2012).

지방공기업법 제3조에 “지방공기업은 항상 기업의 경제성과 공공복지를 증대하도록 경영하여야 한다.”라고 규정하였다. 기업으로서 경제성과 지방자치단체의 행정목적으로서의 공공성을 시설관리공단 경영의 기본 원칙으로 제시하고 있다. 여기에서의 공공성이란 첫째, 불특정 다수의 지역주민으로 이루어지는 이용자들의 이익을 보호해야 하며, 둘째, 여기에서 사기업의 경우 생길지도 모르는 부당한 이용자 부담의 증대가 억제되어야 한다는 것, 셋째, 사기업의 경우에는 곤란한 경제정책적, 사회정책적 배려가 고려되어야 한다는 것 등을 의미한다(이상희, 1992).

다만 시설관리공단의 공공성이 강화되기 위해서 우선적으로 중요한 것은 그 기관의 본래 목적에 집중하면서 운영의 묘를 살려야 한다는 것이다. 특히 청소년활동시설들의 집중해야 할 목적성이 존재한다. 긍정적 부분으로 공공의 행·재정적 지원이 정치적 논리나 문제와 관계없이 지원되어 안정적 운영에 대한 지원 구조를 가질 수 있다. 부정적 문제도 발생할 수 있는데 그 중 가장 주요한 부분은 청소년활동의 실질적 전문성에 대한 문제제기이다. 시설관리공단 운영의 실질적인 체계에 있는데 공단에 청소년시설만을 연계하여 운영할 수 있는 상황이 아니기 때문이다.

예를 들면 시흥시시설관리공단은 공영주차장을 비롯하여 견인사업, 그린센터(폐기물 연소시설), 하수 슬러지 건조장, 환경미화타운(재활용쓰레기 수거 처리), 체육센터, 체육관, 수영장과 청소년수련관[34]까지 지자체 대부분의 시설들을 운영하고 있다. 공단에서 운영하는 기관시설에서의 공공성을 확보한다는 것은 단지 시설활용적 측면에서 접근이 강하게 나타나고 청소년수련활동시설의 본연의 실질적인 목적성에는 부합하지 않는 경우가 나타날 수 있다. 청소년수련활동시설들은 청소년들의 자기주도적 참여를 매우 중시하며 그들의 공간으로서의 역할과 함께 지역사회 거점으로서 청소년활동의 네트워크 역할도 해야 하지만 현재 시설관리공단의 운영적 측면에서 전문성과 함께 운영의 실질적 목적성을 이루기는 쉽지 않은 구조이다.

공단 내 직원들의 순환보직뿐만 아니라 공단의 임직원들의 시설운영관리적 측면에서 접근하면서 청소년활동에 대한 전문성은 당연히 대두될 것이고 실질적인 청소년 프로그램과 지역사회중심의 참여형 사업들이 증진되기 어려운 구조이다. 즉, 핵심적인 문제로 청소년활동시설들의 고유한 목적에 집중하여 전문성을 강화하기 어려운 구조라는 것이다.

34) 시흥시설관리공단 홈페이지 http://www.shsi.or.kr/Main

3) 청소년관련 재단운영

공공법인의 또 다른 운영방식으로 지방자치단체에서 청소년관련 전문재단을 설립 운영하는 방식이 있다. 지자체에서 설립한 청소년재단을 중심으로 청소년시설들을 위탁운영하는 방식이다. 대표적으로 경기도 성남시는 2007년 지방 조례를 통해 2008년 성남시 청소년재단을 설립하였으며, 2008년에 개관한 중원청소년수련관과 성남시시설관리공단에서 운영하던 수정청소년수련관을 동 재단에서 운영할 수 있도록 위탁하였다. 2010년에는 그동안 민간청소년단체에서 위탁되어 있던 청소년수련관까지 재단수탁시설로 편입하여 현재 5개의 청소년수련관과 두 개의 청소년문화의집을 운영[35]하고 있다. 지방자치단체의 청소년재난 규모로는 가장 크고 직원의 수나 청소년시설 운영과 관련된 예산도 타 지자체에 비해 높은 편이다. 이렇게 지방자치단체에서 설립한 청소년재단은 성남시 이외에도 경기도 용인시, 수원시, 평택시, 시흥시, 고양시, 광명시 등 여러 지방자치단체에서도 재단을 설립하거나 준비하고 있다.

청소년재단을 통한 시설운영은 청소년관련 전문가들이 집중되어 있고 활동 또한 모두가 청소년전문적 영역 안에서 이루어지기 때문에 전문성에 있어서 시설관리공단에 비해 매우 뛰어난 조직체계를 보인다. 또한 행・재정적 지원에서도 지자체 지원이 민간위탁에 비해서 원활하기 때문에 안정적일 수 있다. 다만 민간위탁이나 시설관리공단과 마찬가지로 지방자치단체의 정치적 판단에 의해 활동이 위축될 수 있는 문제의 소지가 있다. 예를 들면 야당이 지자체장이 되었을 때 여당 성향이 강한 시의회에서 재단과 공단운영에 대한 비판이 커지면서 활동이 위축되기도 하고, 여러 가지 이유를 들어 위탁단체를 해지하는 사례[36]까지 발생된다.

35) 성남시청소년재단 홈페이지 http://www.snyouth.net

36) 뉴시스 (2014.10.7). 인천 동구, 사회복지시설 직영화 추진에 시민단체 반발.

3. 청소년활동시설의 권리기반접근원리[37)]

1) 권리기반접근(right based approach)과 PANEL 원칙

청소년을 위한 권리기반접근은 유엔아동권리협약을 포함한 국제인권기준들에 근거를 두며, 청소년시설의 모든 관점은 청소년의 인권을 존중하고 보호하며 실현시키는데 초점을 두어야 한다. 청소년들의 존엄한 삶에 초점을 두어야 한다. 청소년들이 이성적이고 도덕적 인간으로, 존엄하며 가치롭게 자신의 생명을 지키고 유지하기 위해 최소한의 것을 요구할 수 있는 정당한 자격을 부여받았음을 인식해야 한다.

청소년활동을 진행함에 있어서 그들의 인권을 존중, 보호, 실현시키는 과정으로 친인권적이었는지에 대한 점검은 필수다. 인권을 실현했으나 과정에서 누군가를 소외하고 청소년 당사자자의 의견이 수렴되지 않았다면 그것은 권리에 기반한 실천이라고 할 수 없다. 권리기반접근(RBA)에 따른 청소년을 위한 프로그램의 주요 특성과 요소를 스탠퍼드 공통이해를 바탕으로 이해[38)]하기도 한다(한국인권재단, 2014).

권리에 기반한 접근(RBA)은 그동안 사회복지분야에서의 '인간의 기본 욕구 충족'이라는 욕구패러다임의 대안으로서 권리의 패러다임이라고도 한다. 권리의 패러다임이란 의식주로 대표되는 사회복지의 내용을 시혜나 자선 또는 정책적 선택의 문제가 아니라 기본적인 사회정의와 인권의 문제로 접근하는 것을 의미한다(한국인권

---

37) 김희진, 정건희, 정병수, 오선영 (2014). 청소년지도자 인권의식 함양방안 연구. 한국청소년정책연구원 연구보고서 중 정건희와 오선영이 작업한 내용의 주요한 부분을 수정 정리함.

38) 참여하는 청소년은 재화나 서비스의 수동적인 수혜자라기보다는 스스로의 발전에 주요 행위자로서 인식, 참여는 수단이자 목적이다. 전략은 사람들의 무력화(disempowering)가 아니라 자력화(empowering)하고, 결과와 과정 모두를 모니터링하고 평가, 분석에 모든 이해관계자를 포함, 프로그램은 사회에서 소외되고, 혜택을 받지 못하고 배제된 그룹들에 초점을 맞춘다. 현지 지역사회와 청소년이 지역사회의 구성으로 주인의식을 갖게 한다. 프로그램은 불균형/불평등 감소를 목표로 한다. 시너지효과를 위해서 하향식 그리고 상향식 접근방법을 모두 사용, 청소년 관련 문제에 대한 상황분석을 통해 즉각적, 근본적 그리고 기본적인 원인들을 규명한다. 프로그래밍에서 측정가능한 목표와 세부목표를 중요하게 다룬다. 전략적인 파트너십을 개발하고 유지, 프로그램은 모든 이해관계자들의 책무성을 지원한다.

재단, 2014). 권리에 기반한 접근(RBA)은 사람들의 필요와 문제점, 잠재력에 집중하여 그들이 처한 상황을 개선하려는 노력을 의미한다. 필요의 결핍은 종종 권리가 충족되지 않는 상황으로 연결된다. 단, 인권은 물질적 필요의 개념을 넘어서 인간이라는 존재에 대해 시민적, 정치적, 사회적, 경제적, 그리고 문화적 역할이란 측면에서 더 포괄적인 관점을 포함한다(Danish Institute for Human Rights, 2007). 즉, 권리기반접근(RBA)은 취약점과 한계점의 근본적 원인을 찾고 그 대응 범위를 높인다. 따라서 청소년활동시설에서의 사업들의 운영은 권리기반접근에서 보면 취약점에 대한 대처뿐만 아니라 예방적 차원과 정책의 변화를 통해 근본적인 해결을 촉구하는 것이라고 할 수 있다.

청소년활동을 진행하면서 유념해야 할 권리기반의 원칙 중에 PANEL 원칙이 있다. PANEL은 국제개발협력을 위한 시민사회뿐만 아니라 유엔에서도 규정한 주요 특성과 원칙을 설명할 때 가장 폭넓게 사용하고 있는 원칙이다. PANEL은 다섯 가지 원칙을 의미하는 단어의 첫 문자를 조합해서 만든 용어이다. 각 원칙의 첫 문자의 의미는 [그림 9-3]과 같다.

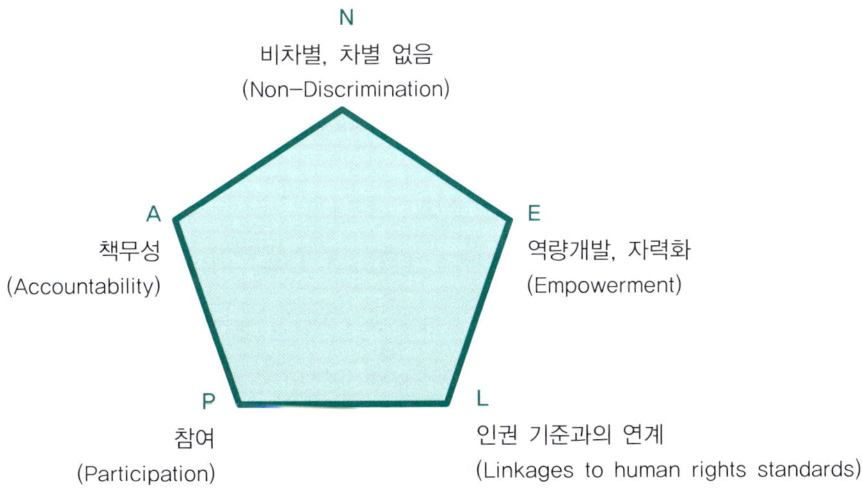

▌그림 9-3▌ PANEL 원칙

참여(Participation)는 보통 포용(Inclusion)과 같이 사용된다. 포용은 배제 또는 소외의 반대말로 모든 사람들이 혜택을 누려야 한다는 것을 의미하기도 한다. 인권의 관점에서 참여는 존엄성의 구체적 표현으로 인간이 스스로에게 영향을 미치는 정책의 형성과정에 참여해서 함께 선택, 결정하고 같이 책임지는 것을 의미한다. 참여는 능동적인 시민권의 근간으로 비판적 의식과 의사결정을 촉진시키는 역할을 한다. RBA에서 참여는 수단인 동시에 목표이다. 진정한 참여가 가능하려면 청소년들의 그들의 권리를 주장하고, 의사결정과정에 효과적으로 참여할 수 있도록 역량을 강화해야 한다. 역량강화과정은 대부분 사회에 뿌리 깊게 존재하는 권력의 불균형으로 인해 복잡하고 오랜 시간이 소요될 수 있다(한국인권재단, 2014).

청소년활동시설에서 청소년 등 의무부담자에게 책무성(Accountability)을 요구할 때는 기관 스스로가 도덕적인 의무이행자라는 것을 기억하는 것이 중요하다. 이는 자신의 행동에 대한 책무성을 다하기 위해 노력할 것을 요구하는데 프로그램의 산출이나 결과달성뿐 아니라 프로그램 이행하는 과정과 준수해야 하는 기준과 가치가 모두 해당한다(Danish Institute foe Human Rights, 2007).

비차별(Non-Discrimination)은 평등과 함께 인권의 핵심적 가치로 일반적 원칙으로 간주되고 있다. 평등은 보통 비차별보다 더 적극적인 의무를 포함한다. 차별은 평등권을 침해하는 행위로 인간 보편성의 근거인 인간의 존엄성에 대한 부정이라고 할 수 있다(한국인권재단, 2014).

임파워먼트(Empowerment) 외에 권한강화, 역량강화란 말로 번역되어 사용되기도 하지만 최근에는 일반적으로 임파워먼트라고 한다. 임파워먼트는 스스로의 힘으로 뜻을 이루는 것을 의미하지만 사전적 의미는 '힘 또는 권리를 부여하는 것'으로 나타난다. 임파워먼트는 조직에서 실무자 또는 사업참여자들의 업무수행능력을 제고시키고 관리자들이 지니고 있는 권한을 실무자 또는 참여자에게 이양하여 그들의 책임 범위를 확대함으로써 실무자 또는 참여자(청소년들)가 보유하고 있는 잠재능력 및 창의력을 최대한 발휘하도록 하는 방법이라고 할 수 있다. RBA에서 임파워먼트란 개인 또는 집단의 역량을 증진함으로써, 그들이 자발적 선택을 하고 그 선택을 자신들이 원하는 행동이나 결과물로 변화시킬 수 있도록 하는 것이라고 정의하며 이 또한 참여의 조건이자 결과이며 책무성의 강화조건이기도 한다.

인권기준과의 연계(Linkages to human rights standards)란 국내 및 국제적으로 승인 실행중인 인권기준과 개발의 목표를 연계해서 법적 제도화하는 것을 의미한다. RBA는 국제인권의 주요 원칙에 기반하고 있기 때문에 국내외의 표준인권체계에 대한 인식이 기반되어야 한다.

2) 청소년활동시설의 권리기반접근

청소년활동시설에서 권리기반으로 프로그램의 개발 및 운영을 진행한다는 것은 참여가 기본 원리로써 청소년은 재화나 서비스의 수동적인 수혜자라기보다는 자기 자신이 스스로의 발전에 있어 주체로서 인식하는 과정으로 이해된다. 청소년은 활동의 주체로서 또는 프로그램의 대상자로서 청소년이 기획, 운영, 평가의 전반적인 과정에 참여함으로써 프로그램의 효과성과 효율성을 높일 수 있다. 따라서 전반적인 권리기반접근은 다음과 같다.

첫째, 청소년시설에서 청소년들은 기획 및 평가자로서의 권리기반접근이다. 청소년활동의 기획에서부터 최종 평가에 이르는 전 과정에 청소년참여는 지극히 친인권적인 당연한 원리다. 청소년활동 프로그램은 청소년들이 주도하여 기획자로서, 지원사업 선정을 위한 심사자로서, 평가자로서 참여할 수 있는 방법이 있다. 권리기반접근에 따른 청소년을 위한 프로그램에서 참여하는 청소년은 자신 스스로의 발전에 있어서 주요행위자로서의 인식이며 참여는 수단이자 목적이고 전략은 임파워먼트에 있기 때문이다. 청소년이 프로그램을 기획하고 진행한다는 것 그 자체가 권리기반에 따라 진행하는 것이다. 즉 주도적인 운영자로서 참여하는 것은 활동현장 시스템에서 상당 기간 지속됨으로써 권리기반접근이 당연한 것으로 인식되는 결과를 낳을 것이다.

둘째, 청소년자치조직을 중심으로 한 권리기반접근이다. 청소년자치조직에 기반한 청소년활동 프로그램을 유도해야 한다. 대부분의 청소년활동 프로그램은 청소년지도자가 기획하고 청소년들을 모집하는 방식으로 이루어진다. 이러한 일반적인 프로그램 제공자의 위치에서는 권리기반적 접근이 쉽지 않을 수도 있다. 자기선택권에 의해서 프로그램에 참여하기도 하지만 그렇지 않은 경우가 많기 때문이다. 따라서 청소년활동시설에서는 기본적으로 청소년동아리, 청소년운영위원회 등의 다양한 자치조직을 활성화하고 그들이 원하거나 필요한 프로그램을 중심으로 운영할 필요성이 제기된다. 특히 청소년동아리활동이 청소년들의 자생적인 모임으로 시작되고 운영하는 경우가 일반적이다. 청소년지도자들의 집중적인 도움 없이도 자체적으로 다양한 활동을 운영하며 진행할 수 있다. 이러한 동아리활동과 같은 자치적 활동을 중심으로 시설의 전반적인 프로그램을 설계 지원할 필요성이 요구된다. 권리기반이란 프로그램 서비스 대상으로서의 객체화시키는 것이 아닌 임파워먼트에 집중하는 것이다.

셋째, 지역사회기반의 기여관점의 권리기반접근이다. 청소년활동 프로그램이나 청소년활동조직, 지역사회가 청소년성장을 촉진하는 데 기여하고 참여하도록 청소년개발의 작용체계가 설명되는데 인권의 발달권적 관점에서의 배경 부문으로서의 환경요인과 투입되는 것(예를 들면 프로그램 조직, 지역사회 등)과 발달촉진요인, 결과 등으로 나누어진다. 기본적인 관점은 긍정적 청소년개발(positive youth development: PYD)이다. 권리기반접근의의 참여와 비차별, 임파워먼트 등이 일어나는 공간적 역할에서 실제 지역사회와의 관계에서 PYD 관점의 핵심적 특질과 연결시킬 수 있다. 여기에서는 역량(competence), 자신감(confidence), 연결(connection), 성격(character), 돌봄(caring)의 다섯 가지의 C를 강조하면서 청소년들이 건강한 성인기로 이전해 가도록 돕는 주요한 기능을 하는 것으로 간주하는데, 이후 여섯 번째 C인 기여

(contribution), 즉 자기 자신, 가족, 지역사회 및 시민사회에 기여를 강조하는 것으로 이어진다. 권리기반접근방식의 참여와 책무성, 임파워 등의 기본적인 원리를 그대로 이행할 수 있는 과정이다. 즉 청소년활동 프로그램이 권리기반접근의 공간적 역할은 프로그램을 진행하는 시설 중심의 공간뿐만 아니라 청소년시설 자체가 지역사회의 청소년활동의 허브 역할로서 기능이 중요하며 프로그램 자체가 단순히 청소년 대상의 서비스역할로서 끝나는 것이 아닌 그들을 중심으로 실제적인 지역사회에 기여(contribution)가 일어나도록 그들이 속한 공간에 참여(participation)하는 과정에 권한이 부여되고 책무성을 갖는 등의 권리기반적 접근 형태의 프로그램이 진행되어야 한다.

넷째, 청소년인권주제를 통한 프로그램의 권리기반적 접근이다. 청소년활동시설에서는 다양한 프로그램들을 진행한다. 청소년기본법의 이념은 청소년이 사회구성원으로서 정당한 대우와 권익을 보장받고, 아울러 스스로 생각하고 자유롭게 활동할 수 있도록 하며 보나 나은 삶을 누리고 유해한 환경으로부터 보호될 수 있도록 함으로써 국가와 사회가 필요로 하는 건전한 민주시민으로 자랄 수 있도록 하는 것이다. 이러한 최상위 이념을 실현하기 위해 다양한 사업들이 이루어진다. 이러한 사업을 추진하기 위한 기관 중 청소년활동을 위해 제공되는 시설은 청소년수련관, 청소년수련원, 청소년문화의집, 특화시설, 야영장 등 다양하다. 특히 생활권 시설에서 다양한 프로그램들이 제공되는데 진행하는 대부분의 프로그램들이 일반 공공시설인 문화센터나 주민자치센터 등에서 제공하는 프로그램과 크게 다르지 않는 경우가 있다. 프로그램의 차별성을 찾을 수 없는 것이다. 청소년활동이 권리기반이 되기 위해서는 기본적으로 청소년인권이 무엇이며 실제 지역사회에 청소년인권이 어떻게 반영되고 있는지를 알 수 있는 다양한 프로그램이 요구된다.

다섯째, 청소년운영위원회의 실질적 참여를 위한 권리기반섭근이다. 진국의 생활권 청소년수련시설(청소년수련관, 청소년문화의집)에는 청소년활동진흥법 제4조에 따라 시설의 사업, 프로그램 운영과 관련된 의사결정과정에 청소년이 참여할 수 있도록 '청소년운영위원회'가 설치 · 운영되고 있다. 청소년운영위원회의 설치 목적은 청소년수련시설을 이용하는 청소년의 의견과 욕구를 반영하여 청소년수련시설이 청소년 중심으로 운영되도록 하기 위한 것이다. 현재 청소년운영위원회는 청소년수련시설의 심의 · 평가 등을 통해 시설운영 전반에 참여함은 물론 프로그램의 직접 기획 · 운영, 청소년 대표로서 각종 지역사회 청소년관련 행사 참가 등 다양한 활동을 전개하고 있다(여성가족부, 2013). 청소년참여기구로서 청소년운영위원회는 청소년수련시설의 운영 및 각종 프로그램 등을 청소년들이 직접 자문, 평가, 참여하게 함으로써 청소년이 시설이 주인이 되고 청소년수련시설 운영에 청소년의 욕구와 의견이 반영되어 운영될 수 있도록 하기 위한 것이다. 청소년운영위원회는 10인에서 20인 이내의 청소년으로 구성되며, 위원의 임기는 1년이며 연임할 수 있다(청소년활동진흥법 시행령 제4조). 2013년 기준, 전국 17개 시 · 도 400개 생활권 수련시설 중 305개의 시설에 청소년운영위원회가 설치 · 운영되고 있다. 문제는 이러한 청소년운영위원회가 시설의 대표성을 확보하지 못하였고, 기관의 인식의 문제로 학교 교사들뿐만 아니라 시설 종사자들의 청소년운영위원회의 목적과 청소년참여의 인식이 부족하여 사업의 대상화로 전락하는 점과 낮은 참여 수준이 나타나고 있다는 데 있다(정건희, 2014b). 이러한 청소년운영위원회가 권리기반으로 운영되기 위해서는 본래 목적에 집중할 필요성이 제기된다. 즉, 대표성을 확보하여 실제 시설 전반의 운영에 청소년들이 참여할 수 있도록 도와야 한다. 권리기반접근의 PANEL 원칙의 기본적 접근의 유형을 운영위활동이 담보할 수 있도록 해야 한다. 이를 위해서 청소년시설에서 활동하는 전체 청소년들을 대표할 수 있도록 해야 한다. 청소년운영위원회를 자체적으로 모집하게 되는 경우가 일반적인데 이러한 조직은 여러 동아리들 중 하나의 조직으로 치부되는 경우도 있어서 대표성을 갖기 어렵다. 따라서 시설 전체 청소년의 대표성을 갖기 위해서 각 동아리회원들의 대표들이 운영위원회가 되어 활동을 진행할 수 있도록 돕는 방식이 있다.

마지막으로 자연권 시설의 청소년의 권리기반접근이다. 자연권 수련시설은 주로 자연과 더불어 체험활동 위주의 수련활동을 실시하는 시설로서 청소년수련원과 청소년야영장 등으로 구분된다. 청소년수련원은 숙박기능을 갖춘 생활관과 다양한 수련활동을 실시할 수 있도록 각종 시설과 설비를 갖춘 종합수련시설로 생활관과 자연체험시설, 체육시설, 녹지대 등의 제반시설을 갖추고 있는 종합 수련시설이다. 유스호스텔은 청소년의 숙박에 필요한 적합한 시설과 설비와 부대 편의시설을 갖추고 교육적 기능과 수련활동기능 등을 보유한 일종의 청소년전용 숙박시설로 볼 수 있다. 따라서 자연권 수련시설의 활동은 짜인 프로그램에 학교나 단체 등에서 대단위로 참여하는 경우가 많다. 청소년들의 자발적 참여보다는 의무적 참여가 일반적이기 때문에 권리기반접근의 원칙인 참여수준이나 책임성, 권한부여 등이 크지 않아서 문제를 일으키는 경우가 있다. 따라서 가급적 프로그램의 완충작용을 할 수 있는 여지를 부여하는 것이 중요하다. 예를 들면 반드시 필요한 프로그램 진행과정은 진행해야 하지만 그 외에 다양한 선택권을 줌으로써 프로그램의 참여수준을 높일 수 있을 것이다. 또한 자연권 시설에 입소하기 이전에 사전에 단체나 학교와 긴밀한 소통을 통해 참여 청소년들의 의견을 취합하고 프로그램의 성격을 조정하는 등의 노력이 필요하다.

학습정리

청소년활동시설이 청소년들의 참여적 공간으로서 역할을 하기 위한 권리기반에 의한 운영방법과 함께 운영체계에 대해 알아보았다.

청소년활동은 발달의 전제가 되는 신체적 발달과 함께 잠재능력을 개발하는 데 필요한 권리로써 교육받을 권리, 여가를 즐길 권리, 문화생활을 하고 정보를 얻을 권리, 직업적 발달과 신체적 발달 권리를 포함하는 개념으로 확장·정의하여 발달권적 접근이 가능하다. 공공정책적 개념으로 청소년의 균형 있는 성장을 위해 필요한 활동과 이러한 활동을 소재로 하는 수련활동, 교류활동, 문화활동 등 다양한 형태의 활동"으로 정의하고 있다.

청소년활동 시설은 공공적 개념과 관점으로 접근되며 청소년수련시설과 청소년이용시설로 구분할 수 있다. 또한 청소년활동 시설운영은 청소년인권 가운데 참여권적 접근이 용이하다. 특히 전인적 발달을 위한 포괄적인 역량계발을 위해서는 다양한 체험활동의 경험이 필요하며, 활동의 효과를 높이기 위해서는 자발적이며 주도적인 참여가 필요하다. 청소년활동의 참여과정은 청소년인권의 지향하는 가치로서 나타나게 되며 청소년활동의 중요한 목적으로 청소년활동시설은 '청소년참여'를 핵심으로 하는 청소년활동 프로그램의 개선이 반드시 시행되어야 한다. 이러한 활동은 '안전'문제를 해결할 수 있는 중요한 원리이기도 하다.

청소년활동시설의 운영 유형은 민간위탁(contracting out)과 공공법인으로서의 시설관리공단과 청소년재단 등이 있으며 각각의 장단점이 존재한다.

청소년활동시설의 권리기반접근원리로는 청소년들은 기획 및 평가자로서의 접근, 청소년자치조직을 중심으로 한 접근, 지역사회기반의 기여관점의 접근, 청소년인권주제를 통한 프로그램의 권리기반적 접근, 청소년운영위원회의 실질적 참여를 통한 접근, 마지막으로 자연권 시설의 청소년의 선택권적 접근이 가능하다.

연습문제

〈객관식〉

1. 권리에 기반한 접근(RBA)은 사람들의 필요와 문제점, 잠재력에 집중하여 그들이 처한 상황을 개선하는 노력을 의미하는데, 여기에서 PANEL은 국제개발협력을 위한 시민사회뿐만 아니라 유엔에서도 규정한 주요 특성과 원칙을 설명할 때 가장 폭넓게 사용하고 있는 원칙이다. PANEL 원칙이 아닌 것은?

① Participation (참여)　② Assembly (모임, 회의)
③ Non-Discrimination (비차별, 차별 없음)　④ Empowerment (역량개발, 자력화)
⑤ Linkages to human rights standards (인권기준과의 연계)

정답. ② Accountability (책무성)

2. 다음의 (　　　) 안에 공통적으로 들어갈 용어는?

> (　　　　　)은 청소년들의 성공적인 성인으로의 이행과 균형잡힌 성장을 돕기 위한 체험활동으로써 의도적, 비의도적, 조직적, 비조직적 활동을 포함하는 제반활동을 말한다.
> (　　　　　)은 청소년들의 다양한 체험, 경험, 활동 등을 통해 당면한 기본적인 욕구를 충족시킨다. (　　　　　) 자체가 청소년들의 욕구를 충족시키면서 성인으로서의 균형잡힌 성장으로 돕는 체험활동으로 역량을 발달시키는 과정이므로 청소년들의 진로설정의 과정으로서도 중요한 역할을 하게 된다.

① 청소년진로활동　② 청소년활동　③ 청소년체험활동
④ 청소년교류활동　⑤ 청소년문화활동

정답. ② 청소년활동

출처. 이교봉 (2007). 청소년의 역량개발을 위한 청소년활동 프로그램의 발전방안에 관한 연구. 명지대학교 대학원 박사학위 논문; 정건희 (2014). 지역사회중심의 청소년진로활동 지원방안 고찰. 한국시민청소년학회 춘계학술제 자료집; Benson, P. L. & Pittman, K. (2001) Moving the youth development message: Turning a vague idea into a moral imperative, in Benson, P. & Pittman, K. (eds) Trends in youth Development: Visions, Realties and Challenges, Boston: Kluwer Academic Publishing. pp. vii-xii.

3. 청소년활동시설의 종류에 대한 설명으로 잘못 짝지어진 것은?

① 청소년수련시설-청소년수련관 ② 청소년수련시설-청소년수련원
③ 청소년수련시설-문화예술시설 ④ 청소년수련시설-청소년특화시설
⑤ 청소년이용시설-공공체육시설

정답. ③
해설. 청소년이용시설-문화예술시설 (청소년활동진흥법 제10조)

4. 다음의 ( ) 안에 들어갈 용어가 알맞게 짝지어진 것은?

> 청소년활동진흥법에 따르면 (ㄱ)은 다양한 수련활동을 실시할 수 있는 각종시설 및 설비를 갖춘 종합수련시설을 의미한다. (ㄴ)은 숙박기능을 갖춘 생활관과 다양한 수련활동을 실시할 수 있는 각종시설과 설비를 갖춘 종합 수련시설을 말한다. (ㄷ)은 간단한 수련활동을 실시할 수 있는 시설 및 설비를 갖춘 정보・문화・예술중심의 수련시설을, (ㄹ)은 청소년의 직업체험・문화예술・과학정보・환경 등 특정 목적의 청소년활동을 전문적으로 실시할 수 있는 시설과 설비를 갖춘 수련시설을 의미한다.

① ㄱ. 청소년수련관 ㄴ. 청소년수련원 ㄷ. 청소년문화의집 ㄹ. 청소년특화시설
② ㄱ. 청소년특화시설 ㄴ. 청소년수련관 ㄷ. 청소년수련원 ㄹ. 청소년문화의집
③ ㄱ. 청소년문화의집 ㄴ. 청소년특화시설 ㄷ. 청소년수련관 ㄹ. 청소년수련원
④ ㄱ. 청소년수련원 ㄴ. 청소년문화의집 ㄷ. 청소년특화시설 ㄹ. 청소년수련관
⑤ ㄱ. 청소년특화시설 ㄴ. 청소년문화의집 ㄷ. 청소년수련원 ㄹ. 청소년수련관

정답. ①
해설. ㄱ. 청소년수련관, ㄴ. 청소년수련원, ㄷ. 청소년문화의집, ㄹ. 청소년특화시설 (청소년활동진흥법 제10조)

5. 청소년시설을 민간위탁을 통해서 운영하는 경우가 있다. 민간위탁에 대해 잘못 설명한 것은?

① 민간위탁이란 일반적으로 공공서비스의 제공과정에서 시장의 원리를 적용시키려는 민영화(privatization)의 한 형태이다.
② 공급 주체의 변동이라는 점에서는 민영화와 동일하지만 재화서비스를 구입하는 쪽이 소비자가 아니라 정부라는 점에 차이가 있다.
③ 민간위탁은 법적으로 각종 법률에 규정된 행정기관의 사무 중 일부를 지방자치단체가 아닌 법인 단체 또는 그 기관이나 개인에게 맡겨 그의 명의와 책임하에 행사하도록

하는 것을 말한다.

④ 민간위탁은 정부에 의한 공공서비스 공급에 있어 소유권 이전을 전제로 한 민영화와 유사하게 공공서비스 공급에 있어서 결정권, 최종적인 관리책임과 비용부담은 민간이 가지면서 재화 및 서비스의 생산과 전달은 정부가 담당하는 것이다.

⑤ 정부 지출을 줄이기 위한 민간위탁은 주로 무형의 사무를 대상으로 하고, 정부 수입을 늘리는 목적의 민간위탁은 유형의 시설을 임하는 형태를 취한다.

정답. ④

해설. 민간위탁은 정부에 의한 공공서비스 공급에 있어 소유권 이전을 전제로 한 민영화와는 다르게 소유권의 변동 없이 공공서비스 공급에 있어서 결정권, 최종적인 관리책임과 비용부담은 정부가 가지면서 재화 및 서비스의 생산과 전달만을 민간부문이 담당하는 것을 의미한다. 행정권한위임 및 위탁에 관한 규정 제2조 제3항; 박경원 (1998). 도시행정 서비스 공급의 민간화에 관한 연구. 연세대학교 박사학위 논문; 이징은 (1990). 민간위탁의 성과와 영향 요인에 관한 연구. 중앙대학교 대학원 박사학위 논문; 유중원 (2008). 청소년수련관 운영방식 결정 요인에 관한 연구. 광운대학교 대학원 석사학위 논문.

6. 공공의 청소년수련활동 시설의 운영방식이 아닌 것은?

① 국가 또는 지자체 직영 방식 ② 민간위탁운영 방식
③ 시설관리공단 운영방식 ④ 청소년관련 재단운영방식
⑤ 개인의 운영방식

정답. ⑤

해설. 개인의 운영방식

〈주관식〉

※ 다음의 ( ) 안에 들어갈 용어를 순서대로 쓰시오.

1. 청소년활동시설 운영은 공공서비스의 제공과정에서 시장의 원리를 적용시키려는 민영화(privatization)의 한 형태로 ( )방식과 지방공기업 중 지방자치단체가 전액 출자하여 설립된 지방공기업인 ( )공단에서 운영하는 방식 등이 있다.

정답. 민간위탁, 시설관리

해설. 기획재정부장관은 공공기관을 공기업·준정부 기관과 기타 공공기관으로 구분하여 지정

2. 청소년이 청소년활동에 자발적으로 참여하여 청소년시기에 필요한 기량과 품성을 함양하는 교육적 활동으로써 청소년지도자와 함께 배움을 실천하는 체험활동은 무엇인가?

정답. ① 청소년수련활동
해설. 청소년기본법 제3조 제3항의 청소년수련활동의 정의

3. 권리기반접근(RBA)의 PANEL 원칙의 기본적 접근의 유형을 청소년활동시설에서의 참여기구인 청소년운영위원회 활동이 담보하여 청소년시설 전체 청소년이 대표성을 갖도록 하기 위해서 취할 수 있는 방법은 간략히 서술하시오.

정답. 청소년활동시설 내 각 동아리회원들의 대표들이 운영위원회가 되어 활동을 진행할 수 있도록 돕는 방식이 있다.

Chapter 10

청소년지도자

▶ 학습목표

1. 청소년지도자의 개념 및 유형에 대해서 이해하고 기타 청소년지도에 관련한 직종도 살펴본다.
2. 청소년지도와 관련된 전문영역 특히 국가자격과정에 대한 전반적인 내용을 살펴보고 이를 설명할 수 있다.
3. 청소년지도자의 역할 및 직무에 대해서 이해한다.

▶ 핵심용어

청소년지도자, 청소년지도 영역, 청소년지도자의 역할 및 직무

Chapter 10

청소년지도자

1. 청소년지도자의 개념 및 유형

1) 청소년지도자의 개념

지도자의 사전적 의미는 “특정한 집단이나 사회를 앞장서 거느리고 이끄는 사람”을 뜻한다. 글자 그대로 해석하면 청소년지도자는 청소년들을 앞장서 거느리고 이끄는 사람을 뜻하게 된다. 청소년인권운동가와 현장의 청소년활동가들이 청소년지도자라는 뜻에 대해 부정적의미를 갖는 대목이다. 청소년들이 이끌림의 대상으로 타자화되고 관리의 대상으로의 문제적 관점이 크기 때문이다.

청소년활동 프로그램은 이미 청소년참여기회 확대를 위한 접근방안을 중심으로 결함(deficits)이 자산(assets)으로, 문제중심적 청소년개발(Problem-focused Youth Development)이 긍정적 청소년개발(Positive Youth Development)적 시각으로 바뀌어 역량관점에 집중하고 있다. Betts(1996)는 청소년참여 프로그램 자체를 지역사회의 문제해결을 위한 협조적인 노력과 상호 지역사회에 기여의식 함양을 전제로 한다. 이 중 청소년활동은 청소년들과 지역사회의 실질적인 이슈들과 요구들에 중점을 주어야 하며, 성인들을 위하여 청소년활동을 제공할 목적으로 프로그램을 구성하려고 시도하지 말아야 한다. 또한 청소년들은 성인들과 동등한 수준의 단체 및 조직을 유지해야 하고, 청소년들과 성인들 모두 시너지효과를 경험할 수 있으며, 청소년들이 인위적인 사회활동에 참여를 유도하기보다는 실질적인 목적을 위한 진정한 참여를 강조하고 있다(천정웅 · 오해섭 · 김정주 · 김민, 2012).

즉, 청소년지도의 사전적 의미에서 '앞장서 이끄는 사람'이기보다는 청소년활동의 참여적 접근방식이라는 관점에서 청소년지도자는 "청소년을 주체로 인정하고, 그들과 지도자가 함께 변화하는 가능성이 있는 존재인 수평적인 관계"로서, 청소년들의 기여적 관점에 집중해야 한다. 이러한 청소년지도자의 개념을 여러 학자들이 내려왔다.

한준상(1992)은 "일반적으로 청소년들 속에서 청소년들과 더불어 청소년활동을 전개하는 지도자", 함병수(1996)는 "청소년활동조직이나 단체의 목적을 효과적으로 달성하기 위하여 청소년의 행동을 이끌고 도와주면서 청소년 개개인의 욕구에 관심을 가지고 계획 및 절차를 구체화하여 실행하고 그 결과를 평가하여 집단의 유지 · 강화에 힘쓰는 사람"으로 정의했으며, 김정주(1999)는 "협의의 개념으로 국가에서 부여하는 청소년지도사 자격소지자로 한정하여 볼 수 있고, 광의의 개념으로는 청소년 조직에 정규직으로 종사하면서 청소년지도활동에 종사하는 사람"으로 정의하고 있다. 박선영(2011)은 청소년기본법을 예를 들며 청소년지도자가 진행하는 "청소년육성과 지도는 청소년의 복지증진과 수련활동 지원, 교류 진흥, 사회여건과 환경을 청소년에게 유익하게 조성함으로써 청소년의 균형 있는 성장을 돕는 것이라고 하였다. 그래서 이런 관점에서 국내 청소년지도자의 역할은 청소년복지증진 및 도모, 청소년수련활동 지원, 교류 촉진, 청소년을 위한 환경 조성, 청소년개발 및 교육 등으로 분류할 수도 있다"고 했다.

또한 권일남 외(2010)는 청소년지도자의 범주는 대체적으로 청소년의 건강한 성장과 성공적인 성인으로의 이행을 위한 일에 종사하는 사람들을 지도자로 규정하고 있으며, 일부 학자들은 청소년지도자 중에서도 전문성 여부와 종사하는 업무의 성격 등에 따라 넓은 의미의 지도자와 좁은 의미의 지도자로 구분하고 있다며, 일반 청소년지도자는 청소년을 대상으로 청소년활동지도, 청소년복지지원, 청소년보호 · 선도활동 등에 관여하거나 종사하는 자로서 청소년들의 긍정적인 변화와 건강한 성인으로의 이행을 위해 역할모델이 정립되고 올바른 방향으로 이끌어 주는 사람이다. 또한 좁은 의미의 전문 청소년지도자는 청소년지도사 및 청소년 상담사 자격을 취득한 자로서 청소년시설이나 단체 등의 청소년기관에 종사하면서 청소년들의 긍정적 변화와 국가와 사회가 기대하는 성인으로의 이행을 유도하는 일에 종사하는 사람을 일컫는다.[39)]

역할모델로서의 관점으로 과거에는 부모, 교사의 지위와 위치가 중시되어 청소년들의 역할모델이 되어 왔지만 사회변화와 더불어 많은 부분이 약화되었다. 어쩌면 '중요한 타자'로 자리 잡을 지역사회 내에서 성인과의 접촉이 거의 사라졌다고 할 수 있다. 사회 구조가 1차 사회에서 2차 사회로 변모되고 서로의 익명성과 복잡성이 강조되면서 이러한 기능은 더욱 줄어들고 있다. 이는 역설적으로 가장 중요한 시기에 청소년들에게 역할모델이 가장 많이 필요함에도 불구하고 청소년들에게 열할 모델이 될 사람이 절대적으로 부족하다는 의미이다. 그렇다면 이러한 역할을 누군가가 인위적으로 해줄 필요가 있고 그 기능을 하는 사람들이 바로 청소년지도자라고 할 수 있다(권일남 · 김진호 · 정철상, 2003).

국가정책적으로는 청소년기본법에서 '청소년지도자'라 함은 청소년지도사 및 청소년상담사와 청소년시설 · 청소년단체 · 청소년관련기관 등에서 청소년육성 및 지도업무에 종사하는 자를 총칭한다. 국가전문자격인 청소년지도사 자격증 소지자는 2012년까지 총 30,092명이 배출되었으며, 청소년상담사자격증 소지자도 6,097명을 넘어서고 있다(청소년백서, 2013).

39) 논란의 소지가 있다. 전문 청소년지도사가 자격검정에 통과하여 자격증을 취득했다고 하더라도 현재에 청소년기관단체에서 근무하고 있지 않을 때, 잠재적 전문지도자이기는 하나 자격을 보유했다고 해서 곧바로 전문지도자라고 규정하기에는 무리가 따른다. 또한 자격을 취득했다고 하더라도 과연 전문성을 보유했는지에 대한 의문도 있을 수 있다. 자격제도의 1, 2, 3급 과정상의 차이도 불분명하며 4년, 또는 대학원까지 포함하여 7년여 공부한 전문지도자도 있으나 사이버나 학점은행제를 통해 단 6개월만에 실습 등 그 어떤 과정 없이 면접만을 통과한 자격증을 취득한 전문지도자도 있을 수 있다.

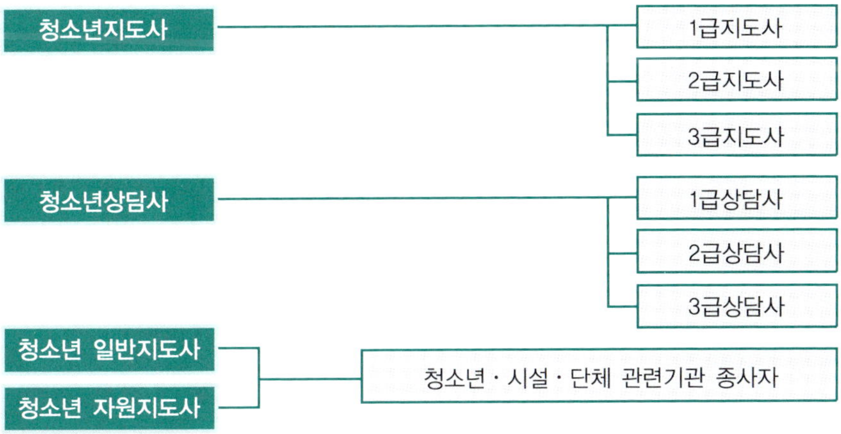

▌그림 10-1▐ 청소년지도자 분류

출처: 여성가족부 (2013).

청소년지도자의 개념을 학자들과 정책적 관점에서 조작적으로 정의해 보면, "참여가치를 중심으로 청소년과 수평적 관계를 맺으며, 조직적 관점으로는 기관 · 단체의 목적을 효과적으로 달성하고 청소년의 개개인 욕구와 관심을 중심으로 변화를 꾀하면서 청소년들에게 역할모델이 되는 사람으로서 국가자격이 있는 자와 없는 자로 구분된다." 정도로 말할 수 있을 것이다.

이와 같이 청소년지도자의 개념에 대한 정의는 다양한 관점에서 내려질 수 있다. 본 장에서는 이러한 청소년지도자의 다양한 관점 가운데 국가정책적인 지도자로서 청소년지도사와 상담사 자격과 기타 관련된 영역의 사회복지사, 평생교육사 등의 영역을 함께 살펴보고자 한다.

2) 청소년지도자의 유형 및 영역

(1) 청소년지도사

① 청소년지도사 자격제도 변화 과정

청소년지도사 자격제도는 청소년지도사 양성체제의 대표적인 제도로서 청소년기본법 제정과 그 이후 세 번의 개정을 통하여 변화되어 왔다고 할 수 있다. 1993년에는 사전연수제도를 특징으로 청소년지도사 자격제도가 청소년기본법에 근거하여 처음 시행되었고, 1999년 이후에는 청소년기본법 개정을 통하여 청소년지도사 응시자격의 개방과 전문성 강화를 특징으로 하는 자격제도가 운영되었다. 2005년 청소년기본법 개정 이후에는 전문선택영역 등의 정비와 검정과목 이수자의 필기시험 면제를 특징으로 하는 자격제도가 운영되어 현재에 이르고 있다.

각 시기별로 특징을 살펴보면, 1993년도의 청소년지도사 자격제도는 청소년지도사 양성체계의 도입단계로, 청소년기본법에 의해서 양성기관으로 지정받은 기관에서 청소년지도사 이수과정을 수료한 후 또는 대학에서 청소년(지도)학과를 졸업한 후 자격검정시험을 합격한 경우에 청소년지도사 자격을 취득할 수 있었다. 그러나 이 양성체계에서는 사전 이수과정 운영으로 인한 자격검정 응시기회의 제한, 이론중심의 교과 운영으로 인한 현장 기능습득의 한계 등의 문제가 있었다(모상헌 · 이진숙, 2014; 조아미 · 박정배 · 이진숙, 2012).

1999년도 개정 이후 청소년지도사 자격제도는 청소년지도사 양성체계의 개방화와 전문선택영역의 추가를 통한 전문화 단계라 할 수 있다. 국가 차원의 규제완화를 위해 일정한 자격요건을 갖춘 자에게 응시기회를 개방하기 위해 1993년 이후 시행되어 오던 사전연수제도를 폐지하였으며, 청소년지도사의 전문성 강화를 위해 2, 3급 청소년지도사에게 전문선택과목을 이수할 수 있도록 하였다. 하지만 이론중심의 자격검정 시험과목 운영으로 인한 현장 지도업무 수행의 어려움과 비전문성, 검정과목의 적합성 문제, 전문선택영역 과목의 검정방법의 부적절성 등과 관련한 문제가 있었다(조아미 외 2012; 모상헌 · 이진숙, 2014).

2005년 개정 이후 청소년지도사 자격제도는 그동안 청소년지도사 자격제도의 혼란과 유사 자격현장 종사자 간의 형평성을 고려하여 전문선택영역의 폐지와 검정과목 이수자의 필기시험 면제를 특징으로 하고 있다. 1999년 청소년기본법 개정 당시 청소년지도사의 전문성 강화를 위해 도입되었던 전문선택영역의 검정방식의 어려움, 시험문제의 변별력 및 과목 간 난이도 조절의 문제점 등을 이유로 폐지되

표 10-1 청소년지도사 자격제도 주요 변화

구분	1단계(1993년)	2단계(1999년 이후)	3단계(2005년 이후)
등급	1 · 2 · 3급	1 · 2 · 3급	1 · 2 · 3급
응시자격	사전연수 이수자	일정 자격을 갖춘 자	일정 자격을 갖춘자
특징	• 사전연수 후 자격검정 • 졸업(수료)후 자격검정 (청소년학과 학생)	• 자격검정 후 합격자 연수 • 응시자격의 개방 • 전문선택영역 도입 (2, 3급 13개 과목)	• 자격검정 후 합격자 연수 • 검정과목 축소 · 조정 • 필기시험 면제('08년 시행) (전공과목 이수자)
검정과목	• 1급 : 전공별 5과목 • 2급 : 전공별 4과목 • 3급 : 7개 과목 종합시험	• 1급 : 5과목 • 2급 : 10과목(공통필수 6. 공통선택 6 과목 중 택 3. 전문선택 13 과목 중 택 1) • 3급 : 7과목(공통필수 6. 전문선택 13과목 중 택 1)	• 1급 : 전공 5과목 • 2급 : 전공 8과목 • 3급 : 전공 7과목
연수	• 2급 : 120시간 이상 • 3급 : 50시간 이상 (사전연수) ※ 청소년학 전공자는 과정 이수 면제	20시간 이상	30시간 이상
한계점	• 자격검정 응시기회 제한 (사전연수 수용 제한) • 현장 필요기능 습득 한계 (이론 중심 교과 운영)	• 검정과목의 과다 및 부적합 • 전문선택영역 과목의 검정 방법의 부적절 • 현장 필요기능 습득 한계 (이론 중심 교과 운영)	• 필기시험 면제자의 실습 의무화 등 전문성 강화 대책 미흡 • 1, 2, 3급 검정과목의 중복 및 현장직무능력 반영 미흡

출처: 여성가족부, 한국청소년활동진흥원 (2015). p. 12.

었다. 이 기간부터 청소년지도사 자격검정과목은 전문선택과목을 폐지하고 모두 필수과목만으로 운영하게 되었는데, 1급 5개 과목, 2급 8개 과목, 3급 7개 과목이었다. 청소년기본법 경과규정에 의해서 2008년 1월 1일부터는 대학에서 자격검정과목을 전공으로 이수한 자의 경우에는 필기시험이 면제되었다(조아미 외, 2012).

② 청소년지도사 응시자격

급격한 사회변화에 따라 심각해지고 있는 청소년문제를 적극적으로 해결하고 체계적인 청소년활동을 제공하기 위해서는 청소년수련활동에 대한 전문지식과 지도기법 및 자질을 갖춘 청소년지도자의 양성이 필요하다. 청소년지도자의 체계적이고 전문적인 양성을 위해 청소년기본법에서는 청소년지도사 양성 및 배치에 관한 내용을 규정하여 1993년부터 국가공인 청소년지도사를 양성해 오고 있다. 청소년지도사는 1, 2, 3급으로 구분되며, 청소년 관련분야의 경력·기타 자격을 갖춘 자로서 자격 검정에 합격하고 소정의 연수를 마친 자에게 국가자격을 부여한다.

청소년지도사는 청소년활동(프로그램, 사업)을 전담하여 청소년의 수련활동, 지역·국가 간 교류활동, 동아리활동, 봉사활동, 예술활동 등을 지도한다. 청소년지도사의 등급별 자격검정에 응시할 수 있는 자격기준과 자격검정의 과목 및 방법은 표 다음과 같다(여성가족부, 2013).

표 10-2 청소년지도사 등급별 자격검정 응시자격의 기준

등급	응시자격 기준
1급 청소년지도사	2급 청소년지도사 자격 취득 후 청소년활동 등 청소년육성업무에 종사한 경력이 3년 이상인 사람
2급 청소년지도사	1. 대학 졸업(예정)자 또는 이와 같은 수준 이상의 학력이 있는 사람으로서 2급 청소년지도사 자격검정에 필요한 과목 모두를 전공과목으로 이수한 사람 2. 2005년 12월 31일 이전에 대학을 졸업하였거나 이와 같은 수준 이상의 학력을 취득한 사람으로서 별표 1의2에 따른 과목을 이수한 사람 3. 대학원의 학위과정 수료(예정)자로서 2급 청소년지도사 자격검정에 필요한 과

	목 모두를 전공과목으로 이수한 사람 4. 2005년 12월 31일 이전에 대학원의 학위과정을 수료한 사람으로서 별표 1의2에 따른 과목 중 필수영역 과목을 이수한 사람 5. 대학 졸업 또는 이와 같은 수준 이상의 학력이 있다고 다른 법령에서 인정받은 후 청소년활동 등 청소년육성업무에 종사한 경력이 2년 이상인 사람 6. 전문대학 졸업 또는 이와 같은 수준 이상의 학력이 있다고 다른 법령에서 인정받은 후 청소년활동 등 청소년육성업무에 종사한 경력이 3년 이상인 사람 7. 3급 청소년지도사 자격 취득 후 청소년활동 등 청소년육성업무에 종사한 경력이 2년 이상인 사람 8. 고등학교 졸업 또는 이와 같은 수준 이상의 학력을 인정받은 후 청소년활동 등 청소년육성업무에 종사한 경력이 8년 이상인 사람
3급 청소년지도사	1. 전문대학 졸업(예정)자 또는 이와 같은 수준 이상의 학력이 있는 사람으로서 3급 청소년지도사 자격검정에 필요한 과목 모두를 전공과목으로 이수한 사람 2. 2005년 12월 31일 이전에 전문대학을 졸업하였거나 이와 같은 수준 이상의 학력을 취득한 사람으로서 별표 1의2에 따른 과목을 이수한 사람 3. 전문대학 졸업 또는 이와 같은 수준 이상의 학력이 있다고 다른 법령에서 인정받은 후 청소년활동 등 청소년육성업무에 종사한 경력이 2년 이상인 사람 4. 고등학교 졸업 또는 이와 같은 수준 이상의 학력이 있다고 다른 법령에서 인정받은 후 청소년활동 등 청소년육성업무에 종사한 경력이 3년 이상인 사람

출처: 청소년기본법 시행령 제20조 제2항 별표 1.

표 10-3 청소년지도사 자격검정의 과목 및 방법

구분	검정과목	검정방법	
1급	청소년연구방법론, 청소년 인권과 참여, 청소년정책론, 청소년기관 운영, 청소년지도자론	주관식 · 객관식 필기시험	
2급	청소년육성제도론, 청소년지도방법론, 청소년심리 및 상담, 청소년문화, 청소년활동, 청소년복지, 청소년프로그램 개발과 평가, 청소년문제와 보호	객관식 필기시험	면접 (3급 청소년지도사 자격증 소지자는 면접시험 면제)
3급	청소년육성제도론, 청소년활동, 청소년심리 및 상담, 청소년문화, 청소년지도방법론, 청소년문제와 보호, 청소년프로그램 개발과 평가	객관식 필기시험	면접

출처: 청소년기본법 시행령 제20조 제2항 별표 1.

③ 청소년지도사 양성체계

청소년지도사 양성은 여성가족부 주관으로 한국산업인력공단에 위탁하여 자격검정을 실시하고 자격검정에 합격한 자에게 한국청소년활동진흥원에서 연수를 실시한 후 청소년지도사 자격증을 교부하고 있다. 청소년지도사 자격검정 및 연수 체계도는 다음과 같다(여성가족부, 2013).

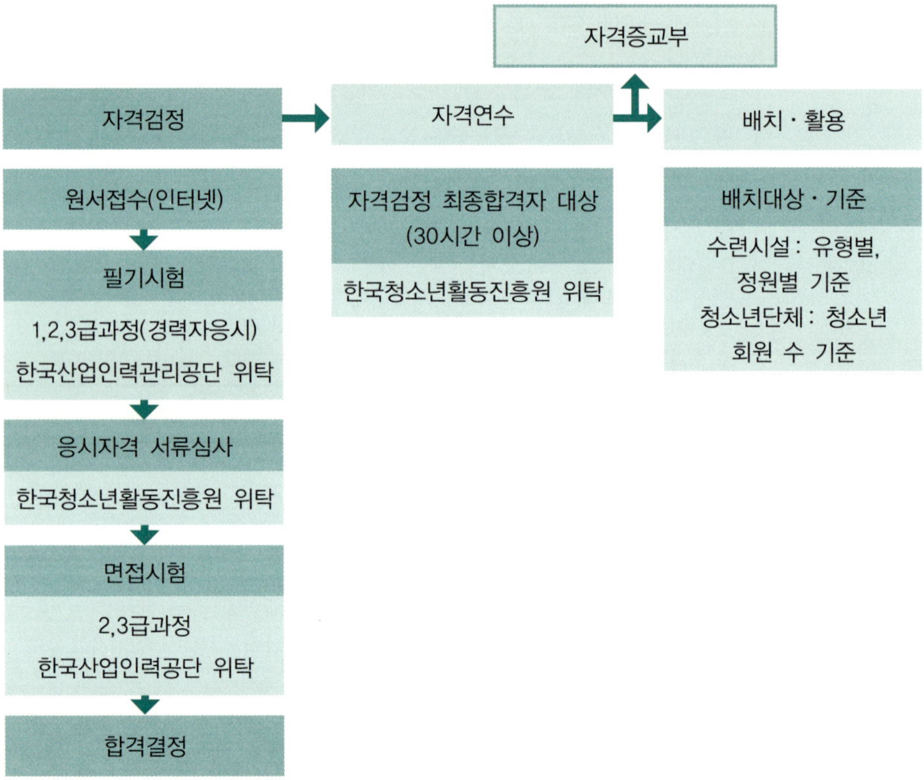

▌그림 10-2▌ 청소년지도사 자격검정 및 연수 체계도

출처: 여성가족부 (2013).

청소년지도사 자격검정의 합격 기준은 필기시험 매과목 40점 이상, 전 과목 평균 60점 이상의 점수를 얻어야 한다. 또한 2008년 1월부터는 2급 자격기준 중 대학졸업(예정)자 또는 이와 동등 이상의 학력이 있는 자로서 2급 청소년지도사 자격검정에 필요한 과목 모두를 전공과목으로 이수한 자와 3급 지도사의 경우 전문대학 졸업(예정)자 또는 이와 동등 이상의 학력이 있는 자로서 3급 청소년지도사 자격검정에 필요한 과목 모두를 전공과목으로 이수한 자는 해당 급수의 청소년지도사 자격검정 필기시험을 면제한다.

자격검정에 합격한 자를 대상으로 실시하는 연수는 30시간 이상으로 하며, 자질과 전문성을 함양 할 수 있는 내용으로 구성된다. 청소년지도사 양성계획에 따라 1993년부터 2012년까지 1급 청소년지도사 1,470명, 2급 청소년지도사 19,645명, 3급 청소년지도사 8,977명 등 총 30,092명의 국가공인 청소년지도사를 배출하였다. 2012년도에는 총 3,262명의 청소년지도사를 배출하였는데 이 중 여성이 2,642명으로 81.0%를 차지하고 있으며 1급은 8명, 2급은 2,502명, 3급은 752명 등이다.

청소년기본법에 따르면, 청소년시설과 단체에는 일정한 기준에 의하여 청소년지도사를 배치하여야 한다. 청소년시설별 청소년지도사 배치기준은 〈표 10-4〉와 같다.

국가 및 지방자치단체는 청소년단체 또는 청소년시설에 배치된 청소년지도사에 대해 예산의 범위 안에서 그 활동비의 전부 또는 일부를 보조할 수 있다.

청소년지도사의 보수교육은 청소년기본법 제24조2에 근거하여 2013년부터 보수교육 의무화를 시행하였다. 청소년시설 및 청소년단체 등에서 청소년육성업무에 종사하는 청소년지도사는 역량 강화 및 자질 향상을 위하여 2년에 1회 20시간 이상의 보수교육을 받아야 한다. 보수교육 대상기관에 종사하는 청소년지도사 등록인원이 3,224명으로 2013년 10월 말 기준 1,456명이 교육을 수료하였다(여성가족부, 2013).

(2) 청소년상담사

① 청소년상담사 응시자격

청소년상담사 자격증은 상담관련분야를 전공하고 상담실무 경력이나 기타 자격을 갖춘 자로서 자격검정에 합격하고 소정의 연수를 마친 자에게 부여하는 국가자격증이다. 청소년상담사는 국가차원의 청소년상담 관련 기관인 한국청소년상담복

표 10-4 청소년시설의 청소년지도사 배치기준

청소년수련시설

배치대상	배치기준
청소년수련관	1급 청소년지도사 1명, 2급 청소년지도사 1명, 3급 청소년지도사 2명 이상을 두되, 수용인원이 500명을 초과하는 경우에는 500명을 초과하는 250명당 1급, 2급 또는 3급 청소년지도사 중 1명 이상을 추가로 둔다.
청소년수련원	1) 2급 청소년지도사 및 3급 청소년지도사를 각각 1명 이상 두되, 수용정원이 500명을 초과하는 경우에는 1급 청소년지도사 1명 이상과 500명을 초과하는 250명당 1급, 2급 또는 3급 청소년지도사 중 1명 이상을 추가로 둔다. 2) 지방자치단체에서 폐교시설을 이용하여 설치한 시설로서 특정 계절에만 운영하는 시설의 경우에는 청소년지도사를 두지 않을 수 있다.
유스호스텔	청소년지도사를 1명 이상 두되, 숙박정원이 500명을 초과하는 경우에는 2급 청소년지도사 1명 이상을 추가로 둔다.
청소년야영장	1) 청소년지도사를 1명 이상 둔다. 다만, 설치 · 운영자가 동일한 시 · 도 안에 다른 수련시설을 운영하면서 청소년야영장을 운영하는 경우로서 다른 수련시설에 청소년지도사를 둔 경우에는 그 청소년야영장에 청소년지도사를 별도로 두지 않을 수 있다. 2) 국가, 지방자치단체, 그 밖에 공공법인이 설치 · 운영하는 청소년야영장으로서 청소년수련거리의 실시 없이 이용 편의만 제공하는 경우에는 청소년지도사를 두지 않을 수 있다.
청소년문화의집	청소년지도사를 1명 이상 둔다.
청소년특화시설	2급 청소년지도사 및 3급 청소년지도사를 각각 1명 이상 둔다.

비고: 청소년수련시설은 「청소년활동진흥법」 제10조제1호에 따른 청소년수련시설을 말한다.

청소년단체

배치대상	배치기준
청소년단체	청소년회원 수가 2천명 이하인 경우에는 1급 청소년지도사 또는 2급 청소년지도사 1명 이상을 두되, 청소년회원 수가 2천 명을 초과하는 경우에는 그 초과하는 2천 명마다 1급 청소년지도사 또는 2급 청소년지도사 1명 이상을 추가로 두며, 청소년회원 수가 1만 명 이상인 경우에는 청소년지도사의 5분의 1 이상은 1급 청소년지도사로 두어야 한다.

출처: 청소년기본법 시행령 제25조 제2항 별표 5.

지개발원, 시・도 및 시・군・구 청소년상담복지센터, 초・중・고・대학의 학생 상담소, 청소년수련관, 사회복지관, 청소년쉼터, 청소년관련 복지시설, 경찰청이나 법무부 등 청소년업무 지원부서, 사설 청소년상담실, 아동청소년대상 병원, 일반 청소년관련 사업체, 근로청소년관련 사업체 등에서 청소년상담업무에 종사한다. 청소년상담사 자격검정 등급별 응시자격 기준과 자격검정의 과목 및 방법은 다음과 같다(여성가족부, 2013).

표 10-5 청소년상담사 등급별 자격검정 응시자격 기준

등급	응시자격 기준
1급	1. 대학원에서 청소년(지도)학・교육학・심리학・사회사업(복지)학・정신의학・아동(복지)학 분야 또는 그 밖에 여성가족부령으로 정하는 상담 관련 분야(이하 "상담관련분야"라 한다)의 박사학위를 취득한 사람 2. 대학원에서 상담관련분야의 석사학위를 취득한 후 상담 실무경력이 4년 이상인 사람 3. 2급 청소년상담사로서 상담 실무경력이 3년 이상인 사람 4. 제1호 및 제2호에 규정된 사람과 같은 수준 이상의 자격이 있다고 여성가족부령으로 정하는 사람
2급	1. 대학원에서 상담관련분야의 석사학위를 취득한 사람 2. 대학 또는 다른 법령에 따라 이와 동등한 학력을 인정받는 기관에서 상담관련분야 학사학위를 취득한 후 상담 실무경력이 3년 이상인 사람 3. 3급 청소년상담사로서 상담 실무경력이 2년 이상인 사람 4. 제1호부터 제3호까지에 규정된 사람과 같은 수준 이상의 자격이 있다고 여성가족부령으로 정하는 사람
3급	1. 대학 및 「평생교육법」에 따른 학력이 인정되는 평생교육시설의 상담관련분야 졸업(예정)자 2. 전문대학 또는 다른 법령에 따라 이와 동등한 학력을 인정받는 기관에서 상담관련분야 전문학사를 취득한 사람으로서 상담 실무경력이 2년 이상인 사람 3. 대학 또는 다른 법령에 따라 이와 동등한 학력을 인정받는 기관에서 학사학위를 취득한 후 상담 실무경력이 2년 이상인 사람 4. 전문대학 또는 다른 법령에 따라 이와 동등한 학력을 인정받는 기관에서 전문학사학위를 취득한 후 상담 실무경력이 4년 이상인 사람 5. 고등학교를 졸업하고 상담 실무경력이 5년 이상인 사람 6. 제1호부터 제4호까지에 규정된 사람과 같은 수준 이상의 자격이 있다고 여성가족부령으로 정하는 사람

청소년상담사 자격검정은 필기시험과 면접시험으로 구성되어 있으며, 필기시험 과목은 1급 5과목, 2급과 3급은 각각 6과목이며, 합격기준은 매 과목 100점을 만점으로 하여 매과목 40점 이상, 전 과목 평균 60점 이상이다. 필기시험 합격 후 응시자격 기준에 해당하는지에 대한 여부를 확인하기 위하여 서류심사를 실시하며, 이를 통과한 자에 한해 면접시험을 볼 수 있다. 면접시험에 합격한 자를 자격검정 최종 합격자로 본다. 청소년상담사 자격검정과목과 방법은 다음과 같다.

표 10-6 청소년상담사 자격검정과목과 방법

등급	검정과목		검정방법	
	구분	과목		
1급	필수	• 상담사 교육 및 사례지도 • 청소년 관련법과 행정 • 상담연구방법론의 실제	필기시험	면접
	선택	비행상담 · 성상담 · 약물상담 · 위기상담 중 2과목		
2급	필수	• 청소년 상담의 이론과 실제 • 상담연구방법론의 기초 • 심리측정 평가의 활용 • 이상심리	필기시험	면접
	선택	진로상담 · 집단상담 · 가족상담 · 학업상담 중 2과목		
3급	필수	• 발달심리 • 집단상담의 기초 • 심리측정 및 평가 • 상담이론 • 학습이론	필기시험	면접
	선택	청소년이해론 · 청소년수련활동론 중 1과목		

출처: 청소년기본법시행령 제23조 제2항 별표 4.

② 청소년상담사 양성체계

청소년상담사의 경우, 여성가족부의 주관으로 한국청소년상담복지개발원과 한국산업인력공단에 위탁하여 자격검정을 실시하고 자격검정에 합격한 자에 대하여는 실무능력 향상을 위해 100시간 이상 의무 연수를 실시하며, 지역 청소년상담복지센터와 청소년쉼터 등의 청소년복지시설에 배치·활용된다.

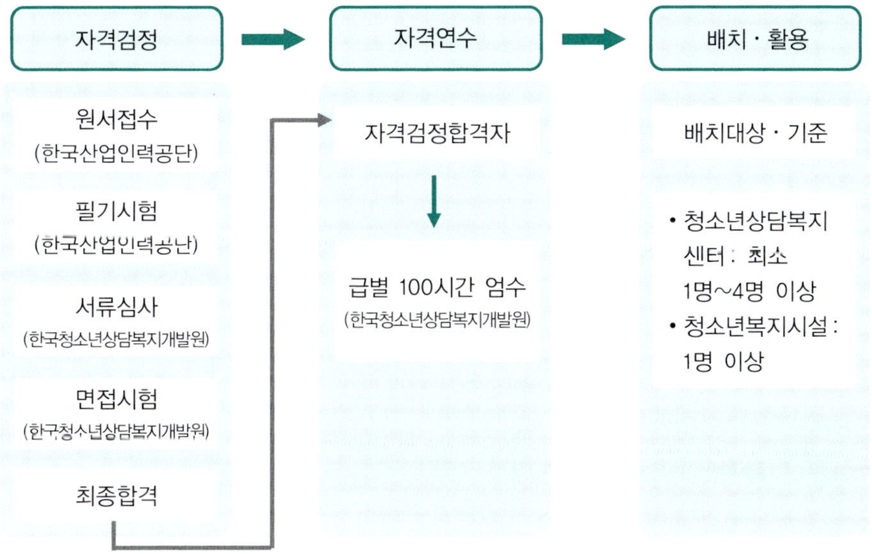

그림 10-3 **청소년상담사 양성체계**

출처: 여성가족부 (2013).

청소년상담사 자격연수과목은 청소년상담 관련 이론과 실제적인 실무를 익힐 수 있도록 구성되어 있으며, 1급·2급·3급 모두 5과목으로 구성되어 있다. 자격연수 형태는 급별 책무에 맞는 질적 교육을 위하여 이론, 세미나, 실습 등으로 구성되어 있다.

표 10-7 청소년상담사 자격연수과목

등급	연수과목
1급 청소년상담사	• 청소년상담슈퍼비전 • 청소년상담프로그램개발 • 청소년위기개입II • 청소년문제세미나 • 청소년관련법과 정책
2급 청소년상담사	• 청소년상담과정과 기법 • 청소년진로학업상담 • 청소년위기개발 I • 지역사회상담 • 부모상담
3급 청소년상담사	• 청소년개인상담 • 청소년집단상담 • 청소년매체상담 • 청소년상담현장론 • 청소년발달문제

출처: 청소년상담사 자격검정 및 연수규정 제31조 별표 2.

③ 청소년상담사 양성 및 배치기준

청소년상담사 양성계획에 따라 2012년까지 총 10회의 청소년상담사 자격검정이 있었으며, 청소년상담사 1급 304명, 2급 2,108명, 3급 3,685명으로 총 6,097명의 청소년상담사를 양성하였다.

청소년기본법에 따르면, 배치대상 청소년시설에는 일정한 기준에 의하여 청소년상담사를 배치하여야 하며, 청소년상담사 배치기준은 다음과 같다.

표 10-8 청소년상담사 배치기준

배치대상 청소년시설	배치기준
가. 청소년복지지원법 제29조에 따라 특별시·광역시·도 및 특별자치도에 설치된 청소년상담복지센터	청소년상담사 3명 이상을 둔다.
나. 청소년복지지원법 제29조에 따라 시·군·구에 설치된 청소년상담복지센터	청소년상담사 1명 이상을 둔다.
다. 청소년복지지원법 제31조에 따른 청소년복지시설	청소년상담사 1명 이상을 둔다.

청소년지도사와 마찬가지로 국가 및 지방자치단체는 청소년시설 및 청소년단체에 배치된 청소년상담사에 대하여 예산의 범위 안에서 그 활동비의 전부 또는 일부

를 보조할 수 있다(청소년기본법 제23조).

이와 함께 청소년기본법 제24조의2에 따라 청소년시설, 청소년단체 및 학교 등에서 청소년상담 업무에 종사하는 청소년상담사는 자질향상을 위하여 2013년 1월 1일부터 정기적으로 보수교육을 받아야 한다.

④ 국가직무능력표준과 청소년지도자 자격

기업들이 직무와 무관한 스펙을 배제시키고, 실제 기업이 필요로 하는 능력과 자질을 평가해 선발하는 '스펙 초월 채용', '탈 스펙 채용' 등 새로운 채용시스템에 관심을 보이면서 채용 절차에 대한 변화를 추구하고 있다. 이에 따라 고용노동부도 공공기관을 대상으로 국가직무능력표준(NCS)을 바탕으로 한 직무능력 평가도구를 개발하여 보급하고 있다.[40]

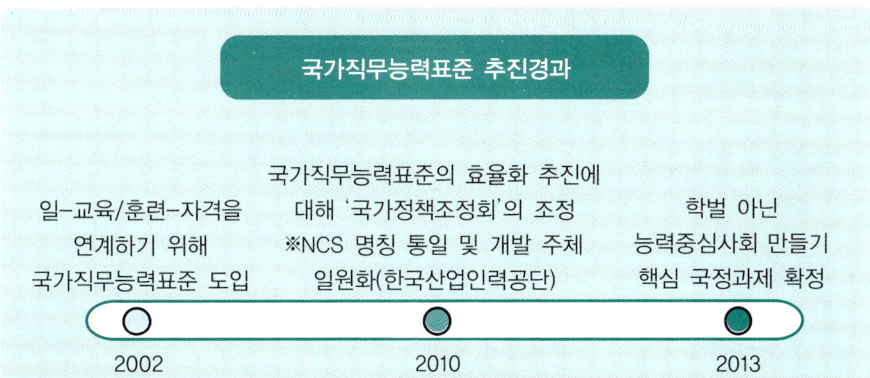

그림 10-4 국가직무능력표준 추진결과

출처: 고용노동부 직업능력개발 블로그 http://upgrade-u.tistory.com

40) 기존에는 직업교육·훈련 및 자격제도가 산업현장과 불일치하고, 인적 자원의 비효율적 관리 운영 등의 이유로 이용되었으나 지금까지는 각각 따로 운영됐던 교육훈련이 국가직무능력표준 중심의 시스템으로 전환(일-교육, 훈련-자격)되었고, 산업현장 직무 중심의 인적 자원 개발이 가능해졌다. 뿐만 아니라 능력중심사회 구현을 위한 핵심인프라 구축, 고용과 평생 직업능력개발 연계를 통한 국가경쟁력을 향상시킬 수 있게 되었다. 고용노동부 직업능력개발 블로그 http://upgrade-u.tistory.com

국가직무능력표준(National Competency Standards: NCS)이란 '산업현장에서 직무를 수행하기 위하여 요구되는 지식 · 기술 · 소양 등의 내용을 국가가 산업부문별 · 수준별로 체계화 한 것을 말한다'(자격기본법 제2조 제2호).

자격기본법에 의해서 '정부에서는 국제기준 및 산업기술의 변화 등을 고려하여 국가직무능력표준을 개발 · 개선하여야 하며'(자격기본법 제5조 1항), '교육훈련과정, 국가자격의 검정 및 출제기준, 민간자격의 공인기준 등을 국가직무능력표준에 따라 마련해야 한다'(자격기본법 제5조 3항).

2002년부터 일-교육/훈련-자격을 연계하기 위해 국가직무능력표준을 개발하기 시작하였으며, 2010년에는 국무총리실 국가정책조정회의를 통해서 NCS사업 효율화 추진방안을 마련하였고, NCS 명칭을 통일하고 개발 주체를 한국산업인력관리공단으로 일원화하였으며, 2013년에는 '학벌이 아닌 능력중심사회 만들기'의 핵심 국정과제로 확정하여 운영하고 있다.

국가직무능력표준 분류체계에 의하면, 청소년지도는 소분류[사회복지 · 종교(대분류)-사회복지(중분류)-청소년지도(소분류)-청소년활동(세분류)]에 해당하는데, 직업 또는 직장 내에서 자신의 전문분야 내지 전공에 해당한다고 볼 수 있으며, 하나의 직업으로서 경력개발경로를 가지고 있다고 볼 수 있다(송민경, 2014).[41]

2013년에 개발한 청소년지도 표준에 의하면, 청소년직무는 "청소년사업을 기획하고 홍보하며, 청소년프로그램을 개발하고 적용하며 평가하는 일련의 과정을 말하며, 자원관리, 인증관리, 행정관리, 네트워크관리, 정보관리 등을 통하여 이를 효율적으로 지원하는 일이다."라고 정의하고 있다. 능력단위[42]는 총 16개로 각 능력단위별로 요구되는 직업기초역량이 작성되었으며, 능력단위 요소는 직능수준에 따

41) 송민경 (2014). 청소년지도 전문 인력 양성과 활성화 방안. 2014년 청소년관련 학회 연합학술대회 자료집 (2014.5.29), pp. 15~38.

42) 능력단위는 국가직무능력표준 분류체계상 세분류의 하위단위로서 국가직무능력표준의 기본구성요소에 해당하며, 능력단위분류번호, 능력단위정의, 능력단위요소, 적용범위 및 작업상황, 평가지침, 직업기초능력으로 구성되어 있다. 고용노동부, 한국산업인력공단, 한국직업상담협회 (2013).

라 4~8수준까지로 구분하고 있다(송민경, 2014; 모상현 · 이진숙, 2014).[43]

▌표 10-9▐ 청소년지도 능력단위

능력단위	수준	능력단위	수준	능력단위	수준	능력단위	수준
사업기획	7	청소년 프로그램개발	5	청소년 프로그램실행	5	청소년 프로그램평가	5
자원봉사활동 운영	5	청소년활동 인증관리	5	청소년자치 활동운영	5	청소년생활지도	4
청소년기관 행정지원	6	네트워크 구축 운영	6	청소년활동 정보관리	4	청소년활동안전 · 위생관리	5
교육훈련	6	청소년권익 증진활동지원	5	청소년현상 실습지도	5	청소년조사연구	7

출처: 한국청소년정책연구원 (2014).

산업현장경험을 기준으로 4수준은 청소년지도사 3급, 전문대학 졸업 이상의 학력 수준을 요구하며 사업운영실무자/사원, 대리, 주임, 간사 등의 직책으로 청소년생활지도, 청소년활동정보관리 등이 해당된다. 5수준은 청소년지도사 2급, 4년제 대학 이상의 학력으로 중간관리자급의 직책으로 청소년프로그램 관련 업무, 자원봉사, 활동안전 · 위생, 권인증진활동 등의 업무를 담당한다. 6수준은 석사 이상의 학력으로 실무책임자/부장, 차장 등의 직책 수행, 청소년 기관행정 지원, 네트워크 구축 · 운영, 교육훈련 등의 업무를 담당하며, 7단계 이상은 박사급으로 총괄 책임자 및 운영대표자의 직책을 담당하며 사업기획, 청소년조사연구 업무를 수행한다(송민경, 2014[44]; 모상현 · 이진숙, 2014).

한편, 2014년에는 교육 및 직업훈련 시 활용할 수 있도록 2013년도에 개발한 청

43) 모상현, 이진숙 (2014). 청소년자격제도 개선방안 연구. 서울: 한국청소년정책연구원.

44) 송민경 (2014). 청소년지도 전문 인력 양성과 활성화 방안. 2014년 청소년관련 학회 연합학술대회 자료집 (2014.5.29), pp. 15~38.

표 10-10 NCS 청소년지도-평생경력개발 경로모형

직능 수준	자격증 (청소년지도사)/학력	직책명	능력단위
7이상 (8까지)	1급/박사	총괄책임자/ 본부장, 사무국장, 실장, 연구위원(선임) 등	사업기획 청소년조사연구
		운영대표자/ 관장, 원장, 센터장, 소장, 교수, 기관장, 이사장 등	
6	1급/석사	실무책임자/ 부장, 차장 등	청소년기관행정지원 네트워크구축·운영 교육훈련
5	2급/4년제 대학	중간관리자/ 과장, 팀장, 전문연구원 등	청소년프로그램개발 청소년프로그램실행 청소년프로그램평가 자원봉사활동운영 청소년활동인증관리 청소년자치활동운영 청소년활동안전·위생관리 청소년권익증진활동지원 청소년현장실습지도
4	3급/전문대학	사업운영실무자/ 사원, 대리, 주임, 간사 등	청소년생활지도 청소년활동정보관리

출처: 송민경 (2014). p. 22.

소년지도 능력단위별로 학습모듈을 개발하고 있다. NCS 학습모듈은 NCS 기반 교육과정 개발 시 활용하고 참고할 수 있는 교수·학습자료로, 학습모듈 목표, 학습명, 학습내용, 교수·학습방법, 평가 등으로 구성되어 있다(교육부·한국직업능력개발원, 2014).[45]

45) 교육부, 한국직업능력개발원 (2014). NCS 학술개발 매뉴얼.

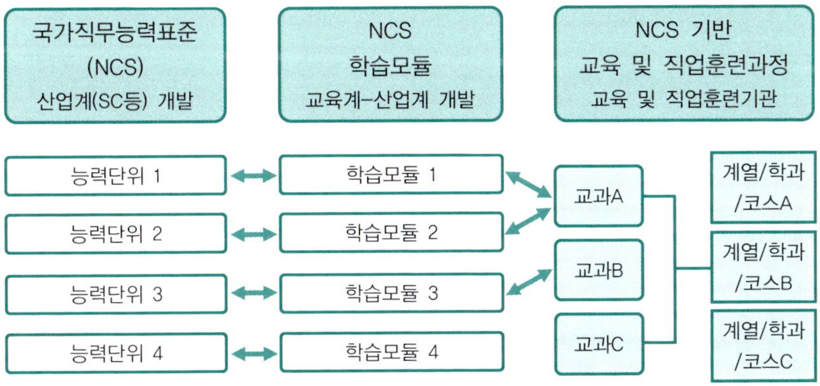

▌그림 10-5▐ NCS 학습모듈 개념도

출처: 한국청소년정책연구원 (2014). p. 10.

국가가 추진하고 있는 NCS 학습모듈의 개발은 청소년지도사 자격제도의 운영에 영향을 주게 될 것으로 예상되며, 보다 직접적으로는 청소년지도사 자격검정과목과 교수요목의 조정이 요청되는 상황이라 할 수 있다.

(3) 기타 청소년지도 관련 유사직종들

① 사회복지사

현재 사회복지사는 1, 2, 3급의 3개 등급으로 운영되고 있다. 현실적으로 청소년 관련학과가 없는 지역에서는 대부분 사회복지학과 출신들이 청소년지도사 자격을 취득한 후에 기관시설에서 근무하는 경우가 있다. 사회복지학과 안에서도 청소년 분야에 청소년활동과 상담 등의 전체적인 분야를 포함시키기도 한다. 사회복지사 자격기준은 〈표 10-11〉과 같다.

사회복지사의 응시자격 기준은 1급의 경우에 대학원에서 사회복지학 또는 사회사업학을 전공하고 석사 또는 박사학위를 취득한자 또는 사회복지학 전공교과목과 사회복지관련 교과목을 이수하고 학사학위를 취득한 자 등이고, 2급 사회복지사의 경우에는 전문대학에서 사회복지학 전공교과목과 사회복지관련 교과목을 이수하고 졸업한 자등이며, 3급 사회복지사의 경우에는 전문대학 이상의 학력인정자로서 12주 이상 사회복지사업에 관한 교육훈련을 이수한 자 등이다(사회복지사업법 시행령 별표1의 2).

사회복지사 이수과목은 대학원의 경우에 필수과목 6과목 18점 이상, 선택과목 2과목 6학점 이상이어야 하며, 대학 및 전문대학의 경우에는 필수과목 10과목 30학점 이상, 선택과목 4과목 12학점 이상이어야 한다(사회복지사업법 시행규칙 별표 1).

② 평생교육사

평생교육사의 경우에도 1, 2, 3급의 3개 등급으로 운영되고 있다.

평생교육사 응시자격 기준은 1급의 경우에 평생교육사 2급 자격증을 취득 후 평생교육과 관련된 업무에 5년 이상 종사한 경력이 있는 자로서 평생교육사 1급 승급과정을 이수한 자이며, 2급 평생교육사의 경우에는 대학원에서 평생교육과 관련

표 10-11 사회복지사 자격기준

등급	자격기준
1급	가. 「고등교육법」에 따른 대학원에서 사회복지학 또는 사회사업학을 전공하고 석사학위 또는 박사학위를 취득한 자. 다만, 대학에서 사회복지학 또는 사회사업학을 전공하지 아니하고 동 석사학위를 취득한 자는 보건복지부령이 정하는 사회복지학 전공교과목과 사회복지관련 교과목 중 필수과목 6과목 이상(대학에서 이수한 교과목을 포함하되, 대학원에서 4과목 이상을 이수하여야 한다), 선택과목 2과목 이상을 각각 이수한 때에 한하여 사회복지사 자격을 인정한다. 나. 「고등교육법」에 따른 대학에서 보건복지부령이 정하는 사회복지학 전공교과목과 사회복지관련 교과목을 이수하고 학사학위를 취득한 자 다. 법령에서 「고등교육법」에 따른 대학을 졸업한 자와 동등 이상의 학력이 있다고 인정하는 자로서 보건복지부령이 정하는 사회복지학 전공과목과 사회복지관련 교과목을 이수한 자 라. 사회복지사 2급자격증소지자로서 3년 이상 사회복지사업의 실무경험이 있는 자

2급	가. 「고등교육법」에 따른 전문대학에서 보건복지부령이 정하는 사회복지학 전공교과목과 사회복지관련 교과목을 이수하고 졸업한 자 나. 법령에서 「고등교육법」에 따른 전문대학을 졸업한 자와 동등 이상의 학력이 있다고 인정하는 자로서 보건복지부령이 정하는 사회복지학 전공교과목과 사회복지관련 교과목을 이수한 자 다. 「고등교육법」에 따른 대학을 졸업하거나 이와 동등 이상의 학력이 있는 자로서 보건복지부장관이 지정하는 교육훈련기관에서 12주 이상 사회복지사업에 관한 교육훈련을 이수한 자 라. 사회복지사 3급자격증소지자로서 3년 이상 사회복지사업의 실무경험이 있는 자
3급	가. 「고등교육법」에 따른 전문대학을 졸업한 자 또는 법령에서 이와 동등 이상의 학력이 있다고 인정하는 자로서 보건복지부장관이 지정하는 교육훈련기관에서 12주 이상 사회복지사업에 관한 교육훈련을 이수한 자 나. 고등학교를 졸업하거나 이와 동등 이상의 학력이 있는 자로서 보건복지부장관이 지정하는 교육훈련기관에서 24주 이상 사회복지사업에 관한 교육훈련을 이수한 자 다. 3년 이상 사회복지사업의 실무경험이 있는 자로서 보건복지부장관이 지정하는 교육훈련기관에서 24주 이상 사회복지사업에 관한 교육훈련을 이수한 자 라. 법 제2조제1항의 규정에 의한 업무에 8급 또는 8급 상당 이상으로 3년 이상 종사한 공무원으로서 보건복지부장관이 지정하는 교육훈련기관에서 4주 이상 사회복지사업에 관한 교육훈련을 이수한 자

비고: 외국의 대학 또는 대학원에서 사회복지학 또는 사회사업학을 전공하고 학사학위 이상의 학위를 취득한 자로서 등급별 자격기준과 동등한 학력이 있다고 보건복지부장관이 인정하는 경우에는 당해 등급의 사회복지사자격증을 교부할 수 있다.

출처: 사회복지사업법 시행령 별표1의 2.

된 과목 중 필수과목 15학점을 이수하고 석사 또는 박사학위를 취득한 자, 대학에서 관련 과목을 30학점 이수한 자 등이며, 3급의 경우에는 대학 등에서 관련 과목 21학점 이상을 이수하고 학위를 취득한 자 등이다(평생교육법 시행령 별표1).

표 10-12 평생교육사 자격기준

등급	자격기준
1급	평생교육사 2급 자격증을 취득한 후, 교육부장관이 정하는 평생교육과 관련된 업무(이하 관련 업무라 한다)에 5년 이상 종사한 경력이 있는 자로서 진흥원이 운영하는 평생교육사 1급 승급과정을 이수한 자
2급	1. 「고등교육법」 제29조 및 제30조에 따른 대학원에서 교육부령으로 정하는 평생교육과 관련된 과목(이하 관련 과목이라 한다) 중 필수과목을 15학점 이상 이수하고 석사 또는 박사학위를 취득한 자. 다만, 「고등교육법」 제2조에 따른 학교(이하 대학이라 한다)에서 필수과목을 이수한 경우에는 선택과목으로 필수과목 학점을 대체할 수 있다. 2. 대학 또는 이와 같은 수준 이상의 학력을 인정할 수 있는 기관, 「학점인정 등에 관한 법률」에 따라 평가인정을 받은 학습과정을 운영하는 교육훈련기관(이하 학점은행기관이라 한다)에서 관련 과목을 30학점 이상 이수하고 학위를 취득한 자 3. 대학을 졸업한 자 또는 이와 같은 수준 이상의 학력이 있다고 인정되는 자로서 다음 각 목의 어느 하나에 해당하는 기관에서 관련 과목을 30학점 이상 이수한 자 가. 대학 또는 이와 같은 수준 이상의 학력을 인정할 수 있는 기관 나. 법 제25조 제1항에 따른 평생교육사 양성기관(이하 지정양성기관이라 한다) 다. 학점은행기관 4. 평생교육사 3급 자격증을 보유하고 관련 업무에 3년 이상 종사한 경력이 있는 자로서 진흥원이나 지정양성기관이 운영하는 평생교육사 2급 승급과정을 이수한 자
3급	1. 대학 또는 이와 같은 수준 이상의 학력을 인정할 수 있는 기관, 학점은행기관에서 관련 과목을 21학점 이상 이수하고 학위를 취득한 자 2. 대학을 졸업한 자 또는 이와 같은 수준 이상의 학력이 있다고 인정되는 자로서 다음 각 목의 어느 하나에 해당하는 기관에서 관련 과목을 21학점 이상 이수한 자 가. 대학 또는 이와 같은 수준 이상의 학력을 인정할 수 있는 기관 나. 지정양성기관 다. 학점은행기관 3. 관련 업무에 2년 이상 종사한 경력이 있는 자로서 진흥원이나 지정양성기관이 운영하는 평생교육사 3급 양성과정을 이수한 자 4. 관련 업무에 1년 이상 종사한 경력이 있는 공무원 및 「초·중등교육법」 제2조 제1호부터 제5호까지의 학교 또는 학력인정 평생교육시설의 교원으로서 진흥원이나 지정양성기관이 운영하는 평생교육사 3급 양성과정을 이수한 자

출처: 평생교육법 시행령 별표1.

평생교육사의 이수과목은 필수과목과 선택과목으로 구성되며, 필수과목은 평생교육실습을 포함하여 15학점 이상을 이수해야 하고, 성적은 각 과목을 100점 만점으로 하여 평균 80점 이상이어야 한다. 선택과목의 경우에는 정해진 과목 내에서 최소 2과목 이상을 선택하도록 하고 있다.

또한 평생교육사에 대한 현장실습은 4주간 필수과목으로 의무화하고 있다(평생교육법 시행규칙 별표1).

(4) 청소년지도 관련 국가자격 관련 비교

이상에서 살펴본 청소년지도자와 관련한 국가 자격관련 제도에 대한 청소년지도사, 청소년상담사, 사회복지사, 평생교육사의 자격제도를 비교해 보면 다음과 같다.

표 10-13 청소년지도사 및 유사 자격제도 비교

구분	청소년지도사	청소년상담사	사회복지사	평생교육사
이수과목	• 1급 : 필수 5과목 • 2급 : 필수 8과목 • 3급 : 필수 7과목	• 구체적 규정 없음	• 대학원 - 필수 6과목 이상 - 선택 2과목 이상 • 대학 - 필수 10과목 이상 - 선택 4과목 이상	• 필수 5과목 이상 • 선택 2과목 이상
시험전형	• 검정과목전공 이수자: 면접 • 현장경력자 : 필기, 면접 • 1급응시자:필기	• 필기, 면접	• 1급: 필기 • 2, 3급: 무시험	• 무시험
검정과목	• 1급 : 필수 5과목 • 2급 : 필수 8과목 • 3급 : 필수 7과목	• 1급 : 필수3, 선택2 • 2급 : 필수4, 선택2 • 3급 : 필수5, 선택1	• 1급 : 필수 3과목	• 없음
현장실습	• 없음	• 없음	• 120시간 이상	• 4주(160시간)
연수	• 30시간	• 100시간	• 없음	• 없음

출처: 한국청소년정책연구원 (2014). p. 23.

(5) 청소년지도자 활동영역

청소년지도자는 다음과 같은 영역에서 주로 활동하고 있다.

① 가장 대표적으로는 청소년지도사를 중심으로 청소년기관・단체・시설에서 청소년관련 프로그램을 개발하여 실행하고, 특히 청소년참여를 중심으로 지역사회를 기반으로 활동을 진행한다.

② 전국 17개 시・도에 있는 청소년상담복지센터에서 청소년상담 및 복지업무를 담당하게 되며, 청소년상담사와 청소년지도사가 함께 업무를 담당하게 된다.

③ 학교사회사업과 함께 최근에는 지역사회교육전문가[46]로서 학교 내에서 교육복지사업을 하게 된다.

④ 학교 내[47]에서 청소년자치활동 및 창의활동 등 전문활동이 이루어진다.

⑤ 지역아동센터와 수련시설에서 시행하고 있는 방과후아카데미 등의 방과후활동을 담당하게 된다.

2. 청소년지도자의 역할 및 직무[48]

1) 청소년지도사의 역할

청소년지도사의 역할은 청소년지도사가 청소년들을 지도하는 과정에서 마땅히

---

46) 2003년부터 교육격차 해소를 위하여 저소득층이 밀집된 도시지역의 학교를 중심으로 교육과 복지 서비스의 질을 높이기 위한 투자를 강화하는 '교육복지투자우선지역지원사업'이 시행되었고, 학습, 심리, 정서, 문화, 체험, 복지 등의 영역에 걸쳐 지원프로그램을 운영하기 위한 인력을 학교에 1~2명을 배치하였다. 청소년지도사, 청소년상담사, 사회복지사, 평생교육사 등의 전공자 및 자격증소지자가 해당된다.

47) 최근 2014, 2015년 의정부 중학교에서는 청소년지도사 자격증 소지자로서 "창의적으로 청소년활동을 전담・지도할 수 있는 투철한 사명감을 갖춘 자", "청소년 분야의 전문지식을 갖추고 그 직무를 성실하게 수행할 수 있는 능력과 역량을 갖춘 자"를 기준으로 청소년지도자를 선발하여 학교 내에서 청소년들을 지도할 수 있도록 하였다. http://cafe.daum.net/ymcaleader/CJV3/2494

48) 청소년지도자 중에서 청소년활동을 주로 담당하고 있는 '청소년지도사'를 중심으로 살펴보았다.

해야 할 임무라고 할 수 있으며 다양한 관점에서 제시할 수 있다. 우선 함병수(1996)는 청소년지도사의 역할에 대해 청소년지도사는 조직자, 향도(orientator), 정보제공자, 격려자, 조정자, 교사, 활동모델, 동반자, 정신적 지주자, 환경조성자, 가정・학교・사회의 교량자가 되어야 한다고 하였다. 또한 오치선 등(1999)은 청소년지도사란 전문적 지식과 지도기술을 갖춘 전문가(specialist), 프로그램 설계자 및 운영자(program designer & staffs), 청소년 스스로가 할 수 있도록 지원・조력하는 촉진자(facilitator), 지역사회의 환경을 개선하고 인적 자원・기관간의 협력을 조정하는 지도자(community leader), 과학자(scientist)와 예술가(artist)를 통합・조화시킨 사람이어야 한다고 주장하였다.

한편 신명철(2000)은 이러한 여러 학자들의 주장을 종합하여 크게 다섯 가지로 제시하였다.

첫째, 전문가(professional)로서의 역할을 들 수 있다. 청소년지도사는 자신이 담당하고 있는 지도활동에 대한 전문적인 지식과 기술을 습득한 전문가여야 한다는 것이다. 이를 위해 전문적이고 체계적인 교육과 훈련을 받아야 하며, 필요한 자격도 습득하여야 한다.

둘째, 프로그램 설계자 및 운영자(designer and staffs)로서의 역할이다. 청소년지도사는 청소년들의 특성과 요구를 분석하고 이를 바탕으로 지도목표를 설정하고 체험의 내용을 선정하고 조직하며 평가하는 등의 전제적인 지도과정을 보다 체계적으로 설계하고 실제 프로그램을 개발할 수 있는 전문가여야 한다.

셋째, 촉진자(facilitator)로서의 역할을 들 수 있다. 청소년지도사는 학교교육과 같이 일방적으로 청소년들을 끌고 가는 것이 아니라 지도과정의 특성상 이들 스스로 할 수 있도록 하는 역할이 중요하다. 청소년(수련)활동의 개념 자체가 자발적으로 참여하는 활동이기 때문에 자발적으로 할 수 있도록 촉진하는 역할을 하지 않는다면 청소년들 역시 청소년활동에 참여했다고 하기가 어려울 것이며 청소년지도자도 그 역할을 제대로 수행하지 못한 것으로 간주될 수 있다. 여기에서의 '촉진자'는 청소년의 개인적인 성장을 지원하고, 이들의 문제해결과 의사결정과정을 조력하여 합리적인 사회적응 과정을 촉진시켜 주는 것을 말한다. 따라서 '일방적으로 앞서서 이끄는 지도'가 아닌 '청소년들이 잘할 수 있도록 적극적으로 지지(지원)해 주는 지도'라고 할 수 있다.

넷째, 지역사회 지도자(community)로서의 역할을 들 수 있다. 청소년지도의 장소는 청소년기관 · 단체 · 시설만이 아니라 가정·학교를 포함한 지역사회 전체라고 할 수 있다. 따라서 청소년지도사가 지도업무를 하는 곳만이 아닌 지역사회 곳곳을 통해 청소년들을 지속적으로 지도하게 되는 것이다. 또한 지역사회 내에 청소년들에게 유해한 영향을 미치는 요인이 있거나 불합리한 제도 등이 있다면 지도자로서 이러한 부분들이 해소될 수 있도록 노력해야 한다.

다섯째, 과학자(scientist) 및 예술가(artist)로서의 역할이다. 청소년지도사는 과학자와 같은 분석적인 안목과 합리적인 태도 및 경험적이고 귀납적인 연구방법 등을 크게 요구되기도 하며, 또 다른 한편으로는 예술가로서의 창의성과 즉흥성, 조화성, 다양성이 요구되기도 한다. 청소년 및 청소년을 둘러싼 상황 및 환경에 대해 객관적으로 분석하여 대처하는 자세가 필요하고, 그러면서도 청소년들과 함께 할 때에는 청소년들의 입장에서 그들의 특성을 이해하고 이들의 상황을 고려한 창의적인 지도 프로그램 등을 제공할 수 있어야 한다.

2) 청소년지도사의 직무

직무는 직책이나 직업상에서 책임을 지고 담당하여 맡은 사무로 정의된다(국립국어원 표준국대사전, 2015). 청소년지도사의 직무는 청소년지도사가 속한 기관에서의 맡은 업무라고 할 수 있다.

청소년지도사의 직무는 다른 전문직과는 달리 국가적 차원의 직무 표준화가 이루어지지 않은 상황이며, 최근 고용노동부를 중심으로 국가직무능력표준(NCS)을 개발하고 있다.

기존에 청소년지도사의 직무가 표준화되어 있지 않아 구체적인 직무 관련 연구가 많지 않은데 대표적인 2개의 연구를 통해 청소년지도사의 직무분석을 제시하고자 한다. 우선 김진화(2000)는 청소년지도사의 직무를 8가지 유형으로 구분하여 '청소년지도(사업)의 기획', '프로그램 개발', '프로그램 운영', '수련・상담・봉사활동지도', '청소년집단지도', '행정업무 및 기관관리', '정보 및 네트워크 관리', '유익환경 조성 및 교류 촉진' 등으로 나누고 각 직무에 따른 세부적인 작업으로 분류하였다. 아래 표에 제시된 바와 같이 청소년지도사들이 현장에서 하고 있는 업무를 중심으로 비교적 구체적으로 제시되어 있는 것이 특징이라고 할 수 있다.

표 10-14 청소년지도사 직무분석 1

직무	작업	기술
지도의 기획	- 기관, 단체 비전 수립하기 - 청소년지도 전략 수립하기 - 중장기 계획 수립하기 - 연간계획 수립하기 - 단체, 기관, 홍보하기 - 연말사업 성과 분석하기	인간관계 기술 리더십 기술 커뮤니케이션 기술 기획 기술 집단역동 기술 조직행동 기술 집단지도 기술 피드백 기술 가이던스 기술 상담 기술 평가/모니터링 기술 지휘 및 통솔 기술 교정 기술 모델선정 기술 프로젝트관리 기술 관찰 기술 협동학습지도 기술 관계형성 기술 현상 기술 촉진 기술 목표준비 기술 연구 기술
프로그램 개발	- 프로그램 개발의 타당성 검토하기 - 프로그램 개발 공동작업하기 - 청소년요구 및 필요 분석하기 - 프로그램 목표설정하기 - 프로그램 내용 선정하기 - 프로그램 설계 편성하기 - 프로그램 실행지침 만들기	
프로그램 운영	- 시설 및 매체 확보하기 - 강사 및 지도자 섭외하기 - 프로그램 홍보 및 마케팅하기 - 프로그램 진행하기 - 기자재 및 매체 조작하기 - 활동용품 준비하기 - 소요예산 편성하기 - 행사 기획 및 진행하기	

수련/상담 봉사활동 지도	- 청소년지도활동계획 세우기 - 청소년지도활동 자료 개발하기 - 청소년지도활동 실천하기 - 청소년지도활동 평가하기	비전설정기술 학습촉진 기술 정보탐색 기술 욕구분석 기술 경험학습지도 기술 과계활동지도 기술 프리젠테이션 기술 비용-효과분석 기술 질문기술 동기화 기술 오디오-비디오 기술 전자시스템운영 기술
청소년집단지도	- 청소년집단역동 촉진하기 - 청소년조직행동 지도하기 - 리더십 발휘하기 - 커뮤니케이션 지도하기	
행정업무 및 기관관리	- 행정업무 처리하기 - 조직구성원의 관리 및 개발하기 - 개정관리하기 - 가설 및 환경관리하기 - 활동용품 관리하기 - 자원봉사자 관리하기 - 청소년 관리하기	
정보 및 네트워킹 관리	- 지역사회기관 협조 구하기 - 스폰서 획득하기 - 단체/기관 후원회 관리하기 - 타 단체와 네트워킹 - 인터넷 활용 운영하기 - 소식지 및 잡지 만들기	
유익환경 조성 및 교류촉진	- 청소년 유익환경 조성하기 - 청소년 교류 촉진하기	

출처: 김진화 (2000).

다음으로 김경준・함병수・정익재・서정아(2004)의 연구에서 제시된 직무분석으로 크게 개발, 운영, 평가의 틀을 통해 제시하고 있다.

김경준 등(2004)이 제시한 청소년지도사 직무분석은 앞서 살펴본 김진화(2000)에 비해 지식과 기술 차원의 영역을 포함하여 이론적 차원의 접근이 이루어지고 있음을 알 수 있다. 위에서 제시한 두 연구를 종합하여 조미솔(2011)은 개발, 운영, 평가 3가지의 직무틀로 39가지의 기술을 제시하였다.

표 10-15 청소년지도사 직무분석 2

직무	작업	지식	기술
개발	청소년특성 이해	사회변화진단 및 예측, 문화읽기 청소년 심리 및 행동 특성, 문제 이해 청소년인권과 참여 동향 이해	심리검사, 상담기술, 대화기법
	수요 및 요구조사	수요자에 대한 이해, 자료 파악 및 수집능력, 자료분석 및 평가능력	통계패키지, 실행기술, 결과해석
	지역사회 조사	각종 사회조사방법으 기초지식 지역사회 환경 및 사회문화적 특성 이해, 지역사회에서의 청소년의 역할 이해	통계패키지, 실행기술, 결과해석 및 비교
	사례 분석	선행사례분석기법, 분석대상접근방식, 관계설정	인터넷, 면접기법, 선행연구 문헌 검색
	성과 예측	단위 프로그램사업의 목표 진술, 기대수준 예측	통계분석
	수지 분석	회계재무, 지출, 재정규모 예측, 기관단체의 예산수입규모 파악	계산능력, 통계패키지 실행기술
	가용자원 분석	지역사회 자원의 이해, 자원의 특질 및 성격 파악분석	인간관계기술, 자원연계 기술, 자원동원 활용기술
	계획서 작성	사업의 구체적 진술, 프로그램의 이해, 기획·분석, 사업내용 분석	프레젠테이션 기술
운영	자원확보	청소년발달특성 이해, 지도자역할, 자원소개 파악, 자원봉사, 청소년관련법규, 행정 및 개정운영체계, 지역자원 네트워킹, 인간관계 이해	장비 및 설비운영, 정보탐색기술, 인간관계 기법, 마케팅 능력
	조직	청소년문화, 활동, 조직, 서비스전달체계, 의사결정과정, 집단조직화과정	자원배분능력, 의사소통 능력, 갈등해소(문제해결) 능력
	실행	청소년발달단계, 동기부여, 인간관계, 지도 및 지도방법, 인권과 참여, 집단역동	프로그램 실기능력, 장비조작운용능력, 상황대처 능력, 문제 및 갈등해결 능력, 상담기술, 합조치기술, 커뮤니케이션 능력
평가	평가지침 개발	사회사조 및 철학, 인간행동, 청소년행동특성, 평가에 대한 이해	문서작성 능력
	평가 실행	자료배포수집방법, 평가에 대한 이해, 평가자관리방법, 조사분석의 이해	통계패키지 활용능력, 면담기법
	기록유지 및 관리	분류지식 및 기호 이해, 보고서 작성, 문서관리의 이해	매체활용기법, 문서작성 및 관리 능력

출처: 김경준 외 (2004).

| 표 10-16 | 청소년지도사의 종합적 직무분석

<table>
<tr><th>직무</th><th>직무에 관한
기본적 요소</th><th>세부 직무</th><th colspan="2">기술</th></tr>
<tr><td rowspan="8">개발</td><td>청소년특성 이해</td><td rowspan="2">지도의 기획</td><td rowspan="14">인간관계
리더십
커뮤니케이션
기획
집단역동
조직행동
집단지도
피드백
가이던스
상담(심리상담)
평가/모니터링
지휘 및 통솔
코칭
모델선정
프로젝트 관리
관찰
협동학습지도
관계형성
협상
촉진
목표준비
연구</td><td rowspan="14">비전설계
학습촉진
정보탐색
요구분석
경험학습지도
과계활동지도
프리젠테이션
비용-효과분석
질문
동기화
장비설비 운영
자원연계(동원 및 활용)
홍보(마케팅)
문제해결(갈등해소)
상황대처
응급조치
문서작성</td></tr>
<tr><td>수요 및 요구조사</td></tr>
<tr><td>지역사회 조사</td><td rowspan="2">프로그램 개발</td></tr>
<tr><td>사례 분석</td></tr>
<tr><td>성과 예측</td><td rowspan="2">프로그램 운영</td></tr>
<tr><td>수지 분석</td></tr>
<tr><td>가용자원분석</td><td rowspan="2">수련/상담/봉사
활동 지도</td></tr>
<tr><td>계획서 작성</td></tr>
<tr><td rowspan="3">운영</td><td>자원확보</td><td rowspan="2">청소년집단지도</td></tr>
<tr><td>조직</td></tr>
<tr><td>실행</td><td>행정업무 및
기관관리</td></tr>
<tr><td rowspan="3">평가</td><td>평가지침 개발</td><td rowspan="2">정보 및
네트워킹 관리</td></tr>
<tr><td>평가 실행</td></tr>
<tr><td>기록유지 및 관리</td><td>유해환경 조성
및 교류촉진</td></tr>
</table>

출처: 조미솔 (2011).

이와 같이 청소년지도사는 다양한 청소년지도현장을 반영하고, 효율적인 청소년 지도를 하기 위하여 대상자인 청소년의 특성을 이해하는 것에서부터 이들의 지도 결과를 기록하고 유지하는 데까지의 직무를 수행하고 있음을 알 수 있다.

○●● 학습정리

청소년지도자를 조작적으로 정의해 보면 "참여가치를 중심으로 청소년과 수평적 관계를 맺으며, 조직적 관점으로는 기관 · 단체의 목적을 효과적으로 달성하고 청소년의 개개인 욕구와 관심을 중심으로 변화를 꾀하면서 청소년들에게 역할모델이 되는 사람으로서 국가자격이 있는 자와 없는 자로 구분된다. 자격제도로서 청소년지도자의 국가자격과 관련하여 크게 청소년지도사와 청소년상담사로 나눌 수 있고, 관련하여 사회복지사, 평생교육사 등 도 청소년과 관련된 일들을 진행하고 있음을 알 수 있다.

청소년지도자의 활동영역으로는 청소년지도사를 중심으로 청소년기관 · 단체 · 시설에서 청소년관련 프로그램을 개발하여 실행하고, 특히 청소년참여를 중심으로 지역사회를 기반으로 활동을 진행한다. 이와 함께 청소년상담복지센터와 교육복지사업의 지역사회교육전문가, 학교 내에서의 청소년자치활동, 방과후활동 등을 담당하게 된다. 청소년지도자의 역할로는 전문가(professional), 프로그램 설계자 및 운영자(designer and staffs), 촉진자(facilitator), 지역사회지도자(community), 과학자(scientist) 및 예술가(artist)로서의 역할을 들 수 있다.

기타 국가가 추진하고 있는 NCS 학습모듈의 개발은 청소년지도사 자격제도의 운영에 영향을 주게 될 것으로 예상되며, 보다 직접적으로는 청소년지도사 자격검정과목과 교수요목의 조정이 요청되는 상황이라 할 수 있다.

○●● 연습문제

〈객관식〉

1. 청소년지도자의 분류로 맞지 않는 것은?
   ① 청소년지도사는 1, 2, 3급이 있다.
   ② 청소년상담사는 1, 2, 3급이 있다.
   ③ 청소년시설단체관련기관 종사자로 청소년일반지도사로 구분할 수 있다.
   ④ 청소년지도자라 함은 청소년지도사 및 청소년상담사와 청소년시설・청소년단체・청소년관련기관 등에서 청소년육성 및 지도업무에 종사하는 자를 총칭한다.
   ⑤ 청소년지도자라 함은 청소년지도사 및 청소년상담사와 청소년시설・청소년단체・청소년관련기관 등의 전문영역으로 인건비를 받는 자만을 뜻한다.

정답. ⑤
해설. 청소년지도자라 함은 청소년지도사 및 청소년상담사와 청소년시설・청소년단체・청소년관련기관 등에서 청소년육성 및 지도업무에 종사하는 자를 총칭한다(청소년기본법).

2. (　　　) 안에 해당되는 올바른 기관을 고르시오.

> 청소년지도사 양성은 여성가족부 주관으로 (ㄱ)에 위탁하여 자격검정을 실시하고 자격검정에 합격한 자에게 (ㄴ)에서 연수를 실시한 후 청소년지도사 자격증을 교부하고 있다.

   ① ㄱ. 한국산업인력공단, ㄴ. 한국청소년활동진흥원
   ② ㄱ. 한국청소년활동진흥원, ㄴ. 한국산업인력공단
   ③ ㄱ. 한국산업인력공단, ㄴ. 한국산업인력공단
   ④ ㄱ. 한국청소년활동진흥원, ㄴ. 한국청소년상담복지개발원
   ⑤ ㄱ. 한국산업인력공단, ㄴ. 한국청소년정책연구원

정답. ①
해설. ㄱ. 한국산업인력공단, ㄴ. 한국청소년활동진흥원
여성가족부 (2013). 청소년백서. 여성가족부.

3. 1급 청소년지도사 자격검정의 과목으로 옳게 짝지어진 것은?

ㄱ. 청소년연구방법론 ㄴ. 청소년인권과 참여 ㄷ. 청소년정책론 ㄹ. 청소년기관운영
ㅁ. 청소년지도자론 ㅂ. 청소년활동 ㅅ. 청소년문제와 보호 ㅇ. 청소년심리 및 상담

① ㄱ, ㄴ, ㄷ, ㄹ, ㅁ ② ㄴ, ㄷ, ㄹ, ㅁ, ㅂ ③ ㄷ, ㄹ, ㅁ, ㅂ, ㅅ
④ ㄹ, ㅁ, ㅂ, ㅅ, ㅇ ⑤ ㅁ, ㅂ, ㅅ, ㅇ, ㄱ

정답. ①
해설. ㄱ. 청소년연구방법론 ㄴ. 청소년인권과 참여 ㄷ. 청소년정책론 ㄹ. 청소년기관운영 ㅁ. 청소년지도자론

4. 청소년시설의 청소년지도사 배치기준으로 올바르지 않은 것은?

① 청소년수련관은 1급 청소년지도사 1명, 2급 청소년지도사 1명, 3급 청소년지도사 2명 이상을 두되, 수용인원이 500명을 초과하는 경우에는 500명을 초과하는 250명당 1급, 2급, 또는 3급 청소년지도사 중 1명 이상을 추가로 둔다.
② 청소년수련관은 2급 청소년지도사 및 3급 청소년지도사를 각각 1명 이상 두되, 수용인원이 500명을 초과하는 경우에는 1급 청소년지도사 1명 이상과 500명을 초과하는 250명당 1급, 2급 또는 3급 청소년지도사 중 1명 이상을 추가로 둔다
③ 청소년수련원의 경우에 지방자치단체에서 폐교시설을 이용하여 설치한 시설로서 특정 계절에만 운영하는 시설의 영우에는 청소년지도사를 두지 않을 수 있다.
④ 유스호스텔은 청소년지도사를 1명 이상 두되, 숙박정원이 500명을 초과하는 경우에는 급 청소년지도사 1명 이상을 추가로 둔다.
⑤ 청소년문화의집은 청소년지도사를 1명 이상 둔다.

정답. ②
해설. 청소년수련원의 설명(청소년기본법 시행령 제25조 제2항 별표5)

5. 국가직무능력표준(National Competency Standards: NCS)이란 '산업현장에서 직무를 수행하기 위하여 요구되는 지식・기술・소양 등의 내용을 국가가 산업부문별・수준별로 체계화한 것을 말한다'(자격기본법, 제2조 제2호). 국가직무능력표준 분류체계에 의한 청소년지도의 분류가 (　　　)에 맞게 연결된 것은?

① 사회복지・교육(대분류)-교육・복지(중분류)-청소년지도(소분류)-청소년활동・상담(세분류)
② 사회복지・종교(대분류)-사회복지(중분류)-청소년지도(소분류)-청소년활동(세분류)

③ 교육 · 종교(대분류)-교육 · 복지(중분류)-청소년지도(소분류)-청소년활동 · 상담(세분류)
④ 교육 · 종교(대분류)-교육 · 복지(중분류)-청소년지도(소분류)-청소년활동(세분류)
⑤ 사회복지(대분류)-청소년지도(중분류)-청소년활동(소분류)-청소년상담 · 복지(세분류)

정답. ②

해설. 사회복지 · 종교(대분류)-사회복지(중분류)-청소년지도(소분류)-청소년활동(세분류)
송민경 (2014). 청소년지도 전문인력 양성과 활성화 방안, 2014년 청소년관련 학회 연합학술대회 자료집(2014. 5. 29), pp. 15~38.

〈주관식〉

1. 국가 자격인 청소년상담사에 대한 양성체계에 대한 설명이다. (　　)에 알맞은 시간을 쓰시오.

> 청소년상담사의 경우, 여성가족부의 주관으로 한국청소년상담복지개발원과 한국산업인력공단에 위탁하여 자격검정을 실시하고 자격검정에 합격한 자에 대하여는 실무능력 향상을 위해 (　　)시간 이상 의무 연수를 실시하며, 지역 청소년상담복지센터와 청소년쉼터 등의 청소년복지시설에 배치 · 활용된다.

정답. 100

해설. 100시간 이상 의무 연수 실시. 여성가족부 (2013). 청소년백서, 여성가족부..

2. 청소년지도자의 활동영역에 대해서 간략히 서술하시오.

정답. ① 가장 대표적으로는 청소년지도사를 중심으로 청소년기관 · 단체 · 시설에서 청소년관련 프로그램을 개발하여 실행하고, 특히 청소년참여를 중심으로 지역사회를 기반으로 활동을 진행한다. ② 전국 17개 시 · 도에 있는 청소년상담복지센터에서 청소년상담 및 복지 업무를 담당하게 되며, 청소년상담사와 청소년지도사가 함께 업무를 담당하게 된다. ③ 학교사회사업과 함께 최근에는 지역사회교육전문가로서 학교 내에서 교육복지사업을 하게 된다. ④ 학교 내에서 청소년자치활동 및 창의활동 등 전문활동이 이루어진다. ⑤ 지역아동센터와 수련시설에서 시행하고 있는 방과후아카데미 등의 방과후활동을 담당하게 된다.

3. 청소년상담사 2급 자격검정의 필수 4과목은?

정답. 청소년상담의 이론과 실제, 상담연구방법론의 기초, 심리측정 평가의 활용, 이상심리

PART 04

청소년활동 확장하기

정책기반의 청소년활동

Chapter 11

국제청소년성취포상제

▶ 학습목표

1. 국제청소년성취포상제를 목적과 역사를 이해할 수 있다.
2. 국제청소년성취포상제의 운영과 영역을 설명할 수 있다.
3. 국제청소년성취포상제의 원칙과 철학을 이해할 수 있다.
4. 청소년자기도전포상제를 이해할 수 있다.
5. 국제청소년성취포상제 활성화방안을 이해할 수 있다.

▶ 핵심용어

국제청소년성취포상제, 에딘버러 포상제, 청소년자기도전포상제

Chapter 11

국제청소년성취포상제[49)]

1. 국제청소년성취포상제[50)] 소개와 목적

정부는 다양한 청소년활동 정책을 추진하고 있는데, 대표적으로 청소년수련활동 인증제, 청소년활동 프로그램 공모사업, 국제청소년성취포상제(The Duke of Edinburgh's International Award; 이하 포상제) 등을 들 수 있다. 우리나라도 2008년 포상제를 도입하여 운영하면서 참여청소년의 수, 활동 프로그램 수, 운영기관 등이 매년 빠르게 증가하고 있다. 포상제는 만 14~25세 사이의 모든 청소년들이 신체단련, 자기개발, 봉사 및 탐험활동을 통해 그들의 잠재력을 최대한 개발하고, 청소년 자신 및 지역사회와 국가를 변화 시킬 수 있는 삶의 기술을 갖도록 하는 국제적 자기 성장 프로그램이다. 또한 자기 자신과의 약속을 지키는 활동, 스스로 계획하고 실천하는 활동, 좋은 습관을 길러 주는 활동, 노력하면 변할 수 있는 힘을 갖게 하는 활동, 내 자신이 자랑스러워지는 활동, 남과 비교하지 않고 나 자신을 찾는 활동, 꿈을 찾고 현실 가능하게 만들어 주는 활동, 함께 더불어 살아가는 가치를 알게 하는 활동, 몸과 마음이 건강해지는 활동이라 할 수 있다.

다시 말하면, 국제청소년성취포상제는 자신이 평소에 하고 싶었던 가치 있는 활동을 스스로 정하고, 계획하며 매주 지속적인 활동을 하도록 하는 활동이다. 따라서

49) 국제청소년성취포상제 홈페이지(http://www.koraward.or.kr)의 내용을 요약 정리함.

50) 오세비, 문성호 (2012). 국제청소년성취포상제 참여청소년의 활동경험에 관한연구. 한국청소년학회지, 19(11).

국제청소년성취포상제는 자기주도적인 활동들을 지속적으로 이어 나갈 수 있는 습관을 길러주게 된다. 그리고 국제청소년성취포상제는 개인별 맞춤 성취목표에 따라 자신의 적성과 능력을 찾아갈 수 있도록 도와준다. 성취목표는 함께 활동하는 친구들끼리 1등, 2등을 가리고 비교하는 목적이 아닌 내가 이루고자 하는 인생의 작은 목표에 대한 내 자신과 약속의 도전으로 끈기를 배우게 되고, '할 수 있다'라는 자신감을 얻게 된다. 또한 청소년들에게 전문 청소년지도자들이 활동을 지원하고, 상담과 조언을 통해 올바른 청소년기를 보낼 수 있도록 안내자 역할을 해준다.

게다가 국제청소년성취포상제는 포상만을 받기 위한 제도가 아니다. 국제청소년성취포상제를 통해 더불어 함께 살아갈 수 있는 힘을 배우게 하는 제도이다. 어떠한 어려움 속에서도 도전할 수 있는 용기, 나 자신보다는 남을 배려하고 실천할 수 있는 마음가짐, 몸과 마음이 따뜻하고 건강한 신체 등 세상과 조화로운 나를 발견하고 발전시켜 나갈 수 있도록 해주는 제도이다. 국제청소년성취포상제는 청소년 여러분 자신과 하는 약속이다. 누군가가 대신하여 그 약속을 지켜줄 수 없고 누군가가 대신하여 자신의 꿈을 실현시켜 줄 수 없다. 따라서 반드시 청소년 자신이 어떻게 활동해야 하는지 스스로 방법에 대해 알고 있어야 한다. 또한 각 영역별 활동을 "왜" 하는지 그 이유에 대해 자기 자신에게 묻고 답할 수 있어야 한다. 스스로에게 대답할 수 있는 답은 현재 자신에게 가치 있는 것보다 미래의 자신에게 가치와 의미가 있어야 한다.

2. 국제청소년성취포상제의 역사

국제청소년성취포상제(The Duke of Edinburgh's International Award)는 영국 엘리자베스 2세 여왕 부군인 에딘버러 공작에 의해 1956년 처음 소개되었다. 그 목적은 15세에서 18세 사이의 남자 청소년들에게 스스로 역량개발 할 수 있는 균형 잡힌 프로그램을 통해 성인기를 잘 대비할 수 있도록 동기를 부여하기 위함이었다. 국제청소년성취포상제는 에딘버러 공작, 독일 교육학자 쿠르트 한(Dr. Kurt Hahn), 세계 최초 에베레스트 등반에 성공한 등반대 대장인 헌트 경(Lord Hunt)에 의해 처음 고안되었다.

1956년 첫해 최소 연령 제한이 14세까지 낮춰져 그 후 지금까지 유지되어 오고 있다. 1958년 여자 청소년을 위한 프로그램이 별도로 시작되었고, 그 후 1969년 통합되었다. 1957년 19세까지 연령이 연장되었고, 1965년 다시 20세로, 1969년 21세로, 그리고 1980년 25세로 최종 확정되었다. 이 제도는 독특한 유연성 덕으로 다른 문화와 사회 속으로 쉽게 적용되고 통합될 수 있어 많은 나라의 학교와 청소년 단체에 의해 채택되어 그 나라마다 고유한 명칭으로 운영되고 있다. 1956년 이후, 국제청소년성취포상제는 발전과 성장을 거듭하여 세계 각국에서 서로 다른 이름을 가지고 운영되고 있다. 그 예로는 '에딘버러 공작상', '청소년을 위한 국제 포상제', '대통령 포상제', '국립 청소년 성취포상제'가 있으며, 또한 특정 국가의 언어가 사용되고 있기도 하는데, 그 예로는 포루투갈의 Premio Infante D. Henrique, 핀란드의 Avartti가 있으며, 그 밖에 이 포상제 운영하고 있는 나라와 명칭은 온라인상으로 www.intaward.org에서 찾아볼 수 있다. 오늘날 국제청소년성취포상제의 기본 원칙은 똑같이 유지되고 있다. 그러나 현대 사회의 요구와 변화하는 청소년들의 욕구에 맞춰 국제청소년성취포상제는 계속해서 진화 및 변화하고 있다. 국제청소년성취포상제는 청소년들을 위해 함께 일하는 단체들을 통해 전 세계적으로 인정되고 운영되고 있는 주요한 국제프로그램이다.

2014년 기준 144개국이 포상제를 실시 중이며 59개국에서는 국가 주도로 포상제를 실시하고 있다. 우리나라가 속한 아시아태평양지역은 32개국, 유럽, 지중해, 아랍지역은 47개국, 아메리카지역은 29개국, 아프리카지역은 36개국이 실시 중이다.

3. 국제청소년성취포상제 운영

1) 운영

포상제는 포상단계별(금장, 은장, 동장) 공통으로 4가지 포상활동(신체, 봉사, 자기개발, 탐험)을 정해진 일정기간 이상 활동하면서 각 활동영역별 성취목표를 달성하면 국제적인 포상 받을 수 있다(금장은 합숙활동 추가). 참가대상은 만 14~만 25세(만 25세 생년월일 생일 전까지), 국내외 청소년 누구나 가능하다. 포상단계 및 참가연령은 동장은 만 14세 이상(최소 6개월 이상), 은장 만 15세 이상(최소 6개월~12개월 이상), 금장 만 16세 이상(최소 12개월~18개월 이상)이다. 만 나이로 연령 조선을 충족하면 은장, 금장부터도 참여할 수 있지만 동장단계부터 활동할 것을 적극 권장한다. 반드시 포상제 활동 시작 전에 만 나이가 충족되는지 확인하고, 포상제 활동

표 11-1 포상단계별 포상활동영역 최소 활동 기간

구분	봉사활동	자기개발활동	신체단련활동	탐험활동	합숙활동
금장 16세 이상	12개월 48시간 이상 (48회 이상)	12개월 48시간 이상 (48회 이상)	12개월 48시간 이상 (48회 이상)	3박 4일	4박 5일 ※금장단계 한함
	은장을 보유하지 않은 자는 봉사, 자기개발, 신체단련 중 하나를 선택하여 추가로 6개월 수행				
은장 15세 이상	6개월 24시간 이상 (24회 이상)	6개월 24시간 이상 (24회 이상)	6개월 24시간 이상 (24회 이상)	2박 3일	
	동장을 보유하지 않은 자는 봉사, 자기개발, 신체단련 중 하나를 선택하여 추가로 6개월 수행				
동장 14세 이상	3개월 12시간 이상 (12회 이상)	3개월 12시간 이상 (12회 이상)	3개월 12시간 이상 (12회 이상)	1박 2일	
	참가자는 봉사, 자기개발, 신체단련 중 하나를 선택하여 추가로 3개월 수행				

기간을 잘 따져 보고 포상제 활동을 마친 후에 포상을 받을 수 있는지 확인해야 한다.

2) 포상활동영역

신체단련활동은 몸과 마음을 건강하게 하는 활동이다. 봉사활동은 타인과 지역사회에 도움을 줄 수 있는 활동이다. 자기개발활동은 개인의 관심 분야를 배우고 익히는 활동이다. 탐험활동은 자연에서 도전정신과 팀워크 그리고 환경의 소중함을 깨닫는 활동이다. 합숙활동은 새로운 사람들과 가치 있는 목적을 공동으로 이루는 활동이다. 단, 합숙활동은 금장 포상단계에만 추가로 활동해야 한다.

3) 청소년 참여 절차

처음 포상제에 참여하기 위해서는 아래의 절차에 따라 진행하는 것이 시행착오를 줄이고 활동에 참여할 수 있다.

온라인 회원가입 → 온라인 운영기관 검색 → 운영기관 포상담당관과 상담 및 포상담당관 배정 → 온라인 입회신청 및 입회비 결제 → 4개 활동영역 세부계획 및 성취목표 수립 → 포상담당관 세부계획 승인 → 활동하고 활동기록 및 보고서 작성 → 영역별 활동 완료요청 및 소감문 작성 → 포상활동담당자 의견서 작성 → 포상담당관 영역별 활동완료 승인 → 심사비 결제 → 포상심사(포상심사관 및 책임포상감독관) → 최종판정(승인/반려) → 포상식 참여

4) 주요 포상 승인 요건

활동은 최소 1시간 이상 지속되었을 때, 활동기간 동안 최소 7일 이상 간격 활동 횟수를 충족하고 성취목표를 달성하였을 때 인정된다. 활동은 사전 포상담당관에게 승인을 받고 시작하였을 때부터 인정된다. 활동 후 기록은 반드시 7일 이내 포상정보시스템에 작성하였을 때 인정(탐험, 합숙 제외)된다. 활동은 반드시 성취목표

와 관계된 활동을 했을 때, 기타 포상심사 체크리스트를 충족하였을 경우 인정받을 수 있다.

5) 포상지도자 역할 및 자격[51)]

<table>
<tr><th colspan="2">구분</th><th>역할 및 자격</th><th>경력 및 연령</th></tr>
<tr><td>광역사무국, 중앙운영 기관</td><td>책임 포상감독관</td><td>해당 기관 소속 직원으로 포상제 실무업무를 책임지고 관리할 1인 이상 지도자로 한국사무국의 승인받은 자를 책임포상감독관이라 함</td><td rowspan="2">5년 이상 (25세 이상)</td></tr>
<tr><td>광역운영 기관</td><td>포상감독관</td><td>해당 기관 소속 직원으로 포상제 실무업무를 책임지고 관리할 지도자 1인 이상 지도자로 광역사무국 및 중앙운영기관의 승인받은 자를 포상감독관이라 함</td></tr>
<tr><td>광역사무국, 중앙운영 기관</td><td>포상심사관</td><td>동장 1명 이상을 배출한 포상담당관으로 책임포상감독관에 의해 선정되어 한국사무국이 주관하는 연수를 수료한 포상지도자</td><td rowspan="3">3년 이상 (20세 이상)</td></tr>
<tr><td>운영기관</td><td>포상담당관</td><td>운영기관 내에서 참여 청소년 및 포상활동담당자를 관리하는 지도자를 포상담당관이라 함</td></tr>
<tr><td>운영기관 프로그램제 공기관</td><td>포상 활동담당자</td><td>포상활동 개별 프로그램을 지도하고 참여 청소년의 활동 및 기록을 관리하는 지도자를 포상활동담당자라고 함</td></tr>
</table>

6) 운영기관

(1) 한국사무국/한국청소년활동진흥원

한국을 대표하여 국내 성취포상제의 운영 총괄하고 있으며 각급 운영기관의 심사, 승인, 지원 등을 담당하고 있으며 포상 심의 및 포상인증서 발급도 하고 있다.

51) 포상담당관 교육(운영방법 및 절차)자료로 여성가족부, 한국청소년활동진흥원 (2014)을 요약 정리함.

(2) 광역사무국 중앙운영기관

17개 시도단위 광역사무국으로 시도청소년활동진흥센터를 말하고, 중앙운영기관은 8개 시도에서 5개 이상의 운영기관을 보유한 지부를 가진 법인 중에서 한국사무국 승인을 받은 기관이다. 광역운영기관, 운영기관, 탐험활동제공기관, 프로그램제공기관, 선정 및 운영, 지원 관리감독을 수행하고 있다.

포상심사관 구성 및 운영, 포상감독관 교육 및 포상지도자 관리, 포상 대상 청소년 심사 운영 및 심의 요청 등을 담당하고 있다.

(3) 광역운영기관

광역 사무국 및 중앙운영기관 관할 지역 내에서 5개 이상 운영기관을 보유, 운영할 수 있는 곳으로 광역 사무국 및 중앙운영기관의 승인을 받은 기관이다.

운영기관 선정 및 운영지원과 교육이 이루어지며 프로그램 제공기관 관리 및 운영지원, 포상심의 및 승인 요청을 담당하고 있다.

(4) 운영기관

광역사무국, 중앙운영기관, 광역운영기관에 소속되어 포상제에 등록한 청소년의 활동수행을 지원하는 기관이다.

프로그램제공기관 및 탐험활동제공기관과 연계하고 협력하여 포상제에 등록한 청소년들의 활동 수행을 지원하고 있다. 또한 청소년대상 포상 프로그램 운영 및 연계지원을 하고 있으며 포상담당관, 포상지원관, 포상활동담당자에 대한 전문성 확보를 위해 노력한다. 참여청소년의 지속적인 활동지원 및 안전과 위생을 보장하기 위해 노력한다.

(5) 프로그램 제공기관 및 탐험활동 제공기관

운영기관에 등록되어 포상활동영역 중 한 가지 이상의 활동 프로그램을 제공하는 기관(프로그램 제공기관)으로써 한국사무국에 등록되어 전문적으로 탐험활동 프로그램을 제공하는 기관(탐험활동 제공기관)을 말한다.

포상단계별 포상프로그램 운영 및 연계 지원, 참여 청소년들에게 포상물품 지원, 1개 이상의 전문적인 포상 프로그램 운영, 청소년의 활동 및 기록 관리, 참여 청소년과 정기적인 상담을 통해 활동의 지속성 유지를 위해 노력한다.

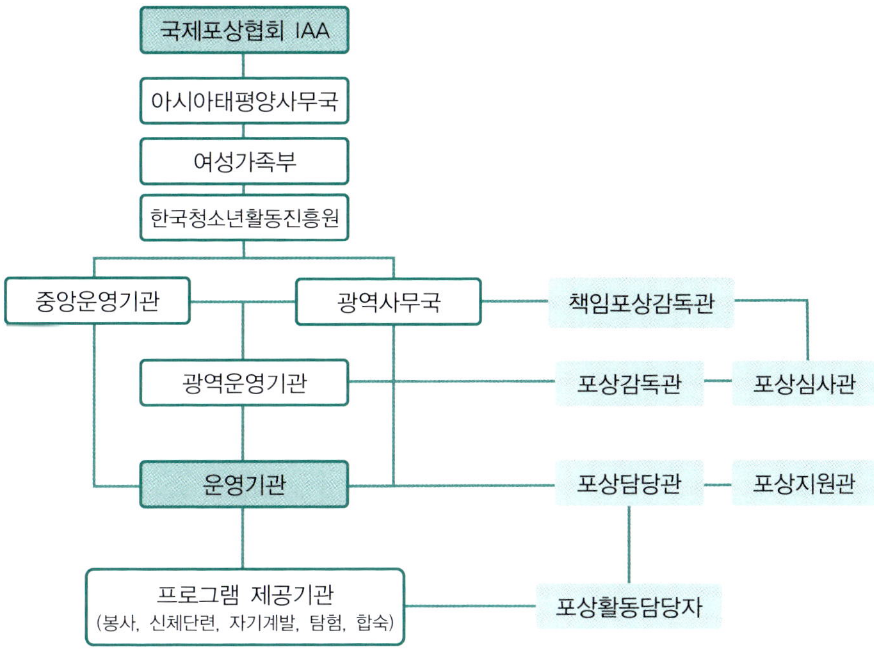

▌그림 11-1▌ 운영기관의 체계

7) 현황

2008년 시범사업으로 7월부터 청소년참여가 이루어졌으며, 포상을 받기 위한 가장 낮은 단계 동장은 평균 7~8개월 소요되어 2008년에는 포상청소년이 없다. 현황은 〈표 11-2〉와 같다.

▌표 11-2▐ 포상제 현황 (단위: 명, 개소)

구분	참가청소년	포상청소년	포상담당관	운영기관
2008년	352명	0	162명	15개
2009년	2,139명	398명	1,198명	194개
2010년	4,169명	457명	1,830명	309개
2011년	3,692명	663명	1,569명	220개
2012년	4,398명	587명	1,787명	214개
2013년	3,823명	582명	1,048명	116개
2014년	1,498명	497명	1,197명	160개
누적계	20,071명	3,184명	8,791명	1,228개

4. 국제청소년성취포상제의 원칙과 철학

1) 원칙

기본원칙에서 성취기준은 참여 청소년들과 경쟁의 승리가 아니라 인내와 성취를 통한 개인의 향상이다. 참여 청소년은 4개의 활동영역 안에서 지역에 따라 가능한 활동을 자유의지로 선택한다. 참여 청소년들은 성별, 인종, 종교, 정치적 소속에 근거한 어떤 차별도 받지 않는다. 운영원칙은 참여 청소년 연령은 만 14세~만 25세 사이이며, 4가지 활동영역으로 신체단련, 봉사활동, 자기개발, 탐험활동을 수행해야 한다. 포상단계는 동장(만 14세 이상), 은장(만 15세 이상), 금장(만 16세 이상)으로 신입 회원의 경우 최소 참여 기간은 동장 6개월, 은장 12개월, 금장 18개월이다. 또한 금장 참가자는 합숙활동을 수행해야 한다.

2) 철학

포상제는 10가지 핵심요소를 강조하는데, 이는 비경쟁성, 평등성, 자발성, 유연성, 균형성, 단계성, 성취 지향성, 과정 중시성, 지속성, 재미를 의미한다(여성가족부·한국청소년활동진흥원, 2011). 이러한 요소들은 장기간의 포상제 활동에 있어 매우 중요하며 활동을 충실히 단계별로 성취할 경우 획득할 수 있다.

① 비경쟁성(Non-Competitive): 포상제는 다른 사람과의 경쟁이 아니며, 개인적인 도전이다. 포상활동은 개인적인 선택을 기본으로 하고 있으며, 참여 청소년 개인의 능력과 흥미를 반영한다.

② 평등성(Available to All): 참여자들은 만 14세~만 25세 생일 전까지 성별, 인종, 종교, 정치적 소속에 근거한 어떤 차별도 받지 않는다.

③ 자발성(Voluntary): 청소년들은 자기 스스로가 포상제 참여를 결정해야 하며 각 영역의 해당 활동을 하도록 강요당해서는 안 된다.

④ 유연성(Flexibility): 포상제는 자신이 흥미 있어 하는 것, 자신이 원하는 것, 능력을 발휘할 수 있는 모든 활동에 자유롭게 참여할 수 있고 선택할 수 있다.

⑤ 균형성(Balanced Program): 포상제는 봉사, 신체단련, 자기개발, 탐험 등 4가지 활동영역과 금장 참여자를 위한 집단합숙활동이 있다. 참여 청소년은 4가지 활동영역을 통해 기존의 능력을 확대하고 스스로의 도전을 통해 새로운 능력을 갖추게 될 것이다.

⑥ 단계성(Progression): 참여 청소년들은 포상단계에 따라 더 많은 시간과 도전을 포상활동에 할애하여야 하며, 동장단계에서는 포상담당관의 엄격한 지도를 받아야 하지만, 은장 및 금장단계에서는 개인 스스로가 프로그램을 조직하고 활동하는 책임을 갖게 된다.

⑦ 성취지향성(Record of Achievement): 활동기록부는 결과를 기록하는 것이 아니라, 포상활동으로 얻은 생각, 느낌, 성장과 같은 긍정적인 성취과정을 기록하

는 것이다.

⑧ 과정중시성(Value of process): 개인의 사회적 발달을 격려하는 프로그램으로 체험을 통해 잠재적 능력과 재능을 발견하게 되며, 체험과 참여도에 따라 포상의 가치가 정해진다.

⑨ 지속성(Marathon, not a Sprint): 꾸준한 참여와 인내력을 필요로 하는 포상활동은 일시적인 열정으로는 완성될 수 없다. 참여 청소년은 25세 이전까지 적절한 시간에 자신의 능력에 맞춰 활동할 수 있다.

⑩ 재미(Enjoyment): 포상활동은 무엇보다도 참여 청소년 및 성인 봉사자들에게 재미와 만족감을 제공하며, 미래에 도움이 되는 삶의 기술을 갖출 수 있도록 한다.

5. 청소년자기도전포상제 운영[52)]

1) 사업개요

'청소년자기도전포상제'는 만 9세~만 13세의 저연령 청소년이 또래 및 가족과 함께 봉사활동, 자기개발, 신체활동, 탐험활동에 참여하여 자기결정력을 기반으로 청소년 스스로 목표를 설정하고, 그 목표를 성취하면서 자기주도성을 증진하는 한국형 포상제도이다. (※ 2013년 사업을 운영하여 여성가족부장관 명의의 인증서 발급)

2) 추진경과

추진경과를 살펴보면 2010년 청소년자기도전포상제 운영 모형 개발 연구에 이어

52) 여성가족부, 한국청소년활동진흥원 (2013). 청소년자기도전포상제 포상심사관 직무교육(2013.7월)의 자료를 요약 정리함.

2011년 청소년자기도전포상제 시범운영 실시하고, 청소년자기도전포상제 전국단위 시범운영 실시(2012~2013년)하였다. 2013년에는 청소년자기도전포상제 운영체계를 정립하였다. 참여 대상은 만 9세~만 13세(초등학교 3학년~중학교 2학년)의 청소년으로 포상단계와 최소 활동기간은 금장(20주~32주), 은장(16주~24주), 동장(16주)으로 설명할 수 있다. 추진경과에 따른 연도별 운영실적은 〈표 11-3〉과 같다.

표 11-3 연도별 운영실적

구분	중간 전달체계수	시범운영 기관수(개)	포상담당관 인원(명)	참여청소년 인원(명)	포상청소년 인원(명)			
					금장	은장	동장	계
2011년	한국사무국 직접 관리 · 지원	11	31	190	-	10	74	84
2012년	광역사무국 · 중앙운영기관 12개	50	108	581	12	49	260	321
2013년	광역사무국 · 중앙운영기관 16개	81	250	1,063	22	116	422	560
2014년	광역사무국 · 중앙운영기관 21개	155	450	1,291	29	100	422	551
총계					63	275	1,178	1,516

3) 지역별 운영기관 현황

지역별로 운영기관을 나누어 운영기관 소재를 중심으로 분류하였으며, 표기되지 않은 지역은 시범운영 미지역으로 〈표 11-4〉와 같다.

표 11-4 지역별 운영기관 현황 (단위: 개소)

구분	서울	부산	인천	대전	경기	강원	충북	충남	전북	전남	광주	경북	경남	울산	제주	소계
2011년	4	1	-	1	2	-	-	1	1	-	-	-	-	-	1	11
2012년	8	5	-	5	13	3	2	2	1	3	-	6	1	-	1	50
2013년	30	6	3	5	9	2	2	1	3	4	-	13	-	2	1	80
2014년	25	11	9	15	18	13	11	7	6	5	4	21	2	4	4	155
총계	67	23	12	26	42	18	15	11	11	12	4	40	3	6	7	296

4) 운영모형

포상활동영역은 봉사, 자기개발, 신체단련, 탐험(1가지 이상 또래집단활동 필수)으로 또래집단활동은 탐험활동을 제외한 활동으로 도전활동 시에만 해당한다. 포상제 참여 방법은 광역사무국 및 중앙운영기관 소속 운영기관에 오프라인 신청으로 가능하며, 자기도전포상제 운영 모형은 〈표 11-5〉와 같다.

표 11-5 자기도전포상제 운영 모형

포상단계	활동구분	활동영역				완수시간
		자기개발	신체단련	봉사활동	탐험활동	
금장	도전활동	24주(회)/24시간	24주(회)/24시간	24주(회)/24시간	2박3일/15시간	도전활동: 24주(회) 87시간
	성취활동	• 자기개발 · 신체단련 · 봉사활동 중 한 가지 영역을 선택하여 각 활동 당 7일 간격 최소 24회(24시간) 이상 수행 • 은장 포상자는 성취활동 면제				성취활동: 24주(회) 24시간 총 완수시간: 48주(회) 111시간

<table>
<tr><td rowspan="3">은장</td><td>도전활동</td><td>16주(회)/
16시간</td><td>16주(회)/
16시간</td><td>16주(회)/
16시간</td><td>1박2일/
10시간</td><td>도전활동:
16주(회) 58시간</td></tr>
<tr><td rowspan="2">성취활동</td><td colspan="4" rowspan="2">• 자기개발 · 신체단련 · 봉사활동 중 한 가지 영역을 선택하여 각 활동 당 7일 간격 최소 16회(16시간) 이상 수행
• 동장 포상자는 성취활동 면제</td><td>성취활동:
16주(회) 16시간</td></tr>
<tr><td>총 완수시간:
32주(회) 74시간</td></tr>
<tr><td rowspan="3">동장</td><td>도전활동</td><td>8주(회)/
8시간</td><td>8주(회)/
8시간</td><td>8주(회)/
8시간</td><td>1일/
5시간</td><td>도전활동:
8주(회) 29시간</td></tr>
<tr><td rowspan="2">성취활동</td><td colspan="4" rowspan="2">• 자기개발 · 신체단련 · 봉사활동 중 한 가지 영역을 선택하여 각 활동 당 7일 간격 최소 8회(8시간) 이상 수행</td><td>성취활동:
8주(회) 8시간</td></tr>
<tr><td>총 완수시간:
16주(회) 37시간</td></tr>
</table>

※ 자기개발 · 신체단련 · 봉사활동의 기본활동시간은 각각 1주에 1회 1시간(또는 2회 30분)
※ 자기개발 · 신체단련 · 봉사활동은 도전활동 중에 또래집단활동으로 최소 1가지 영역 이상 수행

6. 국제청소년성취포상제 활성화 방안[53)]

포상제 활성화를 위한 방안을 제시하면, 첫째, 온라인 시스템이 개선되어야 할 것이다. 한국의 온라인 시스템은 세계 최초로 개발되어 영국, 캐나다, 뉴질랜드에서 벤치마킹을 하기 위해 소개된 바 있다. 이는 IT 선진국으로써 매우 자랑스러운 일이지만, 더욱 좋은 사례로 인정받기 위해서는 시스템이 더욱 안정되어 시스템의 자체 오류로 인해 중도에 포상제 활동을 포기하는 청소년들을 줄여야 할 것이다. 그리고 불가피하게 시스템의 에러가 발생된다면 기록 시스템 에러를 신속하게 대처할 수 있는 장치가 마련되어 청소년들에게 불이익이 가지 않도록 해야 한다. 시

53) 오세비, 문성호 (2012). 국제청소년성취포상제 참여청소년의 활동경험에 관한연구의 일부를 발췌함.

스템 에러 발생 시에 포상담당관에게 이메일을 발송하거나 한국청소년활동진흥원에 메일을 보내면 날짜를 확인하여 활동을 인정해 주는 등의 방법이 필요하다. 이는 관리에 있어 어려운 일이겠지만, 청소년 중도 포기의 가장 큰 이유인 시스템 에러 문제는 기관이 책임을 져야 할 것이다. 이로 인해 청소년들에게 가는 피해는 줄이고, 또한 활동담당자들을 선택하거나 인터넷으로 활동을 확인기가 번거롭고 어려움이 있으므로 지역사회 인프라를 구축하여 활동담당자들에게 포상제에 대한 이해와 포상제 온라인 시스템 사용에 대한 교육을 받도록 하고, 이에 대하여 혜택을 주는 방안이 필요하다.

둘째, 활동과정상에서 청소년들이 힘들 때가 많은데 힘든 일이 발생할 때마다 청소년 개개인의 어려움을 구체적으로 확인하여 이를 극복하는 방안을 제시해 준다면 청소년들의 중도 포기가 줄어들고 많은 도움이 될 것이다. 활동별 매뉴얼인 핸드북을 발간하여 어려움 극복 사례를 공유하도록 하고, '포상제 전화상담' 또는 '포상제 온라인 상담' 등을 만들어 청소년들이 활동을 계속해 나가도록 도울 수 있다. SNS 등 다양한 방법으로 서로 활동하는 것을 올려서 연말에 청소년들에게 수상을 하거나, 어려움을 극복한 수기를 공모하여 전자우편이나 우편으로 주기적으로 발송하거나 포상제 홈페이지 등에 활동 모습을 올려 적극적으로 커뮤니티를 이용해야 한다. 항상 활동의 어려운 점과 도울 점이 무엇인지 점검하고, 포상제 활동을 하는 대학생과 중·고생을 연결시키는 멘토 프로그램을 운영하는 것이 효과적인 방안이 될 것이다. 이와 더불어 우리나라에서도 금장 수상자를 적극 활용하여 활동지도자로 활동하게 하거나 각 시도센터나 청소년관련 행사에서 사례를 발표하여 청소년의 입장에서 포상제의 견해를 홍보하고 전달하는 것도 좋은 방안이라 할 수 있다. 또한 금장수상자들로부터 여러 가지 포상제 발전방안이나 건의사항을 받아 반영하는 것도 필요하다. 영국의 예를 들면, 영국 전역에서 청소년 16명(17세~27세 사이)을 선발하여 에딘버러공 포상제 대사로 임명하고 이들 모두 금장 포상을 받아 활동지도자로 활약하고 있다. 이를 벤치마킹하여 한국의 실정에 맞게 활용하는 것도 검토되어야 할 것이다.

셋째, 포상제 활성화를 위해서 가장 중요한 역할을 하는 인력은 바로 포상담당관이다. 포상제는 운영 및 관리가 잘 되어야 하기 때문이다. 청소년활동에서 지도자의 태도, 열정, 청소년과의 상호작용 등이 청소년활동의 동기에 영향을 주는 것으로 많은 연구들은 보고하고 있다(류민정 · 표내숙, 2006; Bogner · Raphael & Pressley, 2002). 포상제에 있어서도 포상담당관의 노력, 열정, 희생, 봉사는 매우 크다. 이들이 정기적으로 연수나 교육을 받고 역량이 더욱 강화되고, 우수포상관들은 해외연수들의 기회를 주어야 한다. 이를 통해 다른 나라 포상담당관과 국제교류의 기회를 제공하고, 열악한 처우를 개선해야 한다. 포상담당관으로서 활동 시에 기존 업무 외에 포상관 업무를 추가로 수행할 때 가산점제도 등을 도입하여 승진하는데 있어 도움이 되는 방안을 마련할 필요가 있다. 그리고 포상담당관의 적절한 업무를 위해 1인이 담당하는 청소년의 수에 제한을 둬야 한다. 담당하는 청소년의 수가 많으면 개별적이고 구체적인 지원이 어렵기 때문에 포상담당관을 확대하여 활동의 질을 높이도록 해야 한다.

넷째, 포상제 활동을 하는 데 있어 청소년 본인의 의지뿐만이 아니라 외부환경적 지지도 매우 중요하다. 포상담당관, 부모, 학교 교사가 유기적으로 지지체계를 구성하여 활동을 지지해 준다면 더욱 많은 청소년들이 포상제 활동을 통해 바람직하고 좋은 결과를 얻을 것이다. 포상기관에서는 포상담당관 교육뿐만 아니라 주기적으로 부모나 학교 교사 교육도 개최하여 포상제의 효과와 취지 등을 알리고, 포상제 활동의 여러 가지 지지해 주어야 할 사항이나 어려움 등에 대해 미리 정보를 제공해야 할 것이다. 해당 기관에서는 부모나 학교 교사들에게도 커뮤니티를 마련해 주어 포상제에 관해 서로 논의하고 청소년들에게 도움이 될 수 있는 방안을 찾도록 해주는 것도 필요하다. 부모나 학교 교사가 적극적으로 지지하는 포상제 활동을 청소년들이 한다면 더욱 큰 효과를 볼 것이며 청소년들이 중도에 그만두는 일은 줄어들 것이다.

마지막으로, 참여청소년들은 포상제 활동 경험을 통해 창의성, 인성, 자기주도성, 그리고 잠재력이 향상되었고, 자신감이나 사회성, 가시적 성과(자격증 취득, 외국어 습득 등)를 직접 경험하였다. 장기간의 포상제 활동은 인생에 있어서 자신의 미래와 행복과 발전을 위해 필요하며 매우 소중한 경험이었던 것으로 보인다. 따라서 청소년들에게 학업뿐만이 아니라 자신의 외적, 내적인 긍정적인 변화와 자신의 성장을 위해 포상제는 더욱 활성화되고 많은 청소년들이 참여해야 할 것이다. 일반 청소년뿐만 아니라 위기청소년들에게 자신감과 삶의 희망을 심어줄 수 있으며, 특히 신체적으로 장애가 있거나 가정이 어려운 청소년이 포상제에 참여한다면 그 효과는 더욱 긍정적일 것으로 기대된다.

학습정리

국제청소년성취포상제(The Duke of Edinburgh's International Award; 포상제)는 만 14~25세 사이의 모든 청소년들이 신체단련, 자기개발, 봉사 및 탐험활동을 통해 그들의 잠재력을 최대한 개발하고, 청소년 자신 및 지역사회와 국가를 변화시킬 수 있는 삶의 기술을 갖도록 하는 국제적 자기 성장 프로그램이다.

포상제는 영국 엘리자베스 2세 여왕 부군인 에딘버러 공작에 의해 1956년 처음 소개되었고, 등반대 대장인 헌트 경(Lord Hunt)에 의해 처음 고안되었다. 전 세계 140여 개 나라에서 시행 중이며 발전과 성장을 거듭하여 세계 각국에서 서로 다른 이름으로 운영되고 있다.

포상제는 포상단계별(금장, 은장, 동장) 공통으로 4가지 포상활동(신체, 봉사, 자기개발, 탐험)을 정해진 일정기간 이상 활동하면서 각 활동영역별 성취목표를 달성하면 국제적인 포상을 받을 수 있다(금장은 합숙활동 추가). 참가대상은 만 14세~만 25세(만 25세 생년월일 생일 전까지)의 국내외 청소년 누구나 가능하다. 포상단계 및 참가연령은 동장은 만 14세 이상(최소 6개월 이상), 은장 만 15세 이상(최소 6개월~12개월 이상), 금장 만 16세 이상(최소 12개월~18개월 이상)이다.

포상제는 10가지 핵심요소를 강조하는데, 이는 비경쟁성, 평등성, 자발성, 유연성, 균형성, 단계성, 성취 지향성, 과정 중시성, 지속성, 재미를 의미한다.

'청소년자기도전포상제'는 만 9~13세의 저연령 청소년이 또래 및 가족과 함께 봉사활동, 자기개발, 신체활동, 탐험활동에 참여하여 자기결정력을 기반으로 청소년 스스로 목표를 설정하고, 그 목표를 성취하면서 자기주도성을 증진하는 한국형 포상제도이다.

○●● 연습문제

〈객관식〉

1. 국제청소년성취포상제의 목적에 관한 설명으로 적절하지 않은 것은?

① 국제청소년성취포상제는 자신이 평소에 하고 싶었던 가치 있는 활동을 스스로 정하고, 계획하며 매주 지속적인 활동을 하도록 하는 활동이다.
② 국제청소년성취포상제는 자기주도적으로 활동들을 지속적으로 이어나갈 수 있는 습관을 길러주게 된다.
③ 국제청소년성취포상제는 개인별 맞춤 성취목표에 따라 자신의 적성과 능력을 찾아갈 수 있도록 도와준다. 내가 이루고자 하는 인생의 작은 목표에 대한 내 자신과 약속의 도전으로 끈기를 배우게 되고 자신감을 얻게 된다.
④ 청소년들에게 전문 청소년지도자들이 활동을 지원하고, 상담과 조언을 통해 올바른 청소년기를 보낼 수 있도록 안내자 역할을 해준다.
⑤ 국제청소년성취포상제는 포상을 받기 위한 제도로써 과정보다는 포상의 기록과 결과를 중요하게 생각한다.

정답. ⑤
해설. 포상제는 포상을 받는 것만이 목적이 아니고 과정 속에서 얻어가는 것이 많으므로 과정을 더욱 중시하는 활동이다. 과정을 충실히 이행할 경우 많은 내적 외적 성장을 경험한다.

2. 국제적 청소년활동 프로그램인 국제청소년성취포상제에 관한 설명으로 적절하지 않은 것은?

① 나라마다 국제청소년성취포상제라는 공식명칭을 똑같이 사용하고 있으며, 전 세계가 서로 연계되어 있다.
② 2014년을 기준으로 전 세계 140여 개국 이상 참여하고 있다.
③ 영국 엘리자베스 2세 여왕의 부군인 에딘버러 공작에 의해 1956년 처음 소개되었다.
④ 처음 목적은 15세에서 18세 사이의 남자 청소년들에게 스스로 역량개발 및 균형잡힌 프로그램을 통해 성인기를 잘 대비할 수 있도록 동기를 부여하기 위함이었다.
⑤ 오늘날 국제청소년성취포상제의 기본 원칙은 똑같이 유지되고 있다.

정답. ①
해설. 나라마다 포상제 명칭이 다르게 사용되고 있으며 국가주도로 시행되는 나라들도 있다. 또한 포상제에 가입한 전 세계 140여 개국만이 서로 연계가 가능하다.

3. 국제청소년성취포상제의 운영과 영역에 관한 설명으로 적절하지 않은 것을 모두 고르시오.

① 포상제는 포상단계별로 금장, 은장, 동장으로 이루어져 있다.
② 4가지 포상활동(신체, 봉사, 자기개발, 탐험)을 정해진 일정기간 이상 활동하면서 각 활동영역별 성취목표를 달성하면 국제적인 포상을 받을 수 있다.(금장은 합숙활동 추가)
③ 참가대상은 만 13세~만 25세(만 25세 생년월일 생일 전까지)의 국내외 청소년 누구나 가능하다.
④ 포상단계 및 참가연령은 동장은 만 14세 이상(최소 6개월 이상), 은장 만 15세 이상(최소 6개월~12개월 이상), 금장 만 16세 이상(최소 12개월~18개월 이상)이다.
⑤ 만 나이로 연령 조건을 충족하면 은장, 금장부터도 참여할 수 있고, 연령 조건에 맞게 활동할 것을 적극 권장한다.

정답. ③, ⑤
해설. 참가대상은 만 14세~만 25세이다. 연령 조건에 맞추어 은장, 금장에 참여할 수는 있으나 되도록 아래 단계부터 해나가거나 동장부터 활동을 시작할 것을 적극 권장한다. 왜냐하면 더 짧은 기간의 활동이 경험을 통해 그 다음 단계에 긴 기간 동안 도전할 수 있는 힘과 습관을 가질 수 있고 더욱 많은 것을 얻을 수 있기 때문이다.

4. 포상승인조건으로 적절하지 않은 것을 모두 고르시오.

① 활동은 최소 1시간 이상 지속되어야 한다.
② 활동기간 동안 최소 7일 이상 간격 활동 횟수를 충족하고 성취목표를 달성하였을 때 인정된다.
③ 활동은 사후 포상담당관에게 승인을 받아야 시작이 인정된다.
④ 활동 후 기록은 반드시 10일 이내 포상정보시스템에 작성하였을 때 인정(탐험, 합숙 제외)된다.
⑤ 활동은 반드시 성취목표와 관계된 활동을 했을 때, 기타 포상심사 체크리스트를 충족하였을 경우 인정받을 수 있다.

정답. ③, ④
해설. 사후가 아닌 사전에 포상담당관에게 승인을 받아야 한다. 기록은 10일이 아닌 7일 이내에 포상정보시스템에 작성해야 인정받을 수 있다.

5. 청소년자기도전포상제에 관한 설명으로 적절하지 않은 것은?

① 포상활동영역은 봉사, 자기개발, 신체단련, 탐험(1가지 이상 또래집단활동 필수)으로 또래집단활동은 탐험활동을 제외한 활동으로 도전활동 시에만 해당한다.
② 포상제 참여방법은 광역사무국 및 중앙운영기관 소속 운영기관에 오프라인 신청으로 가능하다.
③ 청소년자기도전포상제는 초등학교 5학년~중학교 2학년의 청소년들이 자기계발, 신체단련, 봉사, 탐험활동 4가지 활동영역에서 자기 스스로 정한 목표를 성취해 간다.
④ 운영기관을 검색해 포상담당관과 상담 절차를 거쳐 포상활동에 참여할 수 있다.
⑤ 최소 8시간에서 24시간 이상 수행하는 청소년자기도전포상제는 사는 지역의 운영기관을 알아보고 포상담당관과 상담 후 절차를 거쳐 활동에 참여하면 된다.

정답. ③
해설. 청소년자기도전포상제는 만 9세~13세가 대상이다.

〈주관식〉

1. 다음의 (　　　) 안에 알맞은 청소년활동은?

> 만 14~25세 사이의 모든 청소년들이 신체단련, 자기개발, 봉사 및 탐험활동을 통해 그들의 잠재력을 최대한 개발하고, 청소년 자신 및 지역사회와 국가를 변화시킬 수 있는 삶의 기술을 갖도록 하는 국제적인 자기 성장 프로그램을 (　　　　　　　　)이라 한다.

정답. 국제청소년성취포상제

2. 만 9세~13세의 저연령 청소년이 또래 및 가족과 함께 봉사활동, 자기개발, 신체활동, 탐험활동에 참여하여 자기결정력을 기반으로 청소년 스스로 목표를 설정하고, 그 목표를 성취하면서 자기주도성을 증진하는 한국형 포상제도이다. 이것은 어떤 활동을 설명한 것인가?

정답. 청소년자기도전포상제

3. 국제청소년성취포상제의 철학으로 10가지 핵심요소 중 다음에 설명하고 있는 요소는 각각 무엇인가?

( )은 다른 사람과의 경쟁이 아니며, 개인적인 도전을 의미한다. 포상활동은 개인적인 선택을 기본으로 하고 있으며, 참여 청소년 개인의 능력과 흥미를 반영한다.
( )은 청소년들 스스로가 포상제 참여를 결정해야 하며 각 영역의 해당 활동을 하도록 강요당해서는 안 된다.

정답. 비경쟁성, 자발성

Chapter 12

청소년수련활동인증제

▶ 학습목표

1. 청소년수련활동인증제의 도입배경을 이해할 수 있다.
2. 청소년수련활동인증제의 목적과 운영을 이해할 수 있다.
3. 청소년수련활동인증제 활동영역과 인증기준을 설명할 수 있다.
4. 청소년수련활동인증제의 기대효과에 대해 이해할 수 있다.
5. 청소년수련활동인증제의 법적 요건에 대해 이해할 수 있다.

▶ 핵심용어

청소년수련활동인증제, 활동영역, 인증기준

Chapter 12

청소년수련활동인증제

1. 청소년수련활동인증제[54]의 소개 및 도입배경

청소년수련활동인증제는 청소년활동진흥법 제35조에 따라 국가 및 지방자치단체 또는 개인·법인·단체 등이 실시하고자 하는 청소년수련활동을 인증하고, 인증수련활동에 참여한 청소년의 활동 기록을 유지·관리·제공하는 국가인증제도이다.

도입배경은 청소년수련활동이 공공성, 유익성, 안전성 등 최소한의 요건을 고려하지 않은 상태에서 운영됨으로 인해 씨랜드 화재 사건[55], 식중독, 성추행 등 각종 사건·사고가 빈번하게 발생되어 왔다. 특히 학교 주5일 수업제 도입에 따른 청소년의 여가시간 증가 및 가족과 함께하는 체험활동 요구를 청소년수련활동 참여로 유도하고, 안전하고 신뢰할 수 있는 청소년수련활동 환경의 필요성이 대두되었다. 국가는 이러한 사회적·정책적 요구를 수용하여 청소년수련활동이 안전하고 신뢰받을 수 있는 환경에서 운영될 수 있도록 2006년 3월부터 청소년수련활동인증제도를 시행하고 있다. 시행 이후 활동현장에서는 그동안 하지 않았던 인증 기준들에 맞추어서 서류를 준비하고, 프로그램을 인증 절차를 밟고, 인증 기준에 맞추어 진

54) 청소년수련활동인증정보시스템 홈페이지(http://yap.youth.go.kr)에서 요약 정리함.

55) 씨랜드 청소년수련원 화재 사고: 1999년 6월 30일 새벽 경기도 화성군(현 화성시) 서신면 백미리에 있는 청소년수련시설인 놀이동산 씨랜드 청소년수련원에서 모기향으로 인한 화재가 발생하여 취침 중이던 유치원생 19명과 인솔교사 및 강사 4명 등 23명이 숨지고 6명이 부상당하는 참사가 발생하였다. 이 화재 사고로 인해 기존에 논의되었던 인증제가 본격적으로 시행되었다고 볼 수 있다.

행하느라 어려움을 겪었지만, 결국 청소년에게 질 높은 프로그램을 제공하고자 하는 국가의 정책이므로 적극적으로 동참하였다.

2. 청소년수련활동인증제 목적과 운영[56)]

1) 목적

국가가 청소년수련활동의 공공성과 신뢰성을 인증함으로써 청소년활동 정책의 실효성 제고하는 것이다. 청소년의 교육・사회적 환경 변화에 따른 양질의 청소년활동 정책과 참여 기회 제공하는 것이다. 또한 다양한 청소년활동 정보 제공 및 청소년활동 참여를 활성화하고 자기계발 및 진로 모색 등에 활용가능한 활동기록을 관리하고 제공하는 데 있다.

2) 운영

첫째, 청소년의 성장발달과 욕구를 바탕으로 프로그램이 운영된다. 즉, 인증수련활동은 대상청소년의 정신적, 신체적 특성을 고려하고 청소년들이 필요로 하는 활동의 욕구분석을 하여 청소년전문가가 기획 및 운영한다.

둘째, 전문성을 갖춘 전문가가 함께한다. 인증수련활동은 청소년지도사 또는 청소년상담사 자격증을 취득한 사람이거나 현장에서 5년 이상의 전문경력을 가진 청소년지도자, 한국청소년활동진흥원에서 운영하는 운영담당자 교육을 수료한 전문가가 프로그램을 직접 개발하고 운영한다. 또한 청소년인원수에 따라 청소년지도자의 적정배치 인원수가 의무화되어 있어 보다 안전하게, 보다 개별적으로 관심을

56) 한국청소년활동진흥원 인증운영부 (2014). 청소년수련활동인증제 운영규정 개정 안내 자료를 요약 정리함.

가지고 프로그램에 함께한다.

셋째, 위험요소를 최소화한다. 인증수련활동은 활동환경의 적절성 및 안전성, 안전관리계획 및 교육, 비상조치계획, 보험가입 등 안전과 관련하여 엄격한 심사기준으로 위험요소를 최소화하고 있다. 또한 안전전문인력이 반드시 배치되어 응급상황에서도 최적의 조치로 피해를 최소화하도록 하였다.

넷째, 활동기록확인서는 언제든지 발급받을 수 있고, 포트폴리오를 직접 관리할 수도 있다. 인증수련활동에 참여한 청소년은 인증수련활동 기록확인서를 온라인으로 언제든지 실시간으로 발급받을 수 있으며, 기록확인서 외에도 포트폴리오를 스스로 작성하여 발급받을 수 있다.

3) 운영절차

프로그램을 인증받기 위해서는 각 시도에 있는 청소년활동진흥센터나 청소년기관에서 인증신청 관련 컨설팅을 받는다. 프로그램을 정리하여 한국청소년활동진흥원에 인증신청을 하고, 형식에 맞추어 제출되었는지 검사가 이루어진 후 인증 접수가 된다. 심사와 심의를 거쳐 인증 여부를 알 수 있다. 프로그램을 인증받은 후에는 실시 일자를 통보하고 수련활동을 실시한다. 프로그램 종료 후에는 참여기록 관리 및 등재가 이루어진다.

4) 운영체계

인증제 관련 기관은 여성가족부, 한국청소년활동진흥원, 청소년수련활동인증위원회, 지방청소년활동진흥센터, 인증심사원, 인증신청기관으로 구분할 수 있다. 여성가족부는 총괄하고, 한국청소년활동진흥원은 인증제 운영의 실무기관으로서 인증제를 운영하고, 인증결과 통보, 인증서 발급과 확인서 발급, 인증심사원 운영, 대국민 홍보, 사후관리업무 등을 수행한다. 청소년수련활동인증위원회는 인증신청

사항에 대한 심의・의결하며 인증유효기간 설정과 인증취소 판정, 인증제 제반규정 등을 심의할 수 있는 의결기구이다. 17개 시・도에 설치된 지방청소년활동진흥센터는 인증제 운영을 지원하며, 인증제 교육, 홍보, 컨설팅 등을 지원한다. 인증심사원은 심사업무를 수행하며 인증신청에 대한 사전심사, 현장방문, 이행 여부 확인 및 결과를 보고한다.

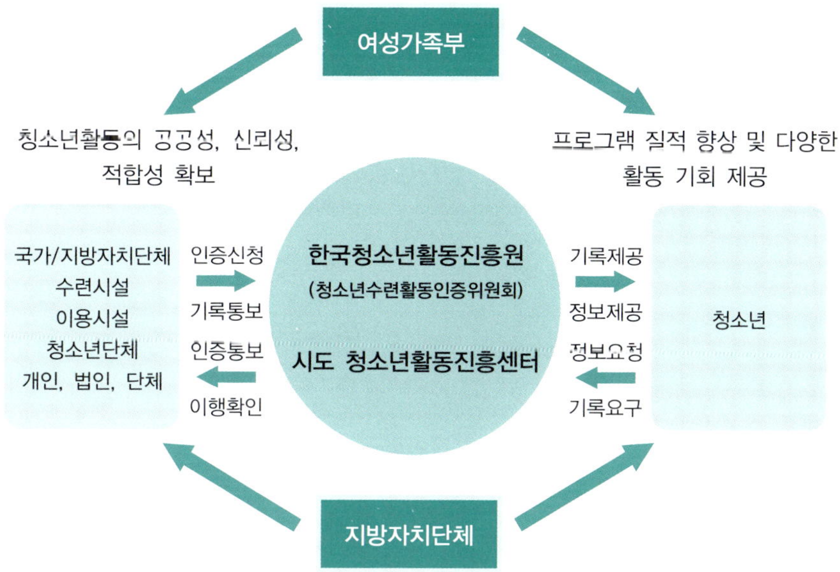

그림 12-1 청소년수련활동인증제 운영체계

표 12-1 운영체계의 역할과 법적 근거

구분	역할	법적 근거
여성가족부	인증제도 추진 인증위원 위촉 활동기록 유지・관리・제공 청소년수련활동인증제 운영 및 예산지원	활동진흥법 제35조
지방자치단체	시・도 청소년활동진흥센터 설치 및 운영 ※ 시・도 청소년활동진흥센터의 운영에 필요한 경비의 전부 또는 일부를 지원	활동진흥법 제7조/제35조

한국청소년 활동진흥원	청소년수련활동인증위원회 등 인증제도 운영	활동진흥법 제35조 인증제 운영규정 제3조
시·도 청소년 활동진흥센터	활동진흥원과 연계·협력하여 인증제도 지원 인증받은 청소년활동의 홍보 및 지원사업 운영	활동진흥법 제7조 인증제 운영규정 제3조
인증위원회 (여성가족부 위촉, 임기 3년)	인증기준 제·개정 인증신청 내용의 확인 및 보완·개선 요구 인증의 유효기간 심의 인증사항의 이행 여부 확인 및 시정요구 인증의 취소, 인증신청 제한 조치 인증심사원 선발·활용 인증수련활동 결과 기록의 유지·관리 조치 등	활동진흥법 시행령 제21조 인증제 운영규정 제4조
인증심사원 (인증위원회 위촉)	서류심사 및 이행 여부 확인 심사	활동진흥법 시행령 제22조

5) 운영현황

인증제는 2006년에 시작하여 인증 프로그램 수가 점차 증가하고 있다. 2014년 기준으로 인증받은 프로그램은 4,117개였고, 그 중 유지되고 있는 인증활동은 2,971개로 인증 프로그램 수는 점차 증가하고 있는 추세이다. 인증수련활동 중 기본형이 1,392개, 숙박형이 1,592개, 이동형은 17개이다.

구분	2006	2007	2008	2009	2010	2011	2012	2013	2014	합계
인증신청건수	132	352	508	348	340	329	276	1,291	2,895	6,471
인증건수	79	284	443	255	266	242	212	783	1,553	4,117

인증 프로그램은 청소년수련시설 및 이용시설 외에도 2013년 이후 일반 기관 및 기업에서 신청받아 운영되는 수가 증가하고 있는 추세이다.

국가/지자체	기타 공공기관	청소년수련시설						청소년단체	청소년이용시설	청소년보호복지시설	학교/교육청	일반	합계
		특화시설	수련관	수련원	문화의집	야영장	유스호스텔						
6	21	1	138	121	88	5	49	30	36	15	7	187	704

3. 청소년수련활동인증제의 활동영역

청소년수련활동인증제의 활동은 건강·보건활동, 과학정보활동, 교류활동, 모험개척활동, 문화예술활동, 봉사활동, 직업체험활동, 환경보존활동, 자기(인성)계발활동, 기타 활동 등 10개의 영역으로 구분하고 있다. 프로그램을 인증받을 때 분류를 확인하여 그에 따라 신청하며 어느 영역으로 분류가 되어야 할지 판단이 어려운 경우 관할 기관에 문의하여 분류한다. 구체적인 각 영역별 활동의 예시는 <표 12-2>를 참고하기 바란다.

표 12-2 인증수련활동영역별 분류

영역	영역별 활동 예시(안)
건강·보건활동	신체단련활동, 약물예방활동, 흡연·음주·약물·비만 예방활동, 안전·응급처치활동, 성교육활동
과학정보활동	모형 및 로봇활동, 인터넷활동, 우주천체활동, 정보캠프활동, 영상매체활동 등
교류활동	청소년국제교류활동, 남북 청소년교류활동, 도농 간 청소년교류활동, 국제이해활동, 다문화이해활동, 세계문화비교활동, 한민족청소년캠프 등
모험개척활동	탐사·등반활동, 야영활동, 해양활동, 오지탐사활동, 극기훈련활동, 호연지기활동, 수상훈련활동, 한국의 산수탐사활동, 안전지킴이활동 등
문화예술활동	지역문화, 세계문화, 대중문화, 역사연극활동, 어울 마당, 전통예술활동 등

봉사활동	일손돕기활동, 위문활동, 지도활동, 캠페인활동, 자선・구호활동, 지역사회개발 및 참여활동 등
직업체험활동	청소년모의창업, 경제캠프, 사회생활기술, 진로탐색활동, 직업현장체험 등
환경보존활동	생태활동, 환경탐사활동, 자연지도 만들기, 숲체험, 환경음식 만들기, 환경 살리기 활동, 환경・시설 보존활동 등
자기(인성) 계발활동	표현능력개발 수련활동, 자기탐구활동, 자기존중감향상 프로그램, 자기표현활동, 심성수련활동 등
기타	신청자 직접 명기

4. 청소년수련활동 인증기준[57)]

1) 활동 유형

활동 유형	내용
기본형	1일 3시간 이상 혹은 1일 2시간 이상으로 2회기 이상에 걸쳐 일정시간 정기적으로 이루어지는 비숙박활동
숙박형	숙박에 적합한 장소에서 일정기간 숙박하며 이루어지는 활동
이동형	활동내용에 따라 선정된 활동장을 이동하여 숙박하며 이루어지는 활동

57) 여성가족부, 한국청소년활동진흥원 (2014). 청소년수련활동인증제 설명회 자료를 요약 정리함.

2) 인증기준 및 확인요소

<table>
<tr><th colspan="3">구분</th><th colspan="2">인증기준 구성</th></tr>
<tr><td colspan="3">영역/유형</td><td>기준</td><td>확인요소</td></tr>
<tr><td rowspan="6">공통
기준</td><td colspan="2" rowspan="2">1. 활동 프로그램</td><td>프로그램 구성</td><td rowspan="2">5</td></tr>
<tr><td>2. 프로그램 자원운영</td></tr>
<tr><td colspan="2" rowspan="2">2. 지도력</td><td>3. 지도자 전문성 확보계획</td><td rowspan="2">4</td></tr>
<tr><td>4. 지도자 역할 및 배치</td></tr>
<tr><td colspan="2" rowspan="2">3. 활동환경</td><td>5. 공간과 설비의 확보 및 관리</td><td rowspan="2">4</td></tr>
<tr><td>6. 안전관리 계획</td></tr>
<tr><td rowspan="2">개별
기준</td><td rowspan="2">활동
유형</td><td>숙박형</td><td>1.숙박관리/2.안전관리인력확보/3. 영양관리자 자격</td><td>3</td></tr>
<tr><td>이동형</td><td>1.숙박관리/2.안전관리인력확보/3. 영양관리자 자격
/4.휴식관리/5.이동관리</td><td>5</td></tr>
<tr><td>특별
기준</td><td colspan="2">사전인증필수</td><td>4-2. 전문지도자의 배치
5-2. 공간과 설비의 법령 준수</td><td>2</td></tr>
</table>

3) 인증절차(소요기간 25일)

인증접수	▶	인증심사	▶	인증심의 · 의결	▶	인증
한국청소년활동진흥원		인증심사원		인증위원회		인증위원회

4) 인증수련활동의 사후관리 순서도

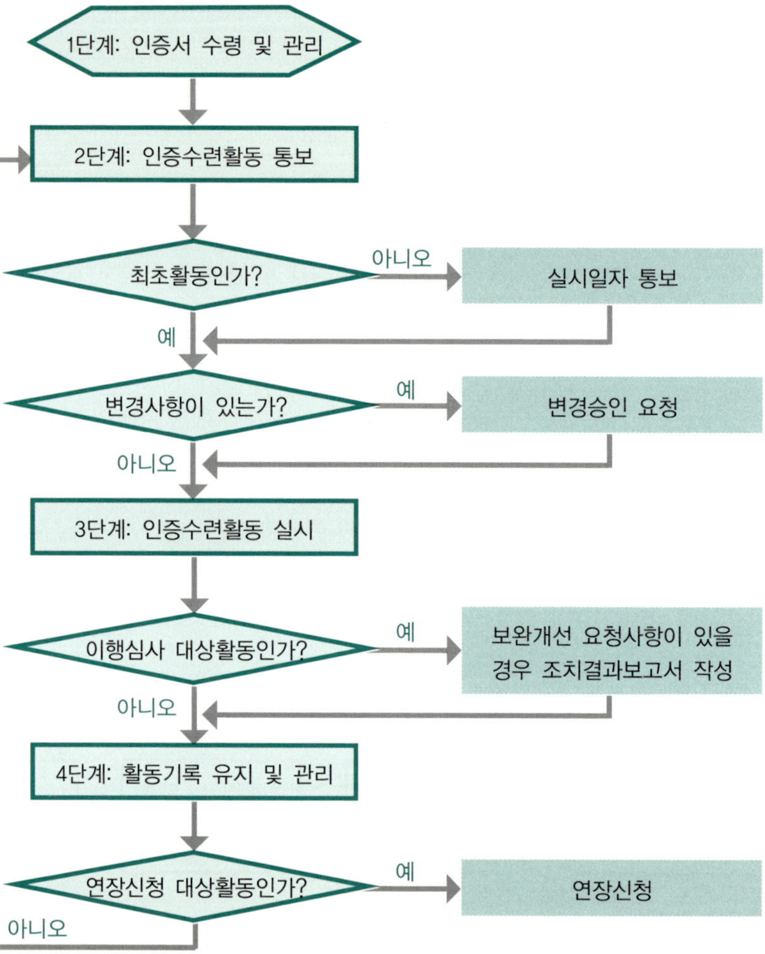

▌그림 12-2▐ 인증수련활동의 사후관리 순서도

5) 사후관리 주요 내용

(1) 실시일자 통보

참여청소년의 모집 혹은 활동의 실시 14일 전 반드시 통보하여야 하며 실시일자 통보를 하지 않았을 경우에는 활동기록의 등록이 불가능하다.

(2) 인증사항 변경승인 요청

인증수련활동 운영 시, 부득이하게 인증받은 사항에 변동이 발생할 경우 제반절차에 의해서 인증사항을 변경하여 수련활동을 실시할 수 있도록 하고 있으며 인증정보시스템을 활용하여 변경신청을 실시하여야 한다.

(3) 이행 여부 확인

인증위원회는 청소년수련활동인증제 운영규정 제40조에 따라 인증수련활동 실시현장에서 다음과 같이 이행 여부 확인을 실시하도록 하고 있다.

인증을 받은 사항과 다른 활동을 실시한 경우 청소년활동진흥법 제36조의3에 따라 정지나 취소 등의 행정처분을 받을 수 있으며 세부적인 사항은 아래와 같다.

위반사항	행정처분		
	1차	2차	3차
인증수련활동의 내용과 실제로 실시되는 수련활동의 내용에 중요한 차이가 있는 경우로서 그 원인이 인증받은 자의 고의나 중대한 과실로 발생된 경우	3개월 정지	6개월 정지	취소

(4) 유효기간 연장요청

유효기간 연장신청은 만료일(인증을 받은 날로부터 4년 이내) 45일 이전에 신청하여야 하고 연장을 신청하지 않을 경우 만료신청을 해야 한다. (2회 이상 연장신청

가능)

(5) 활동기록 등재

인증수련활동을 실시한 자는 청소년활동진흥법에 따라 활동종료 후 14일 이내에 청소년의 참여활동기록을 반드시 인증정보시스템에 등재하여야 한다.

5. 청소년수련활동인증제의 기대효과

1) 인증받지 않은 프로그램과의 차별성

청소년활동진흥법 제38조에서는 인증받지 않는 활동에 청소년수련활동 또는 유사명칭을 사용하여서는 안 된다고 하여 인증받은 활동과 그렇지 않은 활동이 명칭에서부터 구별되도록 하고 있다. 인증받은 활동 프로그램은 인증마크를 부착하고 사용할 수 있도록 하여 청소년이 프로그램을 선택할 때 쉽게 프로그램 인증 여부를 확인할 수 있다.

2) 프로그램 운영의 질적 관리

인증제는 인증기준을 통한 교육적 성격을 가진다. 인증을 통한 프로그램의 질적 수준제고의 실현은 인증기준과 인증심사원의 전문적 컨설팅을 통해 유도하고 있다. 인증받은 활동 프로그램은 인증사항을 이행하면서 운영된다. 인증받은 활동 프로그램은 인증기준 요소에 대하여 일정 수준 이상에 도달할 것임이 확인되는 것이다.

3) 인증 프로그램 홍보에 따른 효과

잘 알려지지 않는 지역의 특화 프로그램이 인증받은 경우 지역의 대표 프로그램으로 성장할 수 있다. 또한 지역사회에서 기관 및 단체의 위상을 제고시킨다.

4) 자기계발 및 진로모색에 활용한 가능한 자료의 제공

청소년들이 자기계발과 진로모색에 활용가능한 신뢰할 수 있는 자료로 활용되도록 청소년활동의 내용을 기록・관리・유지하게 된다.

기록은 지속적으로 누적되어 '활동기록부' 형태로 관리되고 청소년의 요구에 따라 발급된다.

6. 인증제도 절차별 법적 요건[58][59]

1) 청소년수련활동인증제(청소년활동진흥법 제35조)

국가는 청소년수련활동이 청소년의 균형 있는 성장에 기여할 수 있도록 그 내용과 수준을 향상시키기 위하여 청소년수련활동 인증제도를 운영하여야 한다.

국가는 인증제도를 운영하기 위하여 인증위원회를 활동진흥원에 설치・운영해야한다.

국가는 제36조에 따라 인증을 받은 청소년수련활동을 공개하여야 하며, 인증수련활동에 참여한 청소년의 활동기록을 유지・관리하고, 청소년이 요청하는 경우에

58) 여성가족부, 한국청소년활동진흥원, 청소년활동진흥센터 (2014). 2014 청소년수련활동인증제 매뉴얼(KYWA 2014-027)을 요약 정리함.

59) 한국청소년활동진흥원 인증운영부 (2014). 청소년수련활동인증제 운영규정 개정 안내 자료를 요약 정리함.

는 제공하여야 한다.

2) 청소년수련활동의 인증절차(청소년활동진흥법 제36조)

국가와 지방자치단체 또는 개인·법인·단체 등은 청소년수련활동에 필요한 프로그램을 개발하여 실시하려는 경우에는 관련 내용을 작성하여 인증위원회에 제출할 수 있다.

참가 인원이 일정 규모 이상이거나 위험도가 높은 청소년수련활동은 미리 관련 내용을 작성하여 인증위원회에 제출하여야 한다.

인증을 신청하려는 자는 청소년지도자와 안전에 관한 전문인력을 갖추어야 한다.

인증위원회는 현장방문 등 필요한 방법으로 인증신청의 내용을 확인할 수 있다.

※ 관련된 자세한 사항은 동법 시행규칙 제15조의2, 제15조의3, 제15조의4 참조

3) 인증신청 및 절차, 방법 등(청소년활동진흥법 시행령 제21조)

인증을 받으려는 자는 참가자 모집 또는 활동실시 시작 45일 이전에 인증위원회에 인증을 요청하고 필요한 자료를 제출하여야 한다.

보완 또는 개선의 요구를 받은 자는 10일 이내에 그 보완 또는 개선사항을 제출하여야 하며, 보완 또는 개선을 요구받고도 정당한 사유 없이 이에 응하지 아니하는 경우에는 인증요청서를 반려할 수 있다.

4) 인증수련활동의 운영(청소년활동진흥법 제39조, 시행규칙 제8조의 3)

청소년수련활동을 위탁하려는 경우에는 이 법 또는 다른 법률에 따라 신고·등록·인가·허가를 받은 법인·단체 및 개인에게만 위탁할 수 있으며, 청소년수련활동을 위탁하는 경우에도 해당 청소년수련활동의 전부 또는 여성가족부령으로 정

하는 중요 프로그램을 위탁할 수 없다.

※ 관련된 자세한 사항은 동법 시행규칙 제15조의8 참조

청소년수련활동에 참여하는 청소년에게 안전교육(청소년수련활동 유형별 안전사고 예방에 관한 사항, 수련시설 이용 시 유의사항 및 비상시 행동요령, 성폭력·성희롱 예방 및 대처요령, 수련시설의 이용 및 청소년수련활동에 필요한 안전에 관한 사항)을 실시하여야 한다.

5) 인증수련활동의 결과통보 등(청소년활동진흥법 제37조)

인증수련활동을 실시한 자는 인증수련활동이 끝난 후 인증위원회에 결과를 통보하여야 한다.

인증위원회는 인증수련활동의 활동 결과를 기록으로 유지·관리될 수 있도록 조치한다.

6) 인증수련활동의 사후관리(청소년활동진흥법 제36조의2, 시행규칙 제15조의5)

인증위원회는 인증의 유효기간을 4년 이내로 자율 설정할 수 있으며, 연장이 필요한 경우 인증위원회를 거쳐 그 기간을 연장할 수 있다.

인증위원회는 인증수련활동의 실시에 대하여 인증사항의 이행 여부를 확인할 수 있다.

이행확인 결과 인증수련활동의 내용과 실제로 실시되는 청소년수련활동의 내용에 차이가 있는 경우에는 이를 시정하도록 요구할 수 있다.

7) 참여청소년의 활동기록 유지관리(청소년활동진흥법 제35조3항, 시행령 제20조, 제23조)

국가는 인증수련활동에 참여한 청소년의 활동기록을 유지・관리하고, 청소년이 요청하는 경우에는 제공하여야 하며, 자료가 효율적으로 제공될 수 있도록 종합관리체계를 구축해야 한다.

인증수련활동을 실시한 활동시설 및 개인, 법인・단체는 개별 청소년의 인적사항, 활동참여 일자・시간, 장소, 주관기관, 수련활동내용 등을 15일 이내에 기록하여야 한다.

청소년의 활동기록을 확인하는 등의 절차를 거쳐 해당 활동이 끝난 후 20일이 경과한 날부터 그 기록을 제공하여야 한다.

8) 인증의 취소 등 행정처분(시행규칙 제15조의6, 제15조의7)

인증위원회는 청소년수련활동을 인증받은 자가 다음에 해당하는 경우 인증을 취소하거나 6개월 이내의 기간을 정하여 그 인증의 정지를 명한다.

① 거짓이나 그 밖의 부정한 방법으로 인증을 받은 경우(인증을 취소함)

② 인증을 받은 후 정당한 사유 없이 1년 이상 인증수련활동을 실시하지 아니한 경우

③ 인증수련활동의 내용과 실제로 실시되는 청소년수련활동의 내용에 중요한 차이가 있는 경우로서 그 원인이 인증받은 자의 고의나 중대한 과실로 인한 경우

※ 정지명령을 위반하여 정지기간 중 인증수련활동을 실시하였을 때 인증을 취소한다.

인증수련활동을 실시하는 개인・법인・단체 등은 다음 각 호의 어느 하나에 해당하는 경우에는 5년 이내에 청소년수련활동의 인증을 인증위원회에 신청할 수 없다.

① 인증수련활동 실시 결과를 거짓으로 통보한 경우

② 인증이 취소된 경우

③ 인증을 받은 사항이 아닌 다른 청소년수련활동을 실시한 경우

인증이 취소되거나 인증위원회의 인증을 받지 아니한 경우에는 인증수련활동이나 인증을 받았음을 나타내는 표시를 하거나 이와 유사한 표시를 하여서는 안 된다.

9) 청소년활동 진흥법 개정 주요 내용

(1) 반드시 인증을 받아야 하는 활동범위 정의

일정규모 이상이거나 위험도가 높은 프로그램은 반드시 인증을 받아야 하며 구체적인 사항은 하위법령에서 정의한다.

구 분	반드시 인증을 받아야 하는 대상	면제 대상
내용	- 참가대상이 150명 이상 - 수상・산악・해양・항공・장거리 걷기・위험 수반 등 고위험 청소년수련활동 프로그램	청소년 단체가 그 회원을 대상으로 모집하여 수련활동을 운영하는 경우

(2) 전문인력 확보 조항 신설

인증을 신청하려는 자는 '전문인력'을 확보해야 하며 전문인력은 응급처치사, 응급구조원, 응급처치 전문과정 수료 이상이어야 한다.

(3) 진흥법 하위 법령 개정 주요 내용

인증신청기한을 활동실시 60일 → 45일로 개선하고, 활동기록 등재사항 중 '청소년 참여특성에 대한 기재는 현장의 요청으로 삭제하기로 한다. 인증수련활동 유효기간을 4년으로 일괄지정했었는데 이를 4년 내 자율선택으로 개선하였다.[60]

60) 인증정보시스템 http://yap.youth.go.kr, 홍보영상 http://www.youtube.com/watch?v=JHn25Y5FPoA

▌그림 12-3▐ 청소년수련활동인증정보시스템 홈페이지

○●● 학습정리

청소년수련활동인증제는 청소년활동진흥법 제35조에 따라 국가 및 지방자치단체 또는 개인·법인·단체 등이 실시하고자 하는 청소년수련활동을 인증하고, 인증수련활동에 참여한 청소년의 활동기록을 유지·관리·제공하는 국가인증제도이다.

즉, 국가가 청소년수련활동의 공공성과 신뢰성을 인증함으로써 청소년활동 정책의 실효성 제고하는 것이다. 청소년의 교육·사회적 환경 변화에 따른 양질의 청소년활동 정책과 참여기회를 제공하는 것이다. 또한 다양한 청소년활동 정보 제공 및 청소년활동 참여를 활성화하고 자기계발 및 진로 모색 등에 활용가능한 활동기록을 관리하고 제공하는 데 있다.

인증제 기관은 여성가족부, 한국청소년활동진흥원, 청소년수련활동인증위원회, 지방청소년활동진흥센터, 인증심사원, 인증신청기관으로 구분할 수 있고 각기 인증제와 관련하여 중요한 역할을 하고 있다.

인증제의 활동은 건강·보건활동, 과학정보활동, 교류활동, 모험 개척 활동, 문화예술활동, 봉사활동, 직업체험활동, 환경보존활동, 자기(인성)계발활동, 기타 활동 등 10개의 영역으로 구분하고 있다.

활동인증 기준 중 활동 유형은 기본형, 숙박형, 이동형으로 나누어 구성하며 인증기준 확인 요소는 공통기준, 개별기준, 특별기준으로 나누어 구분하여 인증기준을 구성하고 있다.

인증절차는 '인증접수→인증심사→인증심의의결→인증'의 순서에 따른다.

사후관리는 실시일자 통보→인증사항 변경승인요청→이행 여부 확인→유효기간 연장요청→활동기록등재로 이루어진다.

연습문제

〈객관식〉

1. 청소년수련활동인증제의 추진 배경에 관한 설명으로 적절하지 않은 것은?

① 국가가 청소년활동의 공공성과 신뢰성을 인증하여 청소년활동 정책의 '실효성' 제고하기 위해 추진되었다.
② 청소년교육·사회적 환경 변화에 따른 양질의 청소년활동 프로그램에 '참여 기회'를 제공하고자 시작되었다.
③ 글로벌·다문화시대의 청소년활동 환경조성 및 지원으로 청소년들의 '사회·문화적 역량개발' 강화를 위해서 추진되었다.
④ 인증수련활동 참여청소년의 '활동 기록을 국가가 관리·제공'하기 위해서 추진되었다.
⑤ 청소년관련기관들의 통제와 감시를 위해 추진되었다.

정답. ⑤
해설. 궁극적으로 청소년의 활동의 안전성과 양질의 프로그램을 제공하기 위해 인증기준을 정한 것이지 청소년기관들의 통제와 감시를 위해 추진된 것은 아니다.

2. 청소년수련활동인증제의 절차적인 법적 요건에 관한 설명으로 적절하지 않은 것을 모두 고르시오.

① 사전인증으로 활동의 실시 혹은 참가자 모집 60일 전 신청한다.
② 서면인증으로 활동 프로그램, 지도력, 활동환경 운영계획 수준을 인증할 수 있다.
③ 필요시 현장방문을 통해 서면자료의 적정성을 확인할 수 있다.
④ 프로그램 인증은 다양한 기관에서 운영하는 개별 프로그램으로 인증할 수 있다.
⑤ 인증절차에 소요되는 기간은 30일이다.

정답. ①, ⑤
해설. ① 인증을 받으려는 자는 참가자 모집 또는 활동실시 시작 45일 이전에 인증위원회에 인증을 요청하고 필요한 자료를 제출하여야 한다. ⑤ 인증절차에 소요되는 기간은 30일이다.

3. 인증기준에 관한 설명으로 적절하지 않은 것은?

① 활동 유형은 기본형, 숙박형, 이동형으로 나뉜다.

② 영역은 공통기준, 개별기준, 특별기준으로 나누어 인증기준을 구성하고 있다.
③ 공통기준은 활동 프로그램, 지도력, 활동환경으로 나누어 구성하고 있다.
④ 특별기준은 사후인증을 필수로 하며 전문지도자의 배치와 공간과 설비 법령 준수를 기준으로 하고 있다.
⑤ 인증접수는 한국청소년활동진흥원에서 인증심의와 의결은 인증위원회에서 한다.

정답. ④
해설. 특별기준은 사후인증이 아닌 사전인증을 필수로 하며 전문지도자의 배치와 공간과 설비 법령 준수를 기준으로 하고 있다.

4. 인증수련활동의 사후관리에 관한 설명으로 적절하지 않은 것은?

① 참여청소년의 모집 혹은 활동의 실시 14일 전 반드시 통보하여야 하며 실시일자통보를 하지 않았을 경우에는 활동기록의 등록이 불가능하다.
② 인증수련활동 운영 시, 부득이하게 인증받은 사항에 변동이 발생할 경우 제반절차에 의해서 인증사항을 변경하여 수련활동을 실시할 수 있도록 하고 있으며 인증정보시스템을 활용하여 변경신청을 실시하여야 한다.
③ 인증위원회는 청소년수련활동인증제 운영규정 제40조에 따라 인증수련활동 실시현장에서 이행 여부 확인을 실시하도록 하고 있고, 인증을 받은 사항과 다른 활동을 실시한 경우 청소년활동진흥법 제36조의3에 따라 정지나 취소 등의 행정처분을 받을 수 있다.
④ 유효기간 연장신청은 만료일(인증을 받은 날로부터 4년 이내) 45일 이전에 신청하여야 하고 연장을 신청하지 않을 경우 만료신청을 해야 한다. (2회 이상 연장신청 가능)
⑤ 인증수련활동을 실시한 자는 청소년활동진흥법에 따라 활동종료 후 15일 이내에 청소년의 참여활동기록을 반드시 인증정보시스템에 등재하여야 한다.

정답. ⑤
해설. 인증수련활동을 실시한 자는 청소년활동진흥법에 따라 활동종료 후 14일 이내에 청소년의 참여활동기록을 반드시 인증정보시스템에 등재하여야 한다.

5. 2014년 청소년활동진흥법의 개정된 사항에 관한 설명으로 적절하지 않은 것을 모두 고르시오.

① 일정규모 이상이거나 위험도가 높은 프로그램은 반드시 인증을 받아야 했으나 청소년단체가 그 회원을 대상으로 모집하여 수련활동을 운영하는 경우 면제되었다.
② 전문인력 확보 조항이 신설되었는데, 인증을 신청하려는 자는 '전문인력'을 확보해야 한다.
③ 인증신청기한을 활동실시 60일에서 30일로 개선하였다.

④ 인증수련활동 유효기간을 4년 일괄지정에서 2년 내 자율선택으로 개선하였다.
⑤ 활동기록 등재사항 중 '청소년 참여특성' 기재를 삭제하였다.

정답. ③, ④
해설. ③ 인증신청 기한을 활동실시 60일 → 45일로 개선하였다. ④ 인증수련활동 유효기간을 4년으로 일괄지정했었으나 이를 4년 내 자율선택으로 개선하였다.

〈주관식〉

1. 국가 및 지방자치 단체 또는 개인 · 법인 · 단체 등이 실시하고자 하는 청소년활동을 활동 프로그램, 지도력, 활동환경, 활동기록관리가 일정한 기준을 갖추었음을 심사하여 인증하고 인증수련활동에 참여한 청소년의 활동기록을 유지 · 관리 · 제공하는 '국가인증제도'를 무엇이라고 하는가?

정답. 청소년수련활동인증제

2. 다음의 ( ) 안에 알맞은 용어는 각각 무엇일까?

> '국가는 수련활동이 청소년의 균형 있는 성장에 기여할 수 있도록 그 내용과 수준을 향상시키기 위하여 청소년수련활동인증제도를 운영하여야 한다.'라는 사항은 ( )법 제( )조에 명시되어 있다.

정답. (청소년활동진흥)법 제(35)조

3. 다음의 ( ) 안에 알맞은 용어는 무엇일까?

> 활동진흥법 시행령 제22조에 명시되어 있으며 인증위원회에서 위촉하며 서류심사 및 이행 여부 확인 심사를 담당하는 사람을 ( )라 한다.

정답. 인증심사원

Chapter 13

청소년국제교류활동

▶ 학습목표

1. 청소년국제교류활동의 추진방향을 이해할 수 있다.
2. 청소년국제교류활동의 의미와 기존 논의를 이해할 수 있다.
3. 청소년국제교류활동의 활동내용을 설명할 수 있다.
4. 청소년국제교류활동의 사업별 추진내용을 이해할 수 있다.

▶ 핵심용어

청소년국제교류, 국가 간 청소년교류, 한·중청소년 교류 국제회의, 행사 참가단, 청소년해외자원봉사단, 청소년해외자원봉사단, 한·중·일 청소년우호만남

Chapter 13

청소년국제교류활동[61)]

1. 소개[62)] 및 추진방향

청소년 국제교류는 미래 세대의 주역인 청소년이 글로벌 리더십과 국제 감각을 함양할 수 있도록 여러 나라의 청소년 및 청소년 지도자에게 인적 교류 및 정보 교환 기회를 제공하는 사업으로, 1979년 처음 시작한 국가 간 청소년교류 및 청소년 해외체험 프로그램, 국제 청소년행사 국내 개최 및 지원 등이 있다. 국제화, 개방화 시대에 청소년의 국제적 능력배양을 통한 글로벌리더십 함양, 국가 간의 우의와 협력 증진 등을 목적으로 하는 국제적 활동으로써, 정부 차원에서는 여성가족부가 여러 사업을 시행하고 있으며, 지방자치단체에서는 외국 자매도시 등과의 지방자치단체 간 국제교류, 민간부문에서는 청소년단체 간 국제교류사업을 시행하고 있다.

추진방향은 국내·외 청소년 및 지도자들의 국제 활동 활성화를 위해 글로벌 단위의 상호 개방과 소통의 문화를 지향하면서 청소년, 청소년지도자 및 청소년기관을 지원하는 역할을 전개하고자 한다. 청소년의 국제이해 증진 및 세계사회시민으로서 역량 강화, 국내외 청소년 및 청소년지도자 간의 교류 다양화를 통한 상호 이해와 신뢰 증진, 국내외 청소년기관 간 네트워크 강화 등의 목적으로 추진한다.

---

61) 여성가족부 청소년국제교류네트워크 홈페이지(http://iye.youth.go.kr)에서 요약 정리함.

62) '2008년 청소년인증수련활동 효과성 척도 개발 연구' 중 국제교류 부분을 요약 정리함.

2. 국제교류의 의미

교류의 사전적 의미는 '문화 · 사상 등의 조류가 서로 통하는 것'으로 정의하기도 한다. 또한 교류는 양쪽의 합의 하에 쌍방으로 거래가 이루어지게 되고 이것이 실적과 가시적인 성과로 나타나는 것을 뜻하는데 관련 문서 등에서는 '접촉' 또는 '왕래'로 표기한다(길은배, 2001). 국제교류의 개념도 교류의 대상과 목적을 어떻게 설정하는지 등에 대해 학자의 초점과 시각에 따라 다양하게 정의되고 있다. 우리나라에서는 특히 국제교류가 비교적 활발히 진행되어 왔다. 국제교류는 포괄적으로 서로 다른 문화가 교류하는 것이며 종교, 인종, 체제, 언어, 이념 등의 차이를 넘어 개인, 집단, 기관, 국가 등 다양한 주체들이 각각의 협력, 우호, 이해증진 및 공동이익의 도모 등을 목적으로 관련하여 주체 상호 간의 공식 · 비공식적으로 추진하는 동등한 협력관계를 말한다(박용래, 2006).

따라서 청소년인증수련활동 효과성 척도개발연구(2008)에 따르면 청소년교류는 심신과 기능의 발전적 변화, 민족의 화합과 평화적 공동체 삶의 창조, 문화적 이해증진, 정체성 확립 등을 목적으로 청소년들이 국내 지역 간 교류나 외국과 상호 교류하며 직접 방문이나 일정 기간 동안 다양한 내용으로 구성된 계획된 만남에서 이루어지는 모든 활동들과 관계들로 정의하고 있다. 그리고 청소년교류활동은 청소년들이 교류활동을 통해서 해외 간, 국내 지역 간의 이해심을 높이고, 사회성 발달과 인간관계 능력을 배양하고 다양한 문화를 접촉하며, 한민족의 동질성을 회복하며, 세계시민정신을 함양하는 청소년들의 활동이라 할 수 있다(한국청소년개발원 편, 2004). 청소년교류활동은 관점에 따라서 주체, 대상, 내용, 대상지역 등에 따라 구분되는데, 예를 들어 수행 주체에 따라 민간, 정부, 지자체, 청소년단체, 시설, 내용 등의 여러 유형으로 분류할 수 있다. 또한 법적, 제도적 근거도 행정부서별로 다양화되어 있는데, 청소년활동진흥법 제2조 제4호에서 교류활동을 "청소년이 지역

간·남북 간·국가 간의 다양한 교류를 통하여 공동체의식 등을 함양하는 체험활동"이라고 규정하고 있다. 여기에서 지역 간 교류는 도시와 농촌 교류와 같은 국가 내의 문화권 교류를 의미하며, 남북 간 교류는 분단이라는 특수상황 속에서 화합과 통일을 위한 교류활동을 의미한다. 교류내용에 따라서는 연구, 일반교류, 국제행사, 국제회의 등으로 분류할 수 있다.

이러한 법적 근거를 토대로 국가차원에서 청소년교류활동에 대한 지원과 관심이 점점 확대되고 있다. 또한 오늘날과 같은 글로벌 시대를 살아가는 청소년들이 경험해야 할 활동으로 교류활동의 중요성은 더욱 부각되고 있으며, 학교와 청소년수련시설을 중심으로 활성화되고 있다. 현재 남북 간 교류나 지역 간 교류는 여러 가지 이유로 활동이 미약한 반면, 국가 간의 교류활동은 급속하게 증가하고 있으며 내용에 있어서도 매우 다양하게 활성화되고 있다. 또한 우리나라에서도 국제결혼의 증가로 인한 다문화가정이 늘어나고 있는 현실을 감안할 때 이들 다문화가정 청소년들과의 교류활동에 대한 관심도 높아지고 있어 교류활동의 새로운 방향모색이 요구되고 있다. 따라서 청소년들의 바람직한 변화를 목적으로 일정기간 동안 다른 지역의 사람들과의 다양한 활동으로 청소년교류활동을 정의한다.

3. 청소년교류활동에 대한 기존 논의

김경준(1995)은 국제청소년교류의 목적을 청소년들의 신체적, 지적, 정신적 면에 있어서의 바람직한 변화로 언급하면서 청소년들의 '변화'에 중요성을 띄고 있다. 또 다른 문헌에는 청소년교류의 목적은 청소년 간 문화적 이해와 심신과 기능의 발전적 변화, 민족의 화합과 정체성 확립, 그리고 평화적 공동체 삶의 창조 등을 들 수 있다. 특히 다양한 생활 및 사고방식의 경험, 언어능력의 신장, 심신과 기능의 발전적 변화는 타인과의 교류를 통한 자아의 발견, 정서의 교감, 국제감각의 고양 등 청소년들의 발전적으로 성장할 수 있는 것을 목적으로 하고 있다. 더불어 우리나라의 특수한 상황인 남·북 청소년교류를 통해 한민족의 하나됨을 꾀하는 한편, 해외동포 청소년들과의 적극적인 교류를 통해 한민족의 정체성 회복을 목적으로 하고 있다. 또한, 청소년교류를 통한 평화적인 공동체 삶을 창조하는 것은 21세기에 예상되는 경제·정치·종교·사회 등의 지역 간 갈등과 분쟁, 전쟁의 위협, 환경의 파괴 등 지구촌 문제의 공동해결을 위한 것이라고 볼 수 있다. 또한 공동체나 지역사회 공동체 등이 함께하는 삶에 대한 의식과 행위를 배워서 궁극적으로 바람직한 지구촌 및 지역사회 공동체를 형성·발전시키려는 큰 뜻을 목적으로 하고 있다(한국청소년개발원 편, 2004).

다음으로 청소년분야의 기관 및 단체에서 실시한 청소년 국제교류의 목적의 사례를 살펴보면 청소년 국제교류의 목적은 수행 주체에 따라 다양한 내용으로 제시되고 있으나 일반적으로 공통적인 요소를 갖추고 있다고 할 수 있다. 대표적인 공통 목적으로는 '글로벌리더십', '외국 문화 및 기술 체험', '국제적 시야 확대', '국제친선교류' 등을 들 수 있다. 청소년기본법에 규정에 따른 영역 구분 가운데 국제감각을 고양하기 위한 수련활동 프로그램의 주요 요소를 구분한 내용을 살펴보면 이들 프로그램의 주요 요소를 분석한 결과 다양한 문화적 경험을 통해 '진취적 기상 고양', '세계문화 이해', '한민족 정체성 확립', '인류공영 건설', '외국인과의 교류체험' 등의 목적을 추구하고 있다.

또한 국제청소년교류활동 평가모형 연구에서는 3가지 유형으로 국제교류활동을 국제자원봉사활동, 오지탐험 및 심신단련, 국제문화체험활동으로 나누어 살펴보고 있다. 이 유형들에서 제시하는 프로그램의 공통적 평가요소로는 방문 국가에 대한 지식 및 정보 획득 정도, 국제적 마인드 형성 및 역량개발 여부, 다문화 이해의 기회 및 체험 정도, 타문화에 대한 문화적 편견 및 극복 정도, 공동체활동을 통한 협동심 재인식 등이 있다(오해섭·김진화, 2005).

국제청소년교류사업을 주관하는 청소년단체와 지방자치단체의 국제협력과 그 밖의 교류 사업을 추진하고 있는 민간단체의 담당자들을 대상으로 한 면담결과와 기관방문을 통해 수집한 사업보고서 등의 내용분석을 토대로 한국청소년개발원(2004)에서 정리한 국제청소년교류 프로그램의 목표는 다음과 같다. 첫째, 국제이해 증진과 폭넓은 세계관의 확립, 둘째 국제문화에 대한 인식과 세계시민의식 함양, 셋째 선진국의 문화체험과 우리문화의 자긍심 고취, 넷째 인도주의적 평화봉사, 다섯째 다중언어교육, 그리고 마지막으로 외국 교육기관에서의 전문지식 및 학위취득을 들고 있다.

4. 청소년국제교류 활동내용[63)]

1) 국제문화체험활동

청소년국제교류활동과 연계된 프로그램은 〈표 13-1〉에서 보는 바와 같이 세계

▌표 13-1▐ 국제문화체험활동 프로그램

프로그램	활동내용	활동장소
세계문화유산답사	세계문화유산으로 지정된 유적지를 방문해문화적 가치를 탐구함	세계문화유산 유적지
지역문화유산답사	방문지역의 문화유적지를 방문해 역사적 가치를 탐구함	지역 유적지
유적지트래킹	2시간 이상의 도보여행이 가능한 유적지에서 트래킹을 함	유적지
시내트래킹	시내 곳곳을 트래킹 함으로써 생활문화를 접촉함	시내 도심지역
문화강좌	방문국가의 역사와 문화에 대해 강의를 들음	유적지 또는 강당
전통공연관람	민속무용이나 민속극 등 전통문화 공연을 관람함	공연장
전통예술교습	전통음악이나 무예 등 전통예술을 배움	교습소 또는 강당

63) 천정웅, 오해섭, 김정주, 김민 (2013). 청소년활동론 중 '국제청소년활동'을 요약 정리함.

문화유산답사, 지역문화유산답사, 유적지트래킹, 시내트래킹, 문화강좌, 전통공연 관람, 전통예술교습의 7개 프로그램으로 유형화할 수 있다.

2) 국제청소년자원봉사활동

의료지원활동, 교육지원활동, 마을개발활동, 지역사회개발활동, 사회복지참여활동, 환경보호활동, 영농기술보급활동, 구호품지원활동의 8개 프로그램으로 유형화할 수 있다.

3) 해외체험활동

청소년교류활동 프로그램과 연계한 오지탐험 및 심신 단련 프로그램으로 오지탐험, 트래킹, 오리엔티어링, 로프코스, 암벽등반, 마운팅바이킹, 급류타기, 번지점프, 철인삼종경기, 비치발리볼, 스노쿨링의 8개 프로그램으로 유형화할 수 있다.

5. 여성가족부 청소년국제교류활동 사업

1) 국가 간 청소년교류

국가 간 청소년교류는 양국 청소년 담당부처 또는 청소년 관련기관과의 약정에 의해 매년 정기적으로 실시되는 사업으로 청소년 글로벌 역량 강화 및 국가 간 우의 증진, 미래협력기반 조성 등을 위해 1979년부터 초청 및 파견사업을 실시하고 있다. 목적은 청소년 교류를 통한 국가 간 우의 증진 및 협력기반 조성, 글로벌 리더로서의 역량 개발을 지원하는 것이다. 추진경과는 1965년 한・말레이시아 청소년교류 약정체결 이후, 1979년 한-말레이시아 국가 간 교류를 최초로 교류를 시작하였다. 2014년 현재 34개국과 약정체결, 소요경비는 상호주의 원칙(초청국: 체재비, 파견측: 왕복항공비)에 따라 분담한다.

프로그램은 파견 및 초청 프로그램으로 구성되며 청소년 담당부처 및 청소년 기관(단체) 방문, 홈스테이, 청소년 교류, 문화체험활동 등으로 이루어진다. 참가자격은 파견청소년일 경우 대한민국 국적을 가진 만 16세~24세 청소년으로 해외여행에 결격사유가 없는 자이고, 통역요원은 만 20세~29세로 해당국 언어 가능자이다. 모집시기는 2~3월 및 6~7월이며 파견기간은 10일 내외, 파견규모는 국가별 5~40명이다. 참가비용은 왕복항공료의 80%로 하며 소외계층은 참가비가 면제(기초생활수급자, 차상위계층, 저소득한부모가족, 다문화가족, 북한이탈 청소년)된다.

선발방법은 청소년 국제교류네트워크(http://iye.youth.go.kr) 홈페이지를 통한 온라인 공모로 이루어지며 1차 서류심사로 참가기준, 자기소개서, 개인역량 등을 심사하며, 2차 면접심사는 인성평가, 개인능력, 언어능력 등을 심사한다. 청소년교류 체결현황은 총 34개국으로 아시아 10개국, 유럽 10개국, 중남미 3개국, 중동·아프리카 11개국이다. 추진현황은 2010년부터 약 20여 개국 300여 명을 초청하였고, 300여 명을 파견하고 있다.

2) 한·중 청소년 교류

한·중 청소년 교류는 2003년 7월 한·중 양국 정상 간의 청소년 교류 합의에 따라 청소년의 글로벌 역량을 강화하고, 양국 간 우의 증진 및 협력관계 구축을 위해 2004년부터 실시되고 있으며, 2012년부터는 양국 청소년대표단 500명씩을 상호 파견하여 교류하고 있다. 한·중 인문유대 강화사업은 한·중 청소년의 상호 사회·문화에 대한 이해 증진과 상호 협력관계 기반 구축을 위해 2013년 6월 한·중 정상간 합의를 통해 2014년부터 20명씩 상호 파견하여 교류하고 있다. 목적은 한·중 청소년의 상호 사회·문화에 대한 이해 증진과 상호 협력관계의 기반을 구축하는 것이다. 추진경과는 한・중 정상 간 합의('03.7) 및 한・중 청(소)년 교류약정('04.5) 통해 특별교류를 실시하였다. 한・중 정상간 합의('13.6)를 통해 인문유대 강화사업을 실시하여 2014년부터 시행(초청 20, 파견 20)하였다.

프로그램 내용은 파견 및 초청 프로그램으로 구성되어 있고, 청소년 관련 기관(단체) 방문, 가정방문, 토론 및 세미나, 문화체험활동 등으로 구성되어 있다. 참가자격은 한・중교류의 파견청소년은 대한민국 국적을 가진 만 16세~24세 청소년으로 해외여행에 결격사유가 없는 자이고, 파견청소년은 대한민국 국적을 가진 만 22세~24세 청소년으로 해외여행에 결격사유가 없는 자이다. 통역요원은 만 20세~29세로 해당국 언어 가능자이다.

모집시기는 파견 2~3개월 전에 8일간 파견하며 파견규모는 1회당 200~300명이다. 참가비는 300,000원('12년 기준)과 비자발급비이며 소외계층은 참가비가 면제(기초생활수급자, 차상위계층, 저소득한부모가족, 다문화가족, 북한이탈 청소년 등)된다. 선발방법은 청소년 국제교류네트워크 홈페이지를 통한 온라인 공모로 이루어진다. 1차 서류심사로 참가기준, 자기소개서, 개인역량 등을 심사하며, 2차 면접심사로 인성평가, 개인능력, 언어능력 등으로 이루어진다. 한・중 청소년 교류 실적은 2014년 한・중 교류 초청 약 480여 명, 파견 474명, 인문유대 초청 20명, 파견 20명으로 추진되었다.

3) 국제회의・행사참가단

국제회의・행사참가단 파견은 청소년 해외체험프로그램의 일환으로 추진되는 사업으로 청소년들이 국제회의 및 행사 등 다양한 해외활동에 직접 참여하도록 지원함으로써 청소년의 국제적인 능력을 배양하기 위해 2008년부터 유엔회의기구 등에 청소년을 파견하고 있다. 목적은 국제무대에서 활동할 기회를 제공함으로써 청소년의 세계시민의식을 신장시키고 국가위상을 재고하는 데 있다. 프로그램 내용은 회의 및 행사참여, 의제 관련 청소년 대표 발언 등으로 이루어진다.

대상은 대한민국 국적을 보유한 만 15세~24세 청소년으로 해외여행에 결격사유가 없는 자이며 회의·행사 참가기준에 따라 참가 연령이 상이하다. 회의 및 행사 공식 언어 가능자를 선발한다. 모집시기는 연중 수시로 이루어지며 파견기간은 5~10일 내외, 파견규모는 20여 명이다. 참가비용은 왕복항공료의 40%, 여권 및 비자 발급비 등이다. 단, 참가비가 요구되는 국제회의 및 행사의 경우 이는 참가자가 추가 부담한다. 소외계층은 참가비가 면제(기초생활수급자, 차상위계층, 저소득한부모가족, 다문화가족, 북한이탈 청소년 등)된다.

선발방법은 청소년 국제교류네트워크 홈페이지를 통한 온라인 공모로 이루어지며 1차 서류심사로 참가기준, 자기소개서, 개인역량 등을 보며, 2차 면접심사로 인성평가, 개인능력, 언어능력 등을 심사한다.

4) 청소년 해외자원봉사단

청소년 해외자원봉사단은 해외체험프로그램의 일환으로 추진되는 사업으로서 청소년들의 자아실현과 글로벌 역량강화 및 세계 시민의식 함양을 목적으로 대한민국 청소년을 개발도상국 및 저개발국에 파견하고 있다. 청소년들의 자발적인 해외봉사활동을 통하여 세계시민의식 개발, 및 자아실현 기회제공 및 국제적 역량 증진을 목적으로 한다. 프로그램 내용은 노력봉사, 교육봉사 등 저개발국 아동·청소년·지역주민 등을 위한 활동 및 문화체험으로 이루어져 있다.

참가자격은 대한민국 국적을 보유한 만 15세~24세 청소년으로 해외여행에 결격사유가 없는 자이다. 모집시기는 4~5월이며 파견기간은 7~8월 중 10일 이내이고, 파견규모는 300~400명이다. 참가비용은 1인당 70만 원 이하이며 국가별로 상이(소외계층 청소년은 면제)하다. 선발방법은 청소년 국제교류네트워크 홈페이지를 통한 온라인 공모로 1차 서류심사와 2차 면접심사로 진행된다.

5) 한 · 중 · 일 청소년우호만남

한 · 중 · 일 청소년 우호의 만남은 3개국 정상이 청소년 교류 사업 추진에 합의하여 '07년 중국 베이징에서 최초 개최하였고, '11년 '한 · 중 · 일 정상회의'에서 '한 · 중 · 일 청소년 미래포럼'을 개최키로 합의하여 '한 · 중 · 일 청소년 우호의 만남'과 병행하여 '12.7월 한국에서 최초로 개최하였으며 한 · 중 · 일 청소년 간의 교류와 이해증진을 통한 3국간 협력기반 구축에 기여하고 있다.

프로그램 내용은 한 · 중 · 일 3국 순회하여 한 · 중 · 일 청소년 우호의 만남과 미래포럼을 병행하여 개최한다. 청소년 관련 기관(단체) 방문, 토론 및 세미나, 문화체험활동 등으로 진행된다. 파견청소년은 대한민국 국적을 가진 만 18세～24세 청소년으로 해외여행에 결격사유가 없는 자이다. 모집시기는 파견 2~3개월 전으로 파견기간은 7일, 파견규모는 100여 명이다. 참가비 70,000원('12년 기준)과 비자발급비이고, 소외계층은 참가비가 면제(기초생활수급자, 차상위계층, 저소득한부모가족, 다문화가족, 북한이탈 청소년 등)된다. 선발방법은 청소년 국제교류네트워크 홈페이지를 통해 온라인 공모하며 1차 서류심사, 2차 면접심사로 진행된다.

6) 국내의 국제교류행사

국제청소년행사의 국내개최를 지원함으로써 우리나라를 국제 청소년활동의 중심으로 자리매김하고 우리나라 청소년들이 해외에 나가지 않고도 외국 청소년과 교류할 수 있는 기회를 제공하여 글로벌 역량을 제고하기 위해 국제청소년포럼, 아시아 청소년 초청연수, 세계야영대회, 여수국제청소년축제 등을 지원하고 있다.

표 13-2 2014년 국내의 국제교류행사

국제행사명	기간	행사 취지	주요 참석대상	주관기관
제14회 여수국제 청소년축제	7.28~ 8.3	전 세계 청소년 만남의 장	국내외 청소년 약 400명	전남 여수시
제4회 국제 패트롤잼버리	8.1~ 8.6	도전적이고 모험적인 청소년활동을 통해 개척정신과 협동정신 배양	45개국 스카우트 청소년 8000여명	한국스카우트연맹
아시아 청소년 초청연수	8.7~ 8.19	아시아가 주도하는 새로운 시대의 리더로 성장할 기회 제공	3개국 청소년 200명	한국청소년단체협의회
24회 국제청소년포럼	8.7~ 8.14	각국 청소년 주요 자원봉사 현황 공유 및 자원봉사 활성화를 위한 청소년의 역할 모색	36개국 청소년 90명	한국청소년단체협의회

출처: 청소년국제교류네트워크(http://iye.youth.go.kr), 여성가족부.

학습정리

청소년 국제교류는 미래세대의 주역인 청소년이 글로벌 리더십과 국제감각을 함양할 수 있도록 여러 나라의 청소년 및 청소년 지도자에게 인적 교류 및 정보 교환 기회를 제공하는 사업으로, 1979년 처음 시작한 국가 간 청소년교류 및 청소년 해외체험 프로그램, 국제청소년행사 국내 개최 및 지원 등이 있다. 국제화, 개방화 시대에 청소년의 국제적 능력배양을 통한 글로벌 리더십 함양, 국가 간의 우의와 협력 증진 등을 목적으로 하는 국제적 활동으로써, 정부차원에서는 여성가족부가 여러 사업을 시행하고 있으며, 지방자치단체에서는 외국 자매도시 등과의 지방자치단체 간 국제교류, 민간부문에서는 청소년 단체 간 국제교류사업을 시행하고 있다.

국제문화체험활동으로는 세계문화유산답사, 지역문화유산답사, 유적지트래킹, 시내트래킹, 문화강좌, 전통공연관람, 전통예술교습의 7개 프로그램으로 유형화할 수 있다. 또한, 국제청소년자원봉사활동으로는 의료지원활동, 교육지원활동, 마을개발활동, 지역사회개발활동, 사회복지참여활동, 환경보호활동, 영농기술보급활동, 구호품지원활동의 8개 프로그램으로 유형화할 수 있다. 그리고 해외체험활동으로는 청소년교류활동 프로그램과 연계한 오지탐험 및 심신단련 프로그램으로 오지탐험, 트래킹, 오리엔티어링, 로프코스, 암벽등반, 마운틴바이킹, 급류타기, 번지점프, 철인삼종경기, 비치발리볼, 스노쿨링의 8개 프로그램으로 유형화할 수 있다.

여성가족부의 청소년국제교류사업으로 국가 간 청소년교류, 한・중청소년 교류 국제회의, 행사 참가단, 청소년 해외자원봉사단, 한・중・일 청소년우호만남 등의 청소년 국제교류활동이 활발하게 진행되고 있다.

연습문제

〈객관식〉

1. 청소년국제교류에 관한 설명으로 적절하지 않은 것은?
   ① 국제화, 개방화 시대에 청소년의 국제적 능력배양을 통한 글로벌리더십 함양, 국가 간의 우의와 협력 증진 등을 목적으로 하는 국제적 활동이다.
   ② 정부차원에서는 여성가족부가 청소년단체 간 국제교류사업을 시행하고 있으며, 지방자치단체에서는 외국 자매도시 등과의 지방자치단체 간 국제교류를 시행하고 있다.
   ③ 추진방향은 국내·외 청소년 및 지도자들의 국제활동 활성화를 위해 글로벌 단위의 상호 개방과 소통의 문화를 지향하면서 청소년, 청소년지도자 및 청소년기관을 지원하는 역할을 전개하고자 한다.
   ④ 청소년의 국제이해 증진 및 세계사회시민으로서 역량 강화, 국내외 청소년 및 청소년지도자 간의 교류 다양화를 통한 상호 이해와 신뢰 증진을 목적으로 한다.
   ⑤ 국내외 청소년기관 간 네트워크 강화 등의 목적으로 추진한다.

정답. ②
해설. 정부차원에서는 여성가족부가 국가 간 국제교류 외 여러 사업을 시행하고 있으며, 지방자치단체에서는 외국 자매도시 등과의 지방자치단체 간 국제교류, 민간부문에서는 청소년단체 간 국제교류 사업을 시행하고 있다.

2. 국제청소년자원봉사활동 프로그램에 관한 유형으로 적절하지 않은 것은?
   ① 의료지원활동, 교육지원활동
   ② 마을개발활동, 지역사회개발활동
   ③ 사회복지참여활동, 환경보호활동
   ④ 영농기술보급활동, 구호품지원활동
   ⑤ 세계문화유산답사활동

정답. ⑤
해설. 세계문화유산답사활동은 국제문화체험활동 프로그램으로 분류될 수 있다.

3. 국제문화체험활동 프로그램으로 적절하지 않은 것은?
   ① 지역문하유산답사　　② 유적지트래킹

③ 문화 강좌　　　　　　　　　　　④ 전통공연관람
⑤ 마운틴바이킹

정답. ⑤
해설. 마운틴바이킹은 해외체험활동으로 분류될 수 있다.

4. 국제회의, 행사참가단에 관한 설명으로 적절하지 않은 것은?
① 국제회의・행사참가단 파견은 청소년 해외체험프로그램의 일환으로 추진되는 사업이다.
② 청소년들이 국제회의 및 행사 등 다양한 해외활동에 직접 참여하도록 지원한다. 청소년의 국제적인 능력을 배양하기 위해 '08년부터 유엔회의기구 등에 청소년을 파견하고 있다.
③ 목적은 국제무대에서 활동할 기회를 제공함으로써 청소년의 세계시민의식을 신장시키고 국가위상을 재고하는 데 있다.
④ 프로그램 내용은 회의 및 행사 참여, 의제 관련 청소년 대표 발언 등으로 이루어진다.
⑤ 대상은 대한민국 국적을 보유한 만 15세~24세 청소년으로 해외여행에 결격사유가 없는 자이다. 선발방법은 청소년 국제교류네트워크 홈페이지를 통한 온라인 공모로 이루어지며 서류심사로 심사한다.

정답. ⑤
해설. 선발방법은 청소년 국제교류네트워크 홈페이지를 통한 온라인 공모로 이루어지며 1차 서류심사로 참가기준, 자기소개서, 개인역량 등을 보며, 2차 면접심사로 인성평가, 개인능력, 언어능력 등을 심사한다.

5. 한・중・일 청소년 우호 만남 사업에 관한 설명으로 적절하지 않은 것은?
① 3개국 정상이 청소년 교류 사업 추진에 합의하여 '07년 중국 베이징에서 최초 개최하였다.
② '11년 한・중・일 정상회의'에서 '한・중・일 청소년 미래포럼'을 개최키로 합의하여 '한중일 청소년 우호의 만남'과 병행하여 '12.7월 한국에서 최초로 개최하였다.
③ 한・중・일 청소년 간의 교류와 이해증진을 통한 3국간 협력기반 구축에 기여하고 있다.
④ 파견청소년은 대한민국 국적을 가진 만 9세~24세 청소년으로, 모집시기는 파견 3개월 전으로 파견기간은 14일, 파견규모는 500여 명이다.
⑤ 청소년 관련 기관(단체) 방문, 토론 및 세미나, 문화체험활동 등으로 진행된다.

정답. ④

해설. 파견청소년은 대한민국 국적을 가진 만 18세~24세 청소년으로 해외여행에 결격사유가 없는 자이다. 모집시기는 파견 2~3개월 전으로 파견기간은 7일, 파견규모는 100여 명이다.

〈주관식〉

※ 다음의 (　　　) 안에 알맞은 용어를 넣으시오.

1. (　　　　　　　　)는 미래 세대의 주역인 청소년이 글로벌 리더십과 국제 감각을 함양할 수 있도록 여러 나라의 청소년 및 청소년 지도자에게 인적 교류 및 정보 교환 기회를 제공하는 사업이다.

정답. 청소년 국제교류(활동)

2. (　　　　　　　　)은 해외체험프로그램의 일환으로 추진되는 사업으로서 청소년들의 자아실현과 글로벌 역량강화 및 세계 시민의식 함양을 목적으로 대한민국 청소년을 개발도상국 및 저개발국에 파견하고 있다.

정답. 청소년 해외자원봉사단

3. (　　　　　　　　)는 양국 청소년 담당 부처 또는 청소년 관련기관과의 약정에 의해 매년 정기적으로 실시되는 사업으로 청소년 글로벌 역량 강화 및 국가 간 우의 증진, 미래 협력기반 조성 등을 위해 1979년부터 초청 및 파견사업을 실시하고 있다.

정답. 국가 간 청소년교류

Chapter 14

청소년활동과 안전

▶ 학습목표

1. 청소년활동 시 안전의 필요성 및 정의를 이해할 수 있다.
2. 청소년활동시설 현황에 대해 이해할 수 있다.
3. 청소년활동 안전의 목적 및 기본 방향을 이해할 수 있다.
4. 청소년활동 관련법의 안전 부문과 운영매뉴얼을 이해할 수 있다.
5. 청소년활동 시 운영매뉴얼을 설명할 수 있다.
6. 청소년 안전을 위한 발전방안을 이해할 수 있다.

▶ 핵심용어

청소년활동 안전, 수련시설 안전기준

Chapter 14

청소년활동과 안전[64)65)]

1. 청소년활동 시 안전의 필요성 및 정의

청소년활동은 안전을 확보하며 위험한 상황 속에서 생존을 하기 위한 훈련이라고 할 수 있다. 청소년활동 중에서 대표적인 탐험활동이나 스카우트 활동은 실제로 어렵고 극한 상황(야외에서의 위험이나 날씨에 따라 달라지는 자연의 상황 또는 생존을 위한 야만의 상황)에서 살아남기 위한 활동이다. 야영활동은 위험하고 자연의 정글 속에서 살아남기 위한 훈련이도 생존을 위한 연습이다. 실내에서의 활동이나 안전하고 편리한 집을 뒤로 하고 텐트와 몇 가지의 도구만 가지고 숲이나 산으로 들어가 탐험이나 야영을 하는 것은 '생존을 위해 안전을 확보하기 위한 것'이다(이용교, 2014).

청소년활동에 있어 시설이나 프로그램 진행함에 있어 안전성의 확보는 매우 중요하다. 활동 도중 안전성 미흡으로 인한 사고는 소중한 생명을 앗아갈 수도 있으며 여러 가지 피해와 함께 큰 고통으로 이어진다.

2014년 4월 세월호 참사로 인해 많은 이들이 고통을 겪고 있다. 그런데 우리 사

64) 여성가족부, 한국청소년활동진흥원 (2014). 청소년수련활동안전종합매뉴얼 제1권. 청소년활동안전매뉴얼의 내용을 요약 정리함.

65) '세월호 이후 청소년활동의 관점과 사회적 환경에 따른 실질적 안정의 모색' 포럼(이하, 세월호 이후 청소년활동 포럼) 자료집을 참고함.

회의 이런 고통은 처음이 아니다. 1993년 10월 10일 서해훼리호 침몰(292명), 1994년 10월 21일 성수대교 붕괴(32명), 1995년 6월 29일 삼풍백화점 붕괴(501명), 1999년 6월 30일 경기도 화성 씨랜드 화재(23명), 1999년 10월 30일 인천 인현동 화재(52명), 2003년 2월 18일 대구지하철 화재(192명), 2009년 2월 9일 화왕산 억새태우기축제 화재(9명), 2011년 7월 27일 춘천 마적산 참사(13명), 서울 우면산 참사(16명), 2013년 7월 18일 태안해병대캠프(5명), 2014년 2월 18일 부산외대생 마우나리조트 붕괴(10명), 2014년 4월 16일 세월호 참사(304명), 2014년 5월 26일 고양터미널화재(8명), 2014년 5월 28일 장성효실천사랑나눔 병원화재(21명) 등 우리가 결코 잊지 못할 수많은 안전사고와 관련된 사건이 있었다(세월호 참사 범국민 대책회의 존엄과 안전위원회, 2014). 특히, 실질적인 안전에 주의를 기울이지 않아서 청소년활동 중 사고가 발생할 경우 인명피해로 인해 온 국민들을 가슴 아프게 한다. 청소년을 위한 청소년활동 현장에서 앞으로 두 번 다시 이런 일이 일어나지 않아야 할 것이며 청소년활동에 있어 안전을 무엇보다 중요하게 생각해야 할 것이다. 즉, 안전을 위해서는 환경의 불안전한 상태와 불안전한 행동을 제거해야 한다. 이를 위해 사고예방교육을 강조하고 있으며, 사고를 감소시키기 위해서 위험한 환경에 노출되지 않아야 할 것이다. 그러나 현재까지 대체적으로 참여자들의 형식적인 안전교육과 환경의 통제와 관리에만 집중되어 있었다. 청소년활동의 다양성을 감안할 때 기본적인 안전교육은 필수로 이루어져야 하며 청소년들이 안전하게 활동하는 공간의 물리적 안전이 실질적으로 확보되어야 할 것이다(정건희, 2014).

1) 청소년 안전의 필요성

청소년 안전사고는 피해를 당한 청소년에게 신체적 · 심리적으로 트라우마와 큰 상처를 남기며, 피해를 함께 당한 친구들 또한 큰 아픔으로 힘들어하고, 그의 부모도 심리적 · 경제적으로 큰 고통을 받게 된다. 따라서 청소년 안전에 관해 평소에 그 중요성을 인지하고 실제 훈련을 통해 안전 관련 지식과 상황별 대처방법 등을 연습하여야 하며, 청소년활동을 체계적으로 다루는 청소년수련시설에서 철저한 안전교육을 실시하여 사고의 발생을 막아야 한다. 청소년수련시설은 신체활동이 매우 활발하게 이루어지는 공간으로서 청소년들이 개인 또는 집단으로 활동하는 장소이다. 많은 다양한 활동이 종합적이고 복합적으로 전개되고 있어 청소년활동에 있어 위험의 가능성이 있으며 안전사고의 위험에 항상 노출되게 된다. 따라서 청소년들이 재미있고 신나는 청소년활동을 누리기 위해서 청소년수련시설에서의 안전성 확보는 무척 중요하다. 청소년수련시설에서는 내・외적인 안전을 위한 훈련과 환경을 매사 정비하고 위험한 부분은 일찍 발견하는 등의 관심과 철저한 관리가 필요하다. 일상에서의 주기적인 안전교육과 안전을 위한 실천을 통해 청소년과 청소년 지도자의 안전에 관한 의식이 더욱 높아지고 생활화될 수 있어야 하며, 이를 통해 우리나라의 안전문화 또한 형성하고 정착될 것이다.

2) 청소년 안전의 정의

매슬로는 인간의 욕구를 '생리적인 욕구, 안전의 욕구, 소속의 욕구, 자존의 욕구, 자아실현의 욕구'라고 주장하였다. 그 중 생리적인 욕구와 함께 인간의 가장 기본적인 욕구는 바로 안전의 욕구이다. 기본적인 욕구들이 충족되어야 비로소 삶의 질을 보장받을 수 있는데 우리 사회에서 기본적인 욕구들을 충족시키지 못할 때가 가끔 발생하여 안전에 대한 욕구를 더욱 갈망하게 한다. 안전은 인간의 권리이며 아동권리협약에서 안전은 인간의 기본권이다. 1989년 유엔총회에서 채택되고 한국정부가 1991년에 인정한 '아동의 권리에 관한 국제협약'은 아동의 권리로 생존권, 보호권, 발달권, 참여권을 명시하고 있다. 그 중에서도 생존을 보장받을 권리(생존권)와 다양한 위험으로부터 보호받을 권리(보호권)는 가장 기본적인 권리이다. 이러한 기본적인 권리를 보장하는 것은 바로 국가와 사회가 해야 할 책임이다. 안전을 보장하는 것은 국가의 의무이자 사명으로, 국가는 국민의 소중한 생명과 재산을 보장해야 한다. 헌법에서도 국민의 생명과 재산을 보장하기 위해 국가가 어떤 일을 해야 하는지를 자세히 명시하고 있다.

청소년 안전에 대한 정의를 하기 위해 청소년의 정의부터 살펴보자.

청소년의 정의는 청소년기본법 제3조 제3항(정의)에서는 '9세 이상 24세 이하의 자'로 말한다. 그리고 '다른 법률에서는 청소년에 대한 적용을 달리할 필요가 있는 경우에는 따로 정할 수 있다'라고 정의하고 있다. 안전의 사전적인 정의는 '인체에 유해한 조건들을 최소화하거나 제거하려는 여러 가지 활동' 또는 '위험이 생기거나 사고가 날 염려가 없이 편안하고 온전한 상태'라고 정의하고 있다. 그러므로 청소년 안전의 정의는 '9세 이상 24세 이하의 자를 대상으로 인체에 유해한 조건들을 최소화하거나 제거하려는 여러 가지 활동으로 위험이 생기거나 사고가 날 염려 없이 편안하고 온전한 상태를 유지하는 것'이라고 할 수 있다.

2. 세월호 참사 이후 청소년활동시설 현황[66)]

세월호 참사 이후 우리 국민과 사회는 엄청난 충격을 받았고, 정치 · 경제 · 사회 · 문화 모든 면에서 고통과 슬픔의 소용돌이에 정신을 잃을 정도였다. 청소년분야도 마찬가지였다. 세월호 참사 피해자들이 우리나라의 꽃 같은 고등학교 청소년들이었기에 그 아픔은 더욱 컸다. 이 참사로 인해 그간 안전사고에 취약한 기관 및 청소년 프로그램에 대한 점검, 지도, 평가, 컨설팅 등이 이어졌다. 중 · 고등학교 수학여행을 비롯해 유치원, 초등학교 등 학교단체수련활동 등 자연권 시설의 청소년 관련 행사나 프로그램, 심지어는 초 · 중 · 고의 학교축제나 행사 등도 2014년 상반

66) 세월호 이후 청소년활동 포럼 자료집 중 김민 (2014). 청소년활동 진흥과 청소년 안전, 둘 모두를 안는 대안모색에 대한 단상(斷想)을 재구성함.

기에는 전면 취소되거나 연기되었다. 이로 인해 청소년활동 관련 시설의 손실은 엄청나게 늘어났고 급기야는 시·도에 휴업 및 폐지신고된 기관도 계속적으로 나타났다. 2014년 7월 26일자 전국청소년수련원협의회와 전국유스호스텔협의회가 밝힌 성명서에 따르면 최근 세월호 참사와 정부정책에 의해 프로그램 취소로 인해 전국 200여 개 청소년수련원 및 유스호스텔이 입은 손해는 시설당 평균 10억 원 이상이며, 따라서 향후 청소년활동 정상화에 대한 정부차원의 실효성 있는 대책(국립청소년수련원에 버금가는 정부지원책이 핵심) 마련이 이루어지지 않는다면 투자된 민간의 자본 보전책을 마련해줄 것을 주장했다. 이어 여성가족부와 한국청소년수련시설협회의 최근 조사에 따르면 세월호 참사 이후 시도에 휴업 및 폐지신고된 청소년시설이 19곳에 이르고 이 중 세월호 참사에 직접적으로 영향을 받아 휴업 및 폐지된 곳은 수련원 7곳(휴·폐지된 8곳 중 1곳은 세월호 사고 이전 휴지시설), 야영장 2곳, 유스호스텔 6곳 등 전체 15곳으로 자연권 시설에 집중된 것으로 나타났다.

하지만 휴업과 폐지만 아닐 뿐, 현실적으로 문을 닫은 곳이 많다. 자연권 시설의 경우, 2014년도 청소년수련시설 종합평가 이후 우수등급 이상 시설만 실질적으로 운영되고 있다. 이는 지난 7월10일 교육부에서 종합평가 결과 우수등급 이상 시설만 학교가 이용하도록 한 지침이 있었기 때문이다. 또한, 학교안전사고예방 및 보상에 관한 법률의 개정으로 인해 이의 여파는 굉장히 클 것으로 보인다. 결국 329개 자연권 시설 중 최우수와 우수등급을 받은 청소년수련원(99곳), 청소년야영장(9

표 14-1 2014년 청소년수련시설 종합평가 결과(2014.7. 기준)

시설 유형	평가대상	최우수	우수	적정	미흡	매우미흡	미평가
청소년수련원	168	37	62	7	6	8	48
청소년야영장	36	3	6	5	2	3	17
유스호스텔	125	19	30	5	16	6	49
계	329	59	98	17	24	17	114

곳), 유스호스텔(49곳) 등 총 157곳만이 향후 정상적으로 운영할 것으로 보인다(〈표 14-1〉 참고).

지난해 태안 해병대 캠프 사고로 인해 대부분 자연권 청소년시설에서 프로그램 개발 및 시설 투자를 위해 금융기관으로부터 융자를 많이 받았고, 또 세월호 참사 이후 대부분의 프로그램들이 연기 또는 취소됐기에 대다수가 문을 닫을 위기에 처해 있다.

이런 도산과 손실이 발생한 이유는 세월호 참사 이후 청소년 프로그램에 대한 연기 및 전면 취소와 관련이 깊다. 한국청소년수련시설협회의 조사에 따르면 조사에 응한 79곳의 평균 수련활동이 취소된 규모는 2014년도 예상매출 대비 69.7%에 달했다.

3. 청소년활동 안전의 목적 및 기본방향

1) 청소년 안전의 목적

청소년들이 안정적으로 마음 놓고 즐겁게 청소년활동을 할 수 있는 안전지대 확보 및 보장을 위하여 청소년관련법의 안전에 관한 기준이 강화되어야 하고, 이를 근거로 안전에 관한 제도와 정책도 보강되어야 한다. 그리고 청소년지도자와 청소년수련시설의 운영책임자의 정기적인 안전교육으로 안전의식을 더욱 높여야 한다. 청소년들에게도 현실적이고 체계적인 사전의 안전교육을 실시하여 안전사고를 사전에 예방해야 할 것이다.

2) 청소년 안전의 기본방향

청소년수련시설의 안전사고는 사전의 예방교육과 사고발생 시에 초기의 응급조치가 중요하므로 평소에 이와 관련한 교육을 실제적이고 정기적으로 실시하는 것이 중요하다.

첫째, 청소년활동의 안전사고를 대비하여 청소년시설배상책임보험에 가입하여야 하고, 보상한도액은 8천만 원 이상, 1사고당 무한대로 보상해야 하고, 담보내역 및 가입기간을 확인하는 것이 중요하다. 그리고 여행자보험, 영업책임보험, 화재보험, 음식물배상책임보험, 가스보험은 시설배상책임보험과 별개로 가입되어 있어야 한다. 활동장소로 이동 시에 이용하는 자동차는 종합보험 및 여행자보험에 가입되어 있어야 하고, 숙박시설 이용 시 영업배상책임보험 가입 및 조건도 반드시 확인하여야 한다.

둘째, 청소년활동의 정기적인 안전교육 및 안전점검 여부로는 정기적인 안전점검(전기, 소방, 가스, 전반시설, 수질 등 개별 법령) 결과 및 조치사항을 확인하여야 한다. 그리고 자체 안전점검 결과를 지방자치단체장에게 매월 공문으로 문서로 작성하여 보고하여야 한다. 직원의 내·외부 안전교육(응급처치관리, 소방 및 방화관리, 위생관리 등)은 연 4회 이상을 실시하여야 한다. 성희롱예방교육은 년 1회 이상 실시하여 한다. 아울러 아동·청소년 성보호관렵법률 제56조(아동·청소년 관련기관 등에의 취업제한 등)에 근거하여 청소년지도자 및 직원의 성범죄경력 확인을 실시하여야 한다.

셋째, 위험성이 높은 시설과 장소에 안전시설(장비)을 설치하는 것이 중요하다. 청소년수련시설의 위험성이 있는 실내외 장소의 사전안전교육과 사전점검, 사후조치 등은 필수적이다.

넷째, 청소년수련시설의 특성에 맞는 체계적이고 구체적인 자체 안전매뉴얼을 마련하고, 전체 직원이 이를 숙지하고 정기적이고 반복적인 실제 연습이 중요하다. 특히, 초기대응에 대한 반복연습과 매뉴얼 숙지는 매우 중요하다.

4. 청소년관련법의 안전부문

법률	법조항	
청소년기본법	제17조 청소년수련시설의 종류 제18조 청소년수련시설의 설치 및 운영 제19조 청소년시설의 지도 및 감독	
청소년활동진흥법	제17조 청소년수련시설기준 제18조 청소년시설의 안전기준 등 제18조의 2 안전교육 제19조 수련시설의 운영기준 제20조 시정명령 제20조의 2 운영 중시 명령 제25조 보험가입	
청소년활동진흥법 시행령	제10조 수련시설의 안전점검 제13조 보험가입	별표 1 별표 2, 3
청소년활동진흥법 시행규칙	제2조 청소년수련시설 설치 및 운영의 허가서류 등 제8조 수련시설의 시설기준 제9조 수련시설의 운영기준	별표 1 별표 2 별표 3
청소년복지지원법	제14조 청소년쉼터의 설치 운영	
청소년복지지원법 시행령	제14조 청소년쉼터의 보험가입	

1) 청소년수련시설의 시설기준

수련시설은 청소년이 다양한 활동을 통하여 기량과 품성을 함양하는 데 적합한 시설・설비를 갖추어야 한다. (청소년활동진흥법 제17조 제1항)

수련시설의 종류별 시설기준에 관하여 필요한 사항은 여성가족부령으로 정한다. (청소년활동진흥법 제17조 제2항)

2) 청소년수련시설의 안전관련 기준

(1) 수련시설의 안전점검

수련시설의 운영대표자는 시설에 대하여 정기안전점검 및 수시안전점검을 실시하여야 한다. (청소년활동진흥법 제18조 제1항)

정기안전점검 및 수시안전점검을 받아야 하는 시설의 범위·시기, 안전점검기관, 안전점검 절차 및 안전기준은 대통령령으로 정한다. (청소년활동진흥법 제18조 제5항)

정기·수시안전점검을 받아야 하는 수련시설의 범위는 법 제10조 제1호의 규정에 의한 수련시설을 말한다. (청소년활동진흥법 시행령 제10조)

(2) 안전교육

수련시설 설치·운영자 또는 위탁운영단체는 수련시설의 이용자에게 여성가족부령으로 정하는 바에 따라 해당 수련시설의 이용 및 청소년수련활동에 관한 안전교육을 실시하여야 한다. (청소년활동진흥법 제18조의2)

(3) 감독기관의 종합 안전점검

여성가족부장관 또는 특별자치시장·특별자치도지사·시장·군수·구청장은 수련시설의 안전을 위하여 정기적으로 수련시설에 대한 종합 안전점검을 실시하여야 한다. (청소년활동진흥법 제18조의3)

수련시설의 종합 안전점검의 주기, 절차, 방법 등 필요한 사항은 대통령령으로 정한다. (청소년활동진흥법 제18조의3)

여성가족부장관 또는 특별자치시장·특별자치도지사·시장·군수·구청장은 수련시설에 대한 종합 안전점검을 2년마다 1회 이상 실시할 수 있다. (청소년활동진흥법 시행령 제11조)

3) 청소년수련시설의 운영기준

(1) 수련시설의 운영기준

수련시설의 운영대표자는 그 종사자에 대하여 연 1회 이상 수련시설의 운영・안전・위생 등에 관한 교육을 실시하여야 한다. (청소년활동진흥법 제19조)

(2) 수련시설의 종합평가

여성가족부장관은 수련시설의 전문성 강화와 운영의 개선 등을 위하여 시설운영 및 관리체계, 활동 프로그램 운영 등 수련시설 전반에 대한 종합평가를 정기적으로 실시하고 그 결과를 공개하여야 한다. (청소년활동진흥법 제19조의2)

수련시설 종합평가의 주기・방법・절차 및 평가결과의 공개 등에 필요한 사항은 여성가족부령으로 정한다. (청소년활동진흥법 제19조의2)

5. 청소년활동 시 운영매뉴얼

1) 계획단계

- 프로그램 계획단계에서 안전에 관한 사항 고려
- 참가청소년의 연령(신체적, 심리적)에 맞는 청소년활동계획 수립
- 청소년활동의 동선을 중심으로 사전안전 점검
- 활동하고자 하는 프로그램의 장소 및 시설, 장비, 기자재 안전점검 이후 계획 수립

2) 준비단계

- 활동하고자 하는 장소 및 프로그램의 시설, 장비, 기자재 사전 안전점검
- 참가청소년 대상자 특성 파악
- 활동의 개요 및 안전에 관한 유의사항 전달 및 숙지 여부 확인
- 환자 파악: 환자 파악 후 상담 및 조치, 환자관리에 대한 대책 마련(의무실, 숙소, 관찰 참여 등 기준 마련)
- 준비운동 실시
- 심장의 먼 곳에서 심장으로 다가오는 운동 실시
- 쉬운 운동에서 어려운 운동으로 실시: 많이 활동할 신체부위 중심으로 준비운동 실시, 준비운동과정에서 환자 파악

3) 운영단계

- 활동 전 안전 유의사항 재 전달 및 숙지 여부 확인
- 활동에 집중하지 못하는 학생들에게 주의 지도
- 참가 청소년들의 연령 및 피로도를 관찰하여 쉬는 시간 적절하게 배정
- 활동 장을 이탈하는 청소년이 없도록 관찰
- 활동 중 안전사고 발생 시 대처방안 및 능력 배양
- 활동 중 안전사고 발생 시 연락체계 숙지 및 연습
- 청소년지도자는 절대로 활동장소에서 이탈 금지
- 활동 중에 청소년지도자는 활동장소 이탈 금지. 특히, 관찰참여 환자가 활동장소 이탈 금지

4) 종료단계

- 정리운동 실시: 심장의 먼 곳에서 심장으로 다가오는 운동 실시, 쉬운 운동에서 어려운 운동으로 실시, 많이 활동한 신체부위 중심으로 준비운동 실시, 정리운동과정에서 환자 파악, 환자 파악이 상담 실시 및 조치
- 활동내용 정리
- 청소년활동 이후 차기활동 안내
- 청소년활동 이후 차기활동 장소 이동 시 사전 동선 안내 및 이동에 관한 안전교육 실시

6. 발전방안[67)]

청소년활동 안전에 대한 발전방안을 모색하는 과정은 보다 본질적인 문제를 해결한 다음 구체적인 방안으로 대안을 제시할 필요가 있다. 어린이집, 학교 등은 안전성을 확보하기 위한 방법은 소방안전훈련 등이 있다. 이는 형식적인 훈련으로 책상 밑으로 들어가기 등을 실시하므로 실질적인 방안으로는 매우 부족하다고 할 수 있다. 또한, 인증제도를 실시하고 있지만 승강기의 경우 기관의 승강기 여부 등만 체크하고 있어서 승강기가 실질적으로 운행이 되고 있는지까지 체크하지 않기 때문에 실제로 운행 여부를 알기 어렵다. 외국의 경우 안전훈련은 실제처럼 5분 이내에 행동할 수 있도록 평소의 안전훈련을 한다. 이처럼 모두가 안전불감증에서 벗어나 안전사고 대비에 만전을 기해야 할 것이다. 이를 위한 방안을 구체적으로 제시해 보고사 한다.

첫째, 지금까지는 안전사고에 대한 대책은 주로 '규제 위주'였다. 그러나 안전사

67) 본인의 의견과 세월호 이후 청소년활동 포럼 자료집(2014) 중 김민, 이용교의 원고를 재구성함.

고를 미연에 예방하기 위해서는 '안전사고예방을 위한 효과적인 지원'과 적정한 '지도감독 등의 규제'가 균형 있게 갖추어야 한다. 하지만 지금은 규제 위주의 정책으로만 가고 있어 엉뚱하게 청소년활동의 위축을 부르고 있다. 가장 대표적인 것이 청소년활동진흥법상 개정된 조문들이 그것을 설명하고 있다. 또한 태안 해병대 캠프 안전사고 이후 숙박형・비숙박형 청소년수련활동을 신고제로 바꾼 것이 대표적인 예시이다. 이 사고 이후 국회와 여성가족부는 숙박형・비숙박형 청소년수련활동에 대한 용어 정의(동법 제2조 제7호와 제8호)를 비롯하여 숙박형 등 청소년수련활동계획의 신고(제9조의2) 등 관련 조문(수련시설의 안전점검, 운영기준 등)들을 규제 위주로 개정한 바 있다(2014.1.21). 이런 일련의 조문개정은 이번 세월호 참사 이후에도 안전교육, 수련시설 종합평가 등으로 연동되어 더욱 규제를 강화되고 있는 실정이다(2014.7.21).

둘째, 안전사고가 일어난 이후 그 원인과 잘못을 따져 필요할 경우 당연히 법조문을 부분 혹은 전문개정을 해야 하는 것이지만 이것은 임시방편적인 방안으로 그칠 수 있다. 그리고 안전관련 규제 및 지도감독 강화 법조문을 청소년활동진흥법상에 두면 안전과 청소년활동이 서로 부딪칠 수 있다. 청소년활동진흥법에 어울리지 않는 법조문들을 모아 지금이라도 가칭 청소년활동 안전사고예방 및 보상에 관한 법률 또는 청소년활동 안전기준법을 제정해야 한다. 이런 근본적인 대안들을 모색하지 않으면 학교안전사고 및 보상에 관한 법률(2014.5.14. 개정)로 인해 청소년활동은 학교교육에 항상 예속될 수밖에 없다.[68] 청소년 안전사고에 있어 학교와 청소년시설 그리고 청소년활동과 관련한 다양한 사회기관・단체・시설은 그 책임

68) 학교안전사고예방 및 보상에 관한 법률은 2014년 5월 14일 부분개정을 했다. 법령 개정의 이유는 다음과 같다. "최근 청소년수련캠프, 해병대 체험캠프 등 학교 밖 교육활동 중에 안전사고가 빈번히 발생하고 있고, 청소년수련시설을 활용한 교육활동의 사각지대를 없애기 위해서는 학교장이 수련시설의 안전여부를 확인할 수 있는 방안을 둘 필요가 있어, 학교장이 교육활동을 직접 실시하는 경우 안전대책을 점검・확인하는 등 필요한 조치를 강구하도록 하고, 학교장이 관련 기관 또는 단체 등에 위탁하여 교육활동을 실시하는 경우 안전점검 결과, 보험가입 여부, 청소년활동진흥법에 따라 인증을 받은 프로그램인지의 여부 등을 점검・확인하도록 함으로써 교육활동 중에 발생하는 학생들의 안전사고를 예방하려는 것이다." (법 개정의 배경).

으로부터 언제나 자유롭지 못하다. 국가를 비롯해 모든 기관이 안전공제 및 사고예방을 위한 기금을 모으고 그에 따른 실질적인 법과 정책 및 제도를 만들어야 한다. 그렇지 않으면 선의의 청소년 피해자가 나오게 될 것이며 또한 이로 인해 청소년활동기반은 자꾸만 흔들릴 수밖에 없다.

셋째, 모든 청소년활동 프로그램 참여 시 사전 교육을 꼭 실행하도록 해야 할 것이다. 각종 청소년활동 프로그램이나 수학여행 참여 시 일어날 수 있는 각종 위험사고에 대한 안전사항을 미리 프로그램 시작 전에 청소년들에게 전체 사전교육을 시키는 것이 매우 중요하다. 예를 들면 이번에 이용하게 될 교통수단이 비행기라면 비행기 사고 시 대처방안, 선박을 이용한다면 선박이 가라앉거나 고장이 났을 경우 대처방안, 버스 이용 시 사고대처 방안 등을 사전에 교육한다. 청소년활동의 장소가 시설일 경우 시설에서의 화재 위험 등에 대한 안전교육, 산일 경우 산으로 캠핑을 갈 경우 산에서 일어날 수 있는 각종 위험사고(예를 들면 뱀에 물렸을 때, 갑자기 다리에 쥐가 났을 경우, 폭우가 쏟아질 경우, 넘어져서 다리가 부러진 경우 등)의 대처방안을 미리 교육시키는 것이다. 바다의 경우 반듯이 구명조끼는 필수로 착용하며 너무 깊은 바다에는 들어가지 않도록 하는 것, 익사사고예방법 등을 교육시켜 안전하게 활동을 할 수 있도록 사전에 실습한다. 또한 현지에 가서는 현지 담당자나 실무자에게 활동현장에 대하여 더욱 자세하고 살아 있는 현장정보를 교육하게 하는 시간을 갖도록 해야 한다. 안전을 위해 항상 안전관련 책임자를 함께 참여시키도록 한다. 또한 위험한 장소, 위험 가능성이 있는 곳에 대해 표시하고, 사전에 위험 정보를 청소년들에게 제공하여 사고 발생 시 신속하게 대처할 수 있도록 교육하게 한다. 청소년활동현장에도 동물이 나온다든지 낭떠러지 등 위험한 곳은 안전 표지판 등을 꼭 세워 놓게 하여 접근을 금지하는 것이 중요하다. 또한 프로그램 도중 이탈을 금지하는 것도 중요하다.

넷째, 청소년은 자신의 생명과 재산을 스스로 지키는 다양한 방법을 학습해야 한다. 청소년활동(수학여행, 수련활동 등)을 하는 과정에서 '안전사고'가 일어날 수 있지만, 그렇게 때문에 이를 계기로 자신의 생명을 스스로 지킬 수 있는 다양한 방법을 학습해야 한다. 예컨대, 자연환경에서 흔히 보는 풀 중에서 약용으로 쓸 수 있는 것과 인체에 치명적인 해를 주는 것은 직접 보고 설명하는 것이 더 좋다. 같은 물이라도 냇물, 강물, 바닷물이 다르고, 바다의 경우에는 밀물, 썰물, 밀물과 썰물이 교차할 때 다르며, 해안가의 상황은 서해, 남해, 동해가 다르다. 이것은 말로 설명하기보다는 직접 현장에서 제대로 가르치는 것이 좋다. 흔히 해수욕장에서 안전사고는 서해보다는 동해에서 많이 일어나는데 동해는 수심이 급격히 깊어지고, 수심이 깊어지면 물이 차가워서 생명활동이 위축되기 때문이다. 또한 안전사고는 밀물과 썰물이 교차할 때 생기기 쉬운데, 그것은 운동량이 훨씬 크기 때문이다. 비가 온 뒤에도 물의 양이 달라지므로 이와 같은 상황도 확인해야 한다. 이러한 소중한 경험 등은 청소년활동 현장에서 체험을 통해서 배울 수 있다.

다섯째, 가정은 보다 안전한 시설과 서비스를 선택해야 한다. 수많은 프로그램은 싼 경우 문제가 있는 경우가 많다. 신뢰할 수 없는 기관이나 단체는 활동보다는 수입에 더 관심을 가질 수 있기 때문에 주의해야 한다. 물건을 구입할 때 꼼꼼히 따져서 구입하듯이, 청소년활동을 하는 기관에 대해서도 꼼꼼히 따지고 많은 관심을 가져야 한다. 학교 등이 기획한 행사일 때에는 학교운영위원회 등을 통해서 관심을 가질 필요가 있다. 기관이나 학교가 구매하는 다양한 물품과 서비스에는 '리베이트'라는 고질적인 병폐가 있는 경우가 있다. 뒷돈으로 인한 거래는 나중에 더 큰 해가 되어 부메랑처럼 돌아올 수 있으니 우리 사회는 보다 깨끗해져야 안전을 확보할 수 있다.

여섯째, 학교는 교육과정 속에서 안전을 가르치고, 체육, 야외활동, 수련활동, 수학여행 등을 계기로 다양한 안전상황에 대처할 수 있는 능력을 청소년들에게 가르쳐야 한다. 가정과 교실에서 벗어나면 언제 어디서든지 안전사고가 일어날 가능성은 매우 커진다. 그렇다고 안전을 위해 집에만 있거나 활동을 하지 않을 수도 없다. 교통사고가 무서워 대중교통을 이용하지 않고 걸어다닐 수만은 없기 때문이다.

넓은 세상에서 스스로 자신을 지키고 안전을 확보할 수 있도록 성장하고, 키우는 것이 바로 우리가 해야 할 교육이다. 따라서 학교는 미리 교육과정을 통해 사고나 위기 상황에서 안전하게 생존할 수 있는 방안을 제시해 주고, 실제 같은 가상훈련을 시키며, 만약에 사고가 터지면 빠른 시간 안에 적극적인 대책을 세워야 한다. 또한 안전사고를 미리 막기 위해 기존의 방식을 몇 가지 바꾸어야 할 사항이 있다. 예를 들면 수학여행 시에 단체로 버스로 이동할 때 관광버스가 줄줄이 이어 달리는 이른바 '새떼운행'은 철저하게 바꾸어야 한다. 과거에는 중간휴게소의 이용 등을 위해 새떼운행이 불가피했지만, 지금은 모든 운전자가 휴대폰을 갖고 있고 내비게이션이 있기에 그렇게 운행할 필요가 없다. 또한 학급 규모로 이동하고 중간에 단체활동을 같이 하거나 따로 하는 방식을 혼합하여 상황에 맞게 진행한다면 집단으로 이동하는 것을 줄일 수 있을 것이다.

일곱째, 청소년단체와 시설은 안전한 활동을 기획할 뿐만 아니라, 안전의 비용을 줄여서 '로비자금'으로 쓰는 관행을 척결해야 한다. 수련활동과정에 안전사고가 난 시간에 일부 선생님들은 "회를 먹거나", "술을 마시거나", "자신들끼리 수다를 떨고" 있는 경우가 가끔 있다. 그리고 그 비용은 청소년활동을 주관한 청소년단체나 시설이 감당하는 경우가 있다. 활동의 준비와 평가 등을 위해 시간의 일부를 교사들끼리 가질 수는 있겠지만, 청소년활동의 과정 자체가 교육과정의 일환이기에 청소년과 함께 하는 것이 원칙이다. 청소년활동이 인솔 교사에게 대접하는 자리가 되어서는 절대 안 된다. 모든 접대는 비용이고, 그 비용을 뽑아내기 위해 편법과 불법이 생기게 될 가능성이 있다. 비교육적인 방식으로 올바른 교육을 실천하기 어렵다.

여덟째, 행정기관은 안전요원, 안전시설 등에 대한 합리적인 기준을 만들고, 그 기준을 지킬 수 있도록 여건을 조성하는데 노력해야 할 것이다. 예컨대, 안전요원을 배치하게 된다면, 그것이 합리적인 것인지 해당 프로그램의 이용료로 감당할 수 있는 수준인지도 확인해야 한다. 위기상황에서는 신속하게 대응할 수 있는 여건이 조성되어야 한다. 위기는 언제든지 발생될 수 있으므로 119라든지 신고 - 출동 - 긴

급구제 등이 체계적으로 이루어지도록 해야 한다. 사고를 예방하는 것이 최선이지만, 만약에 사고가 난다면 그 피해를 최소화시키도록 체계를 마련해야 한다. 만들어 놓은 안전관리수칙 제대로 지켰는지를 점검하는 수준이 아니라, 안전을 생활에 접목하여 안전을 위한 생활양식을 습득하고, 안전사고에 응급대처할 수 있는 능력을 모두가 키우며, 사회적, 국가적으로 안전시스템을 구축하는 것이 중요하다. 이를 위한 투자는 안전을 소홀히 하여 잃은 생명의 가치에 비교하면 큰 투자가 아니다. 돈을 줄이기 위해 생명을 담보로 삼을 수는 없다. 인간의 생명이 존중받고, 지속가능한 자연을 유지해야 하기 때문이다.

마지막으로 시급한 단기적 대책으로는 청소년체험활동 사전안전교육 의무화, 인솔교사의 책임감 부여 및 안전강령 이수, 사고발생 시 행동요령 매뉴얼 학과교육 실시, 이동수단의 안전점검 여부 규정 토착화, 여행 후기를 통한 문제점과 개선방향 제시 등이 있다. 이를 문서화하고 공유화하며 안전전문가의 인원이 확충되어야 한다. 지속적인 중·장기대책으로는 거부할 권리의 올바른 교육, 한국 사회의 빨리빨리 문화의 장단점 교육, 안전불감증의 폐해 교육, 생명의 가치 및 존엄성 교육, 역사교육 및 예절문화교육 확대, 안전교육 연수원 및 체험관 확충, 참사의 올바른 인식 및 교훈 교육 등을 제안한다.

지금까지 청소년활동에 있어 안전에 대한 대안을 살펴보았다. 세월호 이후 안전사 자격증 교육이 이곳저곳에서 이루어지고 있는데, 이에 대한 실효성 여부도 검토해 봐야 할 것이다. 국민안전처 또한 실질적인 국민을 위한 안전처가 되어야 한다. 2014년에는 세월호 사고를 비롯한 수많은 사건사고가 있었던 한 해였고, 이런 사고를 방지하기 위한 많은 정책이 신설됐다. 그 중 청소년 안전 전문기관인 청소년활동안전센터는 2015년 4월부터 설치·운영된다. 청소년활동안전센터는 청소년수련 프로그램 인증심사 및 현장점검, 안전관리 종합 매뉴얼 개발 보급, 안전교육 등 안전관리를 총괄한다. 특히 안전관련 전담인력이 배치돼 시설 모니터링, 활동

현장점검 등 안전업무를 전문적으로 추진한다. 청소년은 신고인증을 거쳐 안전이 확인된 다양한 프로그램 정보를 인터넷 검색을 통해 참여할 수 있으며, 수련시설 종합평가와 안전점검 점검결과도 확인할 수 있다. 청소년활동안전센터가 실제로 기능과 역할을 충실히 하여 청소년활동에 있어 안전의 파수꾼이 되기를 기대한다.

〈부록 1〉

[별표] 〈개정 2013.11.19〉

청소년수련시설 안전점검표 (청소년활동진흥법시행규칙 제8조의2 관련)

◆ 점검일시 :

◆ 점 검 자 : (인)

■ 안전관리체계 및 교육

구분	번호	항목별	점검사항		
			적합	부적합	지적사항
안전관리 체계 및 교육	1	운영대표자의 책임 아래 자체점검을 실시하고 있는지(점검결과 기록 유지)여부			
	2	수련시설에 입교 시 수련시설 내에서 안전사고예방방법 및 교육기간 동안 지켜야 할 사항 등에 대하여 안전교육을 실시하는지 여부			
	3	분야별 안전관리 책임자 지정·운영 여부			
	4	유사시 신속대응을 위한 비상 구조구난 체제 구축과 계획 수립 및 이와 관련한 직원 교육의 실시 여부			
	5	시설 이용방법, 이용 시 유의사항 및 비상시의 대피경로 등을 각 실별 이용자들이 잘 볼 수 있는 장소에 게시하고 있는지 여부			

■ 토목부문

구분	번호	항목별	점검사항		
			적합	부적합	지적사항
진입로		수련시설은 비상시 소방차, 구급차 등의 접근이 용이한 진입로를 확보하고 있는가?			
옹벽, 석축 및 담장	1	옹벽, 석축 및 담장 등의 붕괴 위험은 없는가?			
	2	옹벽 및 담장 기초부분에 침하된 부분이 있는가?			
	3	옹벽 부분에 배부름 현상이 있는가?			
사면	1	사면의 붕괴 위험은 없는가?			
	2	사면의 토사유출 우려는 없는가?			
배수로	1	배수로 덮개의 설치상태는 견고한가?			
	2	배수로의 덮개에는 발, 그 밖에 구두 굽(하이힐 등)이 빠질 수 있는 틈새가 있는가?			

■ 건축부문

구분	번호	항목별	점검사항		
			적합	부적합	지적사항
구조	1	모든 건축물의 내·외벽에 균열은 없는가?			
	2	옥상 부분에 돌출된 파라펫(parapet) 및 난간의 설치상태는 견고한가?			
	3	난간의 간격은 적정한가?			
	4	불법으로 증·개축한 시설은 아닌가?			
	5	처마 및 모서리부분의 균열이나 낙하위험은 없는가?			
	6	천정, 벽체 및 바닥의 누수는 없는가?			
주출입구	1	주출입구는 장애인의 출입이 용이한 구조로 설치되어 있는가?			
	2	주출입구의 중앙 및 양측에 손가락보호대가 설치되어 있는가?			
현관 및 로비	1	각종 안내표시판이 적절하게 게시되어 있는가?			
	2	안내 데스크는 장애인을 고려한 구조로 설치되어 있는가?			
	3	안내 데스크 모서리 등은 충돌 시 부상을 예방·완화할 수 있는 마감재를 사용하고 있는가?			
복도	1	복도는 통행, 피난 및 방향전환 등을 하기에 적절한 구조로 되어 있는가?			
	2	바닥은 턱, 요철 등으로 인한 높낮이 차이 때문에 통행 중 쉽게 넘어지거나, 미끄러지지 않는가?			
	3	바닥 마감재는 미끄럽지 않고 평탄하게 설치되어 있는가?			
	4	피난유도등, 피난유도표지 등은 사람들이 쉽게 인지할 수 있도록 설치되어 있는가?			
	5	복도에 통행 및 피난을 방해할 수 있는 장애물(의자, 자판기, 공중전화 등) 및 돌출물(못, 철물)이 있지 않은가?			
계단	1	중정형 계단의 경우 추락방지를 위한 그물망이 설치되어 있는가?			
	2	추락방지용 그물망의 지지상태(철물고정, 철물의 녹슨 정도, 그물의 하중상태)는 양호한가?			
	3	계단에 통행 및 피난에 방해가 될 수 있는 장애물이 있지 않은가?			
	4	각 디딤판의 끝부분에는 미끄럼을 방지할 수 있는 논슬립(Non-slip)이 설치되어 있는가?			
생활관	1	소방법에 적합하게 완강기 등 피난시설을 준비하고 있는가?			
	2	피난이 용이한 구조로 되어 있는가(창호에 안전바 설치 유무 등)?			
	3	침구류 등의 위생 상태는 양호한가?			
	4	각 실내 전반적인 청소상태는 양호한가?			
화장실	1	바닥은 넘어짐이나 미끄럼 등을 방지할 수 있는 재질로 설치되어 있는가?			

	2	화장실에 설치된 전기설비에는 보호 덮개가 설치되어 있는가?			
양호실	1	비상구급약은 마련되어 있는가?			
	2	상주인원(양호교사, 간호사 등)에 의한 감시가 이루어지고 있는가?			
	3	상주인원 부재 시 비상연락이 가능한 연락망은 게시되어 있는가?			
엘리베이터 또는 에스컬레이터	1	정기적인 보수점검이 체계적으로 이루어지고 있는가?			
	2	적재중량, 비상시 연락이 가능한 벨 등 각종 안전장치의 작동상태는 양호한가?			
실내수영장	1	수심표시 등 안전표시판은 적절히 부착되어 있는가?			
	2	풀장에 설치된 각종 난간, 계단 및 사다리 등의 고정 상태는 양호한가?			
	3	풀장 내·외부의 바닥은 미끄럼방지를 위한 재질로 설계되어 있는가?			
모험시설 및 옥외구조물	1	모험시설 상호 간 일정한 이격거리를 유지하고 있는가?			
	2	시설 및 구조물의 설치상태나 안전망의 설치상태 등은 양호한가?			
	3	모험시설에 설치된 난간의 높이는 적정한가?			
	4	안전수칙 및 위험경고 표시가 부착되어 있는가?			
	5	활동에 필요한 보호 장비를 충분히 확보하고 있는가?			
	6	안전요원, 그 밖의 수련시설 관리자의 적절한 교육 및 감시가 이루어지고 있는가?			
기계, 전기 및 가스	1	전기안전관리자의 책임 아래 전기시설을 적절히 관리하고 있는가?			
	2	보일러를 포함한 냉·난방기기는 관련 법규에 따라 검사를 받고 있는가?			
	3	가스시설의 누설 체크는 관련법규에 따라 실시하고 있는가?			
소방	1	소화기의 위치가 표시되어 있는가?			
	2	소화기의 충전량은 적정한가?			
	3	소화전 수압 호스의 연결 상태는 양호한가?			
	4	스프링클러 배관 및 밸브는 정상적으로 작동하는가?			
	5	유도등은 정상적으로 작동하는가?			
	6	자동화재탐지설비의 감지기는 정상적으로 작동하는가?			
	7	사용하고 있는 전원이 차단될 경우 비상전원은 정상적으로 작동하는가?			
	8	완강기 및 피난사다리의 설치상태는 양호한가?			
	9	위험물 저장시설에는 외부인이 출입할 수 없도록 통제하고 있는가?			
	10	위험물 저장시설의 차광 및 환기상태는 양호한가?			
	11	화기시설과 가연성 물질 사이에 안전거리를 확보하고 있는가?			

〈부록 2〉

■ 교통안전 점검표

<table>
<tr><th>구분</th><th>항목</th><th>점검(교육) 내용</th><th>확인</th></tr>
<tr><td rowspan="8">차량
및
운전자</td><td rowspan="2">차량
서류</td><td>차량 보험가입 여부를 확인하셨습니까?</td><td></td></tr>
<tr><td>정기검사필 관련 서류, 계약차량과 동일차량 여부(차량번호)를 확인하셨습니까?</td><td></td></tr>
<tr><td rowspan="5">차량
상태
점검</td><td>재생 타이어 사용 여부를 확인하셨습니까?
(앞 타이어 재생활용은 불법)</td><td></td></tr>
<tr><td>모든 좌석의 안전벨트는 정상 작동합니까?</td><td></td></tr>
<tr><td>개폐 기능한 창문위치를 확인하셨습니까?</td><td></td></tr>
<tr><td>소화기 비치여부 및 위치를 확인하셨습니까?</td><td></td></tr>
<tr><td>비상탈출용 망치 비치 및 위치를 확인하셨습니까?</td><td></td></tr>
<tr><td>운전자</td><td>운전자 적격 심사여부는 확인하셨습니까?</td><td></td></tr>
<tr><td rowspan="2">학생</td><td>안전
교육</td><td>안전벨트 착용을 안내하였습니까?</td><td></td></tr>
<tr><td>비상
대처</td><td>위급 상황을 대비하여 소화기, 비상망치 위치를 알려주셨습니까?</td><td></td></tr>
<tr><td rowspan="2">구급약</td><td rowspan="2">약품
비치</td><td>멀미약, 소화제, 두통약 등 비상약은 구비하셨습니까?</td><td></td></tr>
<tr><td>보호가 필요한 학생 상황은 파악하셨습니까?</td><td></td></tr>
<tr><td rowspan="2">연락망</td><td rowspan="2">비상
연락망</td><td>차량 운전자와 탑승 차량별 대표자 연락처를 메모하였습니까?</td><td></td></tr>
<tr><td>유사시 학교, 소방서(119), 경찰서(112)에 연락</td><td></td></tr>
</table>

○●● 학습정리

청소년활동에 있어 시설이나 프로그램 진행함에 있어 안전성의 확보는 매우 중요하다. 활동 도중 안전성의 미흡으로 인한 사고는 소중한 생명을 앗아갈 수도 있으며 여러 가지 피해와 함께 큰 고통으로 이어진다.

청소년 안전은 '9세 이상 24세 이하의 자를 대상으로 인체에 유해한 조건들을 최소화하거나 제거하려는 여러 가지 활동으로 위험이 생기거나 사고가 날 염려 없이 편안하고 온전한 상태를 유지하는 것이다'라고 정의해볼 수 있다.청소년 안전의 기본방향으로 청소년수련시설의 안전사고는 사전의 예방교육과 사고발생 시에 초기의 응급조치가 중요하므로 평소에 이와 관련한 교육을 실제적이고 정기적으로 실시하는 것이 중요하다. 첫째, 청소년활동의 안전사고를 대비하여 청소년시설배상책임보험에 가입하여야 하고, 보상한도액은 8천만 원 이상, 1사고당 무한대로 보상해야 하고, 담보내역 및 가입기간을 확인하는 것이 중요하다. 둘째, 청소년활동의 정기적인 안전교육 및 안전점검 여부로는 정기적인 안전점검(전기, 소방, 가스, 전반시설, 수질 등 개별법령) 결과 및 조치사항을 확인하여야 한다. 셋째, 위험성이 높은 시설과 장소에 안전시설(장비)를 설치하는 것이 중요하다. 청소년수련시설의 위험성이 있는 실내·외 장소의 사전 안전교육과 사전 점검, 사후 조치 등은 필수적이다. 넷째, 청소년수련시설의 특성에 맞는 체계적이고 구체적인 자체 안전매뉴얼을 마련하고, 전체 직원이 이를 숙지하고 정기적이고 반복적인 실제 연습이 중요하다. 특히, 초기대응에 대한 반복연습과 매뉴얼 숙지는 매우 중요하다.

연습문제

〈객관식〉

1. 청소년 안전의 기본방향에 관한 설명으로 적절하지 않은 것은?

① 청소년수련시설의 안전사고는 사전의 예방교육과 사고발생 시, 초기 응급조치가 중요하므로 평소에 이와 관련한 교육을 정기적으로 실시하는 것이 중요하다.
② 교육활동의 안전사고 대비 청소년시설배상책임보험에 가입하여야 하고, 보상한도액은 8천만 원 이상, 1사고당 무한대로 보상해야 한다.
③ 청소년활동의 정기적인 안전점검 및 안전교육 여부로는 정기적인 안전점검(소방, 전기, 가스, 수질, 전반시설 등 개별 법령) 결과 및 조치사항을 확인한다.
④ 직원의 내·외부 안전교육(소방 및 방화관리, 응급처치관리, 위생관리 등)은 연 2회 이상 실시하여야 한다.
⑤ 청소년수련시설의 특성에 맞는 구체적이고, 체계적인 자체 안전매뉴얼 마련 및 전체 직원의 숙지 및 정기적인 반복연습이 중요하다.

정답. ④
해설. 직원의 내·외부 안전교육(응급처치관리, 소방 및 방화관리, 위생관리 등)은 연 4회 이상 실시하여야 한다.

2. 청소년 안전과 관련된 법의 연결이 바르지 않은 것은?

① 청소년기본법 - 제19조 청소년시설의 지도 및 감독
② 청소년활동진흥법 - 제17조 청소년수련시설 기준
③ 청소년활동진흥법 - 제18조2 안전교육
④ 청소년활동진흥법 시행령 - 제13조 보험가입
⑤ 청소년활동진흥법 - 제14조 청소년쉼터의 설치 운영

정답. ⑤
해설. 청소년복지지원법-제14조 청소년쉼터의 설치 운영

3. 2015년 4월에 설치·운영되는 청소년활동안전센터에 관한 설명으로 적절하지 않은 것은?

① 청소년수련 프로그램 인증심사 및 현장점검을 한다.

② 안전관리 종합 매뉴얼 개발 보급, 안전교육 등 안전관리를 총괄한다.
③ 청소년지도사가 배치돼 시설 모니터링, 활동 현장점검 등 안전업무를 전문적으로 추진한다.
④ 청소년은 신고인증을 거쳐 안전이 확인된 다양한 프로그램 정보를 인터넷 검색을 통해 참여할 수 있다.
⑤ 수련시설 종합평가와 안전점검 점검결과도 확인할 수 있다.

정답. ③
해설. 안전관련 전담인력이 배치돼 시설 모니터링, 활동 현장점검 등 안전업무를 전문적으로 추진한다.

4. 청소년활동 시 안전을 위한 운영매뉴얼에 관한 설명으로 적절하지 않은 것은?

① 계획단계에서 안전에 관한 사항을 고려해야 한다.
② 청소년활동 프로그램의 장소 및 시설, 장비, 기자재 안전점검 이후 계획을 수립한다.
③ 운영단계에서 활동의 개요 및 안전에 관한 유의사항을 전달하고, 숙지 여부를 확인한다.
④ 운영단계에서 활동 중에 청소년지도자는 활동장소 이탈을 금지한다. 특히, 관찰참여환자가 활동장소에서 이탈을 금지한다.
⑤ 청소년활동 이후 차기활동 장소 이동 시 사전 동선 안내 및 이동에 관한 안전교육을 실시한다.

정답. ③
해설. 준비단계에서 활동의 개요 및 안전에 관한 유의사항을 전달하고, 숙지 여부를 확인한다.

5. 청소년활동의 안전을 위한 발전방안으로 적절하지 않은 것을 고르시오.

① 규제위주의 정책보다는 적정한 '지도감독 등의 규제'와 '안전사고예방을 위한 효과적인 지원'을 균형 있게 갖추어야 한다.
② 청소년활동안전기준법 등을 제정해야 한다.
③ 모든 청소년활동 프로그램 참여시 사후교육을 의무화해야 한다.
④ 청소년은 자신의 생명과 재산을 스스로 지키는 다양한 방법을 학습해야 한다.
⑤ 학교는 교육과정 속에서 안전을 가르치고, 체육, 야외활동, 수련활동, 수학여행 등을 계기로 다양한 안전상황에 대처할 수 있는 능력을 가르쳐야 한다.

정답. ③
해설. 모든 청소년활동 프로그램 참여 시 사전교육을 의무화해야 한다.

〈주관식〉

1. 다음의 (　　　　) 안에 공통으로 들어갈 단어는?

- 청소년들이 신나고 즐거운 청소년활동을 누리기 위해서 청소년수련시설의 (　　　)성 확보가 매우 중요하다.
- 청소년수련시설에서는 내・외적인 (　　　)을 위한 환경을 정비하고 위험요소를 조기에 발견하는 등 관리를 철저히 해야 한다.
- 지속적인 (　　　)교육과 실천을 통해 청소년과 청소년 지도자의 (　　　) 의식이 강화되고 일상화될 수 있어야 하며, 나아가 (　　　)문화를 형성하고 정착시켜 나가야 할 것이다.

정답. 안전

2. 2014년에는 세월호 사고를 비롯한 수많은 사건사고가 있었던 한 해였고, 이런 안전사고를 방지하기 위한 많은 정책이 신설됐다. 그 중 청소년 안전 전문기관으로 2015년 4월부터 설치, 운영되는 기관의 명칭은?

정답. 청소년활동안전센터

3. 청소년활동진흥법의 일부 개정 법률안의 개정 사항을 살펴보면 제 18조의 3에 현행 '종합안전점검 실시'에서 '종합 안전점검 실시 및 (　　　　)'로 개정되었다. (　　　　) 안에 알맞은 단어는?

정답. 결과 공개

Chapter 15

청소년방과후활동

▶ 학습목표

1. 청소년방과후활동의 개념과 유형을 설명할 수 있다.
2. 청소년방과후아카데미의 목표와 사업내용을 이해할 수 있다.
3. 방과후학교의 개념과 사업내용을 이해할 수 있다.
4. 지역아동센터의 운영프로그램을 알 수 있다.

▶ 핵심용어

청소년방과후활동, 청소년방과후아카데미, 방과후학교, 지역아동센터

Chapter 15

청소년방과후활동

학교수업이 끝나는 방과후 시간에 보호자의 보호를 받지 못하는 청소년들은 건강약화, 학습부진, 비행 등에 노출될 가능성이 높다. 따라서 이들에 대한 관심과 지원이 필요하며 특히 2003년부터 정부에서는 이러한 상황에 처해 있는 청소년들을 위해 방과후활동을 활성화하여 사교육비를 절감하고, 소외계층의 교육격차를 해소시키며, 여성인력의 경제참여율을 확대하겠다는 강력한 의지를 표명하게 되었다. 교육인적자원부, 보건복지부, 국가청소년위원회(현 여성가족부) 등 여러 부처에서 지원을 시작하게 된 것이다. 교육인적자원부에서는 '좋은 학교 만들기'라는 취지로 '방과후활동'을 핵심정책으로 적극 추진하기 시작하였고, 보건복지부도 기존의 공부방으로 알려져 있는 '지역아동센터'의 이미지를 탈피하고 지역적인 특성을 살린 '방과후활동'을 실시하게 되었다. 당시 청소년 전담부처인 국가청소년위원회에서도 '청소년의 삶의 질 향상과 지역사회의 공적 서비스 확대'라는 정책 비전을 제시하면서 2005년부터 '청소년방과후아카데미'를 시범운영하기에 이르렀다(양계민 · 오승근 · 권두승 · 전명기 · 조대연, 2006).

1. 개념

방과후활동에서의 '방과(放課)'는 그날 하루에 하도록 정해진 학과(學科)가 끝나는 것을 의미하므로(국립국어원 표준국어대사전, 2015), '방과후'의 개념은 '학교수업이 끝난 이후'라고 할 수 있다. 방과후활동은 학교수업이 끝난 이후의 활동으로, 여기에서의 '방과후'의 의미에는 수업이 있는 날만이 아니라 수업이 없는 날도 포함하고자 한다. 실제 방과후활동 프로그램을 실시하는 기관에서 이미 수업이 없는 공휴일에도 방과후 프로그램을 실시하고 있는 실태를 반영한 것이다.

방과후활동에서의 '활동'은 학교에서 진행되는 정규수업을 제외한 모든 형태의 활동으로, 가정에서 제공하는 사교육활동을 제외한 학교나 지역사회, 국가가 방과후에 제공하는 활동으로 정의하고자 한다(맹영임 · 길은배, 2005).

위에서 각각 정의한 내용을 종합해 보면, '방과후활동'은 "학교의 정규수업시간과 휴일에 실시하는 사교육을 제외하여 학교 · 지역사회 · 국가가 제공하는 활동"을 의미한다.

2. 현황 및 특징

우리나라에서 시행되고 있는 방과후활동은 여성가족부의 '청소년방과후아카데미', 교육부의 '방과후학교', 보건복지부의 '지역아동센터 프로그램' 등이 있다.

1) 청소년방과후아카데미

청소년방과후아카데미는 저소득 · 맞벌이 · 한부모 등 취약계층가정의 방과후 홀로 시간을 보내는 청소년에 대하여 학습능력배양 · 체험활동 · 급식 · 건강관리 · 상담 등 종합학습지원 및 복지 · 보호를 통해 건전한 성장지원을 목적으로 하고 있다. 그에 따른 청소년방과후아카데미의 구체적인 목표는 다음과 같다(여성가족부 · 한국청소년활동진흥원, 2014).

첫째, 중앙·지방 및 학교와 가정·지역사회가 연계하여 공교육을 보완하는 방과후활동을 통한 공적 서비스 기능을 강화하는 것이다.

둘째, 맞벌이·한부모·장애·취약계층 가정의 나홀로 청소년을 대상으로 활동·복지·보호·지도를 통하여 스스로 자립할 수 있는 역량이 배양되도록 지원하는 것이다. 이는 교육문화적 격차를 보완하고, 학습능력의 향상을 도모하며, 진취적인 기상을 함양하도록 하는 것이다.

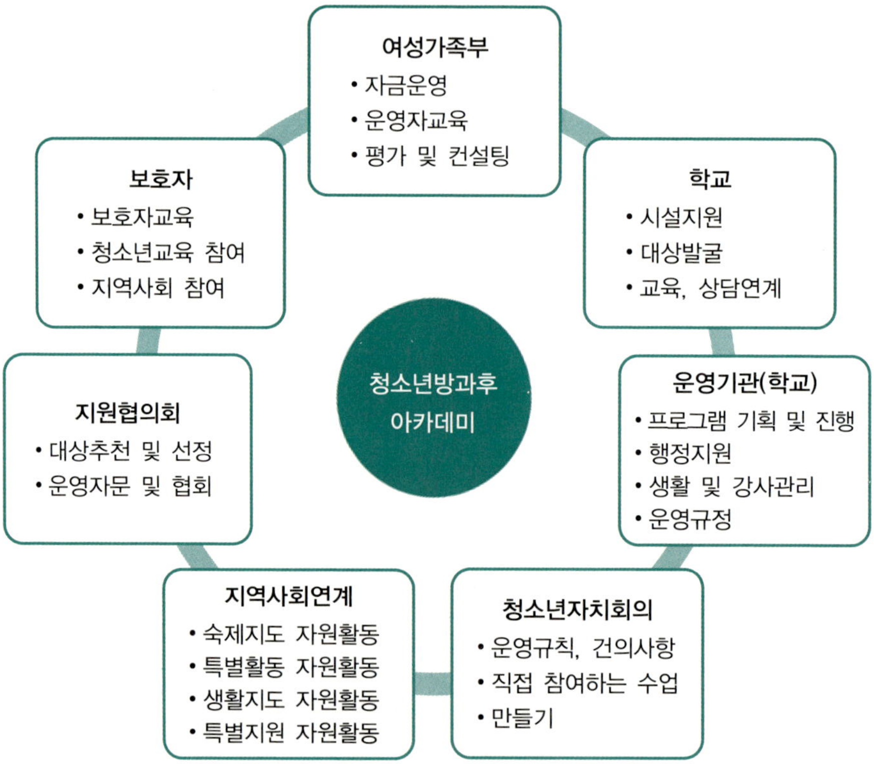

그림 15-1 방과후아카데미 운영 네트워크

출처: 여성가족부 홈페이지.

셋째, 여성의 경제참여를 지원하고, 저소득가정의 사교육비를 절감시키며, 나홀로 청소년의 범죄·비행으로의 노출을 예방하는 등의 효과를 기대하는 것이다.

이러한 목적과 목표를 달성하기 위하여 청소년방과후아카데미는 학습 위주의 교육이 아닌 다양한 활동 위주의 체험프로그램을 운영함으로써 청소년들의 특기와 적성을 계발할 수 있는 기회를 제공하도록 하고 있다. 구체적으로 보면, 문화·예술, 스포츠 등의 특기적성활동을 하는 '전문체험활동과정', 학교수업 등을 지도하는 '학습지원활동과정', 동아리활동 등 운영기관에서 자율적으로 운영하는 '자기개발활동과정', 방학 시 캠프, 부모교육 등의 '특별지원과정', 급식, 건강관리, 상담 등을 실시하는 '생활지원과정' 등 크게 5개의 과정으로 구분하여 운영되고 있다.

대상은 초등학교 4학년부터 중학교 2학년까지이며, 시설당 40명(반별 20명 구성)씩 1일 5시간 내외로 운영하고, 토요일 격주 휴무를 실시하고 있다. 일반형(수익자부담형)과 지원형(저소득층 무료지원)으로 구분하여 운영한다. 운영장소는 지역 내 청소년수련관, 청소년문화의집, 청소년수련원, 사회복지관, 학교, 청소년 관련시설 등을 청소년 방과후아카데미로 지정하여 사용하고 있다. 운영인력은 시설 당 청소년지도사 자격 소지자로서 운영책임자인 PM(프로젝트 매니저) 1인과 실무지도자인 SM(스케줄 매니저) 2인이 함께 업무를 수행하고 있다.

위에서 기술한 내용을 정리하면 〈표 15-1〉과 같다.

표 15-1 청소년방과후아카데미 사업개요

구분	내용
사업목적	취약계층가정의 방과후 홀로시간을 보내는 청소년들에 대한 학습능력배양·체험활동·급식·건강관리·상담 등 종합 학습 지원 및 복지·보호를 통해 건전한 성장 지원
사업대상	저소득·맞벌이·한부모·부모의 실직·파산·신용불량 등 경제적 어려움 등으로 방과후 홀로 지내는 청소년(초4~중2)
시행 주체	여성가족부와 지방자치단체 공동운영

설치시설	청소년수련관, 청소년문화의집, 청소년단체 · 시설 등
사업기간	매년 1~12월 연중 상시 실시(토요일, 방학 중에도 운영)
사업규모	200개소(기본형: 1개소 총40명, 1개반 20명씩 2개반) 운영 *2012년 기준
사업내용	기본공통과정, 전문체험과정, 재량활동과정, 특별지원과정, 생활지원 등으로 구분하여 운영함
운영 유형	일반형(수익자 부담형), 지원형(저소득층 무료지원)으로 구분
사업예산	154억 원(국비지원율: 서울 30%, 지방 50%) *2012년 기준
운영인력	운영책임자 PM(프로젝트 매니저) 1인, 실무지도자 SM(스케줄 매니저) 2인 *청소년지도사 자격소지자

출처: 2013 청소년백서.

표 15-2 청소년방과후아카데미 세부사업내용

구분	세부 내용	
전문체험 활동과정	주중체험활동과정 (주 5시간)	• 강습형태가 아닌 체험활동 위주로 청소년들의 창의 · 인성 함양을 위한 다양한 체험활동 프로그램 운영(예술체험활동, 과학체험활동, 직업개발활동, 봉사활동, 리더십개발활동 등) • 주말체험활동과정 운영 시 외부활동 권장
	주말체험활동과정 (월1회 4시간)	
학습지원 활동과정	보충학습지원과정 (주 5시간)	• 청소년들의 자율적인 숙제, 보충학습지도, 독서지도 등의 프로그램 위주로 운영
	교과학습과정 (주 5시간)	• 전문 강사진의 교과학습 중심의 학습지원
자기개발 활동과정	주중자기개발활동과정 (필요시 주 0~5시간)	• 청소년들이 중심이 되어 진행하는 활동(자치활동, 동아리활동 등) • 각 운영기관에서 자유롭게 편성하여 운영하는 과정
	주말자기개발활동과정 (필요시 주 2시간이상)	
특별지원 과정	• 청소년캠프(방학), 부모교육, 초청인사 특별강의, 발표회 등	
생활지원 과정	• 급식, 상담, 건강관리, 생활일정 관리(메일링서비스) 등의 생활지원	

출처: 여성가족부, 한국청소년정책연구원 (2014).

2005년에 46개소, 2,350명으로 시작한 청소년방과후아카데미는 2014년 1월 현재 200개소, 8,200명이 참여하고 있으며 청소년들의 건강한 성장에 기여하고 있다.

▌표 15-3▐ 연도별 지원현황 (2014년 1월 말 기준)

	2006년	2007년	2008년	2009년	2010년	2011년	2012년	2013년	2014년
지원개소	100	151	185	178	161	200	200	200	200
참여인원(명)	4,200	6,300	7,980	7,560	6,672	8,200	8,200	8,200	8,200
예산(억 원)	77	120	150	129	121	155	154	160	144

출처: 여성가족부 홈페이지.

최근 청소년방과후아카데미는 일반청소년 외에 장애청소년과 다문화청소년까지 그 범위를 확대하여 운영하는 방침을 세웠다. 또한 사업에 대한 청소년 및 학부모 만족도 역시 대체로 80% 이상이 만족한다는 응답을 나타내고 있어(청소년방과후아카데미 홈페이지, 2013년도 조사 결과) 안정적인 운영을 하고 있는 것으로 보인다.

2) 방과후학교

방과후학교는 '수요자 중심으로 운영하는 정규교육과정 이외의 학교교육활동'으로, 정규수업 이외의 시간에 학교에서, 방과후에 교과, 특기 · 적성, 보육 등의 다양한 프로그램을 개설 · 운영하면 수요자가 원하는 프로그램을 선택하여 수강하는 것이다. 개념적으로 보면 방과후학교는 수요자의 요구와 선택을 반영하여 수익자 부담 또는 재정 지원으로 이루어지는 정규수업 이외의 교육 및 돌봄활동으로, 학교계획에 따라 일정한 기간 동안 지속적으로 운영하는 학교교육활동이다. 방과후학교는 기존에 학교에서 수행되어 오던 수준별 보충학습, 특기 · 적성교육, 초등학교 저학년 방과후교실 등을 총칭하여 부르는 용어이다(김홍원, 2010). 그러나 방과후학교는 기존의 방과후교육활동과 차이가 있다. 즉, 기존의 방과후교육활동은 학교장중심, 현직교원중심으로 운영되었고, 주로 교실에서 실시되었다. 그러나 방과후학교는 현직교원, 전문가, 학원, 강사, 지역사회인사 등으로 지도강사가 다양해졌으며, 대상자도 본교 재학생에 국한되었던 것과 달리 타교생이나 지역사회 성인까지 점진적으로 확대되었고, 시설도 학교만이 아니라 인근학교 및 지역사회의 다양한 시설의 활용으로 극대화되었다(양계민 외, 2006).

2006년부터 학교현장에서 적용된 방과후학교는 정부, 교육청, 지방자치단체를 비롯한 지역사회의 협력과 지원 등에 힘입어 전국의 거의 모든 학교에서 실시되고 있다.

방과후학교의 목표는 다음과 같다.

첫째, 교과의 심화 보충, 소질·적성·진로계발을 위한 예체능 등 다양한 사교

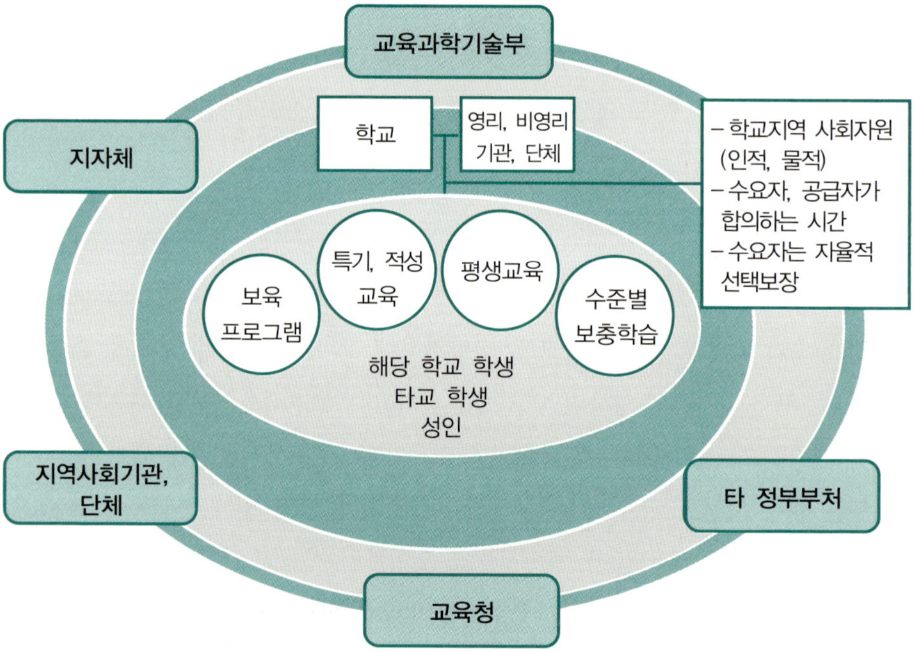

▌그림 15-2▌ 방과후학교 운영방식

출처: 김홍원 (2008). p. 4.

육 수요를 흡수 대체하여 사교육비를 경감한다.

둘째, 저소득층과 농어촌 소재학교 학생에 대한 방과후학교 수강 지원을 확대하여 교육격차를 완화한다.

셋째, 맞벌이 · 저소득층 한부모 가정 학생 등에 대한 보호 및 돌봄 서비스를 확대 제공한다.

넷째, 지방자치단체, 대학 등 지역의 인적 물적 자원을 활용하여 지역사회학교를 실현한다.

방과후학교는 '방과후학교 운영지원사업', '초등돌봄교실 운영지원사업', '방과후학교 자유수강권 지원사업', '방과후학교 대학생 멘토링 지원사업' 등으로 구분된다. '방과후학교 운영지원사업'은 초 · 중 · 고 학생들에게 특기적성, 교과강좌 등을 실시하는 것이며, '초등돌봄교실 운영지원사업'은 초등학교 정규수업 시간 이외에 돌봄이 필요한 학생들을 보호하는 방과후학교 프로그램의 운영을 말한다. 초등학교 1 · 2학년은 오후돌봄(17시까지)의 경우 희망학생 모두를 수용하고, 저녁돌봄(17~22시)은 맞벌이 · 저소득층 · 한부모가정 학생을 위주로 추가 돌봄이 필요한 학생을 수용하는 것으로 하고 있다. 돌봄교실당 학생 수는 20명 내외로 권장하며, 1 · 2학년 학생들의 경우에는 수강료를 무료로 하되 학교의 여건에 따라 급 · 간식비 등을 수익자 부담으로 할 수 있도록 하고 있다. 또한 돌봄전담인력(돌봄전담사)은 유치원 및 초 · 중등교사 2급 이상, 보육교사 2급 이상 자격소지자를 대상으로 하되, 시 · 도 형편에 따라 자격기준을 정할 수 있다. '방과후학교 자유수강권 지원사업'은 저소득층 학생들에게 방과후학교 무료수강권을 제공하는 것이다. 학생 1인당 연간 30만 원(월 3만 원×10개월)의 무료수강권이 지불되고, 학생들은 이 수강권을 가지고 자신이 원하는 프로그램에 참여한다(김홍원, 2010). '방과후학교 대학생 멘토링 지원사업'은 소외계층 초 · 중 · 고등학생(Mentee)들을 대학생(Mentor)과 연계하여 학생들의 건전한 성장을 돕는 교육지원프로그램이다.

방과후학교의 운영현황(2013년 4월 현재)을 살펴보면 다음과 같다(방과후학교 포털시스템, 2015).

방과후학교는 초·중·고 전체 학교가 참여하고 있는데 구체적으로는 초 5,900여 개교, 중 3,000여 개교, 고 2,300여 개교가 참여하고 있다. 참여 학생 수는 초 200만여 명, 중 110만여 명, 고 140만여 명이 참여하고 있으며 학교 및 학생 수 모두 초등학교의 참여율이 가장 높은 것으로 나타났다.

표 15-4 방과후학교 운영학교 및 참여학생 현황

구분	초	중	고	계	과년도 현황			
					2012	2011	2010	2009
운영학교 수(교)	5,906	3,172	2,319	11,397	11,361	11,307	11,226	11,149
비율(%)	100.0	100.0	99.9	99.9	99.9	99.9	99.9	99.9
참여학생수(천 명)	2,035	1,186	1,447	4,678	4,840	4,559	4,573	4,276
비율(%)	73.3	65.8	76.6	72.2	71.9	65.2	63.3	57.6

프로그램의 운영현황을 살펴보면, 전체 프로그램 수는 초등학교가 중·고등학교에 비해 많고, 교과 프로그램에 비해 특기적성 프로그램이 2배 이상 더 많이 운영되었다. 한편 고등학교는 중학교에 비해 많은 프로그램이 운영되고 있으나 교과 프로그램이 85% 정도로 매우 높은 비율을 차지하였다. 초·중·고를 모두 포함하여 전체로 보면 교과 프로그램이 특기적성 프로그램에 비해 조금 많은 비율(57%)을 차지하였다.

표 15-5 프로그램 운영 현황

구 분		초	중	고	계	과년도 현황			
						2012	2011	2010	2009
교과	수(개)	80,291	87,876	155,721	323,888	367,025	355,158	338,891	161,348
	비율(%)	32.0	65.2	84.5	56.8	60.9	66.9	68.5	56.4
특기적성	수(개)	170,901	46,926	28,606	246,433	235,605	175,492	156,074	124,581
	비율(%)	68.0	34.8	15.5	43.2	39.1	33.1	31.5	43.6
계	수(개)	251,192	134,802	184,327	570,321	602,630	530,650	494,965	285,929

표 15-6 내용별 프로그램 운영 현황

구분		국어	수학	사회	과학	영어	제2외국어	음악	미술	체육	컴퓨터	독서논술	기타	계
프로그램 수(개)	초	9,689	25,708	2,198	13,670	25,901	3,125	32,802	25,562	41,278	23,376	9,707	38,176	251,192
	중	15,583	21,055	12,991	15,232	21,401	1,614	11,047	4,110	15,816	1,429	3,078	11,446	134,802
	고	33,147	36,206	24,712	23,761	36,793	1,102	2,715	1,618	6,056	3,897	2,922	11,398	184,327
	계	58,419	82,969	39,901	52,663	84,095	5,841	46,564	31,290	63,150	28,702	15,707	61,020	570,321
비율(%)		10.2	14.5	7.0	9.2	14.7	1.0	8.2	5.5	11.1	5.0	2.8	10.7	100.0
과년도 현황(비율, %)	2012	11.0	15.7	7.2	10.1	15.7	1.2	6.9	5.0	9.6	5.2	2.8	9.5	100.0
	2011	14.0	17.2	9.0	11.4	17.1	1.4	6.0	4.6	5.7	5.7	-	7.9	100.0
	2010	14.5	17.7	10.6	12.1	17.5	1.4	5.2	4.3	4.5	6.3	-	5.9	100.0
	2009	11.7	14.8	7.5	9.9	16.2	2.3	7.0	5.7	5.9	8.7	-	10.3	100.0

프로그램의 운영내용을 보면, 영어(14.7%), 수학(14.5%), 체육(11.1%) 순으로 나타났으며, 제2외국어(1.0%)가 가장 낮은 비율을 보였고, 다음으로 독서논술(2.8%), 컴퓨터(5.0%) 등이 낮은 비율로 조사되었다.

방과후학교로 변경되면서 학교외부 민간단체의 위탁 프로그램의 운영이 실시되었는데 아래 표와 같이 방과후학교 중에서 30% 정도의 학교가 민간위탁 프로그램을 운영하고 있으며, 민간위탁 프로그램 중에서 비영리기관이 영리기관에 비해 약간 높은 비율(55%)을 보였다.

표 15-7 민간위탁 프로그램 운영 현황

구분		초	중	고	계	과년도 현황			
						2012	2011	2010	2009
학교수 (비율, %)		3,314 (56.1)	458 (14.4)	159 (6.9)	3,351 (29.4)	3,331 (29.3)	2,386 (21.1)	2,659 (23.7)	3,073 (27.5)
프로그램 수(개)	영리기관	16,171	739	390	17,300 (44.8)	20,090 (55.2)	20,452 (71.9)	20,868 (69.8)	8,564 (66.1)
	비영리기관	18,296	2,702	309	21,307 (55.2)	16,332 (44.8)	7,984 (28.1)	9,012 (30.2)	4,396 (33.9)
	소계	34,467	3,441	699	38,607 (6.8)	36,422 (6.0)	28,436 (5.4)	29,880 (6.0)	12,960 (3.5)

프로그램별 강사의 구성을 살펴보면, 교과 프로그램과 특기적성 프로그램 모두 중·고등학교가 초등학교에 비해 현직교원을 매우 많이 활용하고 있으며, 전체적으로 현직교원과 외부강사 비율을 보면, 초등학교가 29%, 71%로 외부강사를 더 많이 활용하고 있다. 반면에 중학교는 70%, 30%로, 고등학교는 89%, 11%로 현직교원을 더 많이 활용하고 있음을 알 수 있다. 최종적으로 합쳐 보면, 현직교원이 57%, 외부강사가 43%로 현직교원이 조금 높은 비율을 보였다.

▌표 15-8▐ 프로그램별 강사 구성 현황

구분		초	중	고	계
교과 프로그램	현직 교원 수(%)	20,022 (48.7)	36,187 (84.9)	63,469 (94.4)	119,678 (79.3)
	외부 강사 수(%)	21,093 (51.3)	6,422 (15.1)	3,785 (5.6)	31,300 (20.7)
	소계	41,115 (30.3)	42,609 (54.5)	67,254 (75.1)	150,978 (49.8)
특기적성 프로그램	현직 교원 수(%)	18,787 (19.9)	18,541 (52.2)	16,174 (72.5)	53,502 (35.1)
	외부 상사 수(%)	75,822 (80.1)	17,003 (47.9)	6,125 (27.5)	98,950 (64.9)
	소계	94,609 (69.7)	35,544 (45.5)	22,299 (24.9)	152,452 (50.2)
전체 프로그램	현직 교원수(명)	38,809 (28.6)	54,728 (70.0)	79,643 (88.9)	173,180 (57.1)
	외부 강사수(명)	96,915 (71.4)	23,425 (30.0)	9,910 (11.0)	130,250(42.9)
	총계	135,724	78,153	89,553	303,430

한편 초등학교 1, 2학년을 중심으로 운영되고 있는 초등돌봄교실은 대부분의 학교(97%)에서 운영하고 있으며 7,395교실, 159,737명의 학생이 이용하였다.

▌표 15-9▐ 초등돌봄교실

구 분	2013	과년도 현황			
		2012	2011	2010	2009
운영학교 수(%)	5,784(97.3)	5,652(96.0)	5,430(92.4)	5,177(88.5)	4,146(71.2)
운영교실 수	7,395	7,086	6,639	6,200	4,622
참여학생 수	159,737	159,248	124,013	104,496	77,155

방과후학교는 교과 프로그램과 특기적성 프로그램의 운영 외에도 초등학교 저학년의 돌봄기능의 요구에 따라 돌봄교실을 추가운영하고 있으며 대학생들을 활용하여 멘토링 지원사업을 하는 등의 노력을 기울이고 있다. 또한 사업에 대한 청소년 및 학부모 만족도 역시 대체로 80%에 가까운 만족도 수준을 나타내고 있어(방과후학교 포털시스템, 2013년도 조사 결과) 안정적인 운영을 하고 있는 것으로 보인다.

3) 지역아동센터 프로그램

지역아동센터는 학기 중 평일 오후 2시부터 업무를 시작하는 방과후활동을 위한 시설이라고 할 수 있다. 정부에서는 방임될 우려가 있는 아이들을 위해서 2004년 아동복지법을 개정하여 지역아동센터(구 공부방)를 아동복지시설로 규정하고 전면 지원하기 시작하였다. 지역아동센터는 아동복지법 제52조 제1항 제8호에 따른 아동이용시설로서 만 18세 미만의 방과후 사회적 돌봄이 필요한 아동에게 보호・교육, 건전한 놀이와 오락의 제공, 보호자와 지역사회의 연계 등 종합적인 복지 서비스를 제공함으로써 건전한 성장을 지원하고 있다(여성가족부, 2013).

지역아동센터는 하루 8시간 이상 주 5일 이상의 운영을 원칙으로 하며, 학기 중에는 14시부터 19시까지 필수운영시간으로서 운영하도록 되어 있다. 방학 및 공휴일에는 12시부터 17시까지 운영하도록 하고 있다. 토요일, 공휴일 등의 운영은 지역여건과 센터 실정에 따라 자율적으로 결정하되, 운영 시에는 자원봉사자 등을 적극 활용하여 아동이 방임되지 않도록 조치를 취해야 하는 것을 원칙으로 하고 있다.

운영인력은 시설규모에 따른 법정종사자를 확보하도록 하고 있는데 아동 10~29명에 종사자(생활복지사) 2명, 아동 30명 이상에 종사자 3명을 두도록 하고 있다. 이외에 기타인력으로 '아동복지교사'가 있고 이들이 '방과후프로그램'을 담당하고 있다. 아동복지교사는 전담형 교사와 연계형 교사가 있으며 '전담형 교사'는 한 지역아동센터에서만 활동하는 교사로 기초학습, 야간복지, 실무지원, 보건위생, 안전귀가지도 분야를 맡는다. '연계형 교사'는 두 개 이상의 지역아동센터에서 활동하는 교사로 기초영어, 독서지도, 체육활동, 예능활동, 지역사회복지분야를 맡는다.

지역아동센터의 운영 프로그램은 기본 프로그램과 특화 프로그램으로 구성되어 있다. 우선 '기본 프로그램'은 보호, 교육, 문화, 정서지원, 지역사회연계의 5개 영역으로 구분된다. '보호 프로그램'은 아동이 안전한 곳에서 건강한 생활을 할 수 있도록 지원하는 프로그램이며, '교육 프로그램'은 다양한 교육활동 지원을 통해 아동의 몸과 마음을 건강하게 성장할 수 있도록 지원하는 프로그램을 의미한다. '문화 프로그램'은 다양한 문화활동 지원을 통해 즐거움과 심리·정서적 안정감을 제공하여 아동의 정서적 성장 촉진을 도모하는 프로그램이며, '정서지원 프로그램'은 아동 및 가족에 대한 지원을 통해 가족기능을 강화하는 프로그램이다. '지역사회연계 프로그램'은 지역네트워크를 통해 아동들에게 필요한 서비스를 제공하고, 지역아동센터 필요 자원 공급 및 지역사회 필요 자원으로 역할 수행을 위한 프로그램이다. 이를 표로 제시하면 〈표 15-10〉과 같다.

표 15-10 지역아동센터 기본 프로그램

영역 (대분류)	세부영역 (중분류)	세부 프로그램 (소분류)	프로그램 예시
보호	생활	일상생활관리	센터생활적응지도, 일상생활지도, 일상예절교육, 부적응아동지도
		위생건강관리	위생지도, 건강지도
		급식지도	급식지도, 식사예절교육
	안전	생활안전지도	저녁돌봄
		안전귀가지도	안선귀가지도, 생활안전지도
		5대안전의무교육	교통안전, 실종유괴예방, 약물오남용예방, 재난대비, 성폭력예방

교육	학습	숙제지도	숙제지도, 학교생활관리
		교과학습지도	수준별 학습지도, 온라인교육(IPTV 학습 등)
	특기적성	예체능활동	미술, 음악, 체육지도
		적성교육	진로지도, 적성교육(독서, 요리, 과학 등)
	성장과 권리	인성 · 사회성 교육	인성교육, 사회성교육
		자치회의 및 동아리활동	자치회의, 동아리활동
문화	체험활동	관람 · 견학	공연 및 연극 관람
		캠프 · 여행	체험활동, 캠프 및 여행
	참여활동	공연	공연
		행사(문화, 체육 등)	전시회, 체육대회 등
정서지원	상담	연고자 상담	부모 및 가족상담, 연고자상담
		아동상담	아동상담
	가족지원	보호자교육	보호자교육
		행사 · 모임	부모소모임, 가정방문
지역사회 연계	홍보	기관홍보	기관홍보
	연계	인적연계	자원봉사활동, 인적결연후원, 후원자관리
		기관연계	지역조사와 탐방, 전문기관 연계, 복지단체 연계

출처: 보건복지부, 지역아동센터중앙지원단 (2014a).

특화 프로그램은 지역사회의 특수성이나 주요 대상의 특성을 고려한 맞춤형 운영 프로그램으로, 주말 · 공휴일 프로그램, 가족기능강화 프로그램 등으로 구성된다. '주말 · 공휴일 프로그램'은 주말과 공휴일에 학교와 가정에서 돌봄이 필요한 아동들을 대상으로 문화 프로그램, 체험학습 등을 제공하는 것이며, '가족기능강화 프로그램'은 아동양육기술 및 의사소통 증진, 부모집단 프로그램 및 자조모임, 가족성장교실, 좋은 부모교실, 지역주민 결연 및 멘토링활동 등 가족기능강화 프로그램을 제공하는 것이다.

지역아동센터의 운영현황(2013년 12월 말 기준)을 살펴보면 다음과 같다(보건복지부 · 지역아동센터중앙지원단, 2014).

2013년 12월 말 기준 전국 지역아동센터는 총 4,061개소이며, 2012년 4,036개소에서 소폭 증가한 것으로 조사되었다. 2004년 법제화 이후 신고제로 운영되면서 법제화 이전 공부방 형태로 운영 중이였던 시설들의 신고 및 조건부 신고로 인해 2010년 이전까지 신규신고센터는 급격한 증가 추세를 보였으나, 이후로는 상대적으로 낮은 비율이지만, 꾸준히 증가하고 있는 것으로 나타났다.

표 15-11 연도별 지역아동센터 현황 (단위: 개소)

구분	2004	2005	2006	2007	2008	2009	2010	2011	2012	2013
센터 수	895	1,709	2,029	2,618	3,013	3,474	3,690	3,985	4,036	4,061
신규 신고센터	-	1,051	523	729	483	570	323	373	193	148

지역아동센터의 전체 이용자 수는 매해 꾸준히 증가하는 추세에 있으며 2013년 12월 말 현재, 109,066명으로 남학생 55,851명, 여학생 53,212명이다. 교급별로 이용이 많은 대상은 초등학교 고학년으로 41,025명이며, 남학생과 여학생 각각 비슷한 비율을 보였다.

표 15-12 지역아동센터 이용아동 수 (단위: 명)

구분		2009년	2010년	2011년	2012년	2013년
전체	소계	94,4,06	100,233	104,982	108,357	109,066
	남	46,903	50,507	53,451	55,248	55,851
	여	47,503	49,726	51,531	53,109	53,212

미취학 아동	소계	3,689	4,376	4,578	4,028	3,714
	남	1,922	2,259	2,363	2,063	1,880
	여	1,767	2,117	2,215	1,965	1,834
초등학교 저학년	소계	36,132	37,865	37,407	38,030	39,293
	남	18,123	19,180	19,218	19,495	20,108
	여	18,189	18,685	18,189	18,535	19,185
초등학교 고학년	소계	37,301	40,233	42,324	42,396	41,025
	남	18,292	20,072	21,327	21,454	20,872
	여	19,009	20,161	20,997	20,942	20,153
중학생	소계	14,208	15,075	17,374	20,017	20,817
	남	7,108	7,567	8,810	10,229	10,793
	여	7,100	7,508	8,564	9,788	10,024
고등학생	소계	2,540	2,346	3,014	3,663	4,006
	남	1,312	1,242	1,584	1,894	2,079
	여	1,228	1,104	1,430	1,769	1,927
탈학교	소계	356	338	285	223	211
	남	146	187	149	113	120
	여	210	151	136	110	91

지역아동센터는 지원이 법제화된 이후에 꾸준히 성장하여 시설과 이용자 수 모두 증가하고 있으며 재학생을 중심으로 하는 청소년방과후아카데미와 방과후학교와는 달리 학교 밖에 있는 청소년들이 접근할 할 수 있는 점도 특징이라 하겠다.

위에서 제시한 방과후활동들을 비교해 보면 〈표 15-13〉과 같다.

표 15-13 방과후활동 사업별 장점 및 한계

구분	장점	한계
방과후 아카데미	- 전문 인력의 지도 - 다양한 청소년활동 프로그램 제공 - 청소년관련 공간 확보 용이 - 상대적 재정지원 풍부 - 컨설팅과 평가 등 자율적 검증시스템 구축 및 체계적 질관리	- 사업시행기관의 절대부족 - 고비용구조 사업으로 인한 빠른 확산의 어려움
방과후학교	- 학생에 대한 풍부한 정보 - 방과후 공간의 여유 - 각종 학생지원 프로그램과 지원책 존재 - 전국 최대의 인프라	- 학생들의 가정적·사회적 지지역할 미약 - 학력프로그램 위주로 수렴 - 지역사회와의 교류통로 미약
지역 아동센터	- 가정집과 같은 분위기 - 지역사회 인적, 물적 자원 연계 - 여타 사회복지기관과의 교류가능 - 탄력적 운영시간 가능	- 장소의 협소 - 인력부족 - 운영재정의 부족 - 연령별 수준별 지도의 어려움 - 질 관리의 어려움

출처: 한국청소년정책연구원 (2011).

위 3개 유형의 방과후활동은 각각의 장점을 가지고 있으나 한계가 있고, 또한 서비스 사각지대가 존재하므로 위 기관들 간의 협력을 통해 일정부분 해소할 방안이 필요하다. 따라서 서비스전달체계의 효율화를 위해 위 기관들을 전담하고 있는 행정기구를 단일화하고 기관별 중첩된 서비스 내용을 재편하여 보다 많은 청소년들에게 양질의 서비스를 제공할 수 있어야 할 것이다.

학습정리

청소년방과후활동의 개념은 학교의 정규수업시간과 휴일에 실시하는 사교육을 제외하여 학교・지역사회・국가가 제공하는 활동을 의미한다.

청소년활동문화의 유형에는 청소년방과후아카데미와 방과후학교가 있다. 청소년방과후아카데미는 저소득・맞벌이・한부모 등 취약계층가정의 방과후 홀로 시간을 보내는 청소년에 대하여 학습능력배양・체험활동・급식・건강관리・상담 등 종합학습지원 및 복지・보호를 통해 건전한 성장지원을 목적으로 한다.

문화・예술, 스포츠 등의 특기적성활동을 하는 '전문체험활동과정', 학교수업 등을 지도하는 '학습지원활동과정', 동아리활동 등 운영기관에서 자율적으로 운영하는 '자기개발활동과정', 방학 시 캠프, 부모교육 등의 '특별지원과정', 급식, 건강관리, 상담 등을 실시하는 '생활지원과정' 등 크게 5개의 과정으로 구분하여 운영되고 있다. 대상은 초등학교 4학년부터 중학교 2학년까지이며, 시설 당 40명(반별 20명 구성)씩 1일 5시간 내외로 운영하고, 토요일 격주 휴무를 실시하고 있다. 일반형(수익자 부담형)과 지원형(저소득층 무료지원)으로 구분하여 운영한다. 운영장소는 지역 내 청소년수련관, 청소년문화의집, 청소년수련원, 사회복지관, 학교, 청소년 관련시설 등을 청소년 방과후아카데미로 지정하여 사용하고 있다. 운영인력은 시설 당 청소년지도사 자격 소지자로서 운영책임자인 PM(프로젝트 매니저) 1인과 실무지도자인 SM(스케줄 매니저) 2인이 함께 업무를 수행하고 있다.

방과후학교는 수요자의 요구와 선택을 반영하여, 수익자 부담 또는 재정 지원으로 이루어지는 정규수업 이외의 교육 및 돌봄활동으로, 학교계획에 따라 일정한 기간 동안 지속적으로 운영하는 학교교육활동이다. 방과후학교는 '방과후학교 운영지원사업', '초등돌봄교실 운영지원사업', '방과후학교 자유수강권 지원사업', '방과후학교 대학생 멘토링 지원사업' 등으로 구분된다. '방과후학교 운영지원사업'은 초・중・고 학생들에게 특기적성, 교과강좌 등을 실시하는 것이며, '초등돌봄교실 운영지원사업'은 초등학교 정규수업 시간 이외에 돌봄이 필요한 학생들을 보호하는 방과후학교 프로그램의 운영을 말한다. 초 '방과후학교 자유수강권 지원사업'은 저소득층 학생들에게 방과후학교 무료수강권을 제공하는 것이다. '방과후학교 대학생 멘토링 지원사업'은 소외계층 초・중・고등학생(Mentee)들을 대학생(Mentor)과 연계하여 학생들의 건전한 성장을 돕는 교육지원프로그램이다.

지역아동센터의 운영 프로그램은 기본 프로그램과 특화 프로그램으로 구성되어 있다. 우선 '기본 프로그램'은 보호, 교육, 문화, 정서지원, 지역사회연계의 5개 영역으로 구분된다. 특화 프로그램은 지역사회의 특수성이나 주요대상의 특성을 고려한 맞춤형 운영 프로그램으로, 주말·공휴일 프로그램, 가족기능강화 프로그램 등으로 구성된다.

연습문제

〈객관식〉

1. 방과후아카데미와 관련이 없는 것은?

① 전문체험활동과정, 학습지원활동과정, 자기개발활동과정, 특별지원과정, 생활지원과정 등 크게 5개의 과정으로 구분하여 운영되고 있다.
② 주로 청소년수련시설을 중심으로 이루어지고 있다.
③ 초등학교 1~2학년들을 보호하기 위한 돌봄교실이 운영된다.
④ 여성가족부와 지방자치단체가 공동으로 운영하고 있다.
⑤ 방학에도 운영한다.

정답. ③
해설. 초등학교 1~2학년들을 보호하기 위한 돌봄교실은 '방과후교실'이다.

2. 다음 중 방과후활동 전담인력의 자격사항에 대한 연결이 바르게 된 것은?

① 방과후학교 - 청소년지도사 자격증
② 청소년방과후아카데미 - 청소년지도사 자격증
③ 방과후학교 - 청소년상담사 자격증
④ 지역아동센터 - 평생교육사 자격증
⑤ 청소년방과후아카데미 - 사회복지사 자격증

정답. ②
해설. ①, ③ 방과후학교 - 돌봄교실의 경우, 유치원 및 초·중등교사 2급 이상, 보육교사 2급 이상 자격소지자
②, ⑤ 청소년방과후아카데미 - 청소년지도사 자격증
④ 지역아동센터 - 사회복지사 자격증(운영인력인 생활복지사는 사회복지사 2급 이상임)

3. 방과후학교 운영에 대한 설명으로 옳은 것은?

① 희망자에 한해 무료로 운영하고 있다.
② 청소년지도사가 학교로 들어가서 프로그램을 실시하고 있다.
③ 방과후학교 운영지원사업, 초등돌봄교실 운영지원사업, 방과후학교 자유수강권 지원사업,

방과후학교 대학생 멘토링 지원사업 등으로 구분된다.

④ 본교 재학생에 한해 방과후에 자유롭게 참여하도록 하고 있다.

⑤ 주로 학교 내에서 교사들에 의해 실시되고 있다.

정답. ③

해설. ① 희망자에 한해 수익자 부담 또는 지원으로 운영하고 있다.

②, ⑤ 전체 운영은 학교에서 담당교사가 하며 분야별 강사는 학교 교사 및 외부강사로 이루어진다.

④ 본교 재학생뿐만 아니라 타교생이나 지역사회 성인까지 점진적으로 확대되었다.

4. 방과후활동 담당기관과 프로그램과정의 연결이 바른 것은?

① 방과후학교 - 교과 프로그램, 특기적성 프로그램

② 지역아동센터 - 자유수강권 지원사업, 대학생 멘토링 지원사업

③ 청소년방과후아카데미 - 주말・공휴일 프로그램, 가족기능강화 프로그램 등의 특화 프로그램

④ 방과후학교 - 기본공통과정, 전문체험과정, 재량활동과정, 특별지원과정, 생활지원

⑤ 지역아동센터 - 초등돌봄교실 운영지원사업

정답. ①

해설. ②, ⑤ 지역아동센터 – 주말・공휴일 프로그램, 가족기능강화 프로그램 등의 특화 프로그램

③ 청소년방과후아카데미 – 전문체험활동과정, 학습지원활동과정, 자기개발활동과정, 특별지원과정, 생활지원과정

④ 방과후학교 – 방과후학교 운영지원사업, 초등돌봄교실 운영지원사업, 방과후학교 자유수강권 지원사업, 방과후학교 대학생 멘토링 지원사업

5. 정부부처별 방과후활동의 장단점에 대한 설명 중 적절한 것은?

① 방과후아카데미는 가정집과 같은 분위기에서 편안하게 이용할 수 있다.

② 방과후학교는 컨설팅과 평가 등 자율적 검증시스템 구축 및 체계적 질관리가 이루어지고 있다.

③ 지역아동센터는 지역사회와의 교류가 미약하다.

④ 방과후학교는 사업시행기관이 매우 부족한 실정이다.

⑤ 방과후아카데미는 다양한 청소년활동 프로그램이 제공된다.

정답. ⑤

해설. ① 방과후아카데미는 컨설팅과 평가 등 자율적 검증시스템 구축 및 체계적 질관리가 이루어지고 있지만 사업시행기관이 매우 부족한 실정이다.
② 방과후학교는 지역사회와의 교류가 미약하다.
③ 지역아동센터는 가정집과 같은 분위기에서 편안하게 이용할 수 있다.

〈주관식〉

1. 아래에서 말하고 있는 것이 무엇인지 쓰시오.

2005년부터 여성가족부에서는 소득・맞벌이・한부모 등 취약계층가정의 방과후 홀로 시간을 보내는 청소년에 대하여 학습능력배양・체험활동・급식・건강관리・상담 등 종합학습지원 및 복지・보호를 통해 건전한 성장지원을 목적으로 하고 사업을 실시하고 있다.

정답. 청소년방과후아카데미

2. 청소년방과후아카데미의 대상과 담당인력의 명칭을 쓰시오.

대상 : 담당인력 :

정답. 초4~중2, PM(프로젝트 매니저; 운영책임자)과 SM(스케줄 매니저; 실무지도자)

3. 다음의 ( ) 안에 들어갈 용어를 쓰시오.

( )은 수요자 중심으로 운영하는 정규교육과정 이외의 학교교육활동으로, 정규수업 이외의 시간에 학교에서, 방과후에 교과, 특기・적성, 보육 등의 다양한 프로그램으로 교육부에서 운영하고 있는 제도이다.

정답. 방과후학교

Chapter 16

청소년봉사활동

▶ 학습목표

1. 청소년봉사활동의 개념과 특징을 설명할 수 있다.
2. 봉사활동의 방법을 이해할 수 있다.
3. 봉사학습의 개념을 이해할 수 있다.

▶ 핵심용어

청소년봉사활동, 봉사학습, 자발성, 공익성, 지속성, 무보수성, 이타성, 계획-실행-평가

Chapter 16

청소년봉사활동

1. 개념

봉사활동은 어떤 대가를 목적으로 하는 활동이 아니라 자발적인 의도에서 개인이나 단체로 다른 사람을 돕거나 사회에 기여하는 무보수의 지속적 활동을 말한다(교육과학기술부, 2009). 청소년들에게 있어서 봉사활동은 기존에 청소년자원봉사센터(현, 청소년활동진흥센터)를 중심으로 청소년활동으로서의 청소년자원봉사활동이 있었고, 이는 교육부가 학생들에게 봉사시간을 의무적으로 이수하도록 한 것과 맞물리면서 한 때 청소년자원봉사활동이 붐을 이루기도 하였다. 그 이후에는 교육부의 창의적 체험활동이 등장하면서 창의적 체험활동 중의 한 영역으로서 '봉사활동'에 참여하고 있으며, 학교 밖에서는 청소년활동 프로그램으로서 운영되고 있다. 대표적으로 중앙의 한국청소년활동진흥원에서 수행하고 있는 청소년수련활동인증제에서는 '봉사활동'의 영역이 있어서 다양한 봉사활동체험 프로그램을 인증하여 운영되도록 하고 있다. 여기에서의 청소년 봉사활동은 성인들의 봉사활동과 다른 '봉사학습'의 개념을 사용하여 청소년들이 금전적 이득을 바라지 않고 지역사회의 자원봉사 활동터전에서 봉사활동을 통해 이타성이나 공동체 의식 등의 사회성을 기르면서 지역사회나 타인을 위해 계획성을 가지고 이루어지는 활동으로 정의하고 있다.

2. 목적과 목표

청소년봉사활동의 목적과 목표는 서울특별시교육청(2008)에서 학생들의 봉사활동에 대해 제시한 내용으로 살펴보고자 한다. 우선 청소년봉사활동의 목적은 봉사활동의 의미를 이해하고, 타인을 돕는 일에 적극적으로 참여하여, 공동체 의식을 함양함으로써 삶의 보람과 자신의 존재 가치를 느끼는 것이다.

그에 따른 구체적 목표로는 첫째, 지역사회의 일들에 관심을 가지고 참여함으로써 사회적 책임을 분담하고 호혜정신을 기른다. 둘째, 다양한 봉사활동의 실천으로 서로 협력하는 마음을 기르고, 지역사회 발전에 이바지하는 태도를 가진다. 셋째, 타인을 배려하는 너그러운 마음과 더불어 사는 공동체의식을 가진다.

서울특별시교육청에서 제시한 봉사활동 목표는 '사회적 책임감', '호혜정신', '협력하는 태도', '타인에 대한 배려', '공동체의식' 등을 함양하는 것이라고 할 수 있다.

3. 특징

일반적으로 봉사활동의 특징은 크게 4가지로 구분된다(김범수 외, 2004).

첫째, '자발성'은 누구의 명령이나 강요도 받지 않고 오직 스스로의 생각과 판단에 의해 봉사활동에 참여하는 것을 말한다. 둘째, '공익성'은 어느 한 사람의 개인이나 단체의 이익 또는 종교의 입장을 위한 것이 아니라 사회 전체의 이익을 위해 봉사활동에 참여하는 것을 말한다. 셋째, '무보수성'은 자원봉사활동 시에 금전적인 보수를 목적으로 하는 활동이 아님을 의미하는 것으로, 어떤 형태의 대가를 받아서는 안 되며 개인의 보람이나 만족을 목표로 이루어져야 한다. 넷째, '지속성'은 한 번 봉사활동에 참여한 사람은 어느 정도 일정기간 지속적으로 참여해야 하는 것을 말한다. 그리고 추가적으로 '이타성'이 있다. 이타성은 다른 사람을 돕고 싶어 하는 마음이다. 자원봉사활동 시에 본인의 이익이나 명예를 생각하지 않고 타인을 먼저 존중하고 배려하는 마음을 가져야 하는 것을 말한다.

이러한 일반적인 봉사활동과는 달리 청소년봉사활동은 다른 양상으로 나타난다.

첫째, 청소년봉사활동은 자발적인 활동이라기보다는 교육적 목적을 가지고 안내하고 조정되는 활동이다. 즉 자발적 참여가 아닌 학업의 연장이며 교육적 효과를 포함한 학습이라 할 수 있다. 즉 봉사학습(Service Learning)의 개념이기도 하다. 이러한 학습의 관점은 청소년이 봉사활동을 통하여 문제해결방법을 스스로 발견해 보도록 하며, 지역사회의 다양한 사회문제에 대하여 학교에서 배운 이론의 적용과 사회 현실의 경험, 그리고 도덕적 가치의 체험까지 동시에 통합적으로 습득할 수 있는 과정을 배우는 것이 봉사활동이라고 보는 것이다(김범수 외, 2004).

둘째, 청소년들의 봉사활동이 자발적인 의도를 갖기보다는 교육과정의 일환으로서 의무감에서 참여하다 보니 봉사활동에 대한 개념 및 의미도 모른 채 마음 맞는 또래들과 어울리는 프로그램처럼 쉽게 생각하는 경향이 있다. 이로 인해 봉사를 하러 갔음에도 불구하고 오히려 해당 기관에 폐를 끼치고 돌아오는 경우가 있다.

셋째, 청소년봉사활동은 종종 순수한 목적을 갖기보다 별도의 개인적인 목적을 갖기도 한다. 즉 봉사활동에 대한 보람과 만족보다는 학교에서 요구하는 시간이나 혹은 입시에 유리하게 작용하도록 하기 위해 대가성 차원에서 봉사활동을 하기도 한다. 이러한 이유로 학기말이나 방학 종료시점이 가까울수록 몰아쳐서 봉사활동에 참여하는 경우를 쉽게 목격할 수 있고, 소기의 목적을 달성한 후에는 봉사활동에 참여하지 않는 경우도 많다.

4. 방법

청소년봉사활동은 성인들이 하는 봉사활동과 달리 교육적인 목적에 중심을 두어

봉사학습이라는 측면이 있다. 따라서 청소년들의 봉사활동은 다음과 같은 절차 및 방법에 의해 이루어져야 한다.

1) 계획(Preparation)

청소년봉사활동은 '학교 계획에 의해서 이루어지는 경우'와 '개인적인 계획에 의해서 이루어지는 경우'가 있다. '학교 계획에 의한 봉사활동'은 학교가 학생들의 봉사활동에 대한 다양한 프로그램을 마련하고 일정한 운영계획을 세워 학생들을 프로그램에 참여할 수 있도록 하는 것이다. 이렇게 학교가 주도적으로 계획을 수립하고 안내하며 학생들의 봉사활동을 평가하는 경우, 학교의 계획에 따르면 된다. '개인의 계획에 의한 자원봉사활동'은 지역사회에서 봉사활동거리를 스스로 찾아 개별적으로 실천계획을 세우거나 혹은 청소년활동진흥센터나 자원봉사 관련기관에서 실시하는 봉사활동 프로그램에 개인적으로 혹은 소규모의 동아리 단위로 참여하는 것을 말한다.

- 내가 사는 지역사회에 어떠한 문제가 있는지 생각해 본다.
- 하고 싶은 봉사활동분야가 무엇인지 검토한다.
- 봉사활동 주제를 선정한 후 관계기관, 장소 등을 미리 방문하고 무슨 도움을 필요로 하는지 알아본다.
- 봉사활동 현장에서 어떤 방법으로 할 것인지 구체적인 봉사계획을 수립한다.
  (목적, 일시, 장소, 봉사활동내용, 참여인원, 준비물, 주의사항 등)

2) 실행(Action)

실행단계는 각각의 계획에 의한 봉사활동을 직접 활동터전(장소)에 나가서 실행하는 것이다.

- 봉사활동내용을 미리 파악하고 일의 양, 시간 등을 정확히 지킨다.

- 봉사활동 터전 관리자의 지시에 따른다.
- 활동터전 내의 설치된 시설물을 함부로 다루지 않는다.
- 봉사활동 중 발생하는 문제점이나 어려움을 정리해 둔다.

3) 평가(Reflection)

평가단계에서는 각자가 실천한 봉사활동에 대하여 청소년 스스로 자기 평가를 하거나 활동터전의 실무자가 평가를 하기도 한다. 그리고 학교 자체에서도 청소년(학생)들의 봉사활동 실천 결과를 평가한다. 이렇게 평가된 청소년봉사활동의 결과는 이후 봉사활동 실시와 연계하여 참고자료로 활용하게 된다.

- 봉사활동이 계획대로 잘 되었는지 평가한다.
- 다음 봉사활동을 위해 개선해야 할 점은 무엇인지 알아본다.
  (향후 봉사활동계획 수립)
- 봉사활동을 하고 나서 배운 점과 느낀 점 등을 서로 나눈다.
  (소감문 작성 등)

5. 운영형태

학교에서는 개정된 7차 교육과정을 통해 창의적 체험활동을 하게 되는데 초등학교 6년간 680시간, 중학교 3년간 306시간, 고등학교 3년간 480시간 이상이 배정되었다. 여기에 '봉사활동'의 영역이 포함되어 운영되고 있다.

창의적 체험활동의 과정에서 하게 되는 봉사활동은 이를 실천하는 과정에서 타인에 대한 배려심과 공동체의식을 함양하고 협력과 호혜정신을 기를 수 있도록 하고 있다. 봉사활동을 통해 나눔과 배려를 배우게 되고 이와 더불어 이웃과 서로 사랑하는 마음을 기르고 호혜정신을 기르며 더불어 사는 공동체 의식을 갖도록 하는 데 목표를 두고 있다(교육과학기술부, 2009).

학교에서의 봉사활동은 학교에서 계획을 세워 운영하는 봉사활동과 개인의 선택에 의해 참여하는 봉사활동으로 구분되며, 교내봉사활동과 교외봉사활동으로 구분할 수도 있다. 특히 교외봉사활동은 학교가 봉사활동의 날을 지정하여 전교생이 의무적으로 참여하게 하기도 하고 공인된 기관을 지정하여 소집단 또는 개인별로 수시 또는 정기적으로 봉사활동을 실시할 수도 있다. 무엇보다도 학생들의 봉사활동이 일회성의 행사, 시간 때우기 식의 행사로 끝나지 않도록 편성하도록 하였다(교육과학기술부, 2009).

구체적으로는 교내봉사활동(학습부진 친구 및 다문화가정 학생 돕기 등), 지역사회봉사활동(병원, 고아원, 양로원, 군부대위문 등), 자연환경 보호활동(식목활동, 저탄소생활 습관화 등), 캠페인활동(질서, 교통안전, 헌혈, 편견극복 등) 등으로 구분하고 있다(〈표 16-1〉).

표 16-1 교육부의 학생봉사활동영역에 따른 구분

활동영역	세부 유형	세부내용
지역사회 봉사활동	지역사회 개발발전	집짓기, 수리 보조(전기 및 보일러 수리, 도배장판, 도색 등)
		공동체 마을 만들기, 아파트 공동체 실천활동, 주민자치활동
		농촌봉사활동, 텃밭 가꾸기
		알뜰시장 및 벼룩시장 봉사활동
		지역사회 바자회
		꽃길 가꾸기, 놀이터 보수활동
		지역행사 지원활동
		기타 지역사회분야 봉사활동
	문화, 관광, 예술, 체육 진흥	문화재·관광 가이드, 문화해설
		문화예술시설 견학안내

		문화, 예술, 체육행사 지원활동
		기타 문화, 관광, 예술, 체육 분야 봉사활동
	민주시민 사회구현	여성차별개선활동, 아동인권보호활동
		외국인 노동자 및 결혼이민자 지원활동
		인권옹호 및 평화구현 분야 봉사활동
		부패방지 및 소비자보호 분야 봉사활동
		선거관련 봉사활동
		부패방지 및 소비자보호 분야 봉사활동
		기타 민주시민사회구현 분야 봉사활동
	민원안내, 업무보조	공공기관 내 민원 안내, 사무협력, 서가정리
		장애인 및 노인 민원 접수 보조 및 안내
		병동내 및 재가세대 대상 도서대출 및 회수
		헌혈자 접수 및 안내
		김장김치 만들기
		나들이 보조
		노인·장애인 수발
		노인 놀이, 말벗 봉사
		도시락, 밑반찬, 물품 배달
		급식소 봉사활동
		보육, 음식조리
		사무보조, 장애인 직업재활작업장 보조
		청소, 빨래, 주변환경 정리
		식사보조
		목욕 봉사활동
		체육 보조활동
		국제기구 및 단체 지원활동
		공공기관, 사회복지시설 등 행사 지원활동

		기타 사회복지분야 공공행정 사무지원봉사활동
	일손돕기 재능나눔	요리(제과제빵 포함)
		이 · 미용 봉사활동
		통 · 번역 봉사활동(A4용지 10페이지 기준)
		영정사진촬영 및 제작지원
		장애우 점자입력 봉사활동(A4용지 10페이지 기준)
	문화, 관광, 예술, 체육 진흥	문화체험, 취약아동 대상 수련활동 보조지도
		문화, 예술, 체육분야에서 (보조)지도자활동
	교통안전활동	등하교 횡단보도 지도
		교통안전교육 지도
		아동 안전지킴이 활동
		기타 범죄예방, 교통질서, 청소년 육성 · 보호 선도 봉사활동
	지도활동 재능나눔	멘토링(멘토링사업 참가자) 활동
		학교 교과목과 관련된 학습지도
		교육관련 지도활동(예술, 컴퓨터, 언어 등)
		기타 교육상담 분야 봉사활동(또래중재, 상담 등)
	위문공연 재능나눔	교도소, 감호소 위문(공연)활동
		공연 봉사활동
	재난관리, 구호활동	피해복구활동
		피해복구참여자 대상 급식활동
		피해지역 현장사무소 업무보조
		북한동포돕기 활동
		재해예방교육 보조지도
		피해지역모니터활동
		기타 재난관리 및 재해구호 분야 봉사활동
	부패방지활동	청소년유해업소모니터링
		지방정부 및 의회 모니터 활동

		상업주의 방송 감시 모니터링
	기타 활동	-
자연환경 보호활동	환경보호, 시설정비활동	환경정화활동, 재활용품 수거 및 분류
		문화재지역 환경정화활동
		기타 환경보전(자연보호)분야 봉사활동
	환경감시	환경 보호 모니터링
	기타 활동	-
캠페인 활동	의식개선활동	모금활동 및 후원 캠페인
		헌혈 거리캠페인
		청소년 보호 관련 캠페인 활동
		북한동포돕기 캠페인
		부정주차금지 캠페인
		대민안전캠페인 및 재난재해모금 캠페인
		청소년유해업소 추방 캠페인활동
		의식계몽활동, 소비자보호 캠페인활동
		문화재보호 캠페인
		건전한 사이버 문화 조성 캠페인(1년 12시간 이하)
	헌혈	헌혈(1년 3회 이하)
	기타 활동	-

출처: 서울특별시교육청 (2014b).

한편 청소년 현장인 청소년수련시설과 청소년단체에서도 청소년활동 프로그램으로서 청소년봉사활동을 꾸준히 실시하고 있으며, 청소년수련활동인증제에서는 봉사활동의 영역으로 '일손돕기활동, 위문활동, 지도활동, 캠페인활동, 자선・구호활동, 지역사회개발 및 참여활동 등'으로 제시하고 있다(〈표 16-2〉).

표 16-2 청소년봉사활동의 영역

구분		세부내용
유형	활동영역	
일손돕기활동	복지시설	어린이돌보기, 청소·세탁, 배식·목욕보조, 학습교재제작, 시설물관리, 노인 및 장애인 외출돕기 등
	공공시설	안내하기, 환경정화, 우편물 분류돕기, 도서·자료정리, 간단한 업무돕기 등
	병원	안내하기, 병원주변 정리, 간단한 업무보조, 심부름하기 등
	농촌	주변 청소하기, 모내기·추수돕기, 어린이돌보기 등
	학교 내	학교행사안내, 운동장 정리, 환경미화·쓰레기 분리수거, 나무가꾸기 및 화단정리 등
위문활동	영·육아시설	놀이활동, 위문품전달, 취미활동 지도 등
	양로원	말벗되어드리기, 안마해드리기, 신문 읽어드리기, 위문품 전달, 편지 대필해드리기, 다양한 공연활동 등
	장애인	놀이활동, 휠체어 밀어주기, 편지 대필하기, 위문품 전달하기, 나들이하기 등
	병약자	말벗하기, 위문품 전달, 다양한 공연활동 등
	자매부대	위문편지 쓰기, 위문공연, 병영체험 등
	기타	홀로어르신 말벗, 동행하여 외출하기, 위문품 전달 등
캠페인활동	공공지설 확립	차례 지키기 캠페인, 바른 정보문화 정착, 공정선거 캠페인, 건강한 청소년아르바이트, 부정부패 추방캠페인 등
	교통안전	교통안전 캠페인, 안전사고예방 캠페인, 거리질서 확립 캠페인, 쾌적하고 안전한 거리(통학로)만들기
	학교 주변 정화	학교 주변 유해환경 정화캠페인, 학교 주변 폭력추방 캠페인, 금연운동 캠페인 등
	환경보전	자연보호 캠페인, 녹색가정 만들기 캠페인, 동물보호캠페인, 청소년녹색건전소비운동, 지구의날 기념 캠페인 등
자선구호활동	재해구호	재해구호·복구를 위한 지원, 재해구호 모금활동 등
	불우이웃 돕기	홀로어르신 돕기, 바자회 개최, 소년·소녀가상돕기, 불우이웃돕기 모금활동 등
	헌혈 및 골수기증	헌혈, 골수기증, 장기기증 등

	국제협력 및 난민구호	난민구호 · 성금모금활동, 사랑의 동전 모으기, 우정의 선물상자 만들기, 외국인에게 한국 알리기(지역안내, 홈스테이) 등
환경시설보존활동	깨끗한 환경만들기	등산로 · 거리청소, 껌 떼기, 화장실 깨끗이 하기, 화단 · 잔디밭 가꾸기, 공원 · 공동 이용시설 청소 등
	자연보호	재활용품 분리수거, 샛강 살리기 활동, 오염물질 수거활동, 철새 모이주기 등
	문화재보호	훼손된 문화유적조사, 유적지 주변 정화활동, 무형문화재 전승활동, 고궁환경 보전활동 등
지도활동	동급생지도	교과별 학습부진 학생지도, 운동지도, 또래상담지도 등
	하급생지도	학교 내에서 하급생 교과나 운동지도, 어린이집 · 지역아동센터 등에서 아동지도, 사회복지시설 · 가정방문지도 등
	사회교육 지도	캠프활동 지도, 각종 문화 및 레크리에이션 지도, 스포츠활동 지도, 독서 등 다양한 활동지도
	교통안전 지도	응급처치법 지도, 건널목 교통안전 지도, 등 · 하교길 안전지도, 교통안전 수신호 지도 등
지역사회개발활동	지역실태 조사	지역사회 현황차악활동, 지역사회 복지 · 문화재 지도 만들기 등
	지역사회 가꾸기	마을꽃길 만들기, 환경미화, 나무심고 가꾸기 등
	지역홍보	지역신문 만들기, 지역안내지 만들기, 지역사회 관광 · 여행안내, 지역문화 프로그램 개발 등
	지역행사 지원활동	지역행사 일손돕기, 지역문화 행사장 환경정화, 공공행사장 안내 · 질서 및 안전제도, 주차장 안내 등

출처: 부산광역시청소년활동진흥센터 http://www.bsyouthvol.net/m02/m_0101.php

또한 청소년활동진흥센터는 기존의 봉사활동 전문기관으로서의 역할을 체계적으로 수행하고 있으며 구체적인 업무는 다음과 같다(여성가족부, 2013).

(1) 청소년자원봉사 포털사이트(dovol.youth.go.kr) 개발 및 운영

청소년자원봉사활동의 체계적인 관리를 위해 2005년도에 청소년활동 관리시스템(CS 버전)을 구축하여 시・도청소년자원봉사센터가 지역별 봉사활동기관 및 봉사활동 프로그램 실적 등을 보다 쉽게 관리・지원할 수 있도록 하고 있으며 청소년들이 인터넷환경에서 실시간으로 봉사활동신청 및 경력관리, 봉사활동확인서 출력 등을 이용하는 데 편리성을 갖추게 되었다.

(2) 청소년자원봉사활동 지원

2012년 12월 말 기준 전국에 있는 청소년활동진흥센터를 통해 자원봉사활동에 참여한 청소년 수는 총 2,760,844명이다.

(3) 대한민국청소년자원봉사단

여성가족부가 주최하고 한국청소년활동진흥원과 전국청소년활동진흥센터협의회가 함께 주관하고 있는 대한민국청소년자원봉사단(Korea Youth Volunteer Programme) 파견사업은 2002년부터 지금까지 단계적으로 추진되고 있다. 대한민국청소년자원봉사단은 2002년에 시작되어 매년 아세안(ASEAN) 국가로 청소년들을 파견하고 있다. 대한민국청소년자원봉사단은 국외봉사활동을 통하여 청소년들의 사회참여현장을 해외로 확대하여 청소년의 세계시민의식을 배양하고 이를 통하여 환경・빈곤・평화 등 지구촌의 다양한 문제에 적극적으로 참여하는 계기를 마련하는데 목표를 두고 있다.

아세안 10개국 중 최빈국인 라오스와 캄보디아를 우선 활동국으로 선정하여 봉사단을 파견한 이래 2012년에는 캄보디아, 인도네시아, 라오스, 필리핀, 베트남 5개국 20개 지역에 총 374명을 파견하였다.

6. 청소년봉사활동의 문제와 대안

청소년봉사활동의 문제점 및 대안은 다음과 같다.

첫째, 청소년봉사활동의 전제는 자발성이다. '자원'봉사활동이기 때문이다. 그러나 청소년들의 봉사활동이 학교에서 의무화되면서 자발성이 많이 퇴색되기 시작하였고, 현재도 창의적 체험활동의 시간으로 배정되어 있어 청소년들이 얼마나 자발적인 의지에 의해서 참여하고 있는지 알 수가 없다. 이와 함께 봉사활동이 무엇이고, 왜 봉사활동에 참여해야 있는지에 대해서도 생각해 봐야 하지만 이 역시 중요하게 고려되지 않고 있다. 따라서 학교 및 봉사활동 전문기관을 중심으로 청소년들이 봉사활동에 대해 올바른 인식을 가질 수 있도록 교육 및 프로그램의 운영이 요구된다.

둘째, 위에서 제시한 문제점에 이어서 봉사활동 이전의 교육이 적절히 이루어지고 있는지 확인이 필요하다. 지역 내 청소년활동진흥센터 등의 봉사활동 전문기관을 통해 봉사활동 사전교육 및 활동이 이루어지고 있지만, 개인적으로 봉사활동 장소를 섭외하고 활동하게 되는 경우에는 사전교육 없이 참여하게 될 때가 많다. 봉사활동이 개인적인 마음가짐만으로 되는 것이 아니라 봉사자로서의 기본 소양 및 주의사항, 봉사 대상자에 대한 이해 등과 같은 교육이 필요하고, 이를 위해 사전교육의 실시 여부를 확인해야 하며, 이러한 사전교육은 내실 있는 봉사활동(학습)을 위해 전제되어야 할 조건이기도 하다.

셋째, 봉사활동 프로그램이 부족하다. 봉사시간을 채우는 데에 집중되어 있다 보니 봉사학습의 개념은 찾아보기 어렵다. 청소년들이 봉사활동을 통해서 사회문제에 관심을 갖게 되거나 도덕적 가치를 생각해 보는 기회가 많지 않은 것을 고려할 때 학교 및 봉사활동 해당 기관 등에서는 청소년들에게 봉사학습의 요소를 담은 프로그램의 개발의 개발 및 보급이 필요하다.

넷째, 봉사활동에 대한 적절한 평가가 이루어지지 않는다는 점이다. 청소년봉사활동에 대한 결과를 제시함에 있어서 시간이 중요한 의미를 갖는다. 어떤 내용으로 어떻게 봉사활동을 했는지에 대한 관심보다 몇 시간을 했는지에 초점이 모아진다. 많은 시간 동안 참여할수록 봉사활동의 결과에 대해 긍정적인 평가를 내리고 있는 상황을 감안할 때 청소년봉사활동에 대한 객관적이고 체계적인 평가를 할 수 있는 방안이 마련되어야 한다.

학습정리

청소년 봉사활동은 청소년들이 금전적 이득을 바라지 않고 지역사회의 자원봉사 활동터전에서 봉사활동을 통해 이타성이나 공동체 의식 등의 사회성을 기르면서 지역사회나 타인을 위해 계획성을 가지고 이루어지는 활동을 의미한다.

청소년봉사활동의 특징은 다음과 같다.

첫째, '자발성'은 누구의 명령이나 강요도 받지 않고 오직 스스로의 생각과 판단에 의해 봉사활동에 참여하는 것을 말한다. 둘째, '공익성'은 어느 한 사람의 개인이나 단체의 이익 또는 종교의 입장을 위한 것이 아니라 사회 전체의 이익을 위해 봉사활동에 참여하는 것을 말한다. 셋째, '무보수성'은 자원봉사활동 시에 금전적인 보수를 목적으로 활동이 아님을 의미하는 것이다. 넷째, '지속성'은 한번 봉사활동에 참여한 사람은 어느 정도 일정기간 지속적으로 참여해야 하는 것을 말한다. 그리고 추가적으로 '이타성'이 있다. 이타성은 다른 사람을 돕고 싶어 하는 마음이다.

이러한 일반적인 봉사활동과는 달리 청소년봉사활동은 다른 양상으로 나타난다.

첫째, 청소년봉사활동은 자발적인 활동이라기보다는 교육적 목적을 가지고 안내하고 조정되는 활동(봉사학습)이다. 둘째, 청소년들의 봉사활동이 자발적인 의도를 갖기보다는 교육과정의 일환으로서 의무감에서 참여하다 보니 봉사활동에 대한 개념 및 의미도 모른 채 쉽게 생각하는 경향이 있다. 셋째, 청소년봉사활동은 종종 순수한 목적을 갖기보다 별도의 개인적인 목적을 갖기도 한다.

봉사활동은 '계획–실행–평가'의 단계를 거친다. '계획'은 학교 계획에 의해서 이루어지는 경우와 개인적인 계획에 의해서 이루어지는 경우에 따라 봉사활동계획을 세우는 것이다. '실행'은 각각의 계획에 의한 봉사활동을 직접 활동터전(장소)에 나가서 실행하는 것이다. 마지막으로 '평가'는 각자가 실천한 봉사활동에 대하여 청소년 스스로 자기 평가를 하거나 활동터전의 실무자가 평가하는 것을 의미한다.

연습문제

〈객관식〉

1. 봉사활동의 특징으로 옳지 않은 것은?

① 자발성 ② 무보수성 ③ 공익성
④ 이타성 ⑤ 도덕성

정답. ⑤

2. 청소년봉사활동의 특징으로 다른 하나는?

① 종종 이기적인 동기로 참여하기도 한다.
② 지속적으로 참여하는 경향이 있다.
③ 학교의 교육과정이었기 때문에 의무감으로 참여하기도 하였다.
④ 타인에게 봉사를 한다기보다 배우는 차원에서 참여하는 것으로 볼 수 있다.
⑤ 청소년시기의 봉사활동이 성인기로까지 이어지는 것이 쉽지 않다.

정답. ②
해설. 개인적인 목적 및 의도를 가지고 참여하기도 하므로 소기의 목적을 달성한 후에는 봉사활동에 참여하지 않는 경우도 꽤 있다.

3. 봉사학습의 의미로 가장 적절한 것을 고르시오.

① 봉사활동 시에 학습을 하는 것을 의미한다.
② 봉사가 곧 학습이라는 뜻이다.
③ 청소년들에게 있어 봉사활동은 학업의 연장이며, 이를 통해 교육적 효과를 발생시킨다.
④ 교육과정에서 봉사활동 시간이수제를 실시하고 있기 때문에 봉사학습으로 불린다.
⑤ 봉사활동과 봉사학습은 동일한 의미를 갖는다.

정답. ③
해설. 최근에는 봉사활동 시간이수제가 아닌 창의적 체험활동의 영역으로 봉사활동의 영역이 포함되어 있다.

4. 봉사활동에 관한 설명으로 옳은 것은?

① 봉사활동은 해당 기관 및 시설에 도움을 주는 행동이므로 봉사자가 가능한 시간에 방문하는 것이다.
② 봉사활동 시 필요한 준비물은 해당 시설에 구비되어 있으므로 별도의 준비가 필요하지 않다.
③ 봉사활동의 대상, 내용 및 장소 등에 대해 해당 기관의 입장을 고려해야 하므로 개인의 의견이 개입되어서는 안 된다.
④ 봉사활동의 순수한 이념을 지속시키기 위해서 별도의 평가를 하는 것은 바람직하지 않다.
⑤ 봉사활동은 계획, 실행, 평가의 단계를 거쳐 하게 된다.

정답. ⑤

해설. ① 봉사활동은 봉사자가 가능한 시간을 미리 확인하고, 해당 기관에서도 시간이 가능한지를 확인하는 과정이 필요하다.
② 필요한 준비물은 해당 기관에 구비되어 있을 수도 있지만 그렇지 않은 경우가 있으니 사전에 확인하고 가야 한다.
③ 봉사대상자 및 해당 기관의 입장을 우선 고려하는 것은 바람직하지만 봉사자가 봉사를 하는 것이므로 봉사자의 상황 역시 고려되어야 하고, 따라서 개인의 의견이 반영된다.
④ 봉사활동 후에 봉사활동이 계획대로 잘 되었는지에 대한 점검이 필요하고 추후 봉사활동에 반영해야 하므로 평가가 이루어져야 한다.

5. 청소년봉사활동의 문제점에 대한 대안으로 가장 적절한 것을 고르시오.

① 학교 및 봉사활동기관에서는 청소년들이 봉사활동에 대해 올바른 인식을 가질 수 있도록 하는 교육 및 프로그램이 운영되어야 한다.
② 청소년들은 배우는 과정에 있으므로 비록 자발성이 없더라도 봉사활동은 하게 해야 한다.
③ 봉사활동 시에는 간단하게 주의사항 정도를 알려주는 것으로도 교육이 이루어졌다고 할 수 있다.
④ 청소년들은 봉사활동 자체가 학습이 되는 것이므로 별도의 프로그램이 필요하다기보다 지속적으로 하는 것이 더 중요하다고 할 수 있다.
⑤ 봉사활동에 대한 평가는 지속성의 차원에서 얼마나 오랜 시간동안 봉사활동을 했는지가 더 중요하다고 할 수 있다.

정답. ①

해설. ② 배우는 과정에 있더라도 내실 있는 봉사활동이 되기 위해서는 자발성이 전제되어야 한다.
③ 봉사활동에 있어서 사전교육은 필수이며, 간단한 주의사항 정도가 아닌 봉사자로서의 기본소양 및 주의사항, 봉사 대상자에 대한 이해 등과 같은 교육이 필요하고, 이를 위해 사전교육의 실시 여부를 확인해야 한다.
④ 청소년들이 봉사활동을 통해서 사회문제에 관심을 갖게 되거나 도덕적 가치를 생각해 보는 기회가 많지 않은 것을 고려할 때 학교 및 봉사활동 해당 기관 등에서는 청소년들에게 봉사학습의 요소를 담은 프로그램의 개발의 개발 및 보급이 필요하다.
⑤ 기존의 봉사활동 평가는 양적인 시간을 중요하게 고려하였으나 청소년봉사활동에 대한 객관적이고 체계적인 평가를 하기 위해서는 어떤 내용으로 어떻게 봉사활동을 했는지에 대한 관심 역시 중요하다고 할 수 있다.

〈주관식〉

1. 다음을 설명하는 용어를 쓰시오.

> 청소년봉사활동은 자반적 참여가 아닌 학업의 연장이며 교육적 효과를 포함한 학습이라 할 수 있다. 이러한 관점은 청소년이 봉사활동을 통하여 문제해결방법을 스스로 발견해 보노록 하나, 지역사회의 다양한 사회문제에 대하여 학교에서 배운 이론의 적용과 사회 현실의 경험, 그리고 도덕적 가치의 체험까지 동시에 통합적으로 습득할 수 있는 과정을 배우는 것이 봉사활동이라고 보는 것이다.

정답. 봉사학습

2. 봉사활동의 특징을 4가지 이상 쓰시오.

정답. 자발성, 공익성, 무보수성, 지속성, 이타성 (이 중에서 4개 이상이면 인정)

3. 아래에서 말하고 있는 활동이 무엇인지 쓰시오.

> 어떤 대가를 목적으로 하는 활농이 아니라 자벌적인 의도에서 개인이나 단체로 다른 사람을 돕거나 사회에 기여하는 무보수의 지속적 활동이다. 특히 일반 성인들의 활동과는 달리 청소년들의 경우에는 교육과정상의 개념과 활동을 의도적으로 연결하여 정의되기도 한다.

정답. 청소년봉사활동

Chapter 17

청소년 멘토링활동

▶ 학습목표

1. 멘토링의 개념, 유형, 구성요소를 설명할 수 있다.
2. 유형별 멘토링 사례를 이해하여 추후 실천현장에 접목해볼 수 있다.

▶ 핵심용어

멘토링, 멘토, 멘티, 결연관리자(coordinator), 슈퍼바이저(supervisor), 진로멘토링 프로그램, 학습상담멘토링 프로그램, 다문화청소년(아동) 멘토링 프로그램

Chapter 17

청소년 멘토링활동

1. 멘토링의 개념

오늘날 '멘토링'은 점차 많은 사람들에게 알려지고 있고, 직접 참여하는 경우도 늘어가고 있다. 멘토링의 '멘토(Mentor)'라는 용어는 호메로스가 지은 《오디세이(Odyssey)》의 그리스신화에서 유래되었다. 이타카의 왕인 오디세우스가 트로이 전쟁에 출정하면서 아들 텔레마쿠스의 교육을 친구인 멘토르(mentor)에게 맡겼고, 멘토르는 오디세우스가 전쟁에서 돌아오기까지 왕자의 친구, 교사, 상담자, 때로는 아버지가 되어 그를 보살펴 주고 훌륭한 성인으로 성장시킨다. 그 이후로 멘토라는 용어는 지혜와 신뢰를 겸비한 조언자, 상담자, 코치, 인도자, 인생선배의 의미 등으로 널리 사용되고 있다(김지연, 2009).

'멘토링활동'은 교류활동, 문화활동 등과 같은 법적인 용어도 아니며 청소년활동에서의 비중은 아직 높다고 할 수는 없으나 최근 학교폭력과 관련하여 보호관찰대상자 및 피해자의 1 : 1 멘토링, 다문화가정과 탈북청소년 청소년의 학업 멘토링, 진로 · 자립지원 멘토링 등이 점차 확대되면서 관심을 받고 있는 영역이다.

멘토링은 경험과 지식이 풍부한 사람이 새로운 구성원들의 역량과 잠재력을 개발하도록 전담하여 지도하고 조언하는 것이다. 구체적으로 개념을 살펴보면, Kram(1985)은 상이한 수준의 전문기술을 갖고 있는 두 명의 개인들 간의 상호작용 관계로 정의하였다. 또한 Murray(2006)는 개인의 성장과 능력개발을 위하여 개인을 좀 더 많은 경험과 기술을 가진 사람과 짝을 지어주고 그 개인의 바람직한 행동을 지도하도록 하는 구조화된 일련의 과정이라고 하였다(김경준 · 오해섭 · 모상현, 2011). 이와 같이 멘토링은 서로 다른 수준의 기술과 경험을 갖고 있는 두 사람 간의 관계를 통해 성장을 경험하는 것이라고 할 수 있다. 청소년멘토링은 건강한 성인과 청소년 간의 관계성을 증진하는 것이며, 이러한 일대일의 관계 속에서 청소년의 인격과 역량의 발달을 강화하는 것을 목적으로 한다(Rhodes, 2002). 따라서 경험 있고 배려하려는 성인이 멘토링을 통해 멘티인 청소년에게 지지와 안내, 지원을 해주고 돌보아주며 성공적인 성인으로 성장하도록 돕는 삶의 안내자, 상담자, 지지자, 친구로서의 역할을 담당하게 된다.

청소년기는 성인기로의 이행을 준비하는 시기로 성장과 발달을 위해 다양한 환경의 지원을 필요로 한다. 이와 관련하여 청소년지도 현장에서는 청소년시기에 필요한 발달과업을 잘 수행할 수 있도록 다양한 프로그램을 제공하고 있다. 특히 최근 다양한 영역에서 운영되고 있는 멘토링 프로그램은 경험이 풍부하고 유능한 멘토(안내자)가 청소년(멘티)에게 지식이나 경험을 전수하고, 그들의 잠재력을 개발하여 사회에서 성장 · 기능할 수 있도록 지원하는 역할을 하고 있다. 청소년 멘티를 대상으로 하는 멘토링의 경우 개인의 성장과 발달을 도모하는 과정으로 이해되며, 이 과정을 통해 비행이나 일탈과 같은 여러 위험요소를 예방하여 성공적인 삶의 과정으로 이행할 수 있도록 도움을 주고 있는 것으로 평가되고 있다(모상현 · 박정배 · 진은설, 2012).

우리나라 멘토링의 역사는 길지 않으며 1980년대 후반 한국선명회를 비롯한 사회복지 단체들이 저소득층 아동 및 청소년을 대상으로 이들과 멘토와의 1 : 1 결연을 맺는 형태로 멘토링 프로그램을 실시하면서부터 시작되었다(방진희, 2005). 그 이전에는 우리나라 저소득층의 아동 및 청소년에 대한 복지서비스가 집단프로그램이나 단기상담으로 이루어져 왔었고, 서비스 제공과 효과측면에서 지속성이 낮았기 때문에 멘토와 멘티를 연결하여 단기가 아닌 지속적인 서비스를 제공하기 위한 멘토링을 도입하게 된 것이다(최선희 · 김희수 · 양혜원 · 이근영 · 최지연, 2010).

오늘날 멘토링은 현재 전 세계적으로 널리 시행되고 있으며, 미국에서는 500만 명 이상의 청소년들이 학교 혹은 지역사회에 기초한 멘토링 프로그램에 참여하고 있는 것으로 보고되고 있다(McLearn, Colasanto, Schoen, & Shapiro, 1999; 정무성 · 남석훈, 2005에서 재인용). 최근 미국의 관심을 가질만한 청소년정책이 바로 청소년멘토링이다. 청소년멘토링은 청소년의 학업을 도와주는 멘토링으로부터 시작해서 이제는 비행청소년 위기청소년, 시설청소년, 소수 청소년 등 취약계층 전반의 청소년들에게 효과적인 멘토링을 제공하고 있다. 멘토링 대상 청소년집단이 다양해지면서 이를 담당하는 부서도 교육부, 보건복지부, 법무부 등으로 다양해지는 추세이다(여성가족부, 2013).

2. 멘토링의 유형

멘토링의 유형은 구분기준에 따라 매우 다양하게 분류될 수 있다. 즉, '발생형태', '연령', '대상 및 시기', '결연형태', '활동기반', '대면 여부' 등의 기준으로 구분된다. 특히 청소년 대상의 멘토링은 주로 공식적 멘토링의 형태로 이루어지며, 대략적인 목표는 교육 및 학업지도, 진로지도, 개인성장이라는 3대 목표를 지니게 되는데, 청소년의 전인적 성장을 위한 각각의 목표가 멘티의 욕구의 종류에 따라 공식적 멘토링의 범주 내에서 조정되어 통합적으로 서비스가 제공되고 있다(이현아, 2004). 청소년멘토링의 유형은 〈표 17-1〉과 같다.

표 17-1 멘토링의 유형

구분기준	유 형	내 용
발생형태	공식멘토링	가정 · 학교 · 지역사회에서 역할모델이 되어 줄 어른을 만나지 못한 소외계층 청소년에게 초점을 맞추어 이들의 욕구에 따라 적합한 멘토와 의도적 관계를 맺고 계획에 따라 일정기간 동안 공식적인 만남과 지도감독 · 평가 등이 이루어짐
	비공식멘토링	인위적인 멘토링 관계형성을 거치지 않고 멘토링이라고 명명하지도 않지만 신뢰를 기반으로 도움과 지지를 제공하여 멘토는 멘티의 역할모델이 되어주고, 적절한 조언이나 기술을 전달함
연령	동료멘토링	비슷한 연령대에 멘토와 멘티를 형성하는 형태로 청소년 또래나 유사연령대의 성인 멘토링이 존재함
	세대 간 멘토링	청소년 멘티와 성인 또는 노인 멘토로 구성된 형태
대상 및 시기	예방적 멘토링	모든 일반청소년들을 대상으로 역량을 개발하고 지지하는 멘토링 활동으로 문제를 사전에 차단하고 위기를 조기에 수습할 수 있는 강점이 있음
	치료적 멘토링	범죄소년이나 우범소년들이 사회로의 원활한 복귀와 이후의 취업 및 진학 등 일상적 생활로의 환원에 대비하여 이루어지는 조력활동을 비롯하여 다양한 문제양상에 따른 전문적인 치료의 성격을 가짐
결연형태	1 : 1 멘토링	한 명의 멘토와 한 명의 멘티가 한 쌍을 이루어 신뢰를 기반으로 1:1관계를 맺는 방식
	집단 멘토링	한 명의 멘토에게 여러 명의 멘티를 결연시키거나 여러 명의 멘토들이 청소년집단과 멘토링을 실시하는 방식 (멘티가 최대 4명을 초과하지 않는 것이 바람직함)
활동기반	지역사회기반 멘토링	학업중단청소년이나 근로청소년 등을 대상으로 하는 멘토링으로 주로 부모와 많은 교류를 하며, 멘티의 사회적 행동상의 변화를 가져오는 일에 초점을 둠
	학교기반 멘토링	학생 청소년을 주대상으로 학교에서 하는 멘토링으로 주로 교사들과 많은 교류를 하며, 멘티의 교육적 성취에 초점을 줌
대면 여부	대면적 멘토링	멘토와 멘티가 일대일로 만나서 이루어지는 대면적 상호작용을 통한 전통방식의 멘토링
	사이버 멘토링	메신저나 문자, 이메일 등의 매체를 활용하는 멘토링 방식으로 그 자체가 하나의 운영 방식으로 활용되기도 하나, 일반적으로 면대면 멘토링과 병행해서 활용하는 것이 바람직함

3. 구성요소

멘토링의 구성요소는 크게 인적 구성요소와 내용적 구성요소로 나눌 수 있으며, 인적 구성요소는 멘티, 멘토, 결연관리자(코디네이터), 슈퍼바이저로 구성되고, 내용적 구성요소는 멘토링활동, 멘토교육, 멘토슈퍼비전으로 나뉜다.

1) 인적 구성요소

(1) 멘티

'멘토링'이라고 하면 대체로 학업에 손실이 있거나 부적응하는 청소년을 대상으로 하는 것으로 생각할 수 있으나 멘토링 프로그램은 그 성격에 따라 일반청소년에서 고위험군 청소년에게까지 다양한 상황에 놓인 청소년들 모두를 대상에 포함시킬 수 있다. 따라서 사회적(정서) 지지가 필요한 청소년들이라면 누구든지 청소년멘토링 프로그램의 대상인 '멘티'가 될 수 있다. 멘티는 프로그램의 대상이지만 멘토를 도와 멘토링 프로그램의 구체적인 내용을 계획하고 구성하며 실제로 수행하는 일에 적극적으로 참여하고, 멘토 및 멘토링 프로그램 시행기관은 멘티들이 각각 다른 특성을 갖고 있으므로 이를 면밀히 파악하고 고려하는 노력이 필요하다.

(2) 멘토

멘토는 유급 전문인력 또는 자원봉사자로서 대상자에 대한 정서적 지지 및 역할모델 제공자의 역할을 한다. 청소년 멘티에게 건전한 가치관과 긍정적인 자아상을 제시할 수 있으며, 사회 내에서 자신의 역할과 기능을 수행하는 성인으로서의 역할모델을 제시해줄 수 있는 사람이어야 한다. 멘토가 대학생이나 대학원생인 경우, 청소년에게 학습자아와 관련된 역할모델이 되어줄 수 있으며, 직장인인 경우,

청소년에게 직업자아와 관련된 역할모델이 되어줄 수 있는 장점이 있다(김경준 외, 2011).

(3) 결연관리자

결연관리자(coordinator)는 멘토링 프로그램의 전반적인 내용을 담당하거나 관리하는 자로서 프로그램의 기획, 멘토 모집, 멘토 선발, 인적 관리, 멘토의 사기 진작, 멘티 모집, 멘토 교육, 멘토와 멘티 매칭, 멘토링 프로그램 운영에 대한 기록보관 및 재정관리, 멘토링활동에 대한 평가보고, 유관기관과의 협력관계 유지, 지역 내 인적 자원활용 등을 담당한다(조아라, 2007). 청소년멘토링에서의 결연관리자는 주로 청소년기관에서 실시되는 경우가 많으므로 청소년수련관, 지역아동센터 등 청소년기관・단체・시설 및 그 직원이 여기에 포함된다.

(4) 슈퍼바이저

슈퍼바이저(supervisor)는 멘토링이 시작된 이후에 각각의 멘토링 상황에 대해 전달을 받고 그에 대해 현 상황의 문제점 및 추후방향에 대한 전문적인 조언 및 지도를 해주는 사람을 의미한다. 따라서 청소년 멘토링의 슈퍼바이저는 청소년에 대한 이해 뿐 아니라 멘토를 지지하고, 사례중심의 구체적이고 직접적인 슈퍼비전을 제공할 수 있는 전문가여야 한다. 초보의 멘토뿐 아니라 경험이 풍부한 멘토조차도 반드시 슈퍼바이저를 필요로 한다. 멘토링에서의 슈퍼비전은 일회적인 강의・교육・자문・컨설팅과는 구별되며, 멘토링의 전 기간에 걸쳐 동일한 슈퍼바이저에 의해 지속적으로 제공되어야 한다. 따라서 1인의 슈퍼바이저가 담당하는 멘토의 수는 10명 내외가 적절하다(김지연, 2010).

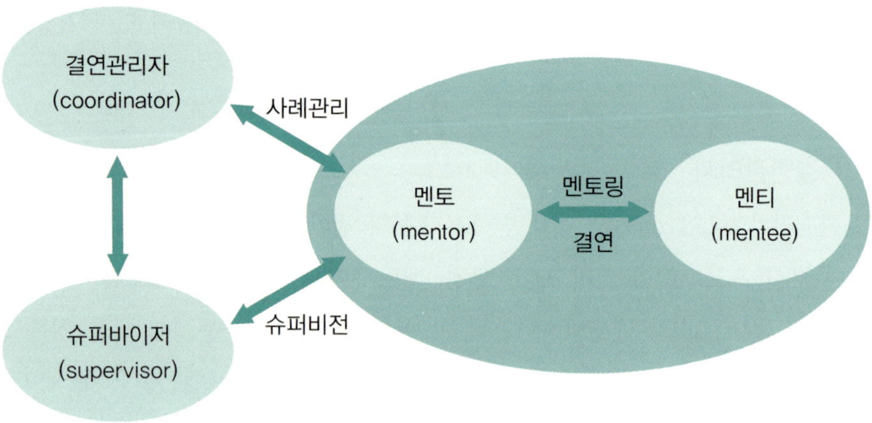

그림 17-1 청소년멘토링의 인적구성요소

출처: 서유라 (2012).

특히 청소년을 대상으로 한 멘토링에서 멘토가 멘티를 대상으로 다음과 같은 역할을 수행할 수 있다(교육과학기술부·한국장학재단, 2012).

첫째, 교육, 학업지도의 역할이다. 이는 멘티인 학생들의 전반적인 학업능력을 향상시키는 데 멘토링의 초점을 두는 경우에 해당되는 것으로 학생들의 성적 향상, 출석률 향상, 학교 중도 탈락률의 감소 등이 그 세부목표가 된다. 그러나 이 경우 멘토링은 과외 교습이나 숙제하기 등의 활동에만 집중하는 것이 아니며, 학생들이 학교생활에 적응할 수 있도록 격려하고 지지 체계가 되어주는 것을 포함해야 한다.

둘째, 진로지도의 역할을 들 수 있다. 이때 멘토링은 자라나는 멘티(학생)들이 자신의 적성과 흥미를 발견하여 미래의 비전을 세우고 필요한 정보와 기술을 제공하는 데 초점을 둔다.

셋째, 개인적 성장의 역할을 들 수 있다. 이는 여러 가지 위기에 처해 있는 학생들이 멘토와의 개인적 관계를 통하여 어려움을 극복하고 정상적인 발달을 성취하도록 돕는 데 초점을 두고 있다.

이를 표로 제시하면 〈표 17-2〉와 같다.

▌표 17-2▌ 멘토의 수행역할

역할	구체적 내용	
교육/학습지도 코칭	학습지도, 공부 방법 코칭, 시험 관리 등	
진로/직업 코칭	멘티의 적성과 흥미의 발견, 미래의 비전 제시, 희망 고취 등	
개인적 성장 지원	정서적 지지 및 마음 상담	멘티의 고민 들어주기, 형 누나로서 조언해 주기, 힘들 때 위로해 주고 버팀목이 되어 주기 등
	생활 관리 조력	일상생활 관리(의식주 관련), 또래와 관계 맺는 방법, 학교생활 적응, 생활 태도 등
	문화활동	함께 영화 보기, 책 읽고 토론하기, 함께 운동하고 박람회 가기 등
	인성 지도	바람직한 가치관, 태도 육성

2) 내용적 구성요소

내용적 구성요소인 멘토링활동, 멘토교육, 멘토슈퍼비전을 살펴보면, 우선 '멘토링활동'은 개인 및 집단으로 실시되며, 멘토는 멘티와의 만남과 대화, 공동관심사 개발을 통한 공동여가, 학습활동 및 가정방문 등을 하는 것이다. 둘째 '멘토교육'은 멘토링 참여를 위해 반드시 멘토가 사전에 이수해야 하는 것으로 주로 멘토링 프로그램의 사례 소개와 청소년의 이해, 청소년지도활동과 지역사회의 역할, 멘토링 프로그램의 이해와 적용 등의 사항이 포함된다. 그러나 현실적으로 멘토 교육은 2시간에서 6시간 정도의 짧은 시간정도에 이루어지는 관계로 멘토링 실시 전 필요한 모든 내용을 충분히 습득하지 못하게 되는 경우가 많다. 셋째, '멘토링슈퍼비전'은 결연관리자(코디네이터)가 멘토의 활동에 대해 지속적으로 프로그램 수행에 대해 감독하는 것이며, 멘토는 슈퍼비전에 참석하여 멘토링에서 발생하는 어려움과 자신이 겪는 좌절감을 공유하며 슈퍼바이저로부터 지지를 받는 것을 의미한다(조아라, 2007).

4. 활동사례

1) 진로멘토링 프로그램[69)]

본 프로그램은 부모(멘토) 20명과 자녀(멘티) 20명을 대상으로 10회기 동안 진행하였다. 회기당 90분으로 하였고, 장소는 해당학교의 진로활동실이었다.

구체적 구성은 다음과 같다.

첫째, 도입 영역에서는 프로그램을 안내하기 위한 내용으로 구성하였다. 구체적으로 프로그램의 목표 및 내용과 진행에 대한 소개, 집단원 상호 간의 신뢰감 형성하기, 자기 소개하기 등의 내용으로 오리엔테이션과 함께 집단원의 참여 동기를 강화하는 목적이 있다.

둘째, 자아탐색 영역(2~4회기)에서는 Holland 직업흥미, 직업적성 및 자신을 둘러싼 사회적 환경과 진로가치관을 살펴봄으로써 자기에 대한 새로운 이해를 할 수 있도록 하였다.

셋째, 직업탐색 영역(5~6회기)에서는 크게 학업성적이나 진로선택에 있어서의 부모님과의 갈등과 같은 장애 요인을 탐색하고 무엇보다 청소년들의 왜곡된 자기효능감, 결과기대에 의해 제외시켰던 진로대안들을 다시 고려할 수 있도록 하였다. 또한 컴퓨터를 활용하여 자신의 관심 있는 직업에 대한 조사를 하고, 직접 직장을 방문하여 직업체험을 하는 기회를 가졌다.

넷째, 진로설계의 영역(7~8회기)에서는 미래의 모습을 설계하고 이를 이루기 위한 구체적 실행계획을 세우게 했다.

다섯째, 마무리 영역에서는 자신의 비전을 발표하며, 칭찬샤워활동을 통해 집단의 에너지를 증진시킨다. 또한 지금까지의 활동내용을 정리하고 집단원에게 감사

69) 이순옥 (2014). 부모관여 진로멘토링 프로그램이 청소년의 진로정체감, 진로결정 자기효능감 및 진로태도 성숙도에 미치는 효과. 경성대학교 대학원 박사학위논문.

함을 표현하는 내용으로 구성하였다.

본 프로그램의 구성 및 진행과정은 다음과 같다.

프로그램 전반에서 부모관여는 자녀의 목표성취를 촉진하는 활동으로 진행이 된다. 지도자는 집단원 모두가 적극적으로 참여하도록 집단을 관찰하면서 공감과 수용으로 격려하고 진행을 촉진한다. 진로멘토링 프로그램의 각 회기는 프로그램의 시작 전 부모(멘토)와 지도자의 사전미팅(약 30분)으로 시작된다. 사전미팅에서는 한 주 동안 자녀를 모니터링 하면서 자녀의 변화된 점이나 새롭게 발견한 자녀의 장점 등에 대해 나눈다. 그리고 본 회기의 활동에 대한 안내를 한다.

우선, 프로그램 진행의 '도입단계'(5분)에서 부모(멘토)는 전 회기의 활동을 간단하게 정리하고 본 회기 프로그램에 들어가기 전에 지금, 여기에서의 느낌을 나누면서 상담 분위기를 안전하게 조성한다.

둘째, '전개단계'에서는 본격적인 활동을 시작하면서 주제를 제시하고 자녀(멘티)와 부모(멘토)가 해당 회기의 목표를 향해 나갈 수 있도록 동기를 부여하며, 주제에 대한 자기인식을 하고 행동의 변화를 가져올 수 있게 한다.

셋째, '마무리 단계'에서는 각 회기별 활동을 통해 느낀 점과 배운 점을 전체적으로 정리하고 진행된 프로그램을 평가한 후 과제를 제시하고 차시를 예고한다.

회기별 프로그램의 내용은 〈표 17-3〉과 같다.

표 17-3 청소년 진로멘토링 프로그램 내용

영역	회기	주제	목표	내용	
				자녀(멘티)	부모(멘토)
도입	1	마음 열기	프로그램의 목적을 이해하고 관여동기를 높인다.	- 프로그램의 목적, 내용, 방법에 대한 이해 - 세탁기 게임 - 나를 소개합니다 - 나의 약속 정하기(서약서 쓰기) - 자녀-부모 간 서로에 대한 생각표현하기	〈사전미팅〉 - 자녀에 대한 평소 생각 돌아보기 - 자녀의 이름에 얽힌 히스토리 확인하기

				- 동상이몽(자녀의 생각과 부모의 생각을 비교하기) - 네임텐트 만들기 - 소감나누기 *과제 (워크넷 진로흥미검사를 실시하고 결과지 출력해오기)	
자아 탐색	2	나를 찾아 떠나는 여행	진로적성탐색 검사를 통해 자신의 흥미를 알아본다.	- 함께 하는 탈출게임 - 나의 직업, 적성, 흥미는? - 나를 빛나게 할 직업찾기 - 소감 나누기 *과제 (커리어넷 직업적성검사를 실시하고 결과지 출력해오기)	
	3	내가 잘 하는 것, 하나 둘 셋	성격강점을 통한 성공경험과 관련직업을 탐색할 수 있다.	- 나의 직업적 적성유형은? - 나의 강점을 통한 성공경험 찾기 - 소감 나누기 *과제 (자녀의 강점을 찾고 긍정적 댓글 달기)	〈사전미팅〉 - 진로적성검사에 대해 이해하기 - 자녀 진로적성검사 결과 해석하기
	4	내 인생의 디딤돌	인생그래프를 통해 자신의 진로방향을 설정할 수 있다.	- 나의 인생 그래프 - 함께 보는 동영상 시청(로봇다리 세진이) - 나의 진로걸림돌은? - 유리 함께 대안을 찾아보자(브레인스토밍) - 나의 인생시계는? - 소감 나누기 *과제 (직업체험 장소 섭외해오기)	〈사전미팅〉 - 나(부모)의 인생 그래프 - 자녀의 진로에 준 영향력 점검하기
직업 탐색	5	퀴즈 직업쇼!	다양한 직업의 종류를 알 수 있다.	- 나의 인생 직업가치관 찾기 - 직업퀴즈 골든벨 - 소감 나누기 *과제 (워크넷에서 원하는 직업탐색해오기)	〈사전미팅〉 - 직업가치관에 대해 이해하기 - 직업골든벨에 나오는 직업종류 익히기
	6	내가 원하는 직업	직업카드를 활용해 직업흥미	- 내가 좋아하는 직업, 싫어하는 직업	〈사전미팅〉 - 직업카드 알아

			를 탐색해 본다.	- 소감 나누기 *과제 (직업인 멘토 인터뷰와 shadowing 때 할 질문 정하기)	보기
	7	요리조리 보고듣고	자신이 원하는 직업현장을 직접 경험해 본다.	〈체험활동, 부모미참여〉 - 직업인 멘토와의 인터뷰 - 직업 shadowing *과제 (부모와 함께 shadowing 소감나누기)	
진로 설계	8	쏙쏙 채워넣기	진로목표를 세우고 실천방안을 제시할 수 있다.	- 20년 후의 나에게 편지쓰기 - 나의 버킷리스트 - 소감 나누기 *과제 (나의 생활설계 작성해 오기)	〈사전미팅〉 - shadowing 후 달라진 자녀 모습 나누기 - 버킷 리스트의 의미
	9	꼭 될 테야!	자신의 진로에 대한 확신을 갖고 이를 내면화한다.	- 나의 진로로드맵 - 나의 비전 선언하기 - 소감 나누기 *과제 (영화 '세 얼간이' 감상하기)	〈사전미팅〉 - 자녀의 비전 설계를 돕기 위한 방법 모색
마무리	10	공감하기	프로그램 전반적인 사항에 대하여 평가하고 소감문을 작성한다.	- 영화 '세 얼간이' 감상평 나누기 - 함께 하는 에너지 UP 활동 (칭찬샤워) - 프로그램 참여소감 나누기	

2) 학습상담멘토링 프로그램[70)]

본 프로그램의 멘티는 중・고등학생으로 89명, 멘토는 대학생과 대학원생으로 16명이 참여하였고, 슈퍼바이저가 멘토교육을 실시하고, 멘토링 프로그램의 신행과 참

70) 김동일, 방나미, 정여주, 허은 (2010). 청소년대상 학습상담멘토링 프로그램 개발 및 효과. 청소년상담연구, 18(1), pp. 143-172.

여를 감독 및 조력하였다. 3박 4일의 일정으로, 회기당 2시간씩 총 10회가 운영되었다. 본 학습상담멘토링 프로그램의 목적은 청소년들의 자기조절학습이론의 관점을 활용하여 학습을 조력하고 궁극적으로는 청소년의 발달을 촉진하는 것이다.

프로그램의 구성은 선행연구를 토대로 청소년들의 학습문제해결을 위한 변화원리로서 자기조절학습을 활용하고자 하였으며, 자기조절학습을 구성하는 동기조절, 인지조절, 행동조절의 세 가지 영역에서 프로그램의 개입방향을 설정하였다. 전체 프로그램을 크게 동기조절전략, 인지조절전략, 자원조절전략의 세 부분으로 나누고, 각 영역은 세부회기내용을 구성하였다. 동기조절전략의 영역은 학습성격유형이해, 학습동기향상, 학업스트레스관리, 인생목표설정의 4회기로 구성된다. '학습성격 유형 이해' 회기에서는 학습 유형검사를 실시하고 자가채점하면서 멘티의 학습성격유형을 확인하고, 본인의 학습 유형에 적합한 학습방법에 대해서 이해하고 각 유형별로 소그룹을 형성하고 공통적인 학습성격이나 학습방법에 대한 토의를 진행한다. '학습동기향상' 회기에서는 공부를 하고자 하는 이유와 본인에게 중요한 가치에 대해서 멘티들의 의견을 나누도록 하고 학습에 방해가 되는 요인들을 파악한 후에 학습동기를 높이기 위한 대응전략으로 노력과 책임감의 중요성에 대한 멘티들의 경험을 나누고 긍정적인 자아상확립을 위해서 자기성취 포트폴리오를 작성하고 자신의 글을 표현하고 발표하는 기회를 갖게 한다. 다음으로 '학업스트레스관리' 회기에서는 본인이 느끼는 학업스트레스의 정도를 확인하고 스트레스를 받는 원인을 탐색하며 학업스트레스에 대한 적응 및 예방전략을 학습하도록 한다. '인생목표설정' 회기에서는 단기인생목표와 장기인생목표를 설정해 보고, 구체적인 자신의 목표에 대해서 발표하고 정리하는 시간을 갖게 한다.

인지조절전략의 영역은 지연행동관리, 시험불안관리, 학습강점확인의 회기로 구성된다. '지연행동다루기' 회기에서는 멘티들의 지연행동이 이루어지고 있는 정도를 파악하게 하고, 지연행동유형점검을 통해서 본인이 보이는 지연행동의 유형과 그 유형에 해당하는 특징을 파악하고, 이러한 점검을 토대로 긍정적인 혼잣말전략을 활용하여 지연행동예방 및 대응전략을 습득하도록 하게 한다. '시험불안다루기' 회기에서는 시험불안을 인지적인 측면에서 접근했다. 본인이 경험했던 시험불안의 증상을 살펴보도록 하고, 시험불안과 관련된 자동적 사고와 신념, 인지적 왜곡을 점검하는 과정을 통해서 시험불안과 관련해서 멘티들이 저지를 수 있는 인지적 오류를 확인하고 합리적으로 사고하는 과정에 대해서 습득하게 한다. '학습강점찾기' 회기에서는 내부환경과 외부환경의 분석을 통해서 자신의 강점과 약점을 파악하고 본인이 갖고 있는 강점에 대해서 소집단별로 발표를 하면서 강점을 각인시키는 과정을 거친다.

행동조절전략영역은 시간관리와 학습환경관리의 두 회기로 구성되어 있다. '시간관리' 회기에서는 시간관리를 통해서 얻을 수 있는 장점을 이해하게 하고, 시간관리를 방해하는 요소들을 탐색하며, 현재의 시간활용습관을 분석하고, 시간관리행동지침을 통해서 효율적인 우선순위설정을 연습하고 발표하는 시간을 갖게 한다. '학습환경관리' 회기에서는 학습환경관리의 중요성을 인식하고 본인의 학습에 방해가 되는 요인과 도움이 되는 요인의 분석을 통해서 효과적인 학습환경조성에 대해서 습득하게 한다.

추가적으로 정서적 지지영역은 멘토와 멘티의 일대일 개인면담을 통해서 멘티는 멘토로부터 조언과 정서적인 지지를 받을 수 있도록 '개인면담' 회기를 구성하였다. 청소년기에 의미 있는 타인으로부터 받은 심리적・정서적 지지가 중요하다는 선행연구의 논의를 반영해서, 멘토가 멘티에게 충고나 지시를 하기보다는 멘티의 감정을 표현할 수 있는 기회를 제공하고, 멘티의 감정을 수용하며, 무조건적인 지지와 수용을 하도록 구성하였다. 이러한 과정을 거쳐서 멘티는 멘티와의 일대일관계에서 정서적・심리적 지지를 경험하게 된다.

회기별 프로그램의 내용은 〈표 17-4〉와 같다.

표 17-4 학습상담멘토링 프로그램의 내용

영역	회기	주제	목표	내용
공통	1	오리엔테이션	프로그램 이해, 참여동기 부여	- 프로그램 목적 및 진행과정 소개 - 멘토와 멘티 소개
동기	1	학습유형 이해	학습성격 유형 파악과 학습방법 이해	- 학습성격유형검사 실시 - 학습 유형에 따른 학습방법 이해 - 학습 유형에 따른 행동특성 이해
	2	학습동기 향상	학습동기 점검, 학습동기 촉진	- 공부하는 이유 파악하기 - 핵심가치 파악하기 - 귀인성향 분석하기 - 노력의 중요성 인식하기 - 자기성취예언 포트폴리오 작성하기
	3	목표설정	목표설정의 중요성 인식	- 단기인생목표 설정하기 - 장기인생목표 설정하기 - 설정한 목표 표현하기
	4	학업스트레스 관리전략	학업스트레스 수준과 원인파악, 학업스트레스 대응전략습득	- 학업 스트레스의 개념과 반응 이해하기 - 학업 스트레스의 정도 탐색하기 - 학업 스트레스의 출처 확인하고 표현하기 - 학업 스트레스 관련 생각, 감정, 행동찾기 - 학업 스트레스 적응 및 예방 전략
인지	5	지연행동	지연행동 유형점검, 지연행동 대응전략 습득	- 지연행동 점검하기 - 지연행동 스타일 파악하기 - 지연행동 해결 혼잣말 전략 활용하기
	6	시험불안	시험불안 점검, 시험불안 대응전략 습득	- 시험불안의 정의와 증상 이해하기 - 생각, 감정, 행동(상황)을 구분하기 - 자동적 사고 파악하기 - 자동적 사고와 관련된 신념 찾기 - 인지적 왜곡 파악하기 - 합리적으로 사고하기
	7	학습강점	학습강점과 약점 이해, 학습강점 부각	- 내부환경 분석으로 강점과 약점 파악하기 - 외부환경 분석으로 강점과 약점 파악하기 - 학습에 대한 강점 표현하기

행동	8	시간 관리	시간관리의 중요성 인식, 시간관리 습관 향상	- 시간 관리의 장점 이해하기 - 시간관리 방해요서 파악하기 - 효율적인 시간관리 행동지침 익히기 - 생활습관 점검하기 - 효율적으로 우선순위 정하기
	9	학습 환경 관리	학습환경 관리의 중요성 인식, 학습환경 향상	- 학습환경 관리의 중요성 인식하기 - 학습환경 점검하기 - 학습환경 개선하기
정서적 지지	10	개인 면담	정서적 지지받기, 심리적 안정감 증대	- 학습관련 고민과 불안을 멘토에게 표현하기 - 멘토의 정서적 지지를 통해 안정감 얻기
공통	마무리		전체 마무리하기	- 프로그램 활동 소감문 작성하기 - 소집단별로 프로그램 참여 소감 나누기

3) 저소득 · 한부모 가정 청소년 멘토링 프로그램[71] – 꿈 to U 멘토링

본 프로그램(꿈 to U 멘토링)은 2003년에 기업체가 재정을 지원하여 서울과 대전에 있는 초 · 중 · 고 14개 학교가 참여하였으며 학교사회복지사가 중심이 되어 진행된 프로그램이다. 그 중에 한 학교의 사례를 제시하고자 한다. 본 프로그램에서의 멘티는 저소득 · 한부모 가정의 청소년으로 중학교 1학년 2명, 2학년 2명, 3학년 1명으로 총 5명의 여학생들로 구성되었다. 멘토는 다양한 자원봉사 경험과 복지관 직장체험을 해본 대학생들로 멘토링 프로그램을 원하는 자원봉사자 5명으로 구성하였다. 전체 과정 및 프로그램 내용은 다음과 같다(〈표 17-5〉, 〈표 17-6〉).

71) 방진희 (2005). 저소득 한부모 가정 청소년의 심리 · 사회 적응향상을 위한 멘토링 프로그램 효과성 연구. 서울여자대학교 대학원 석사학위논문.

▌표 17-5▐ 저소득 · 한부모 가정 청소년 멘토링 프로그램 전체 과정

단계	소요기간	영역	세부내용
준비단계	3개월	사전준비	프로그램진행 및 관리, 사전체험
		자료수집	멘토링관련 문헌자료수집
시작단계	1개월	멘티모집 선정	담임교사, 진로 상담부, 학교사회복지사 의뢰로 지원자 선정, 프로그램 신청서 작성(부모동의서), 사전검사
		멘토모집 · 선정 · 교육	외부기관 모집홍보로 자발적 신청 프로그램 오리엔테이션 프로그램 신청서 작성
실행단계	5개월	첫 만남	멘토-멘티 연결
		멘토링활동 슈퍼비전	멘토링활동 슈퍼비전 개별보고서 수거(멘토일지, 자아평가서) 사례회의
평가단계	1개월	사후검사	멘티
		프로그램 만족도조사	프로그램 평가서 및 만족도 조사(멘토, 멘티) 담임교사 인터뷰 부모 인터뷰
		프로그램 평가	전체 프로그램 평가

▌표 17-6▐ 저소득 · 한부모 가정 청소년 멘토링 프로그램 내용

회기	주제	내용
사전교육	준비	멘토교육
1	첫만남	레크리에이션, 연극관람
2	결연식	멘토링 결연식
3	문화체험	고적답사
멘토교육 및 슈퍼비전		
4	진로탐색1	성격유형검사 진로탐색 멘토와 멘티 협동작업

<table>
<tr><td>5</td><td></td><td>직장탐방</td></tr>
<tr><td>6</td><td>꿈키움여행</td><td>자원봉사여행(4박5일)</td></tr>
<tr><td>7</td><td>문화체험</td><td>뮤지컬 관람</td></tr>
<tr><td colspan="3">멘토교육 및 슈퍼비전</td></tr>
<tr><td>8</td><td rowspan="2">문화체험</td><td>공예작품 만들기</td></tr>
<tr><td>9</td><td>놀이 공원</td></tr>
<tr><td colspan="3">멘토교육 및 슈퍼비전</td></tr>
<tr><td>10</td><td>진로탐색2</td><td>진로와 직업선택에 대한 전문가 강의
협동놀이
깜짝 이벤트</td></tr>
<tr><td>11</td><td>한마당축제</td><td>합동 종결식</td></tr>
</table>

4) 다문화청소년(아동) 멘토링 프로그램[72)]

본 프로그램은 지역사회 내의 대학 부설 언어교육원에서 수행하였는데 이 교육원은 외국인을 위한 한국어·문화 교육을 하고 있다.

프로그램은 다문화가정의 초등학생 아이들을 대상으로 하였으며, 주 내용인 '방문학습활동'과 '공동체 야외체험학습활동'에 대해 소개하고자 한다. 우선 '방문학습활동'은 멘토가 멘티의 집으로 직접 방문하여 학습을 지원하는 활동이다. 총 10주의 기간 동안 주 2회 이상, 1회 방문 시 1시간 이상 활동하도록 하여, 최소 25시간 이상의 활동을 하는 것을 원칙으로 한다. 활동내용은 크게 세 측면으로 나눠볼 수 있다. 첫째는 멘티의 수준별 맞춤형 학습지원활동이다. 국어, 영어, 수학, 과학, 사회 등의 교과목을, 특히 부진한 교과목은 특별 지도를 하여 학업을 보강한다. 또한 자기주도학습방법을 지도하여 학습능력을 높이는 효과를 기대할 수 있다. 두 번째

72) 박선옥 (2013). 다문화 아동을 위한 멘토링 프로그램 설계와 운영에 관한 연구: 프로그램 실제사례를 바탕으로. 다문화콘텐츠연구, 14, pp. 45-78.

는 정서적 안정감을 갖도록 하는 것이다. 학교생활, 일상생활에서 겪는 고민과 어려움을 마음 터놓고 멘토와 이야기하는 과정에서 문제를 해결하고 마음을 치유하여 안정된 정서를 갖도록 한다. 세 번째는 그리기, 노래 부르기, 만들기, 운동하기 등의 놀이학습을 통해 학습에 대한 즐거움을 느끼고 사고력 및 창의력 향상을 위한 활동을 한다. 네 번째는 멘토를 역할모델로 하여 긍정적이고 성숙한 한국인으로 성장하도록 돕는다. 이는 한국인으로서의 자존감과 공동체 의식을 가지도록 하는 데

표 17-7 다문화청소년멘토링 프로그램 내용

영역	횟수	주요 내용
멘토 오리엔테이션	1회	- 멘토링 프로그램 오리엔테이션
멘티, 부모 오리엔테이션	1회	- 멘토링 프로그램의 이해 - 멘티의 자세, 부모의 역할과 임무
결연식	1회	- 멘티와 멘토 결연
방문학습활동	10주	- 방문학습지도 및 정서지원활동
공동체 야외체험학습활동	3회	- 다양한 직업체험: 한국 잡월드 - 박물관 여행: 국립민속어린이박물관/꼭두박물관 - 문화공연관람: 어린이 난타
멘토 교육	5회	- 다문화 이해 및 다문화아동의 특성 - 학습능력 향상을 위한 지도법 교육 - 공동체 야외체험학습 사전교육 - 흥미유발 학습법 교육 - 아동상담기법
간담회	3회	- 멘토링 진행상황 점검, 문제점 및 보완 방안논의 - 활동사례 공유
멘토활동 점검과 상담	10주	- 활동보고서 점검 - 주 1회 면대면 상담과 논의 - 유선통화, 홈페이지 활용, 필요시 수시로 진행
멘티, 부모 상담	10주	- 운영교사의 3회 필수상담 - 필요시 수시로 진행
해단식	1회	- 멘토링 프로그램 종료

도움이 된다.

'공동체 야외체험학습활동'은 본 멘토링 프로그램의 실시기간이 3개월이므로 매월 1회씩 1일 종일 프로그램으로 운영하였다. 나의 미래, 직업세계체험(한국 잡월드), 박물관 여행(국립민속어린이박물관, 꼭두박물관), 문화공연 관람(어린이 난타) 활동을 하였다. 멘토와 멘티가 함께 해당 장소에 가서 직접 체험할 수 있는 기회를 제공하였다. 프로그램의 내용에 대해 제시하면 다음과 같다(〈표 17-7〉).

○●● 학습정리

멘토링은 경험과 지식이 풍부한 사람이 새로운 구성원들의 역량과 잠재력을 개발하도록 전담하여 지도하고 조언하는 것이다. 청소년멘토링은 건강한 성인과 청소년 간의 관계성을 증진하는 것이며, 이러한 일대일의 관계 속에서 청소년의 인격과 역량의 발달을 강화하는 것을 목적으로 한다.

멘토링의 유형은 발생형태(공식멘토링 vs 비공식멘토링), 연령(동료 멘토링 vs 세대간 멘토링), 대상 및 시기(예방적 멘토링 vs 치료적 멘토링), 결연형태(1 : 1 멘토링 vs 집단 멘토링), 활동기반(지역사회기반 멘토링 vs 학교기반 멘토링), 대면 여부(대면적 멘토링 vs 사이버 멘토링) 등의 기준으로 구분된다.

멘토링의 구성요소는 크게 인적 구성요소와 내용적 구성요소로 나눌 수 있으며, 인적 구성요소는 멘티, 멘토, 결연관리자(coordinator), 슈퍼바이저(supervisor)로 구성되고, 내용적 구성요소는 멘토링활동, 멘토교육, 멘토슈퍼비전으로 나뉜다.

연습문제

〈객관식〉

1. 다음 중 멘토링활동의 인적 구성요소와 다른 하나를 고르시오.

① 디렉터　　② 슈퍼바이저　　③ 멘토
④ 코디네이터　　⑤ 멘티

정답. ①

2. 멘토링 유형에 대한 설명으로 옳은 것은?

① 세대간 멘토링: 비슷한 연령대에 멘토와 멘티를 형성하는 형태로 청소년 또래나 유사 연령대의 성인 멘토링이 존재함
② 예방적 멘토링: 학생 청소년을 주 대상으로 학교에서 하는 멘토링으로 주로 교사들과 많은 교류를 하며, 멘티의 교육적 성취에 초점을 줌
③ 대면적 멘토링: 멘토와 멘티가 일대일로 만나서 이루어지는 대면적 상호작용을 통한 전통방식의 멘토링
④ 사이버 멘토링: 인위적인 멘토링 관계형성을 거치지 않고 멘토링이라고 명명하지도 않지만 신뢰를 기반으로 도움과 지지를 제공하여 멘토는 멘티의 역할모델이 되어주고, 적절한 조언이나 기술을 전달함
⑤ 치료적 멘토링: 학교를 다니지 않거나 근로청소년 등을 대상으로 하는 멘토링으로 주로 부모와 많은 교류를 하며, 멘티의 사회적 행동상의 변화를 가져오는 일에 초점을 둠

정답. ③
해설. ① 동료 멘토링, ② 학교기반 멘토링, ④ 비공식 멘토링, ⑤ 지역사회기반 멘토링

3. 멘토링활동에 대한 설명 중 적절치 않은 것은?

① 청소년멘토링에서의 멘토는 청소년보다 성인이 낫다고 할 수 있다.
② 청소년들의 환경 및 상황에 따라 학교폭력 피해자, 가해자 등 구체적인 대상이 달라진다.
③ 청소년멘토링은 주로 학업을 지도하기 위한 학습멘토링이 많은 부분을 차지한다.
④ 멘토링은 과외교습이나 숙제하기 등의 활동에만 집중하는 것이 아니며, 학생들이 학교생활에 적응할 수 있도록 격려하고 지지체계가 되어주는 것을 포함해야 한다.

⑤ 최근에는 다문화가정 청소년들의 사회적응을 위한 멘토링이 늘어나고 있다.

정답. ①

해설. 청소년 멘토링에서의 멘토는 주로 성인이 되기도 하지만 동료 멘토링인 경우, 또래청소년이 멘토가 되기도 하며 또래로서 성인에 비해 더 잘 이해할 수 있는 부분이 존재하기도 한다.

4. 다음 중 역할이 바르게 연결된 것을 고르시오.

① 코디네이터: 현 상황의 문제점 및 추후방향에 대한 전문적인 조언 및 지도를 해준다.
② 슈퍼바이저: 멘티에 대한 정서적 지지 및 역할모델 제공자의 역할을 한다.
③ 결연관리자: 멘티에게 건전한 가치관과 긍정적인 자아상을 제시할 수 있으며, 사회 내에서 자신의 역할과 기능을 수행하는 성인으로서의 역할모델을 제시해 줄 수 있는 역할을 한다.
④ 슈퍼바이저: 멘토링이 시작된 이후에 각각의 멘토링 상황에 대해 전달받고 그에 대해 현 상황의 문제점 및 추후방향에 대한 전문적인 조언 및 지도를 해주는 역할을 한다.
⑤ 멘토: 주로 청소년수련관, 지역아동센터 등 청소년기관・단체・시설 및 그 직원이 멘토 역할을 하게 된다.

정답. ④

해설. ① 슈퍼바이저, ② 멘토, ③ 멘토, ⑤ 결연관리자

5. 멘토의 역할로서 가장 적절치 않은 것은?

① 정서적 지지 및 마음 상담
② 경제지원
③ 문화활동 동행
④ 진로지도
⑤ 바람직한 가치관 및 태도 육성

정답. ②

해설. 멘토의 주 역할은 교육 및 학업지도, 진로 지도, 개인적 성장 등을 지원하는 것이다.

〈주관식〉

1. 아래에서 말하고 있는 것이 무엇인지 쓰시오.

> 서로 다른 수준의 기술과 경험을 갖고 있는 두 사람 간의 관계를 통해 성장을 경험하는 것으로, 특히 청소년대상일 경우의 목적은 건강한 성인과 청소년 간의 관계성을 증진하는 것이며, 이러한 일대일의 관계 속에서 청소년의 인격과 역량의 발달을 강화하는 것이다.

정답. 멘토링(활동)

2. 다음 빈 칸을 각각 순서대로 채우시오.

> 청소년 멘토링 프로그램에서는 대상인 청소년이 (   )가 되며, 청소년에게 건전한 가치관과 긍정적인 자아상을 제시하고, 사회 내에서 자신의 역할과 기능을 수행하는 성인으로서의 역할모델을 제시해줄 수 있는 사람인 (   )가 존재한다.

정답. 멘티, 멘토

3. 아래의 역할을 하는 사람을 무엇이라고 하는가?

> 경험 있고 배려하려는 성인이 멘토링을 통해 청소년에게 지지와 안내, 지원을 해주고 돌보아주며 성공적인 성인으로 성장하도록 돕는 삶의 안내자, 상담자, 지지자, 친구로서의 역할을 담당하게 된다.

정답. 멘토(mentor)

참고문헌

강대근 (1998). 청소년 자율참여와 청소년활동의 방향. 21세기 청소년포럼. 서울: 한국청소년학회.

강순규 (2000). 중학교 자치활동의 운영 실태 조사 연구. 숙명여자대학교 대학원 석사학위논문.

강지영 (2002). 인권에 대한 인지능력과 정서적 공감이 인권옹호행동에 미치는 영향. 서울대학교 대학원 석사학위논문.

경기도교육청 (2008). 청소년단체활동 운영 지침. 경기: 경기도교육청 제2청사.

교육과학기술부 (2009). 초・중・고 창의적 체험활동 교육과정 해설. 서울: 교육과학기술부.

교육과학기술부, 한국장학재단 (2012). 다문화가정학생 멘토링 표준 가이드북.

교육부 (2013). 중학교 자유학기제 시범운영계획(안). 서울: 교육부.

교육인적자원부 (2000). 특별활동 재량활동 교육과정의 편성과 운영. 서울: 교육인적자원부.

구본행 (2002). 청소년의 레크리에이션 활동 참여 정도와 도덕성 및 사회적 관계에 관한 연구. 명지대학교 대학원 박사학위논문.

국가청소년위원회 (2007). 청소년백서.

권연주 (2007). 지역사회 참여운동을 통한 청소년 임파워먼트에 대한 연구. 서울시립대학교대학원 석사학위논문.

권일남 (2010). 청소년활동 개념 재정립에 관한 정책세미나. 한국청소년정책연구원 세미나자료집.

권일남, 오해섭, 이교봉 (2010). 청소년활동론. 고양: 공동체.

권일남, 정철상, 김진호, 김영철 (2008). 청소년활동지도론. 서울: 학지사.

권준근 (2011). 청소년의 인터넷 도박게임 행동과 정책적 제안에 대한 연구. 명지대학교 대학원 박사논문.

길은배 (2001). 비정부기구(NGO)를 통한 남북한 사회통합 연구 : 청소년 분야의 교류・협력을 중심으로. 경희대학교 대학원 박사학위 청구논문.

김경숙 (2002). 중학생의 자치활동 실태 및 활성화 방안. 울산대학교 대학원 석사학위논문.

김경준 (1995). 국제청소년교류 활성화 방안에 관한 연구. 파주: 양서원.

김경준 (2004). 글로벌시대 청소년의 사회참여 실태와 지원방안. 서울: 한국청소년개발원.

김경준, 김희진, 이민희, 김윤나 (2014). 2014 한국 아동청소년 인권실태 연구, 297-307.

김경준, 박정배 (2004). 글로벌시대 청소년의 사회참여 실태와 지원방안. 한국청소년개발원, 22-29.

김경준, 오해섭, 모상현 (2011). 멘토링 운영 매뉴얼. 서울: 보건복지부, 한국사회복지협의회, 휴먼네트워크, 한국청소년정책연구원.

김난영 (2002). 학생자치활동과 학생권리실현. 가톨릭대학교 대학원 석사학위논문.

김동배, 조학래 (1997). 청소년 자원봉사활동의 효과성에 대한 연구. 서울: 한국청소년개발원.

김민 (1999). 청소년동아리활동의 교육적 의의와 활성화 방안, 우리는 이런 동아리를 원해요. 서울: 구리YMCA 청소년열린광장준비위원회.

김민 (2005). 청소년자치참여활동 지침서, 15-20. 서울: 도서출판 청협.

김민 (2010). 청소년활동의 의미변천과 성격. 청소년활동 재개념화 및 영역 재설정. 한국청소년정책연구원 워크숍자료집, 11-19. 서울: 한국청소년정책연구원.

김민 (2014). 청소년활동 진흥과 청소년 안전, 둘 모두를 안는 대안모색에 대한 단상. 세월호 이후 청소년활동의 관점과 사회적 환경에 따른 실질적 안정의 모색 포럼 자료집.

김민 (2014). 청소년활동 안전 확보 및 정책적 대안 모색: 청소년 안전사고예방 및 보상에 관한 법률 제정을 제안하며. 제5차 청소년전책기본계획 중간평가 및 정책토론회 - 청소년활동(Youth Activity) 위기인가? 기회인가?, 미래를여는청소년학회 학술대회 자료집, 63-86.

김범수 외 (2004). 자원봉사의 이해. 서울: 학지사.

김승보, 진미석, 한상근, 이지연, 이윤진 (2013). 초・중등 진로교육 중장기 발전방안연구. 서울: 한국직업능력개발원.

김영구 (2007). 청소년참여활동의 지속요인에 관한 연구. 경기대학교 대학원 석사학위논문.

김영란 (2006). 임파워먼트가 청소년의 학교적응에 미치는 영향. 중앙대학교 대학원 석사학위논문.

김영지 (2007). 한국청소년 인권정책 형성과정 연구. 숙명여자대학교 대학원 박사학위논문.

김영철 (2005). 청소년활동 프로그램이 청소년의 사회 적응력향상에 미치는 효과와 영향력 분석. 명지대학교 대학원 박사학위논문.

김예선 (2006). 청소년동아리 활동이 학교생활만족도에 미치는 영향 관한 연구. 숭실대학교 대학원 석사학위논문.

김윤나 (2012). 청소년참여유형에 따른 정책활동 및 생활역량의 차이와 영향 변인. 청소년시설환경, 10(4), 41-51.

김윤나 (2012). 청소년정책참여활동의 특성이 생활역량에 미치는 영향 - 참여기구, 참여활동인식(필요성, 중요성), 참여정도(활동기간, 활동몰입, 참여수준), 만족도를 중심으로 -.

청소년시설환경. 10(2), 19-30.

김윤나, 박옥식 (2009). 청소년활동의 효과에 관한 비교분석: 자아존중감, 직업성숙도, 학업성취, 생활만족도, 스트레스, 비행과의 관계를 중심으로. 청소년복지연구, 11(1), 79-99.

김윤나, 정건희, 최윤진 (2010). 청소년자치활동이 임파워먼트에 미치는 영향. 한국청소년복지학회, 12(3), 1-23.

김인숙 (1994). 빈곤여성의 사회적 환경요인과 심리적 디스트레스와의 관계. 서울대학교 대학원 박사학위논문.

김정명 (2000). 한국청소년활동의 발전과 정책과제. 한국사회체육학회지, 13, 653-667.

김정주 (1999). 청소년참여, 한국청소년학회 편. 청소년학 총론. 파주: 양서원.

김정주 (2003). 지역사회에서 청소년동아리 실태와 지원방안 연구. 서울: 한국청소년개발원.

김정주 외 (1999). 청소년의 지역사회 참여운동 연구. 서울: 문화관광부 · 한국청소년개발원.

김정주, 임지연 (1999). 청소년동아리활동. 서울: 문화관광부 · 한국청소년개발원.

김지수 (2003). 청소년인권 신장을 위한 청소년자치활동 방안에 관한 연구. 명지대학교 대학원 석사학위논문.

김지연 (2009). 비행청소년 멘토링 운영지침개발 연구. 서울: 한국청소년정책연구원.

김진호, 권일남, 이광호, 최창욱 (2009). 청소년활동론. 서울: 한국방송통신대학교출판부.

김현철, 최창욱, 민경석 (2010). 초중고 창의적 체험활동과 청소년활동정책의 연계방안 연구. 서울: 청소년정책연구원.

김현철, 임희진, 정효진, 민경석 (2013). 국가청소년활동정책 체계화 연구. 서울: 한국청소년정책연구원.

김홍원 (2008). 기초학력 신장 및 바른 인성 함양을 위한 방과후학교 운영방안. 서울: 한국교육개발원.

김홍원 (2010). 방과후학교 성과분석 연구. 서울: 한국교육개발원.

김희성 (2005). 청소년 참여를 통한 정치사회 임파워먼트 형성에 관한 연구. 서울: 한국청소년개발원

김희성 (2005). 청소년의 임파워먼트 측정에 관한 연구. 한국아동복지학, 14, 91-113.

김희화 (2004). 청소년의 방과후활동과 문제행동과의 관계: 청소년의 자기통제력 및 어머니 감독의 중재효과. 청소년학연구, 11(1), 75-94.

노성호 (2007). 비행의 발전에 대한 대립적인 범죄이론의 비교 검증. 제4회 한국청소년패널 학술대회, 한국청소년정책연구원.

노자은 (2009). 청소년의 교우연결망 변화에 관한 연구 : 집단활동경험 및 생활역량을 중심으로, 중앙대학교 석사학위논문.

노현미, 박인전 (1999). 아버지의 양육행동과 유아의 생활능력간의 관계, 아동학회지, 20(4), 231-245.

류명구 (2013). 청소년문화존 참여만족도가 청소년의 사회성 발달에 미치는 영향에 대한 자기조절 능력의 매개효과. 청소년행동연구, 18, 113-136.

류민정, 표내숙 (2006). 체육교사의 교수행동과 중학생의 내적동기, 수업만족간의 관계모형 분석. 한국체육학회지, 45(2), 241-249.

맹영임, 길은배 (2005). 청소년방과후활동 프로그램 유형모델개발연구. 서울: 청소년위원회·한국청소년개발원.

모상현 (2012). 청소년수련시설 청소년동아리 활성화를 위한 운영모델 및 매뉴얼 개발연구 -청소년동아리활동 운영매뉴얼(지도자용) -. 서울: 한국청소년정책연구원.

모상현, 박정배, 진은설 (2012). 멘토링 효과성 측정영역 및 지표 구인을 위한 탐색적 연구. 청소년학연구, 19(12), 355-380.

문성호 (2006). 정책과정에서의 청소년참여 확대방안의 모색, 청소년학연구, 13(6), 201-219.

민수홍, 박영실 (2006). 청소년의 범죄피해경험: 자기통제이론의 적용. 제3회 한국청소년패널 학술대회, 한국청소년정책연구원.

박가나 (2008). 청소년 참여활동이 공동체의식에 미치는 효과. 서울대학교 박사학위논문.

박병국 (2004). 청소년의 스포츠활동 참여가 학교생활적응 및 자아성취감에 미치는 영향. 한국사회체육학회지, 21, 366-344.

박사라 (2002). 청소년위원회의 문제점 및 활성화 방안, 우리가 바라는 청소년정책은?: 창의적 청소년이 세상을 바꿉니다. 서울: 문화관광부·한국청소년개발원.

박선희 (2005). 어머니의 심리적 자세와 유아의 자기조절력 및 생활능력의 관계. 영남대학교 대학원 석사학위논문.

박성희 (2005). 청소년 참여활동의 지속성에 영향을 미치는 요인에 관한 연구. 중앙대학교 대학원 석사학위논문.

박순진 (2006). 한국청소년패널조사에서 조사된 비행률 하락에 관한 논의. 제3회 한국청소년패널 학술대회. 한국청소년정책연구원.

박용래 (2006). 대도시정부의 국제교류 실태와 활성화 방안 연구. 서울시립대 대학원 박사학위 청구논문

박현수, 김준호 (2007). 비행청소년집단의 특성이 비행에 미치는 영향. 제4회 한국청소년패널 학술대회. 한국청소년정책연구원.

방진희 (2004). 저소득층 한부모 가정 청소년의 심리, 사회적응향상을 위한 멘토링 프로그램 효과성 연구. 사회복지실천, 4, 113-142.

배영직 (2005). 청소년지도사의 리더십 유형과 구성원 만족도가 청소년단체활동 효과에 미치는 영향, 홍익대학교 대학원 박사학위논문.

배윤정 (2008). 청소년의 임파워먼트와 권리옹호행동에 관한 연구. 숙명여자대학교 대학원 석사학위논문.

보건복지부, 지역아동센터중앙지원단 (2014a). 2014년 지역아동센터 운영매뉴얼.

보건복지부, 지역아동센터중앙지원단 (2014b). 전국지역아동센터 실태조사 보고서.

서울시교육청 (2014). 2014 학생자치활동 운영실태 조사 보고서.

서울특별시교육청 (2008). 2008학년도 중·고등학교 학생 봉사활동 지도.

서울특별시교육청 (2014a). 2014학년도 청소년단체활동 운영 안내. 서울: 서울특별시교육청.

서울특별시교육청 (2014b). 2014학년도 학생 봉사활동 운영계획.

서유라 (2012). 청소년 멘토링 구성요인이 멘토링 기능수행에 미치는 영향. 대구가톨릭대학교 대학원 석사학위논문.

세월호 참사 범국민 대책회의 존엄과 안전위원회 (2014). 안전한 사회를 위해 당장 실천해야 할 일. 서울: 세월호 참사 범국민 대책회의 존엄과 안전위원회.

손의숙 (1998). 청소년단체활동을 통한 자아정체감 형성에 관한 연구. 명지대학교 대학원.

손의숙 (2005). 청소년정책참여 수준과 세대 간 차이 비교연구. 명지대학교 대학원 박사학위논문.

송민경 (2014). 청소년지도 전문 인력 양성과 활성화 방안. 2014 청소년 관련 학회 연합학술대회 자료집, p. 22.

송병국, 박정배 (2005). 청소년의 활동경험과 진로성숙도와의 관계 분석. 제2회 한국청소년패널 학술대회, 한국청소년정책연구원.

양계민, 오승근, 권두승, 전명기, 조대연 (2006). 청소년방과후활동의 운영실태와 활성화방안. 서울: 한국청소년개발원.

엄미선 (2003). 자기옹호 집단프로그램을 통한 도시빈민의 임파워먼트 연구. 가톨릭대학교 대학원 박사학위논문.

여성가족부 (2011). 청소년백서. 서울: 여성가족부.

여성가족부 (2012). 청소년이 만드는 행복한 세상! 꿈을 찾아가는 청소년.

여성가족부 (2013). 2013 청소년백서. 서울: 여성가족부.

여성가족부 (2014). 2014년도 청소년어울림마당·동아리활동 지원사업 추진 계획(지침).

여성가족부, 한국청소년정책연구원 (2014). 2014 청소년방과후아카데미 운영실무자 업무매뉴얼.

여성가족부, 한국청소년활동진흥원 (2011). 국제청소년성취포상제 포상담당관 교육교재. 서울: 여성가족부, 한국청소년활동진흥원.

여성가족부, 한국청소년활동진흥원 (2013). 청소년자기도전포상제 포상심사관 직무교육교재. 서울: 여성가족부, 한국청소년활동진흥원.

여성가족부, 한국청소년활동진흥원 (2014). 청소년수련활동안전종합매뉴얼. 제1권 청소년활동 안전매뉴얼. 서울: 여성가족부, 한국청소년활동진흥원.

여성가족부, 한국청소년활동진흥원 (2014). 청소년수련활동인증제 설명회 교재. 서울: 여성가족부, 한국청소년활동진흥원.

여성가족부, 한국청소년활동진흥원 (2014). 포상담당관 교육(운영방법 및 절차) 교재. 서울: 여성가족부, 한국청소년활동진흥원.

여성가족부, 한국청소년활동진흥원, 청소년활동진흥센터 (2014). 2014청소년수련활동인증제 매뉴얼(KYWA 2014-027) 교재. 서울: 여성가족부, 한국청소년활동진흥원, 청소년활동진흥센터.

오세비, 문성호 (2012). 국제청소년성취포상제 참여청소년의 활동경험에 관한연구. 한국청소년학회지, 19(11), 249-270.

오해섭, 김진화 (2005). 국제청소년교류활동 평가체계 및 모형개발. 서울: 한국청소년개발원.

오혜경 (1999). 장애인과 사회복지실천. 서울: 아시아미디어리서치.

우수명 (2008). 지역사회복지 관련 조직 간 네트워크 성장에 영향을 미치는 연구. 숭실대학교 박사학위 논문.

윤동엽, 문성호 (2010). 청소년 참여경험이 임파워먼트에 미치는 영향. 미래청소년학회, 7(1), 101-123.

윤명희, 김진화(2007). 청소년의 생활역량 진단척도 개발과 프로그램 설계를 통한 효과분석. 서울: 한국학술진흥재단.

이경상, 유성렬 (2007). 청소년 아르바이트 참여의 종단적 변화실태 및 효과. 제4회 한국청소년패널 학술대회. 한국청소년정책연구원.

이광호 (2004). 주5일 수업제 시행에 대비한 학교교육 변화 전망과 청소년활동 활성화 과제. 청소년학연구, 11(2), 117-139.

이병림 (1987). 아동의 생활능력에 대한 부모와 교사의 지각. 이화여자대학교 대학원 박사학위 논문.

이상희, 이혜원, 최경옥 (2009). 아동・청소년참여위원회의 운영실태 분석과 개선방안. 청소년복지연구, 11(3), 129-148.

이순래 (2007). 포스트 모더니즘 수용도와 청소년비행에 관한 연구. 제4회 한국청소년패널 학술대회, 한국청소년정책연구원.

이승종, 유숙희 (1994). 지방화시대의 주민참여. 서울: 한국지방행정연구원.

이용교 (2014). 청소년활동과 안전. 세월호 이후 청소년활동의 관점과 사회적 환경에 따른 실질적 안정의 모색 포럼 자료집.

이은주 (2007). 초기 청소년기 비행친구 교제의 종단적 양상 : 비행친구의 선택과 영향. 제4회 한국청소년패널 학술대회. 한국청소년정책연구원.

이중강 (2004). 어머니 및 유아의 놀이성과 유아의 생활능력 간의 관계. 경희대학교 대학원 석사학위논문.

이채식 (2005). 청소년 리더십기술 영향요인에 관한 구조 분석. 서울대학교 대학원 박사학위논문.

이현아 (2004). 청소년 대상 멘토링에 대하여. **교수논총**, 16, 405-431.

이희정 (2007). 남녀 초등학생의 부모 유대, 일탈 친구와 일탈 행동에 관한 종단 연구. 제4회 한국청소년패널 학술대회. 한국청소년정책연구원.

임근욱 (2007). 청소년수련활동의 중요도와 생활만족도 연구 - 대전광역시 소재의 중학교 3학년을 대상으로. **관광연구저널**, 21(4), 179-194.

임성택, 김영한, 장동현 (2000). **청소년단체의 운영실태 및 협력체계 구축방안 연구**. 서울: 한국청소년개발원.

장은화 (2014). 청소년동아리를 활용한 축제 현황과 개선 방안 연구. **문화더하기콘텐츠**, 4, 67-87.

전교조 학생생활국 (2000). 학생생활과 학급운영, 2000봄호.

전민정, 강상진 (2007). 청소년 폭력 행위의 변화과정과 관련 요인 분석 - 3수준 로지스틱 다층성장 모형의 적용. 제4회 한국청소년패널 학술대회. 한국청소년정책연구원.

정건희 (2007). 학교 내외의 청소년동아리활동 비교연구. 체육청소년연구.

정건희 (2009). 청소년자치활동이 인권의식에 미치는 영향. **법과 인권교육**, 2(3), 1-25.

정건희 (2014). 청소년활동의 참여 관점. 세월호 이후 청소년활동의 관점과 사회적 환경에 따른 실질적 안정의 모색 포럼 자료집.

정건희 외 (2007). **청소년YMCA 지침서**. 한국YMCA전국연맹

정건희, 김윤나, 최윤진 (2010). 청소년자치활동의 실태 및 현황분석. **청소년학연구**, 17(1), 58-83.

정무성, 남석훈 (2005). 청소년 멘토링 프로그램 선호와 참여의지에 관한 연구. **청소년학연구**, 12(2), 26-50.

정미나 (2006). 청소년 참여가 청소년의 정의적 발달에 미치는 영향: 청소년수련시설 청소년운영위원회를 중심으로. 중앙대학교 사회개발대학원 석사학위논문.

정준교 (2005). 청소년의 자원봉사와 아르바이트의 관계에 관한 연구: 여가생활만족도, 삶의 생활만족도와 자아존중감을 중심으로. 제2회 한국청소년패널 학술대회, 한국청소년

정책연구원.

정혜원, 박정선 (2007). 부정적 사건이 비행 및 재비행에 미치는 영향에 관한 연구-미시이론의 매개효과를 중심으로. 제4회 한국청소년패널 학술대회. 한국청소년정책연구원.

조남억 (2008). 청소년집단활동 참여가 사회적 자본 형성에 미치는 영향에 관한 구조모형분석. 경기대학교 대학원 청소년학과 박사학위논문.

조남억 (2008). 청소년집단활동 참여와 사회적 자본의 형성 가능성에 대한 이론적 고찰. 미래청소년학회지, 5(3), 177-198.

조미술 (2011). 청소년지도사 양성 교육기관의 교과과정 실태분석. 평택대학교 사회복지대학원 석사학위논문.

조선화 (2003). 지역사회청소년의 주체적 참여실태 분석 및 참여증진 방안 탐색연구. 청소년학연구, 10(4), 59-91.

조수현, 박창언 (2008). 특별활동 교육과정 편성에 대한 초등학생의 인식 조사. 교육연구, 18, 43-65.

조연순, 성진숙, 이혜주 (2008). 창의성 교육. 서울: 이화여자대학교출판부.

조영승 (2003). 청소년수련활동의 의미와 청소년의 법적 지위에 관한 연구. 청소년학연구, 10(4), 317-354.

조용하 (2003). 청소년수련활동의 체험학습적 관점 고찰. 한국여가레크리에이션학회지, 25, 277-300.

중앙대학교 산학협력단 (2008). 2008년 청소년인증수련활동영역별 효과성 척도 개발 연구. 서울: 보건복지가족부, 한국청소년활동진흥센터

진은설, 임영식 (2008). 자기효능감, 또래영향, 부모모니터링이 친사회적 행동에 미치는 영향: 청소년활동의 매개효과를 중심으로. 미래청소년학회지, 5(4), 27-47.

진은설, 임영식 (2009). 청소년활동경험에 관한 현상학적 연구. 미래청소년학회지, 6(4), 211-234.

천정웅, 오해섭, 김정주, 김민 (2013). 청소년활동론. 파주: 양서원.

최선희, 김희수, 양혜언, 이근영, 최지현 (2010). 저소득 아동, 청소년 멘토링에 대한 성과 인식 연구- 멘티, 멘토, 멘티부모의 다각적 성과 인식을 중심으로. 청소년학연구, 17(9), 254-276.

최수형, 김준호 (2007). 비행에 대한 '부정적 반응'과 지속적 비행과의 관계에서 나타난 성 차이에 대한 연구. 제4회 한국청소년패널 학술대회. 한국청소년정책연구원.

최창욱 (2001). 청소년의 리더십생활기술과 관련변인에 관한 연구. 서울대학교 대학원 박사학위논문.

최창욱, 조혜영 (2006). 청소년 정책참여 활성화 및 참여권 확보방안 연구. 한국청소년개발원.

한국청소년개발원 (2003). 청소년수련활동론. 서울: 교육과학사.

한국청소년개발원 (2004). 청소년교류론. 서울: 교육과학사.

한국청소년단체협의회 (2005). 청소년자치참여활동 지침서. 서울: 청협.

한국청소년정책연구원 (2004). 청소년학용어집.

한국청소년정책연구원 (2014). 청소년지도사 자격제도 연구 공개보고회 자료집.

한국청소년정책연구원 (2011). 청소년동아리활동 실태 및 활성화 방안. 전문가워크숍자료집 11-S05, 3-19. 서울: 한국청소년정책연구원.

한국청소년정책연구원 (2011). 청소년동아리활동 인증방안 연구.

한국청소년정책연구원 (2013). 한국 아동·청소년 인권실태 연구Ⅲ.

한국청소년활동진흥원 (2011). 2009~2011 청소년활동 수요도 조사 3개년 비교분석. 서울: 한국청소년활동진흥원.

한국청소년활동진흥원 (2014). 지역사회 청소년정책 모니터링 사업 현황 사업담당자 질의응답.

한국청소년활동진흥원 인증운영부 (2014). 청소년수련활동인증제 운영규정 개정 안내자료. 서울: 한국청소년활동진흥원 인증연수부.

허정철 (2004). 전인교육 프로그램이 청소년 활동에 미치는 영향에 관한 연구 - 자아정체감 형성 프로그램을 중심으로 -. 청소년학연구, 11(3), 241-269.

Bartko, W. T., & Eccles, J. S. (2003). Adolescent Participation in Structured and Unstructured Activities: A Person-Oriented Analysis. *Journal of Youth and Adolescence,* Vol. 32, No. 4, 233-241.

Bogner, K., Raphael, L., & Pressley, M. (2002). How grade 1 teachers motivate literate activity by their students. *Scientific Studies of Reading*, 6, 135-165.

Bolton, B., & Brookings, J. (1998). Development of a Mcasure of Intrapersonal Empowerment. *Rehabilitation Psychology*, 43(2), 3-21.

Borgatti, S. P., & Foster, P. C. (2003). The network paradigm in organizationl research: A Review and typology. *Journal of Management*, 29(6). 991-1013.

Browne, C. V. (1995). Empowerment in social work practice with older women. *Social Work*, 40(3), 358-364.

Chamberlin, J, S., & Aart, H. (1997). A working definition of empowerment. *Psychiatric Rejabilitation Journal*, 20(4), 43-49.

Checkoway, B. (1998). Involving Young People in Neighborhood Devolopment. *Children and Youth Services Review.* Vol. 20, No. 9/10, 765-795.

Checkoway, B. (1999). Adult ad allies. A Kellogg Foundation Publication. Online: http://www.wkkf.org.

Cliff Zukin, Scott Keeter, Molly Andolina, Krista Jenkins & Michael X. Dellicarpini (2006). A New Engagement? Political Participation, Civic Life, and the Changing American Citizen, Oxford university press.

Council of Europe (2005). Revisiting youth political participation, Council of Europe.

Dubois, M. & O' Melia (1993). 사회복지에서의 역량강화실천. 이경아 외 (2002). 파주: 양서원.

Gerison Lansdown (2005). The Evolving Capacities of the Child. UNICEF, Save the Children. 17.

Gibson, C. H. (1995). The Process of Empowerment in mothers of chronically ill children. *Journal of Advanced Nursing*, 21, 1201-1210.

Glenn H. Utter (2011). Youth and Political Participation, ABC-CLIO, LLC.

Gutierrez, L. M. (1990). Working with women of color: An empowerment perspective. *Social Work*, 35, 149-153.

Hart, R. A. (1997). Children's Participation: The Theory and Practice of Involving Young Citizens in Community Development and Environmental Care. New York: UNICEF.

Helve, H., & Wallace, C. (2001). Youth, Citizenship and Empowerment. Ashagte Publishing Limited.

Holmes, G. E., & Saleebey, D. S. (1993). Empowerment, the medcial model, and the politics of clienthood. *Journal of Progressive Human Services*, 4(1), 61-79.

Kitching. D. (1997). The empowerment of children: who decides?. *Accident and Emergency Nursing*, 6, 11-14.

Lee, J. A. B. (2001). *The empowerment Approach to Social Work Practice*. New York: Columbia University Press.

Ortiz-Torres. (1994). The ecology of empowerment for at-risk youth. Ph. D. diss, New york university.

Parsons, R. J. (1999). Assess healping processes and client outcomes in empowerment practece: amplifying client voice and satisfying funding sources. In Shera 7 Wells. (Eds.), Empowerment Practice in Social Work. Canadian Scholars' Press.

Rapport, J. (1987). Terms of empowerment. Toward a theory for community psychology. *American Journal of Community Psychology*, 15(2), 121-128.

Ress, S. (1998). Empowerment of Youth. In Gutierrez, Parsons, Cox, Empowerment in Social Work Partice in Social Work. Cole Publishin Company.

Saleebey, D. (1992). The Strengths Perspective in Social Work. Longman Publishing Group.

Simon, B. L. (1990). Rethinking empowerment. *Journal of Progressive Human Services*, 1(1), 27-30.

Staples, H. (1990). Powerful ideas about empowerment. *Administration in Social Work*, 14(20), 29-42.

Treseder, P. (1997). Empowering Children and Young People, Training Manual. London: Save the Children Fund.

Wang & Van Loo, J. A. (1998). Citizen Participation in the North Delta Mississippi Community Development Block Grants, Empowerment Zones and Enterprise Communities. *Planning Practice & Research*. Vol. 13(4). 443-451.

Wes Shera & Lilian M. Wells (2004). **사회복지에서의 역량강화실천**. 이경아, 박정임, 김민석, 서홍란, 하경희, 이금진, 유명이, 강미경 공역 (2004). 파주: 양서원.

Zimmerman, M. A. (1995). Psychological Empowerment: Issues and Illustrations. America *Journal of Community Psychology*, 23(5), 81-599.

고용노동부 직업능력개발 블로그 http://upgrade-u.tistory.com

국제청소년성취포상제 홈페이지 http://www.koraward.or.kr (검색일, 2015.01.10.)

법제처 국가법령정보센터 http://www.law.go.kr/ 청소년기본법, 청소년활동진흥법. (검색일, 2015.01.20.)

여성가족부 청소년국제교류네트워크홈페이지 http://iye.youth.go.kr (검색일, 2015.01.05.)

인터넷뉴스 바이러스 http://www.1318virus.net/

청소년수련활동인증정보시스템 홈페이지 http://yap.youth.go.kr (검색일, 2015. 01.10.)

한국청소년정책연구원 패널조사 http://www.nypi.re.kr/panel

한국청소년정책연구원 http://www.nypi.re.kr/ (검색일, 2014.12.28.)

한국청소년활동진흥원 http://www.kywa.or.kr/ (검색일, 2014.12.28.)

The Duke of Edinburgh's International Award 홈페이지 http://www.intaward.org (검색일, 2015.01.05.)

2014 청소년방과후아카데미 운영실무자 업무매뉴얼.

찾아보기

○●● 저자소개

■ 김윤나 (서울사이버대학교)

김윤나 교수는 중앙대학교에서 청소년학을 전공하고, 사회복지 석사, 사회복지학 청소년전공으로 박사학위를 받았다. 고려대학교 정책대학원 최고위정책과정, Kaist 문화기술대학원 Creative techno-leaders program for CEO 과정을 이수하고, 현재 서울사이버대학교 사회복지학부 청소년복지전공 교수로 재직 중이다. 중앙대학교, 경기대학교, 가톨릭대학원, 인하대대학원, 한국체육대학교, 한국교육개발원 탈북청소년교육지원센터, 중앙대학교부설종합사회복지관 등에서 강의와 연구, 실천을 경험하였다. 사회복지사, 청소년지도사, 학교사회복지사, 국가인증 청소년수련활동 프로그램 인증심사원이며, 현재 한국법과인권교육학회 총무이사, 미래를여는청소년학회 이사 및 편집위원, 한국청소년복지학회, 시민청소년학회, 한국청소년시설환경학회 이사, 글로벌청소년학회 이사 및 감사를 역임했다. 저서로는 청소년복지론, 청소년육성제도론 등을 공저 하였으며 학부와 대학원에서 청소년인권과 참여, 청소년육성제도론, 청소년프로그램개발과 평가, 청소년수련활동론, 학교사회복지론, 청소년복지연구, 사회복지실천기술론 세미나, 사회복지현장실습 등을 가르치고 있다. 청소년정책, 청소년인권과 참여, 청소년복지, 청소년활동, 청소년문화, 청소년프로그램개발과 평가, 북한이탈청소년 등에 관심을 갖고 있다.

■ 정건희 (청소년자치연구소)

현재 청소년자치연구소 소장이다. 청소년인권과 참여, 지역사회와 네트워크, 청소년자치조직, 소셜미디어 등을 중심 주제로 연구 및 집필, 청소년운동을 하고 있다. 특히 청소년과 관계된 현장 활동가들의 역량강화 및 연대에 관심이 많다. 이전에는 청소년관련 연구와 함께 지역의 청소년수련관 부관장, 청소년문화의집 관장, 청소년수련시설협회 사무총장, YMCA 청소년부장, 사회복지협의회 실무위원장 등으로 일한바 있다. 현재 한국YMCA전국연맹 청소년정책연구소 연구위원, 교육지원청 교육복지연구센터 연구위원, 한국시민청소년학회 이사, 미래를여는청소년학회 편집위원, 한국청소년활동학회 학술위원장 등으로 활동 중이다. 한국청소년수련시설 평가위원, 교육복지학교 및 지역아동센터 평가위원, 국가 청소년수련활동인증심사원이기도 하다. 길위의청년학교, 청소년참여 네트워크 등을 조직 운영하고 있으며 중앙대, 한일장신대, 군산대, 호원대 등에서 강의하고 있다. 중앙대에서 청소년을 전공해서 사회복지학 박사학위를 받았다.

■ 진은설 (한국청소년상담복지개발원)

진은설 박사는 중앙대학교에서 사회복지학 청소년전공으로 박사학위를 받았다. 고향인 제주특별자치도에서 초등학교 시절부터 걸스카웃, 한국청소년연맹 등의 활동을 통해 청소년활동을 경험하면서 성장하였고, 제주시청소년수련관, 제주특별자치도청소년상담복지센터에서 청소년들을 지도하였으며, 제주청소년지도사회의 창립멤버로서 교육홍보부장을 역임하면서 현장 지도자들과 함께 소통하기도 하였다. 제주산업정보대학(현 제주국제대), 제주한라대학교, 중앙대학교, 한국방송통신대학교, 한국체육대학교, 장안대학교, 국민대학교 평생교육원 등에서 청소년활동, 청소년문화, 청소년프로그램개발 및 평가, 청소년심리, 청소년지도방법론, 조사방법론 등의 강의를 하였다. 청소년수련활동인증심사원(여성가족부)으로 8년째 활동하고 있으며, 여성가족부 청소년수련시설평가위원(2014년)과 미래를 여는 청소년학회 사무국간사와 편집간사(2009-2012년)를 역임했다. 청소년활동 및 프로그램은 물론 1급 청소년지도사로서 청소년지도사에 대한 관심을 갖고 이 분야에 대한 연구를 수행하고 있으며, 현재 한국청소년상담복지개발원 선임상담원으로 재직하고 있다.

■ 오세비 (선문대학교)

오세비 교수는 사회복지학과 학부를 졸업하고, 중앙대학교에서 청소년학 석사, 사회복지학과 청소년 전공으로 박사를 수료하였다. 현재 선문대학교 사회복지학과 겸임교수로 재직 중이며 중앙대학교 사회개발대학원, 나사렛대학교, 안산대학교, 백석대학교, 한국방송통신대학교 등에서 청소년육성제도론, 청소년복지론, 청소년문화론, 청소년활동론, 아동복지론, 프로그램 개발과 평가, 시민교육론, 청소년문제와 보호, 사회복지실천론, 청소년 인권과 참여 등 다수의 과목을 강의하였다. 청소년지도사, 사회복지사, 보육교사, 보육시설장, 레크리에이션 지도자이며 사랑의전화 복지재단에서의 사회복지 현장경험과 그 밖에 각종청소년활동을 기획하고 참여하였다. 흥사단 본부에서 청소년수련활동인증제 전담 청소년연구원으로 재직하며 전국 초·중·고 아카데미와 미주 한인 청소년들을 대상으로 프로그램을 진행하였다. 이후 청소년활동정책을 담당하는 여성가족부 산하 준정부기관인 한국청소년활동진흥원에서 예산, 회계를 비롯하여 각종 청소년 정책 사업을 직·간접적으로 지원하고 경험하였다. 현재 한국다문화청소년협회에서 연구위원으로 활동 중이며 청소년정책·활동·문화, 다문화청소년, 부모교육 등에 관심을 갖고 있다.

청소년활동론

2015년 9월 5일 1판 1쇄 인쇄 | 2015년 9월 10일 1판 1쇄 발행
2016년 9월 10일 1판 2쇄 발행 | 2018년 9월 10일 1판 3쇄 발행
2019년 9월 10일 1판 4쇄 발행 | 2021년 3월 10일 1판 5쇄 발행

지 은 이 김윤나 정건희 진은설 오세비
펴 낸 이 최용구
펴 낸 곳 도서출판 신정

주 소 (04316) 서울시 용산구 원효로 89길 19 (원효로1가)
전 화 02) 3211-4782, 0266(영업부), 3211-4783(편집부), 3211-4784(팩스)
이 메 일 shinjeong72@naver.com
홈페이지 www.sjbook.co.kr
등 록 2001년 5월 11일 제13-702호

기획마케팅 최용구 장만동 최충구 진소희
책임편집 석기은 황가연
표 지 SDY

ISBN 978-89-5912-357-5 93370

정가 19,000원